普通高等教育"十三五"规划教材

新工科建设之路·计算机类规划教材

多媒体课件设计与制作教程

（第 4 版）

袁海东　马博涵　著

电子工业出版社

Publishing House of Electronics Industry

北京·BEIJING

内 容 简 介

本书详细讲解多媒体课件的制作技术，介绍使用 Flash CS3、Authorware 7 和 PowerPoint 2010 等课件制作工具软件进行多媒体课件制作。本书分为 4 部分，主要内容包括：多媒体课件制作基础和媒体素材的准备与加工、使用 Flash 制作课件、使用 Authorware 制作课件、使用 PowerPoint 制作课件等。本书实例丰富，提供电子课件和范例电子文件。

本书可供从事多媒体课件制作及相关工作的人员学习参考；可帮助广大一线教师轻松自如地学会制作适合各种课堂教学的多媒体课件，改善教学效果；尤其适合作为高等学校本科与高职教材使用，也适合读者自学。

图书在版编目 (CIP) 数据

多媒体课件设计与制作教程 / 袁海东，马博涵著. —4 版. —北京：电子工业出版社，2020.8
ISBN 978-7-121-39362-4

Ⅰ. ①多… Ⅱ. ①袁… ②马… Ⅲ. ①多媒体课件－制作－教材 Ⅳ. ①G436

中国版本图书馆 CIP 数据核字（2020）第 143879 号

责任编辑：王羽佳

印　　刷：河北虎彩印刷有限公司
装　　订：河北虎彩印刷有限公司
出版发行：电子工业出版社
　　　　　北京市海淀区万寿路 173 信箱　　邮编：100036
开　　本：787×1092　1/16　印张：17.25　字数：506 千字
版　　次：2005 年 1 月第 1 版
　　　　　2020 年 8 月第 4 版
印　　次：2025 年 8 月第 9 次印刷
定　　价：52.00 元

凡所购买电子工业出版社图书有缺损问题，请向购买书店调换。若书店售缺，请与本社发行部联系，联系及邮购电话：（010）88254888，88258888。

质量投诉请发邮件至 zlts@phei.com.cn，盗版侵权举报请发邮件至 dbqq@phei.com.cn。

本书咨询联系方式：（010）88254535，wyj@phei.com.cn。

前　言

信息技术与学科课程的整合，意味着信息技术将作为主要的媒介和工具融入教与学的各个环节，包括课程建设、教学准备、课堂教学过程和绩效评价等。充分运用多媒体教学手段、改进教学方法、提高教学质量、促进学校教育教学、改变人才培养模式，已成为现代教育技术发展的必然趋势。

计算机辅助教学（Computer-assisted Instruction，CAI）和计算机辅助训练（Computer-based Training，CBT）是信息技术与学科课程整合的重要组成部分，而多媒体课件则是实现 CAI 和 CBT 的主要手段。多媒体课件目前已经成为教师教学和学生学习所不可缺少的工具，像讲台、黑板一样已经成为教学的基础设施。在当前网络化学习时代（E-learning），网络多媒体课件使得学习者不必进入传统的院校课堂便能接受优质的培训，分享全世界范围内的优质教育资源。

推进素质教育的前提是提高教师素质。在 21 世纪，对信息技术的驾驭能力已经成为衡量教师素质的重要尺度。

长期以来，有不少人对多媒体课件的认识存在一种误区，认为多媒体课件就是幻灯片，开展计算机辅助教学就是用计算机播放幻灯片。这种认识上的偏差仍然是由多媒体技术的低水平应用造成的。由于缺乏必要的多媒体设计技术支持，教师在设计制作课件时倾向于使用幻灯片这种简单易行的课件形式，造成"重演示""轻交互"的普遍现象，结果无论实践性很强的课程还是理论性突出的课程，都千篇一律地做成了幻灯片。这实际上不利于学生进行自主学习，很难从根本上改善教学效果。

编写本书的主要目的之一，是为广大一线教师提供一本学得快、用得巧的多媒体课件设计与制作培训教材。有多个教育技术或多媒体技术网站分别开展了以"常用多课件制作工具"为主题的网络调查活动，调查结果表明，目前最受教师欢迎的多媒体制作工具分别是 Authorware、Flash 和 PowerPoint。本书分别以这三种工具为媒介，详细讲解多媒体课件的设计与制作技术，为教师们提供丰富的多媒体课件制作方案。

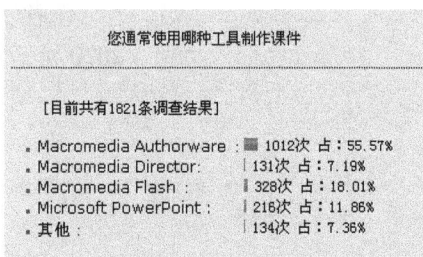

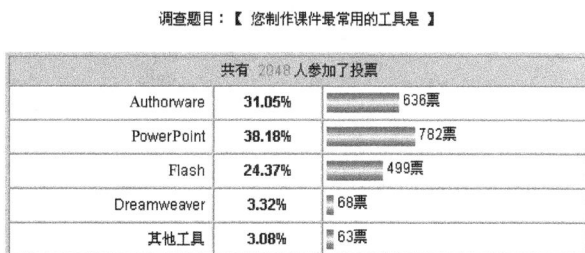

您通常使用哪种工具制作课件

【目前共有1821条调查结果】

- Macromedia Authorware： 1012次 占：55.57%
- Macromedia Director： 131次 占：7.19%
- Macromedia Flash： 328次 占：18.01%
- Microsoft PowerPoint： 216次 占：11.86%
- 其他： 134次 占：7.36%

调查题目：【 您制作课件最常用的工具是 】

共有 2048 人参加了投票		
Authorware	31.05%	636票
PowerPoint	38.18%	782票
Flash	24.37%	499票
Dreamweaver	3.32%	68票
其他工具	3.08%	63票

编写本书的另一个主要目的，是为广大计算机多媒体技术爱好者和多媒体设计与制作从业人员提供一本集多媒体素材处理技术、多媒体设计与制作技术和相关工具使用方法为一体

的多媒体设计与制作指南。

本书主要内容

围绕教育信息化对提高教师素质提出的迫切需求，面对新冠疫情防控常态化"停课不停学"的巨大挑战，从我国教师队伍现代信息技术应用水平的现状出发，我们优选国际流行的计算机辅助教学软件设计工具安排本书内容，组织本书知识结构。

本书内容主要分为 4 个部分。

第一部分是多媒体课件基础，介绍多媒体课件的基础知识、制作步骤、常用工具，以及如何对常用的多媒体素材进行加工处理。

第二部分介绍如何使用 Flash 制作课件。Flash 是目前最流行的网络多媒体动画创作工具，它采用基于时间轴和舞台的设计方式，能够支持和处理多种类型的媒体，生成体积小、传输和播放速度快的高质量动画，特别适合创作网络多媒体课件。

第三部分介绍如何使用 Authorware 制作课件。Authorware 是处于领先地位的 E-learning 多媒体课件创作工具，在国际上已经成为课件制作软件领域的工业标准，7.0 版是 Macromedia 公司于 2003 年 6 月推出的版本，之后又分别推出了 7.01 和 7.02 两个升级版本，本书用 Authorware 7 作为这三个版本的统称。目前，Authorware 由 Adobe 公司负责发行和维护。

第四部分介绍如何使用 PowerPoint 制作课件。PowerPoint 是目前被普遍使用的课堂教学工具，这一部分将详细介绍其使用方法，还包括如何使用 Adobe Presenter 将 PPT 幻灯片转换为易于在网络上使用的 Flash 动画和 PDF 文档。

读者可以到华信教育资源网 http://www.hxedu.com.cn 下载本书中使用的范例和配套电子课件。

教育是一门极具创造性的艺术。希望通过学习本书，广大教师能够迅速掌握多媒体课件制作技术，将课件作为发挥教师专业素质和教学能力的最佳媒介，以信息技术为舟，迎着教育改革的浪潮，在教育艺术的海洋中扬帆远航。

本书由袁海东、马博涵著。其中，第 1、2 和 13～25 章由袁海东撰写，第 3～12 章由马博涵撰写，全书由袁海东统稿。

本书内容若有不当之处，敬请读者批评指正。

作者
2020 年 7 月

目　录

第一部分　多媒体课件基础

第1章　多媒体课件制作基础

计算机辅助教学（Computer-assisted Instruction，CAI）和计算机辅助训练（Computer-based Training，CBT）是信息技术与学科课程整合的重要组成部分，而多媒体课件则是实现 CAI 和 CBT 的主要手段。广泛应用多媒体课件，大力开展多媒体教学，改进教学方法，提高教学质量，已成为现代教育技术发展的必然趋势。

1.1　多媒体课件基础知识

随着信息技术在教育领域的普及和应用，大量基于 Web、局域网和 CD-ROM 的多媒体课件纷纷涌现，它们打破了传统教学方法对时间、地域和空间的限制，正在改变着传统的教育模式和教学、训练方式。

1.1.1　计算机多媒体技术

媒体（Media）是指信息表示和传播的载体，多媒体（Multimedia）是指以多种方式表示和传播信息。计算机多媒体技术是指利用现代计算机的高速运算能力和海量存储能力，对文本、图形、图像、音频、动画和视频等媒体进行综合处理，采用图形界面、语音识别和触摸屏等先进的交互方式，使人类与计算机之间能够以人类习惯的方式（看、听、说、触摸等）传达信息。

计算机多媒体技术具有以下 3 个关键特性。

1. 信息载体的多样性

早期的计算机处理的信息主要是文本，信息载体单一。多媒体技术使计算机能够处理的信息呈现出多样化，不仅有文本，还有图形、图像、声音、动画、视频等主要的信息载体。

2. 多种信息的综合和集成处理

将不同载体中的信息以数字化方式进行处理，同时将多种外部视听设备及丰富的计算机软件、硬件资源有机结合在一起。

3. 交互性

交互性是指为人们提供多种交互控制能力，在人机之间提供双向沟通能力。电影虽然集成了图、文、声、像等多种媒体，但人们的观赏过程只能是被动的。

多媒体计算机（MPC）一般由多媒体计算机硬件系统和软件系统组成。按照 MPC 联盟的标准，多媒体计算机包含 5 个基本单元：个人计算机、CD-ROM 驱动器、声卡、Microsoft Windows 3.x 以上操作系统及音频输出设备（一对音箱或一副耳机）。这 5 个基本单元既是构成现代多媒体计算机的重要组成部分，也是衡量一台多媒体计算机功能强弱的基本标志。

多媒体计算机的软件系统以操作系统为基础，同时包括多媒体数据库管理系统、多媒体压缩/解压缩软件、多媒体声像同步软件、多媒体通信软件、多媒体开发和创作工具等。

1.1.2　课件

课件（Courseware）是指主要用于教学和训练的软件，以一门课程或若干知识点作为教学目标，表现特定的教学内容，提供一定的训练手段。多媒体课件则是以多媒体计算机系统为支撑环境，充分利用多媒体技术，将文字、图形、图像、声音、视频等多种媒体信息集成在一起，具有表现力丰富和生动性、形象性、直观性、交互性、共享性强等特点。

根据运行平台的不同，多媒体课件可以分为网络课件和单机课件。网络课件能够通过网络教学环境被所有人共享，而单机课件主要用于在本地计算机上运行，服务于单个用户。

多媒体课件应用于教学，具有以下优点。

1．扩大课堂教学的信息量，提高课堂效率

课堂效率与课堂信息量有着重要的关系。传统教学方法中课堂知识的传播主要来源于教师的口授与板书，两者都属于较慢速的信息传播方式，使课堂信息量受到一定的限制。

多媒体课件则充分应用信息含量丰富的音频、视频、图像素材，在同样的时间内向学生传达的信息量远远大于传统的教学方法。

2．具有丰富的表现力，有利于知识的获取和保持

多媒体课件具有丰富的表现力，不受时间、空间、微观、宏观等客观教学环境的限制。通过合理利用各类多媒体素材，对抽象的概念进行生动形象的表现，简化、抽象现实世界中的复杂过程（例如波动规律、核裂变等），模拟、再现传统教学手段无法表现的内容（例如自然灾害、天体运动等），方便教师在课堂教学过程中实现重点、突破难点，有利于帮助学生形成概念，掌握规律，提高学生对知识的巩固程度。

3．良好的交互性有利于激发学生的学习兴趣，发挥其作为认知主体的作用

在传统的教学过程中，学生处于被动接受知识的状态。多媒体课件提供了交互式的学习环境，丰富的交互形式赋予学生主动参与教学过程的能力，为学生发挥主动性、积极性创造了良好的条件，从而真正体现学生的认知主体作用。

4．对教学资源能够有效地进行组织与管理，实现资源共享，有利于扩大教学规模

多媒体课件能够以超媒体方式对资源进行组织和管理，即按照人脑的联想思维方式非线性地、网状地组织和管理信息，将不同类型的媒体信息所代表的教学内容组成一个有机的整体，打破了传统的线性教学模式，更加符合人类的思维特点。除了多媒体素材，多媒体课件也可以被反复使用，甚至发布到网络中供所有人共享，从而大大节省了教师的备课、授课时间，使教师可以将精力转移到观察学生的表现、与学生进行交流上。在校园网、教育网或 Internet 环境下使用网络多媒体课件，可以摆脱空间和时间的限制，使一名教师能够从容教授很多的学生。

1.1.3　术语与规范

为进行国际间的交流和合作，实现全球范围内的教育资源共享，多媒体课件的开发需要遵循相应的国际标准。表 1-1 将一些常用的术语进行简要介绍。

表 1-1 术语表

缩 写	全 称	简 介
ADL	Advanced Distributed Learning	高级分布式学习，由美国国防部最早提出的研究项目，其长远目标是使学习者随时随地得到高质量的教育、培训或帮助。其主要研究成果是提出了可共享课程对象参照模型（SCORM）
AICC	the Aviation Industry CBT Committee	由美国航空工业计算机辅助训练委员会最早提出的计算机管理教学标准
CAI	Computer-assisted Instruction	计算机辅助教学，利用计算机作为教学支持手段
CBT	Computer-based Training	计算机辅助训练，利用计算机提供交互式教学体验
CMI	Computer-managed Instruction	计算机管理教学，利用计算机来注册学习者、调配学习资源、控制和引导学习过程，分析并报告学习者成绩
Courseware	Courseware	课件，主要用于训练或教学的软件
DLTS	Distance Learning Technology Standards	现代远程教育标准研究项目。该项目以国际国内现代远程教育的大发展与大竞争为背景，以促进和保护我国现代远程教育的发展为出发点，以实现资源共享、支持系统互操作、保障远程教育服务质量为目标，通过跟踪国际标准研究工作和引进相关国际标准；根据我国教育实际情况修订与创建各项标准，最终形成有中国特色的现代远程教育标准体系
Dublin Core	Dublin Core	Dublin Core 是一个致力于规范 Internet 资源体系结构的国际性联合组织，它定义了一个所有 Web 资源都应遵循的、通用的核心标准，得到了其他相关标准的广泛支持
e-Learning	e-Learning	在线学习或网络化学习，学生根据自己的时间随时在网上学习，并安排适合自己的学习进度和学习内容
IEEE LTCS	IEEE Learning Technology Standards Committee	国际电气和电子工程师协会学习技术标准委员会，又名 IEEE 的 P.1484 小组，标准体系覆盖了包括学习物件元数据、学生档案、课程序列、计算机管理教学和内容打包等
IMS	Instructional Management System	教学管理系统，包括一套如何对 E-learning 内容确认和标记规范，以及如何跟踪在学习过程中一些通用的参数，如元数据、内容包装、问题与测试互操作、学习者信息包装等
LMS	learning management system	学习管理系统，具有发送、跟踪、汇报、评估和管理学习内容、学习者学习进展情况、学习者之间交互情况等一系列的功能
LOM	Learning Objects Metadata	学习对象元数据模型，即学习对象中关于教育资源的描述信息，由 IEEE LTCS 提出，是当前影响力最大的关于网络教育资源的数据模型
SCORM	the Sharable Content Object Reference Model	可共享课程对象参照模型，由美国国防部的"高级分布式学习"研究项目制订的一份规范，提出用一种标准方法来定义和存取关于学习对象的信息，只要遵循该标准，不同的教学系统彼此之间就可以互相沟通

1.2 多媒体课件的分类

根据教学目标和课程内容，多媒体课件通常可分为 3 类：演示型课件、模拟训练型（交互型）课件、测验型课件。

1. 演示型课件

演示型课件将文字、声音、视频、图像、动画等多媒体素材，以事先安排好的方式依次呈现在学生面前。此类课件的主要特点是内容生动、形象，充分利用有关音像资料，增强学科教学的吸引力和感染力。

2. 模拟训练型（交互型）课件

模拟训练型课件也称为交互型课件，其突出特点在于提供很强的交互性和真实性，突破教师讲、学生听的传递式教学方式，使学生除了通过看、听途径来学习知识，还可以通过实际操作增强感性认识，激发学习兴趣，产生强烈的学习欲望。随着多媒体技术的发展，很多最新的科技成果已经应用于计算机辅助训练（例如虚拟现实技术、实时三维动画技术等），为学生提供了逼真的训练环境和临场感受。

3. 测验型课件

测验型课件主要用于考查学生对知识和技能的掌握情况。由于多媒体技术的应用，测验型课件可以打破传统标准化考试的局限性，以文字、图像、视频甚至声音作为题目或选项，实现随机抽题、远程考试、自动判卷等功能。

1.3　制作多媒体课件的步骤

开发多媒体课件可从以下 5 个步骤进行。

1. 合理选择课程

根据教学内容的实际需要，立足于学校现有条件，选择内容比较抽象、难以理解、传统教学方式难以奏效的课程（或课程的部分内容）为目标，制作多媒体课件。对于通过传统媒体和其他教育媒体能够达到更好效果的课程，则没必要费时、费力地为其制作多媒体课件。

2. 研究课程内容，设计课件脚本

多媒体课件仅仅是服务于教学的辅助工具，而不能把多媒体课件当成教师或教材的替代品。不是所有的教学内容都需要通过多媒体教学来实现。如那些简单易懂的概念、原理，通过多媒体手段实现反而会浪费时间，降低效率。因此在选好课程后，还要仔细分析和研究课程的知识结构和内容体系，筛选出适合用多媒体表现的重点、难点内容，排除不适合由多媒体表现的内容，再进一步确定课件的内容结构和表现形式，据此设计出课件脚本。

设计出详细的脚本，是制作多媒体课件的重要环节，需要对人机界面、交互方式、课件流程、多媒体素材的选择和使用方式等进行细致的安排。在设计脚本时，要严格遵循课件服务于教学的原则。由于多媒体课件所传递的信息量远大于传统的教学手段，因此必须合理安排课件的使用时机，控制教学节奏，为教师和学生留有一定的自由空间，避免出现"满堂灌"的现象。另外，素材的使用也要遵循适度原则，过多的图像、声音或视频信息反而会分散学生的注意力。

3. 收集、处理媒体素材

脚本设计完成后，就可以开始收集课件中用到的各种媒体素材，包括图形、图像、动画、文本、音乐和配音等。每种媒体都有其长处，对某种特定的课程内容和学习方式有效。同样，每种媒体又不可避免地存在局限性，应该充分发挥各种媒体的自身优势，针对课程需要选用合适的素材。

素材可以通过多种途径获取，比如利用扫描仪、数码相机采集图像，利用摄像机和视频捕捉卡采集视频信息，利用录音机录制音乐或解说词等。要根据素材的用途对素材进行加工处理，通常需要对图像、音频和视频素材进行编辑及压缩。

4. 制作、调试课件

这是制作多媒体课件最关键的一步。根据脚本的要求，选用合适的多媒体制作工具（例如 Authorware、Flash 和 PowerPoint 等），将各种多媒体素材有机地组织在一起，合理编制课件流程，制作成表现力丰富、交互性强、操作方便的多媒体课件。

课件制作完成后，要经过多次的调试、运行，不断地查错、修改，最后趋于完善。

5. 打包、发布课件

制作完善的课件后，就可以进行打包和发布。根据课件的载体或使用环境选择合适的发布方式，例如对于网络多媒体课件可以进行网络发布，对于准备存储在 CD-ROM 中的课件以单机版形式进行发布。

1.4　课件制作工具的选择

能够用来制作多媒体课件的软件工具可谓种类繁多，功能各异。下面对目前最常用的 3 种多媒体课件制作软件进行分析对比，教师可以根据课程内容和教学目标，灵活选用课件制作软件。

1.4.1　Flash 的特点

Flash 是由 Adobe 公司出品的面向 Web 应用的矢量动画创作工具，目前的常用版本是 Flash CS3。Flash 采用基于时间轴和舞台的设计方式，Flash 矢量动画课件如图 1-1 所示，能够支持异常丰富的媒体类型，生成体积小、可缩放、易传输的高质量动画，适合创作网络多媒体课件。Flash 目前在全球范围内获得了很高的支持率，据统计有 99% 的 Internet 用户安装了 Flash 动画播放程序。

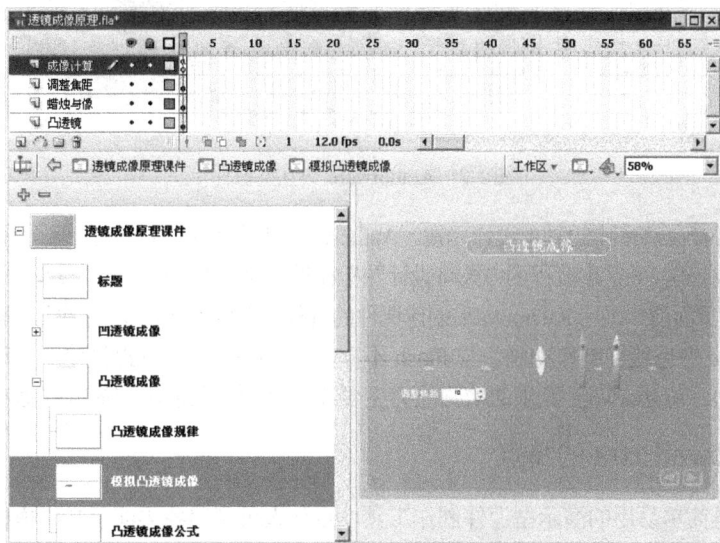

图 1-1　Flash 矢量动画课件

Flash 最突出的特点是矢量绘图能力，利用它可以轻易地制作出物体旋转、缩放、变形等动画效果，也可以利用时间轴特效产生模糊、投影、扩散等高级效果。

Flash 以帧为单位组织信息，动画流程沿水平方向流动，即从左到右沿时间轴方向播放所有的帧。动画也可以通过动作脚本控制播放位置（向左或者向右，或者跳过某些帧），实现简单的交互。可以看出，Flash 特别适合制作演示型多媒体课件。

1.4.2　Authorware 的特点

Authorware 是处于领先地位的 E-learning 多媒体课件创作工具，具备多媒体素材的集成能力和超强的交互控制能力，特别适合制作交互性强、流程控制灵活的交互型多媒体课件。Authorware 强大的一键发布功能可以使多媒体课件在各种载体（如 CD-ROM/DVD-ROM，局域网或 Web 等）上运行。Authorware 由 Macromedia 公司出品，其最新版本为 7.0，目前由 Adobe 公司负责进行发行和维护。

Authorware 为设计人员提供了基于流程图和屏幕的可视化创作环境，Authorware 交互型课件如图 1-2 所示，同时提供了课件组织结构和界面对象两方面的可视性，使设计人员能够真正以"所见即所得"的设计方式创建多媒体课件。

图 1-2　Authorware 交互型课件

设计图标是 Authorware 中的基本设计元素。Authorware 提供了 13 种形象的设计图标，用于容纳各种多媒体素材和脚本代码，并采用流程图方式将设计图标在设计窗口中组织起来，使整个课件的组织结构清晰地呈现在设计人员面前。采用 Authorware 创作课件的过程，可以说就是绘制授课流程的过程。

在 Authorware 中也能够制作动画。与 Flash 不同，Authorware 没有提供使对象动态缩放、旋转、变形或变色的能力。Authorware 提供的动画能力主要在于控制对象以不同的方式移动。

1.4.3　PowerPoint 的特点

PowerPoint 是简单易用的演示型课件创作工具，设计人员利用各类演示文稿模板和配色方案，可以快速创建出多媒体演示文稿，如图 1-3 所示。

PowerPoint 能够提供丰富的动画效果，设计人员既可以利用预设的动画方案，又可以自定义动画效果。其内置的导航方法也提供了简单的交互能力，教师在授课时可以方便地在各个幻灯片之间完成切换。

作为 Microsoft Office 办公套件中的主要组件之一，PowerPoint 可以方便地利用其他组件提供的功能，例如直接由 Word 文档创建演示文稿、向幻灯片中插入表格和艺术字。

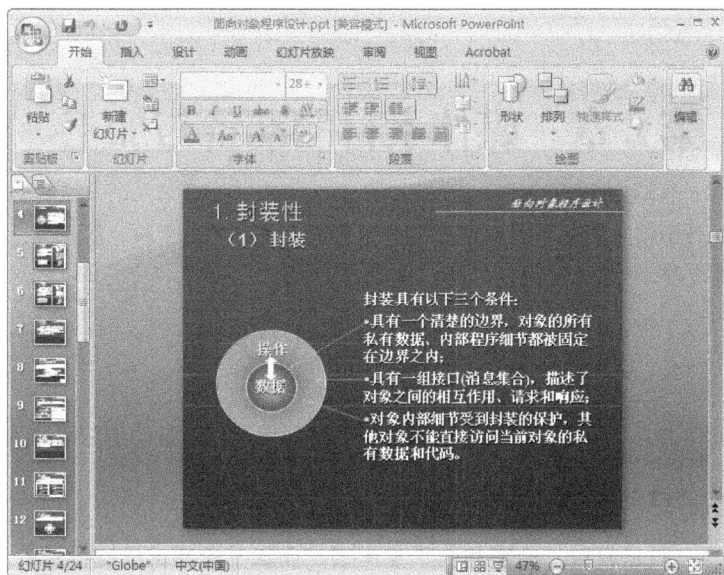

图 1-3　PowerPoint 多媒体演示文稿

1.5　上 机 实 验

1．分别练习安装 Flash、Authorware 和 PowerPoint，熟悉这些软件工具对计算机系统软件、硬件的要求及其安装过程。

2．分别练习在 Flash、Authorware 和 PowerPoint 中执行新建文件、保存文件和发布命令。

第2章　媒体素材的准备与加工

媒体素材是传播教学信息的基本材料单元，可分为五大类：文本素材、图形和图像素材、音频素材、视频素材、动画类材。

2.1　文　本　素　材

文本是多媒体课件中必不可少的内容，也是最常用的课件素材，是学生获取知识的重要来源。

2.1.1　文本素材的来源

文本素材的来源一般是教材、教案和教学参考书，获取手段通常以键盘录入和光学字符识别（OCR）为主。对于手写的教案和文章，应该通过键盘进行录入；如果文本内容的篇幅较大，这将是一个漫长的过程。对于采用标准印刷体的教材或参考书，可以利用扫描仪将需要的内容扫描、存储到计算机，然后利用光学字符识别软件（如清华紫光OCR）对扫描得到的黑白图像进行处理，识别出汉字的标准编码，并按通用格式存储在文本文件中。OCR的作用实际上是实现了文字自动输入，它是一种快捷、省力、高效的文字输入方法，但不适用于手写的文字。

根据《教育资源建设技术规范》中的文本素材技术要求，汉字应采用GB码统一编码和存储，英文字母和符号使用ASCII码编码和存储，存储格式应为.txt、.doc、.pdf、.rtf、.htm和.html之一。

2.1.2　文本素材的应用

虽然文本素材容易获得，但是加入课件中的文本内容并不是越多越好，因为过多的文本会使课件内容失去焦点，容易使学生厌倦，所以文本内容应力求简明扼要，重点突出，起到画龙点睛的作用。文本的样式要与课件的整体风格保持一致，标题文字和结论文字要醒目突出（如使用较大的字号和较鲜艳的色彩），一般性文字应该使用宋体。文字与背景的色彩对比要明显，如果课件用于投影教学，则文本颜色应以亮色为主，背景颜色以暗色为主，过亮的背景会导致文字不易辨认，容易引起视觉疲劳。

文本的使用往往和系统中安装的字体有关，建议多媒体课件中的文本采用最常见的中、英文字体。常见的中文字体有宋体、楷体、仿宋和黑体，常见的英文字体有Arial、Times New Roman和Sans Serif等。如果为了达到某些特殊效果而使用了不常见的字体，那么课件在脱离制作环境、安装到其他计算机中运行时，文本的显示效果会发生意想不到的变化，这是因为其他计算机系统中没有安装课件需要的特殊字体。为了避免这种情况发生，最好利用图像制作软件（如Photoshop）把那些以特殊字体显示的文本内容制作成图像，然后将图像导入到课件中使用。由于图像和字体之间没有任何关系，因此无论课件在哪一台计算机中使用，文本的显示效果都不会发生任何变化。

多媒体课件中经常用到一些文字特效。复杂的文字特效需要使用专门的工具制作，并以图像方式在课件中使用。但多媒体课件制作工具本身往往也能产生一些简单实用的效果，如图2-1所示，在Flash中可以直接利用文本对象制作出倾斜的文字阴影，只需将两个相同的文本对象重叠放置，然后对作为阴影的文本对象进行颜色和倾斜度调整。如此形成的文字特效还可以在Flash中方便地进行调整（如更改文字内容、调整文字颜色等）。2.2.2节会继续介绍一些文字特效的制作方法。

图 2-1　利用 Flash 制作文字阴影

2.2　图形、图像素材

图形、图像所携带的信息量远远超过文本，是制作课件最重要的媒体素材之一，也是学生最易接受的信息表达方式。

2.2.1　图形与图像

从严格意义上讲，图形和图像是两种不同类型的素材。图形又称为矢量图形，在图形文件中记录着一系列由线连接的点。当图形被显示时，计算机根据图形文件中的数据，计算出点的位置、曲线的曲率、线条的宽度并在屏幕中显示出实际的图形。图像又称为位图图像（或光栅图像）。位图图像中的每一个点都称为像素，整个位图图像由很多像素排列而成，由于每个像素中都存储着图像中某一点的颜色数据，因此图像文件中存储的是图像中所有点的颜色数据。当图像被显示时，计算机将图像文件中的像素转换为显示器屏幕上的像素，从而显示出实际的图像。

图形素材通常产生于各种矢量绘图程序，例如 FreeHand 或 Illustrator。图像素材的来源则相当广泛。

1．来自图像输入设备

扫描仪、数码相机都是常用的图像输入设备。在使用扫描仪获取图像时，需要注意根据用途设置图像的分辨率。

2．来自图形、图像制作程序

Adobe Photoshop 是最常用的图像制作程序之一。许多矢量绘图程序也可以将矢量图形转换为位图图像。

3．来自屏幕捕捉程序

计算机学习类的课件经常需要一些程序界面、操作过程的图示。这些图示可以利用屏幕捕捉程序获取，例如 Captivate、HyperSnap 和 Capture Professional 等，它们可以方便地捕捉屏幕中显示的内容并将其保存为图像文件。

根据《教育资源建设技术规范》中的图形（图像）素材技术要求，彩色图像的颜色数不低于 256色，灰度图像的灰度级不低于 128 级，扫描图像的扫描分辨率不低于 72 dpi。

2.2.2　分辨率与颜色

分辨率是衡量图像细节的重要概念。分辨率以每英寸包含的像素数量（dpi）表示，必须根据图像的用途确定图像的分辨率。因为计算机显示器的分辨率是固定的（PC 显示器的分辨率是 96dpi），所以如果图像仅用于显示目的，只需将图像分辨率设置为 96dpi 即可。过高的分辨率只会起到增大图像文件大小、浪费计算机处理能力的作用。激光或喷墨打印机的分辨率通常远远高于显示器分辨率，因此如果将图像用于打印输出，必须增加图像的分辨率（如果想要获得照片质量的输出效果，需要将图像分辨率设置为 600dpi 以上）。矢量图形则与分辨率无关，因此矢量图形可以被任意缩放，而且缩小倍数越高，显示效果越平滑，如图 2-2(a)所示。如果对图像进行过度放大，则会带来严重的失真，如图 2-2(b)所示。

(a)　　　　　　　　　　　　　　　　　　(b)

图 2-2　放大矢量图形

颜色模式是用数字描述颜色的方式，其目的是便于计算机对颜色进行处理。常用的颜色模式有 RGB（红、绿和蓝）模式、HSB（色调、饱和度和亮度）模式、B/W（黑白）模式、灰度模式和索引色模式。下面将对这些模式进行简要介绍。

1. RGB 模式

RGB 模式是最常用的颜色模式，其原理是由红（Red）、绿（Green）、蓝（Blue）三基色组合成各种颜色，每种颜色由 R、G、B 三部分数值表示，每部分数值代表对应基色的强度，基色的强度等级被划分为 0～255 共 256 级，例如 RGB(255, 0, 0)代表红色，RGB(255, 255, 0)代表黄色（红色和绿色合成黄色），RGB(255, 255, 255)则代表白色。

计算机显示器屏幕中显示的所有颜色都是以 RGB 模式表示的。RGB 模式可以表现的颜色数量为 16 777 216（256×256×256）种，这已经达到了人眼可识别颜色数量的上限。

2. HSB 模式

HSB 色彩模式是根据日常生活中人眼的视觉特征而制定的一套颜色模式，最接近人眼辨认颜色的方式。HSB 模式以色调（Hue）、饱和度（Saturation）和亮度（Brightness）这 3 个特征描述颜色。色调也称为色相，就是人们通常所说的颜色的名字，例如橙、紫、青、棕等。饱和度是指颜色的强度或纯度，用色调中灰色成分所占的比例来表示，0%代表纯灰色，100%代表完全饱和。亮度是指颜色的相对明暗程度，通常将 0%定义为黑色，100%定义为白色。

3. B/W 模式

B/W 模式（也称为黑白模式或单色模式）图像只由黑色与白色两种像素组成，由于每一个像素用 1bit 来表示，bit 只有两种状态：0 表示白色（White），1 表示黑色（Black），因此 B/W 模式图像也称为 1bit 图像。

B/W 模式通常用于光学字符识别（OCR），必须将书面内容扫描为 B/W 模式图像，再由 OCR 软件对图像进行识别。

4. 灰度模式

灰度图像（也称为灰阶图像）以 256 个灰度级别表示，图像中的每个像素有一个 0（黑色）～255（白色）之间的亮度值。

在不需要使用 RGB 彩色图像的场合，使用灰度图像可以有效地节省图像存储空间，提高图像的传输、显示速度。

5. 索引模式

索引色图像有一个包含 256 种颜色的调色板。由于图像中的所有颜色都来自调色板，因此图像所包含的颜色总数不超过 256 种。在将 RGB 图像转换为索引色图像时，会自动产生一个调色板存放并索引图像中的颜色，如果原图像中的某种颜色没有出现在调色板中（超出了调色板范围），转换时将自动选取最接近的颜色或使用已有颜色模拟该种颜色。

由于使用索引色图像可以大幅度节省彩色图像的存储空间，提高图像的传输和显示速度，因此网络多媒体课件中，常常需要使用索引色图像。

各种颜色模式包含的颜色数量在计算机中以位深度（或颜色深度）表示。位深度是指描述一个像素的颜色需要多少个二进制位，1 个二进制位可以表示 2 种颜色，n 个二进制位可以表示 2^n 种颜色。对于 RGB 图像，由于每个像素由 24 个二进制位表示（每种基色各占 8 位），因此 RGB 图像的位深度是 24 位，同理，灰度图像的位深度是 8 位，B/W 图像的位深度是 1 位。

2.2.3　图像压缩与文件格式

图像文件往往需要进行压缩存储，以节省存储空间。图像压缩技术分为两类：有损压缩和无损压缩。有损压缩技术的优点是可以极大地压缩文件的大小，提高图像在网上的传输速度，但同时会影响图像质量。无损压缩技术的优点是能够比较好地保证图像质量，但是压缩率比较低，仅能节省有限的存储空间。

常见的压缩技术有 3 种。

（1）RLE（行程长度编码）。属于无损压缩，是 Windows 系统中常用的压缩技术。

（2）LZW（Lempel-Zif-Welch）。属于无损压缩，对于压缩包含大面积单色区域的图像最有效。通常用于 TIFF 和 GIF 图像文件。

（3）JPEG（联合图像专家组）。属于有损压缩，对连续色调图像（如照片）使用此压缩技术。通常用于 JPEG 图像文件。

不同的图像文件格式往往使用不同的图像压缩技术。下面简要介绍一下常用的图像文件格式。

1. BMP 格式

BMP 是标准 Windows 图像格式。BMP 格式支持 RGB、索引色、灰度和单色模式，可以在存储 BMP 图像时为图像指定位深度。对于 16 色（4 位）和 256 色（8 位）的 BMP 图像，还可以指定以 RLE 方式进行无损压缩。

2. PSD 格式

PSD 是 Photoshop 特有的图像文件格式，支持各种颜色模式，具有图层和 Alpha 通道。Alpha 通道用于创建并存储遮罩，遮罩可用于显示或隔离图像的特定部分。

3. GIF 格式

GIF（图像互换格式）是网上常用的一种图像文件格式，用于索引色图像，采用 LZW 压缩技术，最多支持 256 种颜色。GIF 格式支持图像透明，但不支持 Alpha 通道。GIF 格式的另一个特点是在一个 GIF 图像文件中可以存多幅彩色图像。如果把存于同一个文件中的多个图像数据逐个读出并显示到屏幕上，就构成一个 GIF 动画。

4. PNG 格式

PNG（可移植网络图像）是网上广受欢迎的图像文件格式，用于无损压缩和显示 Web 上的图像。与 GIF 不同，PNG 支持 24 位颜色并能够产生极佳的（无锯齿状边缘）透明效果。PNG 格式支持无 Alpha 通道的 RGB、索引色、灰度和单色模式的图像，能够保留灰度和 RGB 图像中的透明度。

5. JPEG 格式

JPEG（联合图像专家组）格式是网上常用的一种图像文件格式，用于连续色调图像。JPEG 格式支持 RGB 和灰度颜色模式，但不支持 Alpha 通道。与 GIF 格式相比，JPEG 格式保留了 RGB 图像中的所有颜色信息，通过有损压缩减小图像文件规模。

JPEG 图像在被显示时自动解压缩。压缩程度可分为 12 个等级，压缩级别越高，得到的图像质量越低；压缩级别越低，得到的图像质量越高。

6. PCX 格式

PCX 格式支持单色、灰度、索引色和 RGB 颜色模式，图像的位深度可以是 1、4、8 或 24。PCX 支持 RLE 压缩方法，但不支持 Alpha 通道。

7. TIFF 格式

TIFF（标记图像文件格式）用于在应用程序和计算机平台之间交换文件。TIFF 是一种受到广泛应用的图像格式，几乎所有的扫描仪都可以产生 TIFF 图像。TIFF 格式支持具有 Alpha 通道的 RGB、索引色和灰度图像，并支持无 Alpha 通道的单色模式图像。TIFF 文件可具有多个图层。

8. PICT 文件

PICT 格式支持具有单个 Alpha 通道的 RGB 图像和不带 Alpha 通道的索引色、灰度和单色模式图像。PICT 格式在压缩包含大面积纯色区域的图像时特别有效。

9. TGA 文件

TGA（Targa）格式支持 16 位、24 位和 32 位 RGB 图像，也支持无 Alpha 通道的索引色和灰度图像。当以这种格式存储 RGB 图像时，可以选择不同的位深度，并选择使用 RLE 方式压缩图像。

2.2.4　制作艺术字

由于艺术字通常以图形（图像）方式呈现，因此将艺术字视作一种图形（图像）素材。可以用来制作艺术字的软件工具很多，下面介绍几种简单易用的工具。

1. Word 和 PowerPoint

Microsoft Word 和 PowerPoint 不仅是出色的文档排版工具和演示文稿制作工具，从某种意义上讲，它们也是常用的矢量图形设计工具，可用来制作艺术字、公式和流程图。利用 Microsoft Word 2010 制作艺术字的步骤如下。

（1）在功能区中选择【插入】选项卡，单击【文本】组中的【艺术字】按钮，打开艺术字样式列表，如图 2-3 所示，在其中选择一种艺术字样式。

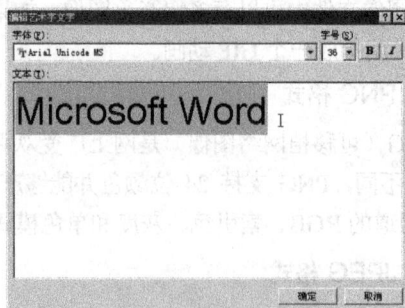

（2）在【编辑艺术字文字】对话框中输入艺术字文字，如图 2-4 所示。可以设置艺术字的字体、字号以及斜体、加粗，设置完毕单击【确定】按钮。

图 2-3　选择艺术字样式　　　　　　　　　　图 2-4　编辑艺术字文字

（3）根据第（1）步中选择的艺术字样式，以及第（2）步中设置的文本风格，艺术字显示在 Word 文档中。保持当前艺术字的选择状态，在功能区中【格式】选项卡的【排列】组中选择文字环绕→浮于文字上方菜单命令，就可以通过鼠标指针拖动艺术字中央的黄色菱形标记，调整艺术字的形状，如图 2-5 所示。进一步使用鼠标指针拖动艺术字上方的绿色圆形标记，可以旋转艺术字。

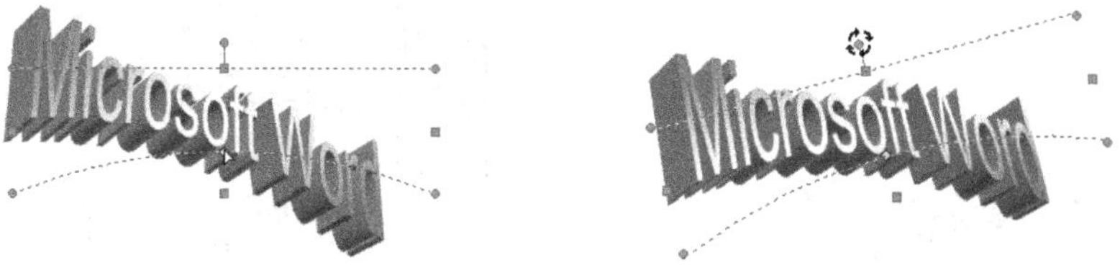

图 2-5　艺术字的变形与旋转

（4）在功能区中【格式】选项卡的【艺术字样式】组中单击【更改形状】按钮，打开艺术字形状列表，在其中可以更改当前艺术字的形状，如图 2-6 所示。

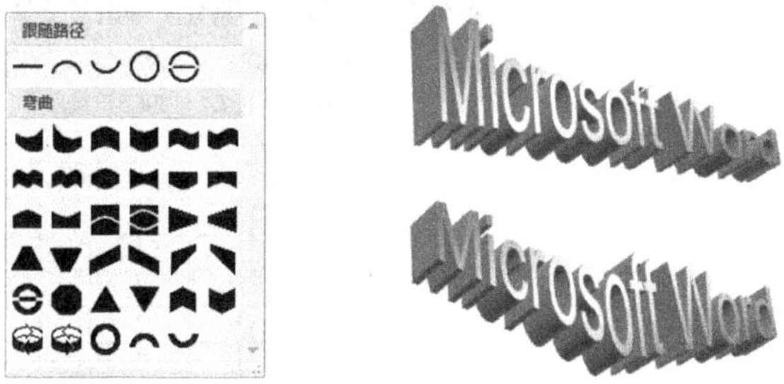

图 2-6　更改艺术字形状

（5）利用【设置艺术字格式】对话框，可以对艺术字的颜色、表面图案、材质进行进一步的设置，从而获得更美观的效果。使用鼠标右键单击艺术字，在弹出菜单中选择设置艺术字格式菜单命令，打开【设置艺术字格式】对话框，如图 2-7(a)所示。在【颜色】下拉列表框中可以为艺术字选择各种色彩。单击【填充效果】按钮，打开【填充效果】对话框，如图 2-7(b)所示，在【渐变】选项卡中，定义如何对艺术字进行渐变填充。

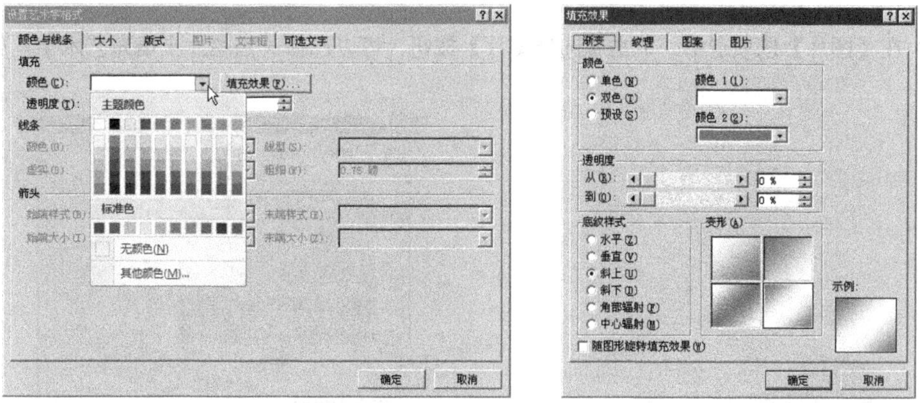

(a)　　　　(b)

图 2-7　以渐变色填充艺术字

（6）在【纹理】选项卡中，选择一种纹理，对艺术字进行填充。图 2-8 显示的是以白色大理石纹理填充艺术字的效果。

图 2-8 以纹理填充艺术字

（7）在【图案】选项卡中，选择一种图案对艺术字进行填充，如图 2-9 所示。

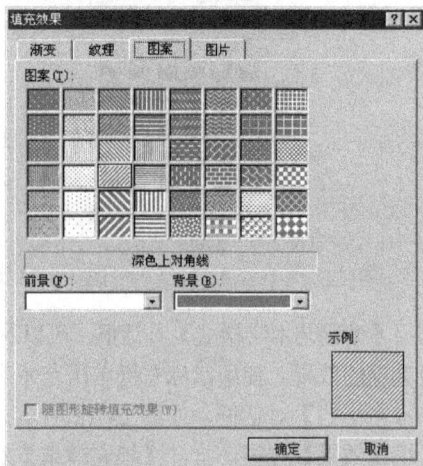

图 2-9 以图案填充艺术字

（8）在【图片】选项卡中，单击【选择图片】按钮，可以选择一幅图片来填充艺术字，如图 2-10 所示。

图 2-10 以图片填充艺术字

（9）在功能区中【格式】选项卡的【三维效果】组中单击【三维效果】按钮，打开三维效果列表，在其中可以对艺术字的三维效果进行调整，如图 2-11 所示。

（10）在功能区中【格式】选项卡的【阴影效果】组中单击【阴影效果】按钮，打开阴影效果列表，在其中可以对艺术字的阴影效果进行调整，如图 2-12 所示。

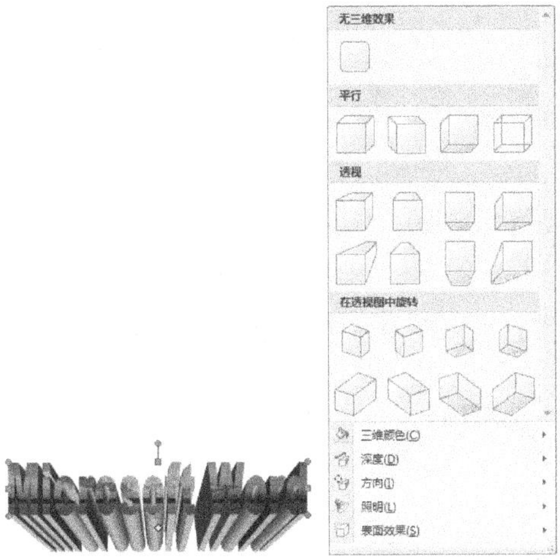

图 2-11　调整艺术字的三维效果 　　　　　　图 2-12　调整艺术字的阴影效果

使用 Word 制作的艺术字能够以图像方式被复制到多媒体课件制作工具（如 Flash、Authorware）中加以利用，如图 2-13 所示。

图 2-13　在 Authorware 中使用 Word 艺术字

使用 PowerPoint 制作艺术字的过程与使用 Word 相似，但 PowerPoint 提供更多的文本外观效果，如发光、映像、棱台和三维旋转等，如图 2-14 所示。

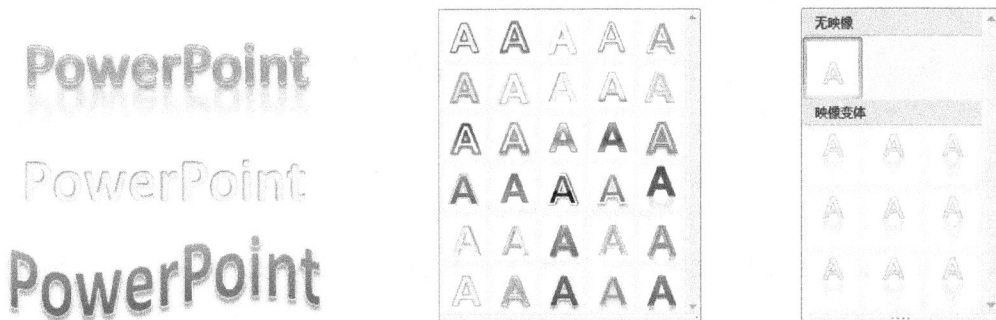

图 2-14　使用 PowerPoint 制作艺术字

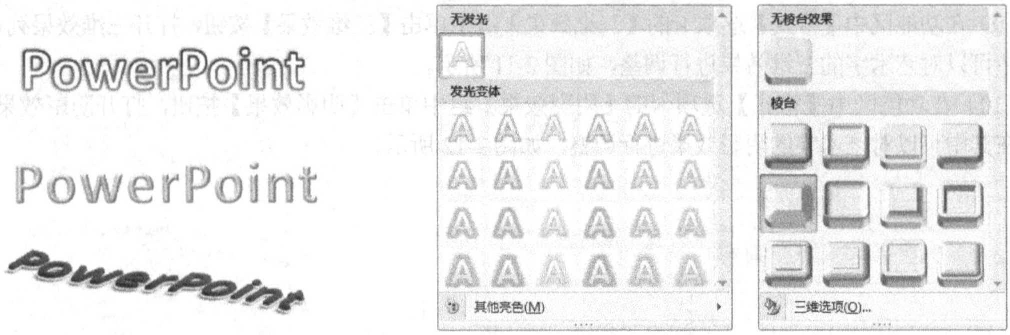

图 2-14　使用 PowerPoint 制作艺术字（续）

2. Illustrator

Adobe Illustrator 是一个功能强大的矢量绘图软件，利用它可以轻而易举地制作出文字沿任意路径排列的特殊效果，如图 2-15 所示。

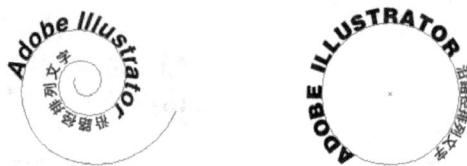

图 2-15　沿任意路径排列文字

下面简要介绍利用 Illustrator CS3 制作艺术字的步骤。

（1）进入 Illustrator，执行文件→新建菜单命令（快捷键 Ctrl+N）创建一个新的文件。在工具面板中选择【钢笔】工具，然后在绘图区的不同位置单击并拖动鼠标，就能绘制出一条曲线路径，如图 2-16 所示。

（2）保持路径的选中状态，在工具面板中选择【文字】→【路径文字】工具，然后单击路径就可以输入沿路径排列的文字。使用【直接选择】工具单击路径文字，在文字的起点、终点和中点，都会出现杆状标记，如图 2-17 所示，拖动文字中点的标记可以沿路径移动文字。

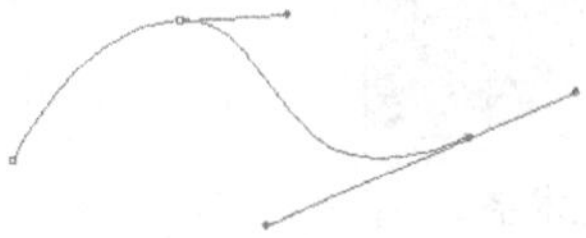

图 2-16　创建路径 　　　　　　　　　图 2-17　沿路径输入文字（彩虹效果）

（3）执行文字→路径文字菜单命令，可以选择一种文字效果应用于刚才输入的文字，如图 2-18 所示。默认情况下使用彩虹效果，即文字处于路径的法线方向。

倾斜效果　　　　　　3D 带状效果　　　　　　阶梯效果　　　　　　重力效果

图 2-18　应用路径文字效果

除了利用【钢笔】工具绘制文字路径，利用【椭圆】、【矩形】、【多边形】等工具绘制出的形状也可以用做文字路径。

3．Photoshop

Adobe Photoshop 是一种常用的图像处理软件，利用图层样式命令和各式滤镜，可以快速制作出艺术字。下面是使用图层样式命令制作艺术字的操作步骤。

（1）进入 Photoshop，执行文件→新建菜单命令（快捷键 Ctrl+N）创建一个 RGB 颜色文件，并按照图 2-19 所示进行其他设置。

（2）在工具面板中选择【横排文字】工具，在文件窗口中单击并输入文字，如图 2-20 所示。这一操作同时在图像文件中创建了一个新的文字图层，文字就保存在该图层中。

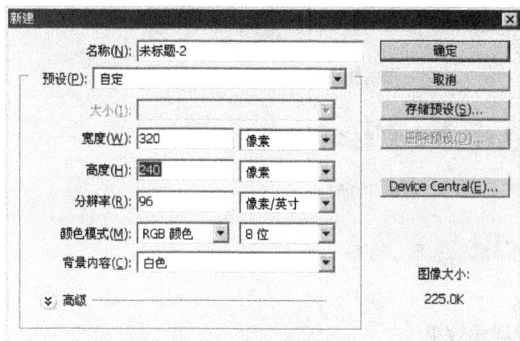

图 2-19　创建 RGB 颜色文件　　　　　　　　　　　图 2-20　输入文字

（3）在图层面板中单击左下方的【添加图层样式】按钮，打开【图层样式】对话框，如图 2-21 所示，在其中选择投影样式并单击【确定】按钮。

图 2-21　【图层样式】对话框

（4）投影样式就会被应用于文字图层，如图 2-22 所示，在文字下方显示出投影。在图层面板中双击投影层，就可以重新打开【图层样式】对话框，对投影的效果进行调整。

（5）应用不同的图层样式，可以得到丰富的文字效果，如图 2-23 所示，多种图层样式可以同时生效（图中每种文字效果都同时具有投影样式）。

在图层面板中删除背景图层，将艺术字图像以.png 或.psd 格式存储，就可以在课件制作工具中导入并应用这些艺术字。文字图层中透明的部分在 Flash 或 Authorware 中能够很好地保持透明。

图 2-22　投影效果

内阴影　　　　　　　　　　　　　　　　　图案叠加

渐变叠加　　　　　　　　　　　　　　　　斜面和浮雕

描边

图 2-23　应用图层样式效果

利用 Photoshop 的滤镜命令能够进一步添加更多的文字特效（例如，执行滤镜→扭曲→球面化菜单命令，可以生成球面镜成像的效果）如图 2-24 所示。

纹理：拼缀图滤镜　　　　　　　　　　　　扭曲：球面化

素描：便条纸

图 2-24　使用滤镜添加特效

选择文字图层，然后单击【文字】工具栏中的【创建文字变形】按钮，打开【变形文字】对话框，如图 2-25 所示，可以通过【样式】下拉列表框选择应用于文字的变形效果。

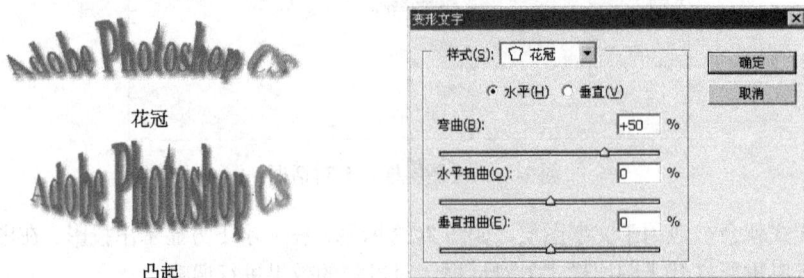

花冠

凸起

图 2-25　变形文字

Photoshop 也提供沿路径排列文字的功能。首先使用【钢笔】工具或其他工具（例如【圆角矩形】工具）绘制一条路径，然后选择【横排文字】工具，将鼠标指针移至路径附近时，指针形状发生变化，如图 2-26(a)所示。此时单击鼠标，就可以沿现有路径输入文字，如图 2-26(b)所示。在图层面板中删除形状图层，此时图像文件中只留下了文字内容，如图 2-26(c)所示。以后可以随时选择文字图层，添加图层样式，或者使用【直接选择】工具调整路径的形状，从而调整文字的排列形状，如图 2-26(d)所示。

図 2-26　沿路径排列文字

4. COOL 3D

Ulead COOL 3D 是一个用于快速制作三维艺术字的软件，仅需单击几次鼠标，就可以创建出异常丰富的艺术字效果。它不仅可以产生静态的艺术字图像，也可以用来制作动态艺术字（动画）。利用 COOL 3D 3.5 制作艺术字的步骤如下。

（1）进入 COOL 3D，在【对象】工具栏中单击【插入文字】按钮，打开【Ulead COOL 3D 文字】对话框，在其中选择字号、字体并输入文字，如图 2-27 所示。输入完毕单击【确定】按钮。

図 2-27　插入文字

（2）在【标准】工具栏中单击【大小】按钮，然后在文件窗口中按下鼠标左键并拖动鼠标调整三维文字的大小，如图 2-28(a)所示。在【标准】工具栏中单击【旋转对象】按钮，在文件窗口中按下鼠标左键并拖动鼠标在 X（竖直方向拖动）、Y（水平方向拖动）方向上对三维文字进行旋转，如图 2-28(b)所示。按下鼠标右键并沿竖直方向拖动鼠标，可以使三维文字在 Z 轴方向进行旋转。

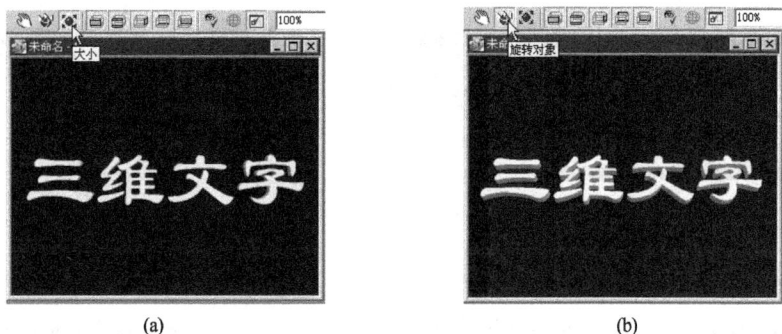

図 2-28　调整三维文字的大小并旋转

（3）执行查看→百宝箱菜单命令，打开 COOL 3D 特效百宝箱，然后在对象样式的画廊效果中选择第 2 种样式，就制作出具有黄金质地的三维文字，如图 2-29 所示。在整体特效的火焰效果中选择第 1 种样式，产生文字的燃烧效果，如图 2-30 所示。

图 2-29　设置三维文字的样式

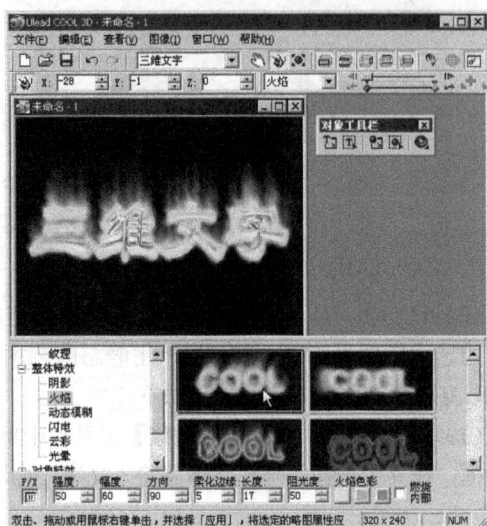

图 2-30　设置三维文字的整体特效

（4）执行文件→创建图像文件菜单命令，能够以 BMP、JPEG、GIF、TGA 格式将当前艺术字保存为图像文件。执行文件→创建动画文件菜单命令，能够以 GIF 或 AVI 格式创建动画文件。执行文件→导出到 Macromedia Flash 菜单命令，则可以创建 Flash 动画。

2.2.5　制作公式

教学中经常要用到各种公式。利用文本编辑软件或图像处理软件很难制作出复杂的公式，但通过 Microsoft Office 办公套件中提供的 Microsoft 公式编辑器，则可以非常方便地制作出各类公式。制作一个带有上标和下标极限的定积分公式的步骤如下。

（1）进入 PowerPoint（或 Word），在功能区中选择【插入】选项卡，单击【文本】组中的【对象】按钮，打开【插入对象】对话框，如图 2-31 所示，在其中选择 Microsoft 公式 3.0 对象并单击【确定】按钮。

（2）进入公式编辑器，如图 2-32 所示。在工具栏中单击积分模板，然后在模板列表中选择带有上标和下标极限的定积分公式模板。

图 2-31　插入 Microsoft 公式 3.0 对象

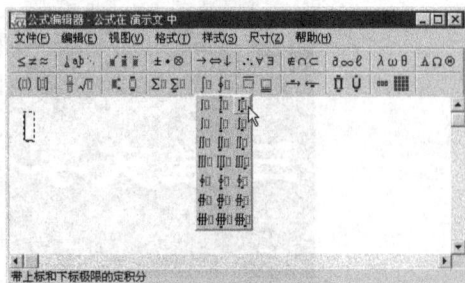

图 2-32　公式编辑器

（3）按照图 2-33 所示，先后在 3 个文本框中完成定积分公式。

（4）关闭公式编辑器，公式就出现在 PowerPoint 演示文稿中，如图 2-34 所示。

图 2-33 输入定积分公式

图 2-34 PowerPoint 演示文稿
中的定积分公式

可以将演示文稿中的公式复制到系统剪贴板，再以图像方式粘贴到课件制作工具中加以利用。

在 Authorware 执行 Edit→Paste Special 菜单命令，可以将公式以 Microsoft 公式 3.0 对象方式粘贴到 Authorware【演示】窗口中，如图 2-35 所示。以后随时在【演示】窗口中双击公式对象，就可以直接打开公式编辑器，对公式进行修改，如图 2-36 所示。

图 2-35 以 Microsoft 公式 3.0 对象方式粘贴

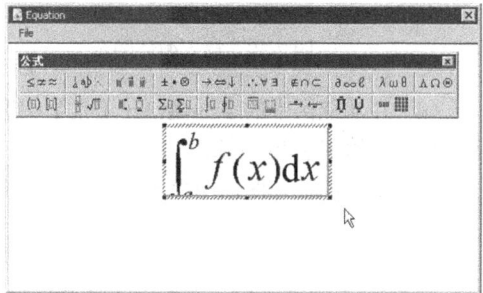

图 2-36 修改公式对象

2.2.6 制作图示与图表

利用 PowerPoint 或 Word，可以制作出各种图示和图表。

常用的图示有组织结构图、循环图、射线图、棱锥图、维恩图和目标图等。组织结构图用于显示层次关系，循环图用于显示持续循环的过程，射线图用于显示元素与核心元素的关系，棱锥图用于显示基于基础的关系，维恩图用于显示元素间的重叠关系，目标图用于显示为实现目标而采取的步骤。现在以"四冲程发动机工作原理"为例，介绍如何制作循环图示。

（1）进入 PowerPoint，在功能区中选择【插入】选项卡，单击【插图】组中的【SmartArt】按钮，打开【选择 SmartArt 图形】对话框，如图 2-37 所示，在其中选择文本循环图示类型，然后单击【确定】按钮。

图 2-37 【选择 SmartArt 图形】对话框

（2）循环图示模板就出现在 PowerPoint 文档中，如图 2-38 所示，在默认状态下循环图示中包含 5 个步骤的循环过程。

（3）由于四冲程发动机的工作过程是基于 4 个步骤的循环过程，因此在图示中选择一个文本框并按 Delete 键，删除 1 个步骤，形成 4 步骤循环过程。依次单击循环图示中的各个文本框，输入每个循环步骤的名称，如图 2-39 所示。

图 2-38　插入循环图示　　　　　　　　图 2-39　添加文字描述

（4）在功能区中的【SmartArt 工具】中选择【设计】选项卡，在【SmartArt 样式】组中选择一种图示样式，如图 2-40 所示。

（5）最后向循环图示中插入一幅发动机图像，如图 2-41 所示，整个循环图示就制作完成。

图 2-40　应用图示样式　　　　　　　　图 2-41　最终的循环图示效果

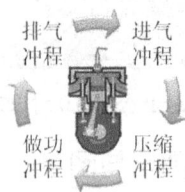

图表用于显示数据之间的关系。创建图表的过程也很简单，具体步骤如下。

（1）进入 PowerPoint，在功能区中选择【插入】选项卡，单击【插图】组中的【图表】按钮，打开【插入图表】对话框，其中提供了丰富的图表类型，默认的选项是簇状柱形图，如图 2-42 所示。单击【确定】按钮，直接向当前文档中插入图表，同时自动打开与图表相联系的 Excel 数据表，如图 2-43 所示。在数据表中，可以修改图表显示的内容（包括数值、数据系列名称）。

图 2-42　选择图表类型

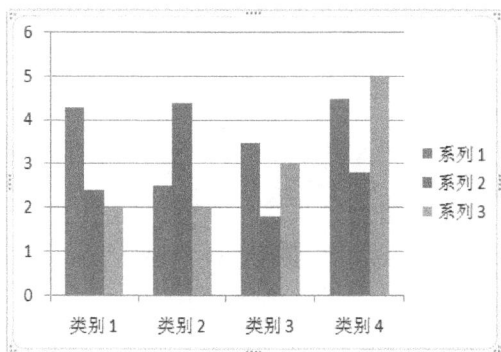

图 2-43　插入图表

（2）选择图表，在功能区中的【图表工具】中选择【设计】选项卡，然后单击【类型】组中的【更改图表类型】按钮，打开【更改图表类型】对话框，在其中选择分离型三维饼图并单击【确定】按钮，可以将原有的柱形图转换为分离型三维饼图，如图 2-44 所示。此时仅显示了数据表中"系列1"的数据。

（3）在功能区中的【图表工具】中选择【布局】选项卡，然后单击【背景】组中的【三维旋转】按钮，打开【设置图表区格式】对话框，如图 2-45 所示，在其中可以对图表区的格式，例如三维视图、填充和边框，进行调整。调整完毕后单击【确定】按钮使新的设置生效。

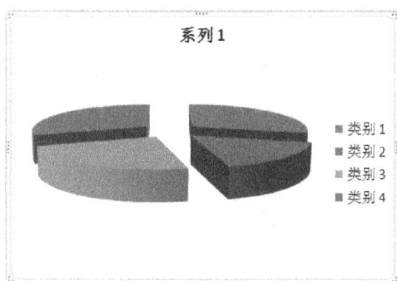

图 2-44　选择图表类型

图 2-45　设置图表区格式

（4）通过【布局】选项卡的【标签】组中提供的一系列按钮，可以修改图表的各种选项，例如图表的标题或图例和数据标签的显示方式，如图 2-46 所示。

（5）在功能区中的【图表工具】中选择【设计】选项卡，【图表布局】组中为图表提供了多种预定义布局方案。单击某种布局方案，可以快速完成图表布局任务，如图 2-47 所示（使用布局 1）。【图表样式】组中为图表提供了丰富的预定义样式。单击某种样式，可以快速完成图表样式变换。

利用 PowerPoint 制作的图示和图表，除了能够用于 PowerPoint 演示文稿，还能够以图像方式（OLE方式）被插入多媒体课件制作工具中（如 Flash、Authorware）加以利用。

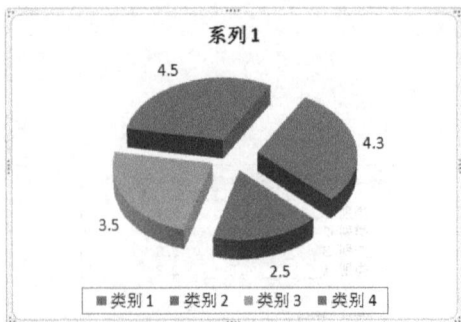

图 2-46　设置图表选项　　　　　　　　　　图 2-47　快速图表布局

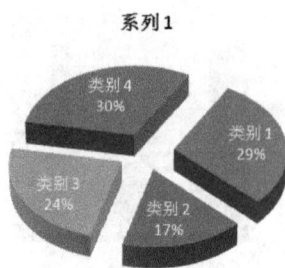

2.2.7　常用图像处理操作

通过扫描仪、数码相机或捕捉屏幕得到的图像素材，通常需要进行一定的处理，使其符合课件需要。Photoshop 是目前最流行的图像处理软件，本节利用它简要介绍一些常用的图像处理方法。

1. 纠正歪斜图像

通过扫描仪或数码相机得到的图像，画面难免会有些歪斜。如果画面歪斜幅度很大，甚至是完全颠倒的，在 Photoshop 中可以通过执行图像→旋转画布菜单命令，对整个图像以指定角度进行旋转。如果画面歪斜幅度较小，则可以通过编辑→变换菜单命令，以可视的方式进行较为细致的调整。调整操作步骤如下。

（1）执行文件→打开菜单命令（快捷键 Ctrl＋O），打开需要纠正的图像文件如图 2-48 所示，在通常情况下，扫描图像中画面所占比例较大，需要为纠正操作提供一定的画布空间。执行图像→画布大小菜单命令打开【画布大小】对话框，如图 2-49 所示，在其中指定较大的画布尺寸，并将画面定位在画布中央。

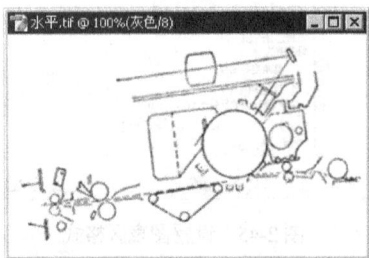

图 2-48　打开需要纠正的图像　　　　　　　图 2-49　改变画布大小

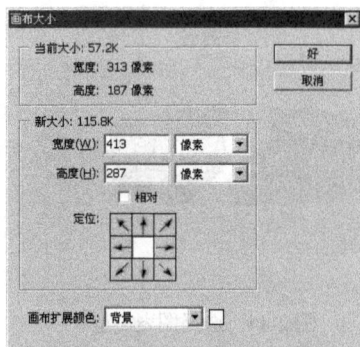

（2）在【画布大小】对话框中单击【好】按钮，画布被扩大（画面并没有被放大），如图 2-50 所示，画面四周的空白位置增多，为后续的纠正操作提供了空间。

（3）在工具栏中选择【矩形选框】工具，然后在图像窗口中拖动鼠标，形成一个容纳整个画面的矩形选择区域，如图 2-51 所示。

（4）执行编辑→变换→旋转菜单命令，矩形选择区域变成一个可旋转的区域，中心的圆形标记指定了区域的旋转中心。当鼠标指针位于区域边框附近时会自动变为旋转标记，此时按下鼠标左键并拖动鼠标就能够以中心为轴旋转图像，如图 2-52(a)所示。使用鼠标将区域的旋转中心拖放到区域左上角，使图像以左上角为轴旋转，如图 2-52(b)所示。在旋转区域中按下鼠标左键则拖动整个旋转区域。

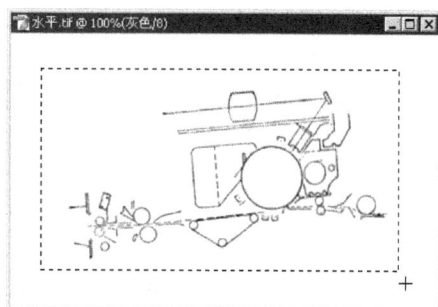

图 2-50　扩大画布后的图像　　　　　图 2-51　选择图像区域

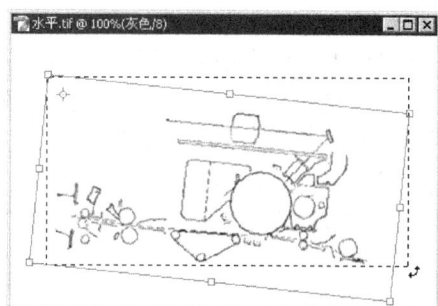

(a)　　　　　　　　　　　　(b)

图 2-52　旋转图像画面

（5）在工具栏中单击鼠标，Photoshop 将提示是否应用刚才进行的变换操作，单击【应用】按钮使变换操作生效，单击【取消】按钮则关闭对话框，继续进行旋转操作，单击【不应用】按钮取消刚才进行的变换操作。

（6）应用变换操作之后的图像如图 2-53 所示。最后可以利用【矩形选框】工具选择画面，执行图像→裁切菜单命令，裁掉多余的画布，缩小图像的尺寸。

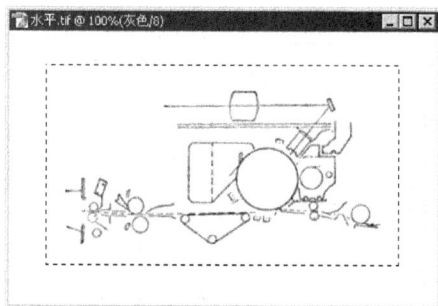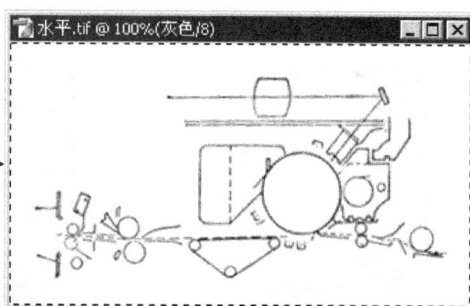

(a)　　　　　　　　　　　　(b)

图 2-53　裁掉多余画布

除了【旋转】变换命令，Photoshop 还提供【斜切】、【扭曲】等变换命令。有时扫描图像会发生变形（尤其是位于书本装订线附近的图像），此时利用【扭曲】命令，拖动变形区域四周的控制点，对图像变形部分进行调整，使其恢复正常状态，如图 2-54 所示。

图 2-54　利用【扭曲】命令纠正图像

2．净化图像背景

在原始图像素材中，往往包含着课件不需要的背景内容，利用 Photoshop 提供的工具，可以方便地将图像背景去除。

【多边形套索】工具通常用于选择具有几何外形的物体，使用该工具沿物体外形单击，可以勾勒出符合物体外形的选择区域，双击鼠标，使选择区域自动闭合，如图 2-55 所示。执行选择→反选菜单命令（快捷键 Shift＋Ctrl＋I）反转选择区域（即选择物体之外的区域），如图 2-56 所示。然后按 Delete 键，将图像背景内容删除，如图 2-57 所示。

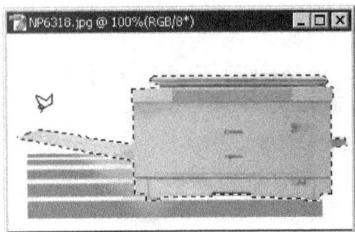

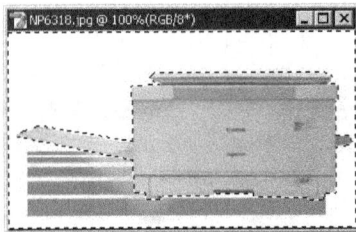

图 2-55　创建选区　　　　　　图 2-56　选择背景区域　　　　　　图 2-57　清除背景内容

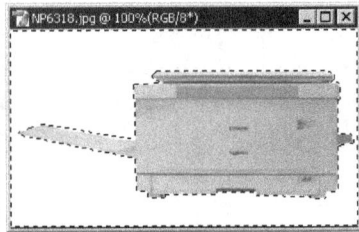

在使用【多边形套索】工具创建选区的过程中，反复按 Delete 键，可从后向前依次删除最近设置的选区直边。在按下 Alt 键的同时，按住鼠标左键并移动鼠标，可创建任意形状的选区。

【魔术棒】工具用于选择颜色相近区域，利用它可以去除图像中大面积纯色（或接近于纯色）背景。选择【魔术棒】工具之后，在工具选项中设置合适的容差参数（容差值越小，选择区域越精确），然后单击图像的背景区域，创建选择区域，如图 2-58 所示，最后按 Delete 键将背景删除。

图 2-58　使用【魔术棒】工具选择并去除图像背景

执行选择→色彩范围菜单命令，打开【色彩范围】对话框，使用其中的【滴管】工具，在图像中指定的颜色范围内创建选择区域，如图 2-59 所示。使用带有加号（或减号）的滴管按钮，可以增加（或减少）颜色范围以扩大（或缩小）选择区域。

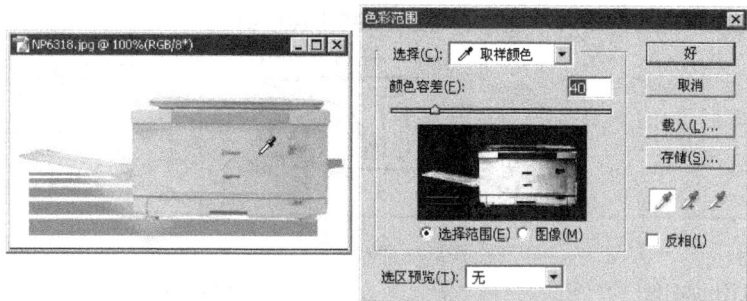

图 2-59　根据色彩范围选择物体

【磁性套索】工具可以根据物体的轮廓轻松地建立任意形状的选区。它最适用于边缘清晰且形状复杂的对象。选择【磁性套索】工具在物体轮廓上的某一点单击，创建第 1 个紧固点（紧固点用于固定选择区域）。然后沿物体轮廓拖动鼠标指针，如图 2-60 所示，【磁性套索】工具自动沿物体轮廓创建一系列的紧固点。在此过程中如果发现紧固点不同于轮廓对象，也可以通过单击特定位置来人为添加紧固点。

沿物体轮廓拖动一周之后，当【磁性套索】工具在与第 1 个紧固点重合时单击鼠标，可以沿物体

图 2-60　使用【磁性套索】工具选择物体

轮廓创建选择区域，如图 2-61 所示。执行选择→反选菜单命令（快捷键 Shift+Ctrl+I）反转选择区域，然后按 Delete 键可以将图像背景内容删除，如图 2-62 所示。

图 2-61　根据物体轮廓创建选择区域

图 2-62　去除背景后的图像

3．调整图像对比度

通过扫描仪或数码相机得到的图像，有时画面内容与背景反差不大，主题不突出，如图 2-63 所示，这是因为图像对比度太低造成的。在 Photoshop 中打开图像，执行图像→调整→亮度/对比度菜单命令，打开【亮度/对比度】对话框，在其中增加图像的对比度（有时还需要适当调整图像的亮度），如图 2-64 所示，改善图像的显示效果。

(a)　　　　　　　　　　　　　　　　　(b)

图 2-63　低对比度图像　　　　　　　　　图 2-64　调整图像对比度

4．调整图像色彩

如果图像素材本身存在着偏色等问题，在 Photoshop 中打开图像，执行图像→调整→色彩平衡菜单命令（快捷键 Ctrl+B），打开【色彩平衡】对话框，如图 2-65 所示，在其中对色彩和色调进行平衡调整。如果图像偏红，可以将第 1 个滑块向左侧青色方向拖动，如果图像偏黄，则将第 3 个滑块向右侧蓝色方向拖动即可。

执行图像→调整→色相/饱和度菜单命令（快捷键 Ctrl+U），打开【色相/饱和度】对话框，如图 2-66 所示，在其中调整图像的色相、饱和度和明度。将饱和度调整至最小值，可以得到黑白图像。拖动明度滑块，则可以改变图像的明暗程度。

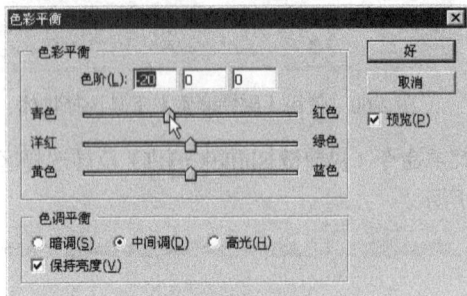

图 2-65　【色彩平衡】对话框　　　　　　图 2-66　【色相/饱和度】对话框

5．压缩存储图像

在压缩存储图像的同时，要尽量保持图像的质量。Photoshop 允许同时显示以不同压缩方式压缩图像后的效果，便于用户选择合适的压缩方式。打开需要压缩的图像，执行文件→存储为 Web 和设备所用格式菜单命令（快捷键 Alt+Shift+Ctrl+S），打开【存储为 Web 和设备所用格式】对话框，在其中选择将图像压缩为 GIF、JPEG 或 PNG 格式，对于每种文件格式还可以对图像质量进行控制。

【存储为 Web 和设备所用格式】对话框中为图像提供了原稿、优化、双联和四联 4 种压缩方式，如图 2-67 所示。用户可以立刻看到预设压缩方式对应的图像质量，共有以下 12 种预设方式。

（1）GIF 128 不仿色

（2）GIF 128 仿色

（3）GIF 32 不仿色

（4）GIF 32 仿色

（5）GIF 64 不仿色

（6）GIF 64 仿色

（7）GIF 限制

（8）JPEG 高

（9）JPEG 中

（10）JPEG 低

（11）PNG-24

（12）PNG-8 128 仿色

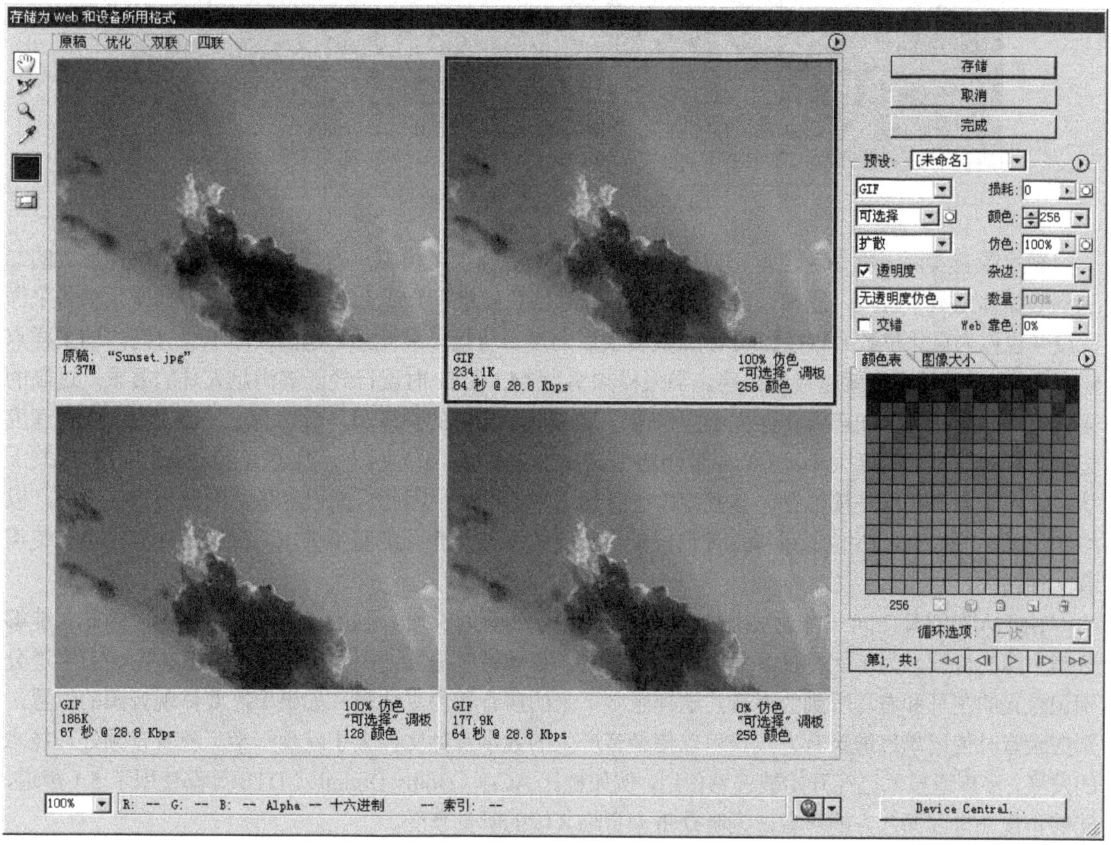

图 2-67　根据压缩效果选择合适的压缩方式

根据图像质量选择一种压缩方式之后，单击【存储】按钮，以指定方式压缩存储图像。

2.3　音　频　素　材

多媒体课件若仅凭视觉元素传递信息，容易给学生单调的感觉，合理地加入一些音频能够对课件中的文本和画面内容起到辅助作用，能更好地表达教学内容，吸引学生的注意力，增强学习兴趣。音频素材包括解说、音乐和特殊音效。解说一般用来阐明教学重点内容，或者在不适宜使用文字的场合代替文字性内容，要求做到解说词精练、口齿清楚、通俗易懂。音乐用来深化主题，烘托气氛，同时必须使音乐风格与教学内容相协调。特殊音效与课件画面配合传递信息，增强画面的形象感与真实感，吸引学生的注意力。

2.3.1　数字录音

人耳听到的声音都是模拟量（在时间和幅度上都是连续变化的量），图 2-68 显示的就是一个双声道的模拟声音信号，而由于计算机只能处理数字信号，所以必须对声音信号进行模/数转换后，再由计算机处理。

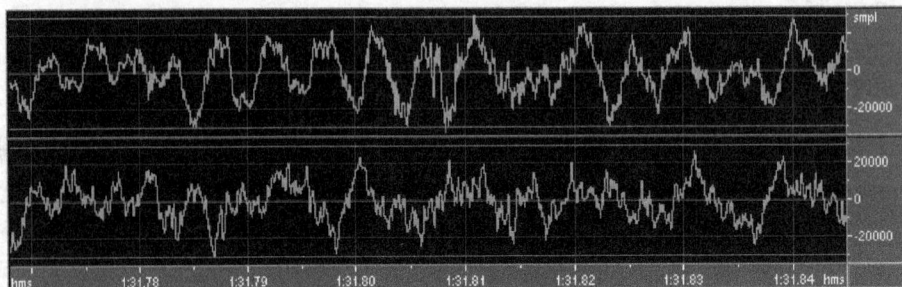

图 2-68　双声道的模拟声音信号

数字录音实际上就是对声音完成模/数转换的过程，需要对模拟声音信号进行采样，采样形成的二进制数据称为数字音频，通常以声音文件的形式存储在磁盘等介质上。录音时使用的采样频率和采样深度（也称为量化位数）直接影响着模/数转换后的声音质量，采样频率越高（即单位时间内的采样点越多），转换后的声音就越接近原声。当采样频率为 44.1 kHz 时就已经能够满足人耳的要求，过高的采样频率只能起到增加声音文件大小的作用，Windows 支持的声音采样频率为 8～48 kHz。采样深度记录了声音信号的幅度大小，8 位二进制数据能描述 256 种（2^8）状态，16 位能描述 65 536 种（2^{16}）状态。由于声音信号是模拟量，其幅度大小有无限多的可能，因此只能以尽量多的状态去描述它，以得到尽量小的失真。16 位的采样深度已经能够满足大多数场合下的听觉要求，提高采样深度也会使声音文件增大。

由于人有双耳，同一音源发出的声音在到达人的每只耳朵时，强度和时间都不相同，因此人能够分辨声源的位置。为了保持良好的声音定位效果，在录音时需要使用双声道录音方式，左、右声道分别记录人的左耳和右耳听到的声音，这样录制下来的声音称为立体声。如果不需要体现音源的位置，则在录音时使用单声道录音方式，可以使录音产生的数字音频文件大小减少一半。随着音频处理技术的发展，多声道技术已经开始被普遍使用，例如杜比 AC-3（Dolby Digital）、DTS 等都使用了 5.1 声道，能够再现来自四面八方的声音，为听众带来身临其境的听觉享受。

《教育资源建设技术规范》规定数字音频的采样频率不低于 11 kHz，采样深度大于 8 位，声道数为双声道。

图 2-69　使用录音机附件程序录音

在 Windows 系统中，最常用的录音工具是录音机附件程序，如图 2-69 所示，只需向计算机声卡上插上麦克风，单击【录音】按钮就可以开始录制声音，单击【结束】按钮则停止录音。录音音量既不能过大（将引起失真），也不能过小。在录音机程序中执行编辑→音频属性菜单命令，打开【声音属性】对话框，如图 2-70 所示，在其中单击录音选项中的【音量】按钮，打开【录音控制】对话框，在其中对录音音量进行调节。在平衡滑动条中沿水平方向拖动滑块，可以调整左、右声道的相对音量大小。

在课件制作过程中，经常需要从不同的音源获取各类音频素材。录音机程序在默认情况下是以麦克风为音源，如果需要从其他多媒体程序中获取音频素材，可以在【录音控制】对话框中打开【Wave】栏下的【选择】复选框。同样道理，打开【CD 音频】栏下的【选择】复选框，就可以利用录音机程序，录下 CD-ROM 驱动器中播放的 CD 唱片。注意在从其他音源获取音频素材时，应关闭麦克风，或者关闭【麦克风】栏下的【选择】复选框，避免环境中的噪声对录音过程造成干扰。

图 2-70　调节录音音量

为了控制录音质量，执行文件→属性菜单命令，打开【声音的属性】对话框，如图 2-71 所示。在【选自】下拉列表框中选择录音格式选项，然后单击【立即转换】按钮，打开【声音选定】对话框，如图 2-72 所示，在其中可以调节录音质量（包括采样频率、采样深度和声音数量）。

图 2-71　【声音的属性】对话框　　　　　图 2-72　【声音选定】对话框

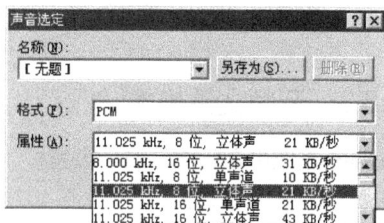

2.3.2　音频编辑

录音机程序的编辑下拉菜单中提供一些常用的音频编辑菜单命令。

（1）复制（快捷键 Ctrl+C）——将当前声音数据复制到系统剪贴板中。

（2）粘贴插入（快捷键 Ctrl+V）——将系统剪贴板中的声音数据插入播放滑块所在位置。当前声音数据则被分割为两段。

（3）粘贴混音——将系统剪贴板中的声音数据与播放滑块所在位置处的声音混合。

（4）插入文件——将其他声音文件中的声音插入播放滑块所在位置，当前声音数据则被分割为两段。

（5）与文件混音——将其他声音文件中的声音与播放滑块所在位置处的声音混合。

（6）删除当前位置以前的内容——将播放滑块所在位置处之前的声音数据清除。

（7）删除当前位置以后的内容——将播放滑块所在位置处之后的声音数据清除。

利用上述菜单命令很容易实现声音的剪接与混合。例如，利用删除当前位置以前的内容和删除当前位置以后的内容两条菜单命令，将当前声音中的无用数据剔除，再利用复制和粘贴混音两条菜单命令，将当前声音和其他声音混合在一起。

录音机程序的效果下拉菜单中提供了一些常用的声音增效功能，包括加大或降低音量、加速或减速、添加回声以及倒转声音。

使用 Cool Edit、GoldWave 和 Adobe 公司的 Soundbooth、Audition 等工具可以对声音进行进一步的处理。Cool Edit 是一个简单易用同时功能非常强大的数字音频录制器、编辑器及混音器，如图 2-73 所示，可以对任一声道进行单独处理，提供增益和音调控制、降噪、滤波、回声、失真、延迟等增效功能，能够同时编辑多个音频文件，在几个音频文件中进行剪切、粘贴、合并、混合声音操作。

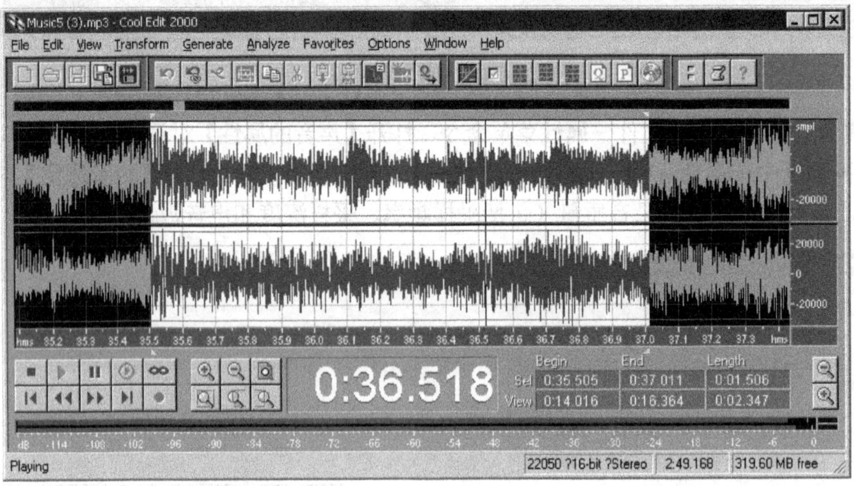

图 2-73   Cool Edit

2.3.3　音频文件格式

Windows 系统中音频文件的种类繁多，以下是一些常见的音频文件格式。

1．波形音频（.wav）

Windows 波形文件，将音频存储为波形。这是一种最通用的数字音频文件格式，所有的音频处理软件都支持该格式。因为 WAV 格式存放的一般是未经压缩处理的音频数据，所以.wav 文件体积很大，不利于网上传输。

2．MPEG 音频第 III 层（.mp3）

MP3 的全称是 MPEG Audio Layer-3，具有压缩率高（可达 12:1）、音质好（接近 CD 质量）的特点，是目前最流行的音乐文件格式。

3．音乐器材数字接口（.mid、.midi、.rmi）

MIDI 是 Musical Instrument Digital Interface（音乐器材数字接口）的缩写。MIDI 是由世界上主要电子乐器制造厂商建立的一个通信标准，是用在音乐器材、合成器和计算机之间交换音乐信息的标准协议。MIDI 文件记录的不是音乐本身，而是乐谱和乐器，其中包括音符开始、音符的音高、长度、音量和诸如颤音等音乐属性，以及各种按键、控制盘和踏板。MIDI 文件的优点是短小，缺点是播放效果因计算机软件、硬件而异。

RMI 文件是 Microsoft 公司的 MIDI 文件格式，包括图片标记和文本。

4．CD 音频曲目（.cda）

.cda 文件是存储在 CD 唱片上的音频文件，只能从 CD-ROM 中播放。该格式用于存储未经压缩的高质量数字音频数据（采样深度 16 位，采样频率 44.1kHz）。一张 CD 可以存储 74 分钟左右的数字音频数据。

5．Windows Media 音频（.wma）

Windows Media 音频文件 WMA 是微软公司开发的新一代网上流式数字音频压缩技术，同时兼顾了保真度和网络传输需求。

6．Real Audio（.ra）

Real Audio 由 Real 公司开发的网上流式数字音频压缩技术，适合在网络上实时播放音频数据。

7．音频交换文件格式（.aif、.aifc、.aiff）

.aif、.aifc、.aiff 文件是 Apple 公司开发的音频交换文件格式。可以使用此格式存储高质量的音频和音乐器材信息样本。

《教育资源建设技术规范》规定音频素材的存储格式应为 WAV、MP3、MIDI 或流式音频格式。Cool Edit 支持上述大部分格式的音频数据，并提供在各种格式之间进行转换的功能。

声音素材的另一重要来源是 CD 唱片，许多软件都提供抓音轨功能，即将唱片曲目保存为音频文件。例如 Windows Media Player（见图 2-74）、酷狗音乐转换工具（见图 2-75）和 foobar2000 音乐转换工具（见图 2-76），都提供了将 CD 音频曲目转换为 MP3 或其他文件格式的功能。在 CD 音频曲目转换为其他格式的音乐文件时，一定要根据需要选择转换质量（采样频率、采样深度及声道数量），转换质量越高，音乐文件的体积就越大。

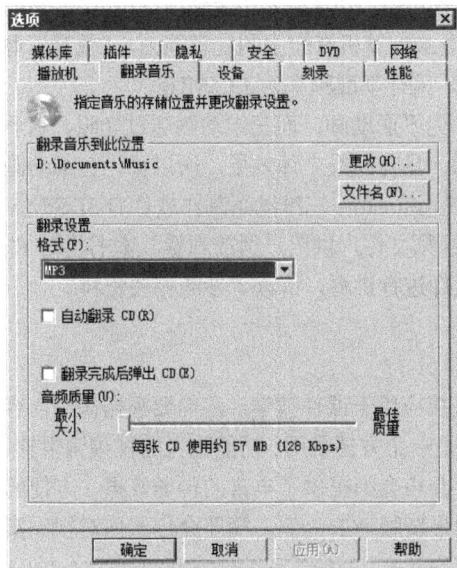

图 2-74　利用 Windows Media Player 翻录 CD 音乐　　图 2-75　利用酷狗音乐转换工具抓取 CD 音轨

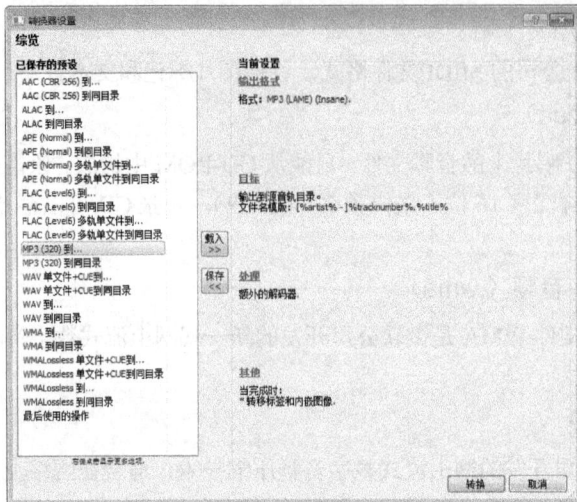

图 2-76　利用 foobar2000 音乐转换工具抓取 CD 音轨

2.4　视频与动画素材

在多媒体技术中，视频和动画无疑是最吸引人、最具代表性的部分。在多媒体课件中使用视频和动画内容，可以达到生动、直观、逼真的目的。视频和动画具有许多相同之处，它们都是以帧为基本单位的图像（图形）序列（也可以包含音频数据）。当帧被快速播放时，由于人眼的视觉暂留效应，连续显示的静态帧就构成了动态效果。

视频素材多数来自现有的视频节目，例如录像带、DVD/VCD 节目。这些视频素材可以通过计算机视频捕获卡转换为数字视频文件并存储至计算机中，或者将摄像机（头）连接至计算机视频捕获卡，直接将视频素材实时采样为计算机中的数字视频文件，这要求计算机有较强的处理能力。《教育资源建设技术规范》规定视频采集使用 Y、U、V 分量采样模式，采样基准频率为 13.5MHz。

动画素材可分为二维动画和三维动画。二维动画也称为平面动画，而三维动画通过光照、材质、阴影、视角的变幻，体现出物体和场景的立体感与层次感，具有三维立体效果，所以称为三维动画。动画制作软件有很多。常用二维动画制作软件有 Flash、GIF Animator；三维动画制作软件有 3DS MAX、Maya 等。三维动画制作软件通常将动画渲染输出为数字视频文件，供用户播放观看。本书将对 Flash CS3 进行详细介绍，但限于篇幅，无法对三维动画制作软件进行讲解，请读者参阅相关资料。

2.4.1　视频编辑

由视频捕获或动画制作得到的视频素材，往往不能直接应用于课件教学，还需要根据课程内容，对视频素材进行编辑处理。会声会影（Corel VideoStudio）是一个方便易用、功能强大的视频编辑软件，即使是初学者，也能用它制作出看起来非常专业的影片。会声会影提供了丰富的转场效果、方便的字幕制作功能和简单的声音轨创建工具。本节以会声会影的最新版 X2 为例，简要介绍如何对视频素材进行编辑处理。

1. 快速制作视频节目

会声会影提供3种视频编辑模式：会声会影编辑器提供了丰富的编辑功能，用户可以对视频节目的制作过程和内容细节进行全面控制；影片向导是初学者的理想工具，用户可以通过主题模板快速完成视频节目制作过程；DV 转 DVD 向导使用户能够方便地从 DV 磁带导入视频内容创建节目，然后将视频节目刻录到 DVD 光盘上。

下面介绍快速制作视频节目的步骤。

（1）在会声会影的启动界面中，选择【影片向导】，打开【Corel 影片向导】窗口，在此能够通过以下 5 种方式，向视频节目中添加媒体素材。

- 【捕获】按钮：若系统安装有视频捕获设备（例如视频采集卡）以及驱动程序，则可以直接将捕获到的媒体素材插入到视频节目。
- 【插入视频】按钮：将各类视频文件作为媒体素材插入到视频节目。
- 【插入图像】按钮：将图像文件作为媒体素材插入到视频节目。
- 【插入数字媒体】按钮：从 DVD/DVD-VR、AVCHD、BDMV 等媒体导入媒体素材。
- 【从移动设备导入】按钮：从硬盘或外部设备导入媒体素材，如图 2-77 所示。单击该按钮，打开【从硬盘/外部设备导入媒体文件】对话框，左侧设备列表中显示出系统中存在的各种可利用设备，其中第一个是硬盘。【设置】按钮用于选择媒体素材的存储路径。在媒体素材列表中选择某个媒体素材，然后可以使用飞梭栏和导览面板按钮预览媒体素材。用户没有必要完整地导入每一个媒体素材，如果需要对媒体素材进行简单修整，拖动飞梭栏两侧的修整拖柄，就能够选择合适的媒体素材开始点和结束点。飞梭栏右侧的时间码（以时:分:秒:帧格式）显示出当前飞梭所处的位置。单击【确定】按钮，所选择的媒体素材就被导入【Corel 影片向导】窗口，如图 2-78 所示。

图 2-77　从硬盘或外部设备导入素材

在【Corel 影片向导】窗口中，仍然能够使用飞梭栏和导览面板对媒体素材进一步进行修整。选中某个媒体素材，从右键弹出菜单中选择自动按场景分割菜单命令，就能够快速将媒体素材按照场景变化分割为多段素材。单击【素材库】按钮，可以从会声会影附带的包媒体库中挑选媒体素材。媒体素材整理完毕，单击【下一步>】按钮，进入选择模板步骤。

（2）选择一种主题模板应用于当前视频节目，如图 2-79 所示。每一种模板都对应不同的主题，附带有预设的标题、片头、片尾、转场效果和背景音乐。用户可以在模板选择步骤中修改预设的内容，然后应用于当前视频节目。设定模板之后，单击【下一步>】按钮，进入视频节目输出步骤。

图 2-78　【Corel 影片向导】窗口

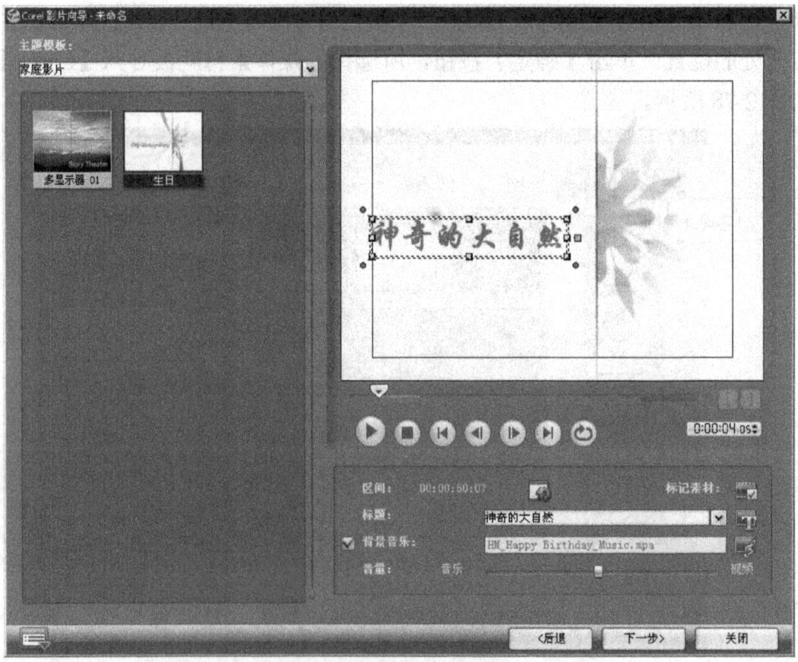

图 2-79　选择并应用模板

（3）选择输出视频节目的方式：创建多种格式的视频文件、创建各种类型的视频光盘，或者在 Corel 会声会影编辑器中进一步对节目进行编辑。

下面重点介绍如何使用会声会影编辑器制作视频节目。会声会影将视频节目制作过程划分为 7 个步骤：捕获、编辑、效果、覆叠、标题、音频和分享。通过位于编辑器顶端的步骤面板，可在步骤之间进行切换。

2．编辑修整视频素材

会声会影编辑器提供了故事板、时间轴和音频 3 种工作视图，如图 2-80 所示。故事板视图用于快速地添加素材，直接将素材库中的视频或图像素材拖放到故事板中。通过拖放的方式，可以调整媒体素材的排列顺序。每种素材的缩略图和时间长度都将显示在故事板中。

(a) 故事板视图

(b) 时间轴视图

(c) 音频视图

图 2-80　会声会影的工作视图

　　时间轴视图下，标尺单位由时间码表示，素材在时间轴中的长度精确表示了素材的实际长度，单击标尺上方的【缩小】、【放大】按钮可以调节标尺的单位。在放大标尺之后，可以对素材进行精确的修整。时间轴被分为 5 个轨，它们从上到下分别是视频轨、覆叠轨、标题轨、声音轨和音乐轨。在添加素材时，可以将视频和图像素材拖放到视频轨和覆叠轨中，而将声音和音乐素材分别拖放到声音轨和音乐轨中。

　　在音频视图下能够可视化地调整视频、声音和音乐素材的音量。每个包含有音频的素材都带有一条音量线和音量控制柄，单击并拖动控制柄，能够调整素材的音量。

　　通过预览窗口和导览面板，可以精确地修整视频素材的长度，剥离无用的视频内容，如图 2-81 所示。导览面板中有修整拖柄、飞梭栏和控制按钮，在飞梭栏中拖动飞梭可以预览视频素材的每一帧，单击开始标记（或者拖动左侧的修整拖柄）可以重新定义视频素材的开始位置，如图 2-82 所示。单击结束标记（或者拖动右侧的修整拖柄）可以重新定义视频素材的结束位置，处于开始标记和结束标记以外的视频素材不会被导入至时间轴中。

　　在视频轨中，使用鼠标直接拖放视频素材两端的黄色修整控制柄，也可以调整视频素材的长度，如图 2-83 所示。

　　如果需要将视频素材分割为多个片段独立使用，可以拖动飞梭以确定分割位置。使用导览面板中的【上一帧】、【下一帧】按钮，逐帧移动飞梭进行精确定位，然后单击剪刀形的【剪切素材】按钮，可以根据飞梭的当前位置，将处于开始标记和结束标记之间的视频素材分割为两部分，飞梭所处位置即成为第一段素材的结束点和第二段素材的开始点。

编辑选项面板提供了更多的素材编辑功能，其中【视频】选项卡（如图 2-84 所示）提供有如下编辑选项。

图 2-81　预览窗口和导览面板

图 2-82　调整视频素材的长度

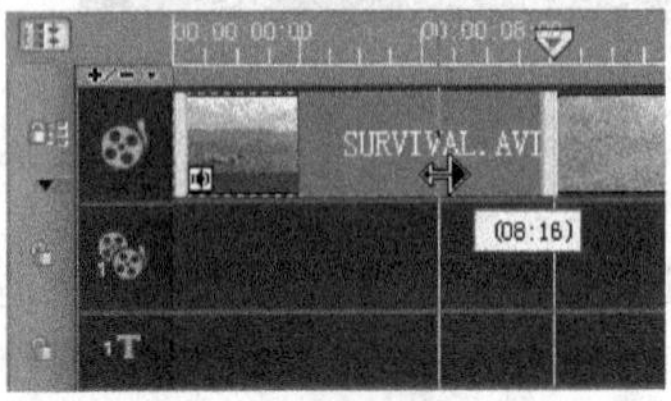

图 2-83　在时间轴中调整视频素材的长度　　　　图 2-84　【视频】选项卡

（1）视频区间——以时间码显示所选素材的区间。可以通过修改区间数值来修整素材。

（2）素材音量——允许调整视频素材的伴音音量。

● 静音：关闭视频素材的伴音部分的音量。

● 淡入淡出：逐渐增加或减小视频素材的伴音音量，获得平滑的过渡效果。

（3）色彩校正——调整视频素材的白平衡、色调、饱和度、亮度、对比度和 Gamma 值。

（4）旋转：按逆/顺时针方向将视频素材旋转 90°。

（5）回放速度——用于设置视频素材的播放速度。单击【回放速度】按钮，打开【回放速度】对话框，如图 2-85 所示，在其中选择快速或慢速播放。

（6）反转视频——从后向前播放视频。

（7）保存为静态图像——将当前帧保存为图像文件，并将其加入图像库。

（8）分割音频——将视频文件中的音频分割出来，并将其放置在声音轨中，同时会声会影编辑器自动进入音频步骤。

（9）按场景分割——是分割视频素材的另一种方法，即按照视频录制的日期和时间或视频内容的明显变化（如动作变化、相机移动、亮度变化等），将捕获的 DV、AVI 文件分割开。对于 MPEG 文件，此功能仅可以按照视频内容的变化分割视频。单击【按场景分割】按钮，打开【场景】对话框，如图 2-86 所示。【选项】按钮用于设置扫描灵敏度，单击【扫描】按钮，将根据【扫描方法】下拉列表框中的选择进行扫描并产生分割区间列表，单击【确定】按钮，可以对视频素材实施分割。

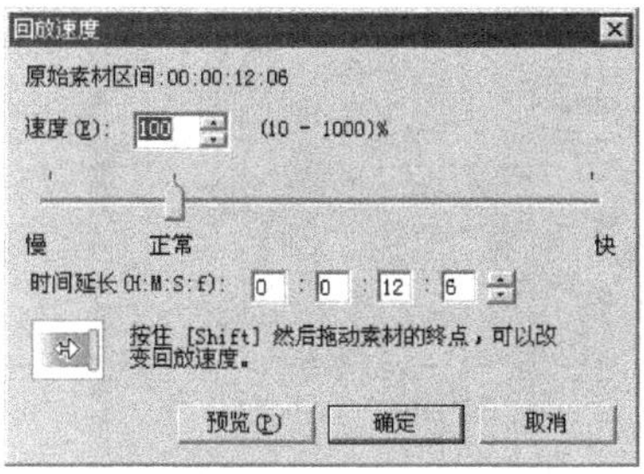

图 2-85　设置回放速度 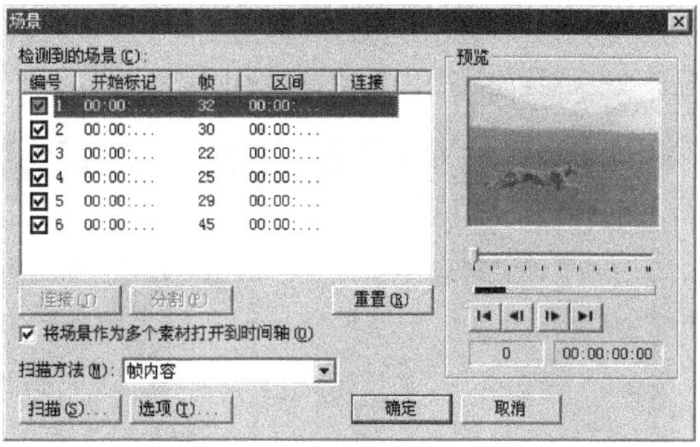　　　　　　　　　　　图 2-86　按场景分割视频素材

（10）多重修整视频——是分割视频素材的又一种方法，允许手工从视频素材中选取需要的片段并提取出来。单击【多重修整视频】按钮，打开【多重修整视频】对话框，如图 2-87 所示。【反转选取】按钮用于在标记为保留的素材片段和标记为删除的素材片段之间进行切换。在飞梭栏拖动飞梭（或者转动飞梭轮），找到作为一个片段的起始帧的位置，单击【起始】按钮，然后拖动飞梭到片段结束帧的位置，单击【终止】按钮，就标记了一个片段。重复执行此过程，直到标记出要保留或删除的所有片段，单击【确定】按钮，即可对视频素材实施分割。上下拖动【时间轴缩放】按钮，控制时间轴的显示精度，从而控制分割精度。【穿梭滑动条】用于控制预览视频素材的速度和方向（正向或反向）。

图 2-87　【多重修整视频】对话框

3. 视频特效

会声会影提供的视频特效有两类：滤镜和转场。滤镜可以应用于单个视频素材，用来改变它们的

样式或外观。选择时间轴中的视频素材，单击【属性】选项卡（参见图 2-84），从视频滤镜集合中拖放一种滤镜到视频素材上，如图 2-88 所示。在默认状态下，已经应用于视频素材上的滤镜将被拖入到视频素材上的新滤镜替换。撤销【替换上一个滤镜】选项之后，可以在单个视频素材上应用多个滤镜（最多可达 5 个）。在将多个视频滤镜应用到同一个视频素材上时，通过单击三角形的【上移】或【下移】按钮来改变滤镜的次序，当滤镜以不同的次序作用于视频素材时，会带来各种不同的效果。

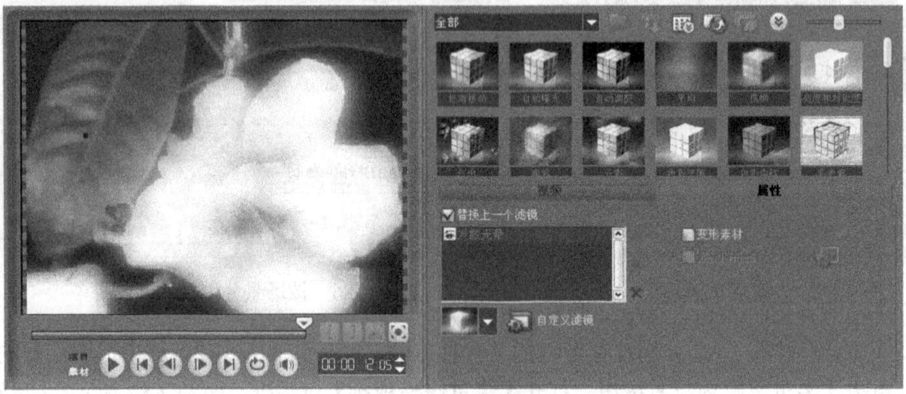

图 2-88　使用滤镜

在【属性】选项卡中单击【自定义滤镜】按钮，打开滤镜参数设置对话框，在其中可以对默认的滤镜效果做出调整，如图 2-89 所示。单击【变形素材】按钮，可以在预览窗口中，对视频素材画面进行变形处理，如图 2-90 所示，拖动角上的黄色拖柄可以按原比例调整画面大小，拖动角上的绿色拖柄可以扭曲画面，而拖动边上的黄色拖柄可以在不保持比例的情况下调整画面大小。

图 2-89　自定义滤镜

转场应用于视频轨中的不同视频素材之间，使视频节目可以从一个场景平滑地切换为另一个场景，为场景的切换提供了丰富的效果。在步骤面板中选择效果步骤，然后在素材库的转场类别列表中选择一个转场类别（例如三维）。在素材库中查看并选择转场效果略图（例如百叶窗），将略图拖放在视频轨中的两个视频素材之间，在预览窗口下方拖动飞梭，可以看到转场效果，如图 2-91 所示。

在时间轴中选择转场效果，选项面板中将显示出所选转场的设置；修改各种参数可以控制转场效果的表现方式，例如指定转场效果的方向、柔和程度，以及是否具有边框等。

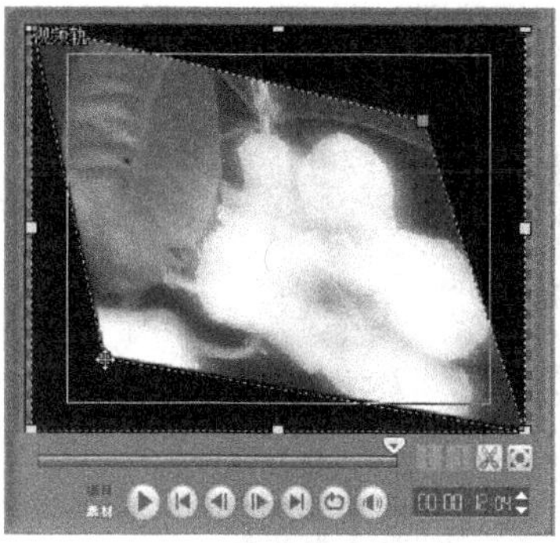

图 2-90　变形处理 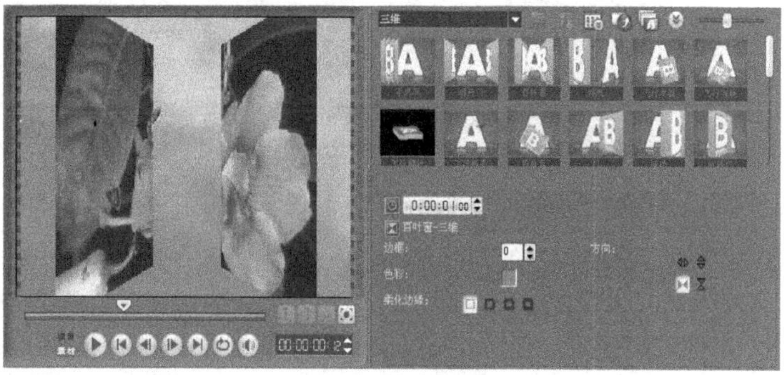　　　　　　　　　　　　图 2-91　设置转场效果

4．视频覆叠

在需要同时播放两个视频素材的场合（例如画中画），可以将覆叠轨中的素材覆叠在视频轨中的素材之前，如图 2-92 所示，将用于覆叠的视频素材拖放到覆叠轨中，然后在【属性】选项卡中对覆叠内容的动画方向/样式、遮罩、色度键和对齐方式进行调整，还可以为覆叠内容添加视频滤镜。

图 2-92　视频覆叠

在预览窗口中拖动覆叠素材的控制柄，可以调整素材的大小。如果拖动角上的控制柄，可以在调整素材大小时保持宽高比例。在【属性】选项卡中，选择【对齐选项】中的调到屏幕大小菜单命令，可以将覆叠素材放大至整个屏幕。在预览窗口中拖动覆叠素材将改变其在屏幕中的位置，应该将覆叠素材保留在标题安全区内（画面中灰色矩形框范围之内）。

5．添加标题和字幕

视频素材中的文字（例如标题和字幕）有助于提升观众对视频内容的理解力。在步骤面板中选择标题步骤，然后在选项面板中，选取【多个标题】或【单个标题】，在预览窗口中定位要添加标题的帧，最后双击预览窗口就可以输入标题文字，如图 2-93 所示。在输入完毕后，单击时间轴可以将标题添加到标题轨中。在标题轨中，使用鼠标直接拖放标题两端的黄色修整控制柄，调整标题的显示区间。

在标题步骤的选项面板中，对标题的字体、字号、文字方向、行间距、透明度和动画效果进行调整。素材库中提供有一些标题效果，可以直接将它们从素材库中拖放到标题轨中使用。

图 2-93　添加标题

6．音频处理

音频步骤的选项面板包含两个选项卡：【音乐和声音】选项卡和【自动音乐】选项卡，如图 2-94 所示。在【音乐和声音】选项卡中可以从 CD 唱片中复制音乐、从麦克风录制声音，以及将音频滤镜应用到音频轨。【自动音乐】选项卡可以将第三方素材库中的音乐导入到音乐轨中。

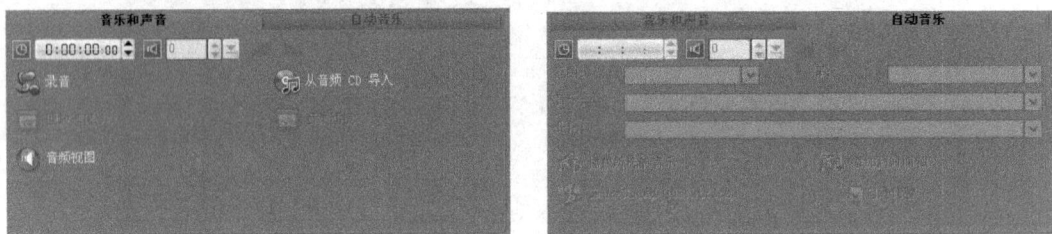

图 2-94　【音乐和声音】选项卡和【自动音乐】选项卡

在【音乐和声音】选项卡中，单击【从音频 CD 导入】按钮，可以将 CD 唱片中被选择的曲目直接录制到音乐轨中。单击【录音】按钮，打开【调整音量】对话框，如图 2-95 所示。对麦克风讲话，观察音量指示器反应正常后（可以通过 Windows 音量控制程序调节麦克风音量），单击【开始】按钮就会直接将声音录制到声音轨中。【淡入】和【淡出】按钮用于使素材音量逐渐增大或逐渐减小。

音乐轨和声音轨中的音频素材可以应用音频滤镜。选择时间轴中的音频素材，在【音乐和声音】选项卡中单击【音频滤镜】按钮打开【音频滤镜】对话框，如图 2-96 所示，在其中任意选择一种滤镜效果应用于音频素材。音频滤镜不能用于视频素材中包含的声音，但是可以将视频轨中的视频素材包含的音频数据分割到声音轨中（使用鼠标右键单击视频素材，在快捷菜单中选择分割音频菜单命令），再对分割后的音频素材使用音频滤镜。

图 2-95　录音前调整音量

图 2-96　【音频滤镜】对话框

在音频视图中，包含有音频数据的素材将显示出音量调节线，如图 2-97 所示，单击音量调节线可以向其中添加音量控制柄，拖动音量控制柄能够对音量进行控制。之后介绍的修整视频素材的方法也可用于修整音频素材。

音频视图中的【环绕混音】选项卡可用于实时调整各轨中音频的音量，如图 2-98 所示，在面板中选择需要调整音量的素材所在的轨，然后利用音量滑块调整素材的音量。对于立体声音频，水平方向的音量平衡滑动条用于控制声音的平衡度，拖动音符符号可以制作出声音在左、右声道中摇动的效果。

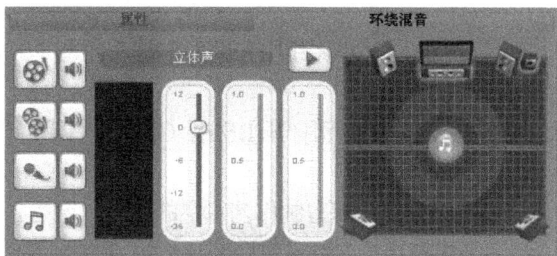

图 2-97　利用音量调节线控制音量　　　　　　　　　　图 2-98　混音

7．分享视频节目

完成所有的编辑工作之后，在步骤面板中选择分享步骤，在此可以选择输出视频节目的方式，如创建多种格式的视频文件、创建各种类型的视频光盘等。

2.4.2　视频文件格式

Windows 系统中视频文件的种类也有很多，以下是一些常见的视频文件格式。

1．影音交叉存取（.avi）

AVI 是由 Microsoft 公司定义的、计算机中最常见的视频数据格式，可以容纳使用各种编码解码器压缩的音频内容或视频内容。

2．运动图像专家组（.mpg、.mpeg）

运动图像专家组（MPEG）标准是一组不断发展的视频和音频压缩标准，并且得到了普遍的应用（例如 VCD 和 DVD 视频节目）。该格式的特点是在提供了很高的压缩比的同时，很好地保证了画面和声音质量。

3．Windows Media 视频（.asf、.wmv）

ASF 是存储同步多媒体数据的可扩展文件格式。它支持通过各种网络和协议传送数据，适合于在网络和本地播放。包含由 Windows Media 视频（WMV）编码解码器压缩的视频内容的 ASF 文件使用.wmv 扩展名，而包含由其他编码解码器压缩的视频内容的 ASF 文件使用.asf 扩展名。

4．Real Video（.rm）

Real Video 是由 Real Networks 公司开发流式视频格式，提供有极高的压缩率。

5．QuickTime（.mov、.qt）

QuickTime 是由 Apple 计算机公司开发的文件格式，用以创建、编辑、发布和查看多媒体文件。QuickTime 格式可以包括视频、动画、图形、3D 和虚拟现实（VR）内容。

流媒体是近年来新兴的一种网络多媒体形式。流媒体技术就是把连续的影像和声音信息经压缩处理后存储在网络服务器中，让浏览者边下载边观看、收听，而不必等到整个文件都下载完毕。ASF、

WMV、WMA、MP3、RM、RA、MOV 等都是目前常见的流媒体格式，流媒体技术目前已经广泛应用于远程教育、网络视频点播、网络直播和视频会议等领域。

《教育资源建设技术规范》规定视频素材存储格式应为 AVI 格式、QuickTime 格式、MPEG 格式或流媒体格式之一。

2.5　上机实验

1．观察并应用计算机系统中安装的字体（通过 PowerPoint 功能区【开始】选项卡的【字体】组中的命令）。

2．在 Photoshop 中分别打开 BMP、GIF、JPG 和 PCX 格式的图像，观察不同的文件格式对图像色彩、清晰度的影响。

3．在 PowerPoint 中练习制作艺术字的方法，熟悉各种文本外观设置方法。

4．准备耳机和话筒，练习使用 Windows 录音机附件程序录制和编辑语音。

5．使用会声会影编辑器制作视频片段。

第二部分　使用 Flash 制作课件

第 3 章　Flash 简介

Flash 是功能强大的矢量动画制作软件，它采用基于时间轴和舞台的设计方式，能够支持和处理多种类型的媒体（音频、视频、位图、矢量图形、文本等），生成体积小、传输和播放速度快的高质量动画，特别适合创作网络多媒体课件。

3.1　Flash 的主要特点

Flash 是一套易学易用、功能强大的矢量动画制作软件，具有如下特点。

1．基于时间轴和舞台的设计方式

时间轴是动画角色的容器，动画角色在时间轴中的位置决定了它们的出场次序，舞台则相当于摄像机的取景框，所有进入取景框的角色都可以被展示，如图 3-1 所示。这一符合人们日常生活逻辑的设计方式，使得无论教师、艺术家还是编程人员都可以快速适应 Flash 这种设计工具。

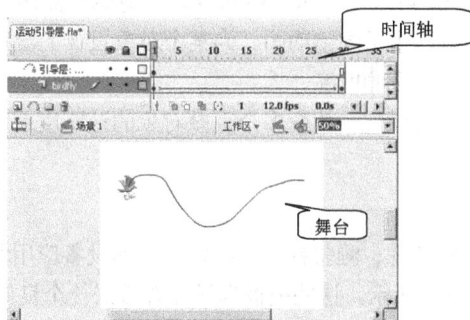

图 3-1　时间轴与舞台

2．根据对象形状、位置或颜色变化，迅速生成渐变动画

这种渐变动画被称为补间动画，设计者只需描述对象在动画过程两个端点的状态，Flash 就可以据此计算并生成中间的动画过程，如图3-2所示。为某个对象设计的动画效果还可以直接被复制、粘贴到其他对象上，这样就极大地提高了动画设计效率。同时，在 Flash 中也可以继续采用传统的逐帧设计方式，一帧一帧地改变画面内容。

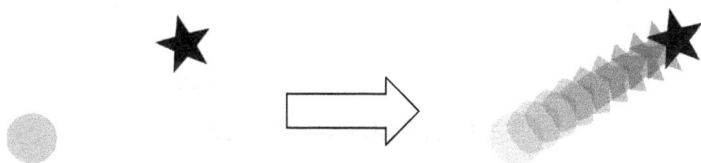

图 3-2　自动生成动画

3．具备音频、视频、位图、矢量图形、文本的集成和处理能力

支持导入多种格式的图像（例如 BMP、PSD、GIF）和矢量图形（例如 AI、WMF）文件，也支持导入多种格式的音频（例如 MP3、WAV）和视频（例如 AVI、MPG）数据，同时内置音频和视频编码解码器，运用图层可以方便地实现多声道和音画同步。除了能使用外部的多媒体素材，Flash 本身也具备强大的矢量绘图能力。根据它提供的绘图工具，设计人员可以快速绘制出体积小巧、可任意缩放的高质量矢量图形。

4．提供丰富、易用的特效

通过对舞台上的对象应用时间轴特效，快速添加令人惊叹的过渡特效和动画，如图 3-3 所示，如淡入淡出、飞入飞出、模糊及旋转等。

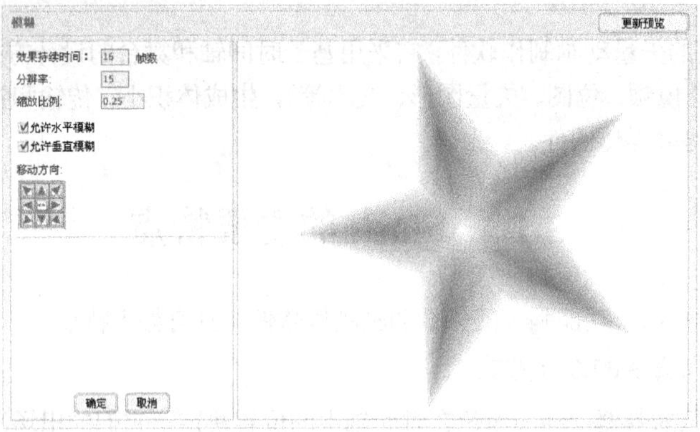

图 3-3　时间轴特效

使用滤镜（也称为过滤器），可以为文本、按钮或影片剪辑增添阴影、发光等更加丰富的视觉效果。滤镜与补间动画相结合，就产生了滤镜动画。为某个对象设计的滤镜效果还可以直接被复制、粘贴到其他对象上，进一步提高动画设计效率。

设计人员还可以通过运用混合模式，改变多个重叠对象的透明度或者颜色相互关系，从而创造出别致的视觉效果。

5．提供多种设计模板

利用模板，可以快速创建幻灯片、测验程序、广告、移动设备应用程序，甚至可以为袖珍型多媒体播放器设计应用程序，如图 3-4 所示。这些模板为设计者带来一个良好的设计开端。

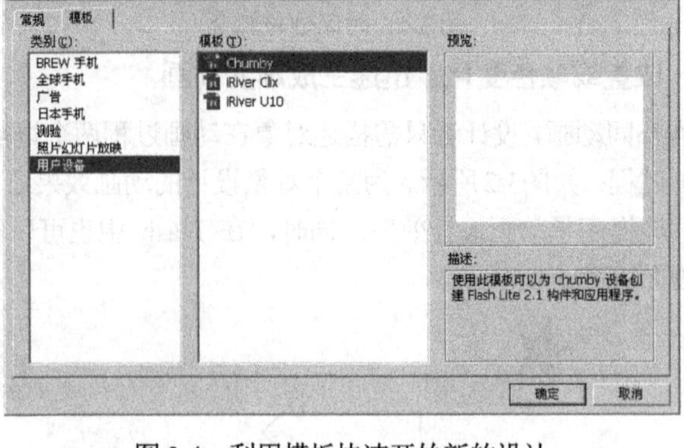

图 3-4　利用模板快速开始新的设计

6．提供功能强大的动作脚本 ActionScript

Flash CS3 同时提供对动作脚本 ActionScript 2.0 和 ActionScript 3.0 的支持，可以创建各种交互方式，并对动画过程进行灵活的控制。ActionScript 是面向对象的语言，符合 ECMA 脚本语言规范并支持继承强类型，以及事件模型。ActionScript 3.0 有利于创建高度复杂的应用程序，但是 ActionScript 2.0 更容易学习和掌握。

7．提供基于屏幕的可视创作环境和多种行为

基于屏幕的可视创作环境是一种带有层次结构的结构化设计界面，如图 3-5 所示，从中可以方便地设计出幻灯片演示文稿和表单应用程序。

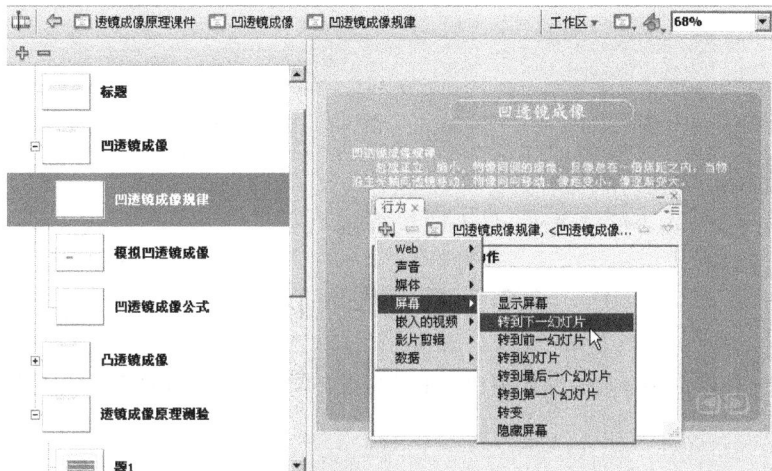

图 3-5　基于屏幕的可视创作环境

通过使用行为，设计人员无须编写一行动作脚本即可向作品中添加交互性。行为是预先编写的动作脚本，根据所选行为，添加动作脚本的工作由 Flash 自动完成，无须用户自己编写代码。另外还可以使用行为将以下功能包含在作品中，如链接到 Web 站点、载入声音和图像、控制嵌入视频的回放、播放影片剪辑等。

注意：ActionScript 3.0 不支持屏幕和行为。如果想要体会这两种设计工具带来的便利，应将 Flash 发布设置调整为 ActionScript 2.0。

8．提供方便易用的组件

组件是一种功能模块，Flash 提供有用户界面组件（如图 3-6 所示）、视频组件等。一个组件就是一段预定义的影片剪辑，其所需的参数由设计人员在创作过程中进行设置。通过使用组件，我们可以方便而快速地构建具有一致的外观和行为的功能强大的应用程序。即使设计人员没有掌握动作脚本的使用方法，也能使用组件提供的复杂功能。

Flash CS3 提供 ActionScript 2.0 组件和 ActionScript 3.0 组件。这两类组件不可混合使用，面向具体的应用，用户只能选择使用其中的一组。

9．提供电子教学内容

Flash 学习交互组件可用于快速创建测验型课件，示例如图 3-7 所示。学习交互组件有 6 种，包括判断对错、多项选择、填空、拖放、热区（敲击区域）和热件（敲击对象），设计人员可以方便地向课件中添加各类测验内容，不需要编写任何代码。每种学习交互组件都可以向位于 Web 服务器端的学习管理系统（LMS）发送跟踪信息，该系统必须符合美国航空工业 CBT 委员会（AICC）协议或可共享

图 3-6　部分用户界面组件　　　　　图 3-7　利用敲击对象组件实现的单项选择题

内容对象参考模型（SCORM）标准。

　　注意：上述电子教学内容仅与 ActionScript 2.0 兼容。

3.2　工　作　区

　　Flash CS3 的工作区由菜单栏、文档窗口、工具面板、属性检查器和浮动面板五大部分构成，如图 3-8 所示。

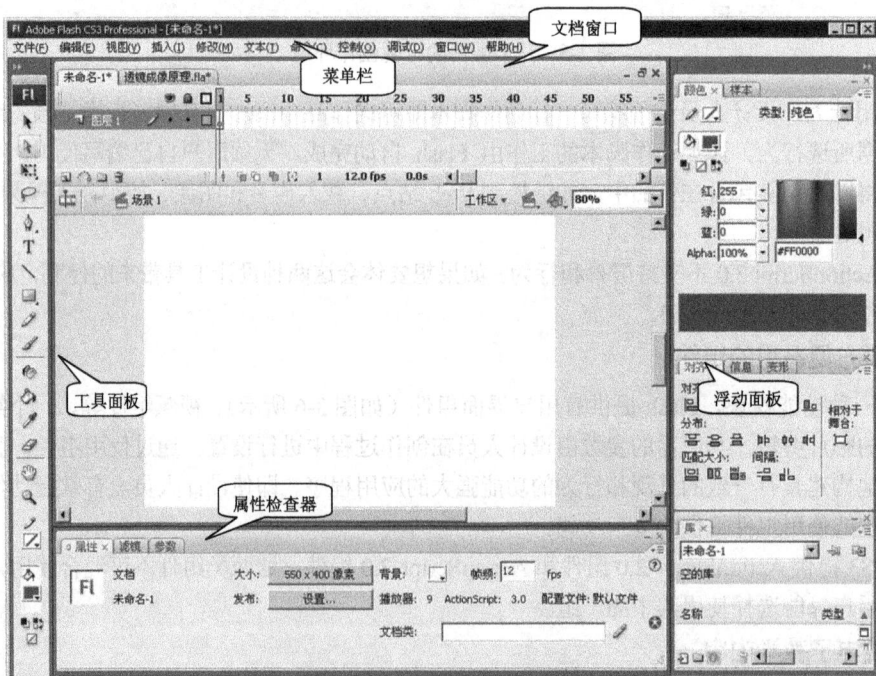

图 3-8　Flash CS3 的工作界面

3.2.1　菜单栏与主工具栏

Flash CS3 的菜单栏提供了大部分设计期间用到的命令,而主工具栏则提供了其中一些最常用的命令,用以提高设计工作的效率。Flash CS3 提供的菜单命令将随着本书内容的深入逐渐介绍给大家,现将主工具栏提供的按钮及对应的菜单命令与快捷键介绍如下。

如果主工具栏尚未出现,执行窗口→工具栏→主工具栏菜单命令,打开主工具栏,如图 3-9 所示。下面按照从左至右的顺序简要介绍其中每个按钮的作用。

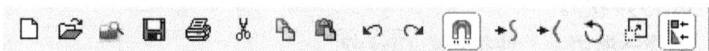

图 3-9　主工具栏

【新建】按钮——根据上一次创建的文档类型(例如幻灯片演示文稿或者动作脚本文件),创建一个新的文档。

等效菜单命令:文件→新建　　快捷键: Ctrl+N

【打开】按钮——用于定位并打开一个已经存在的 Flash 文件。

等效菜单命令:文件→打开　　快捷键: Ctrl+O

【转到 Bridge】按钮——打开 Adobe Bridge。Adobe Bridge 是功能强大、易于使用的媒体管理器,用于管理、浏览、定位和查看创作资源。

等效菜单命令:无

【保存】按钮——用于将当前打开的文件存盘。如果当前文件尚未命名,则 Flash 会请求设计人员为未命名的文件命名。

等效菜单命令:文件→保存　　快捷键: Ctrl+S

【打印】按钮——打开【打印】对话框,准备打印当前文件,如图 3-10 所示。事先设计人员还可以执行文件→页面设置菜单命令打开【页面设置】对话框进行打印参数(例如纸张尺寸、页面方向、打印范围等)设置,如图 3-11 所示。

图 3-10　【打印】对话框　　　　　　　图 3-11　【页面设置】对话框

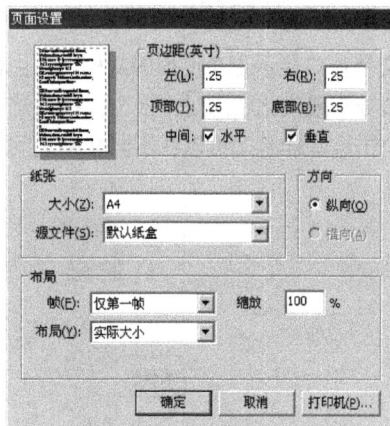

等效菜单命令:文件→打印　　快捷键: Ctrl +P

【剪切】按钮——单击此按钮可以将当前选中的内容转移到剪贴板上。

等效菜单命令：**编辑→剪切**　　快捷键：$\boxed{\textbf{Ctrl}}$+$\boxed{\textbf{X}}$

【复制】按钮——单击此按钮，可以将当前选中的内容复制到剪贴板上。

等效菜单命令：**编辑→复制**　　快捷键：$\boxed{\textbf{Ctrl}}$+$\boxed{\textbf{C}}$

【粘贴】按钮——单击此按钮，可以将剪贴板上的内容粘贴到舞台的中心位置。

等效菜单命令：**编辑→粘贴**　　快捷键：$\boxed{\textbf{Ctrl}}$+$\boxed{\textbf{V}}$

【撤销】按钮——单击此按钮，可以撤销最近执行过的操作，恢复到操作之前的状态。在默认状态下，最多可以通过此按钮撤销最近 100 次操作（可以通过执行编辑→首选参数菜单命令对最大撤销级别进行调整，最大可达 9999 次）。

等效菜单命令：**编辑→撤销**　　快捷键：$\boxed{\textbf{Ctrl}}$+$\boxed{\textbf{Z}}$

【重做】按钮——重新执行刚被撤销的操作。

等效菜单命令：**编辑→重做**　　快捷键：$\boxed{\textbf{Ctrl}}$+$\boxed{\textbf{Y}}$

【对齐对象】按钮——当调整对象的位置时，该按钮可以使其与舞台上的其他对象自动对齐。

等效菜单命令：**视图→对齐→对齐对象**　　快捷键：$\boxed{\textbf{Ctrl}}$+$\boxed{\textbf{Shift}}$+$\boxed{\textbf{/}}$

【平滑】按钮——用于平滑不规则的曲线或对象轮廓线。

等效菜单命令：**修改→形状→平滑**　　快捷键：无

【伸直】按钮——将曲线或对象轮廓线伸直。

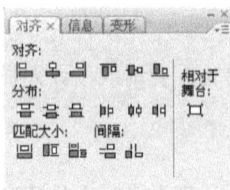

图 3-12　【对齐】面板

等效菜单命令：**修改→形状→伸直**　　快捷键：无

【旋转与倾斜】按钮——对对象进行旋转或倾斜调整。

等效菜单命令：**修改→变形→旋转与倾斜**　　快捷键：无

【缩放】按钮——对对象进行缩小或放大调整。

等效菜单命令：**修改→变形→缩放**　　快捷键：无

【对齐】按钮——使舞台中的对象互相对齐。单击此按钮将打开【对齐】面板，如图 3-12 所示。面板中列出了所有的对齐选项。

等效菜单命令：**修改→对齐**　　快捷键：无

3.2.2　文档窗口

文档窗口显示正在使用的文档，它由舞台、粘贴板、时间轴、编辑栏构成，如图 3-13 所示。当文档窗口处于最大化状态时，多个文档以选项卡的形式排列在一起，并以文档名称作为选项卡的标签，通过单击这些标签，可以在不同文档之间进行切换。

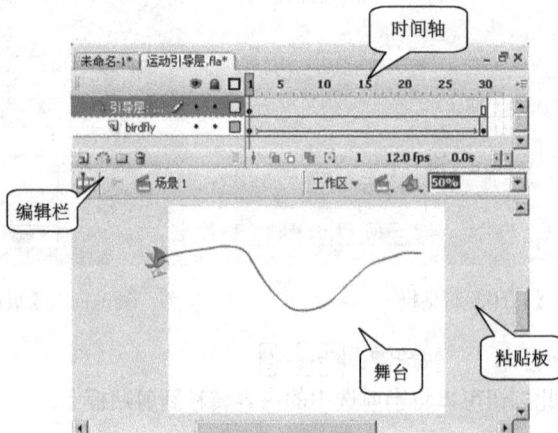

图 3-13　文档窗口

1. 舞台与粘贴板

创作环境中的舞台相当于 Flash 动画被播放时呈现的画面窗口，所有进入舞台的元素都可以在播放 Flash 动画时被显示在屏幕中。环绕舞台的灰色区域是粘贴板，位于其中的设计元素在播放动画期间是不可见的。因此，如果需要设计出"鸟儿从画面之外飞入"的动画效果，可以先将鸟儿放置在粘贴板中，然后以动画形式使鸟儿进入舞台区域，如图 3-13 所示。可以说舞台是摄像机的取景框，只有真正进入取景框的物体才能在最终的动画影片中得到显示。执行视图→粘贴板菜单命令（快捷键 Ctrl+Shift+W），可以打开或关闭粘贴板。

在着手设计动画之前必须确定舞台的大小和背景，这一点非常重要。默认的舞台设置是以白色作为背景色，大小为 550×400 像素，这些设置可以通过【文档属性】对话框进行调整。执行修改→文档菜单命令（快捷键 Ctrl+J）打开【文档属性】对话框，如图 3-14 所示。现将这些选项进行介绍。

（1）【标题】和【描述】文本框——用于输入作品的描述性标题和简要说明。这些内容将作为原数据被嵌入到最后发布的 SWF 文件中，以便动画作品被搜索。

（2）【尺寸】文本框——设置舞台的宽度值和高度值。舞台的默认大小为 550×400 像素，最小为 1×1 像素，最大为 2880×2880 像素。

（3）【匹配】按钮组——允许 Flash 自动选择舞台的宽度和高度，共有 3 种选择方式。

● 打印机：根据当前打印机的页面设置创建舞台。
● 内容：创建一个刚好能够容纳所有元素的舞台。
● 默认：恢复舞台默认的尺寸设置。

（4）【背景颜色】色框——单击色框可以打开颜色选择板，使用滴管工具选择舞台的背景色。如图 3-15 所示，其中提供了 216 种 Web 安全色。在颜色选择板的文本框内输入十六进制的颜色值（以 #RRGGBB 格式，红、绿、蓝颜色分量各以 2 位十六进制值表示），也可以定义所需的颜色。使用 Web 安全色很重要，它可以使精心设计的动画在 PC 和 Mac 平台上的不同 Web 浏览器中得到一致的显示效果。

图 3-14　【文档属性】对话框　　　　图 3-15　颜色选择板

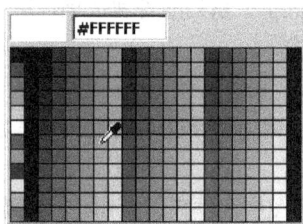

（5）【帧频】文本框——用于调整 Flash 影片的播放速度，在默认情况下是 12 帧/秒（fps）。使用较大的帧频可得到更为流畅的播放效果，但与此同时 Flash 影片会对网络速度提出更高的要求。

最后，如果对调整后的舞台效果不满意，可以在【文档属性】对话框中单击【设为默认值（M）】按钮，使所有参数恢复到默认值。

2. 时间轴

时间轴如图 3-16 所示。时间轴用于组织和控制影片各部分内容的显示时机和相对位置，由若干个图层和许多帧构成。与传统的电影胶片一样，Flash 影片的播放也是以帧为单位，帧的快速切换（切换速度达 12fps 以上）就会形成平滑的动画效果，两者之间唯一的不同在于帧的切换方式：前者依赖胶片传动切换帧，而后者则是通过沿时间轴移动的播放头切换帧。

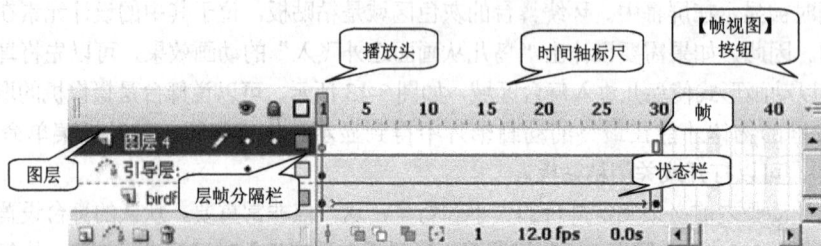

图 3-16　时间轴

　　Flash 文档中的每个图层都相当于一张胶片，多个图层排列在一起就像堆叠在一起的多张胶片一样。想象一下，通过一部放映机同时放映多张胶片（或者通过一部幻灯机同时投影多张重叠在一起的幻灯片）：每张胶片（幻灯片）上的内容会被同时投影到屏幕上，这就是图层的工作原理。每个图层都包含一个相对独立的动画效果，位置较高的图层其内容将显示在其他图层的上方，多个图层协同工作就会形成复杂的动画。

　　整个时间轴被层帧分隔栏分为左右两部分：图层区和帧区，设计人员可以左右拖动层帧分隔栏，以得到一个合适的观察位置。下面将两个区域分别进行介绍。

　　（1）图层区

　　图层就像透明的胶片一样由下向上叠加，如果某一个图层中没有内容，那么就可以透过它看到下面的图层。选择某一图层之后（图层名称后的铅笔图标指示了当前被激活的图层），可以在其中独立绘制和编辑对象，而不对其他图层中的对象造成影响。

　　新创建的 Flash 文档自动包含一个图层——图层 1，双击图层名称可以为该图层重新命名。设计人员可以自由地添加更多的图层，还可以通过创建图层文件夹将图层放入其中来组织和管理这些图层。在一个 Flash 文档中，图层数量只受计算机可用内存的限制，并且空图层不会增加最终发布的 SWF 文件大小（只有图层中的对象才会影响 SWF 文件大小）。

　　图层区提供了一系列的管理选项，用于插入、删除或重命名图层，也可以控制图层内容在编辑环境中的显示方式。

　　■ 【插入图层】按钮——在当前图层上方插入一个新的图层，新添加的图层将成为活动图层。

　　■ 【添加运动引导层】按钮——在当前图层上方添加一个运动引导层。引导层的作用是指定对象的移动路径。

　　■ 【插入图层文件夹】按钮——在当前图层上方插入一个图层文件夹。在图层文件夹中可以插入或粘贴新的图层。

　　■ 【删除图层】按钮——用于删除当前被选择的图层或图层文件夹。

　　■ 【显示图层】按钮——开关按钮，用于显示或隐藏图层和图层文件夹。每个图层都有对应的【显示图层】按钮，单击位于图层区顶端的【显示图层】按钮将显示或隐藏所有的图层。处于隐藏状态的图层其内容在动画设计期间不会显示在工作区中（但是不会影响最终发布的动画），从而可以避免不同图层中的对象在编辑时互相产生影响。

　　■ 【锁定图层】按钮——开关按钮，用于锁定或解锁图层和图层文件夹。每个图层都有对应的【锁定图层】按钮，单击位于图层区顶端的【锁定图层】按钮将锁定或解锁所有的图层。处于锁定状态的图层其内容不能被修改，这样就可以避免在无意中改动已经定稿的内容。

□【轮廓】按钮——开关按钮，用于以轮廓方式显示图层中的对象（例如对一个已填充过的圆形仅显示其圆周）。每个图层都有对应的【轮廓】按钮和唯一的轮廓线颜色，单击位于图层区顶端的【轮廓】按钮将使所有图层中的对象以轮廓方式显示。这一按钮的意义在于，在当前图层中设计动画时，既可以参考其他图层的内容，又能够避免其他图层对当前图层产生影响。

（2）帧区

每个图层中包含的所有帧都显示在该图层对应的一行时间轴中。顶部的时间轴标尺指示帧编号，其中红色的播放头指示当前在舞台中显示的帧，沿时间轴标尺拖动播放头可以对动画进行预览。底部的状态栏显示出当前帧的编号，文档的帧频以及动画播放至当前帧用去的时间。

动画中定义的元素（包括图形对象和帧动作脚本等）保存在关键帧中。帧根据其不同的用途在时间轴中呈现不同的形态。

● 关键帧：带有实心圆点的帧，表示其中包含着不同于其他帧的内容。
● 空白关键帧：不包含任何内容（除了帧动作脚本）的关键帧，以空心圆点标志。
● 结束帧：以白色矩形标志的帧。关键帧至结束帧之间所有的帧构成一个帧区间。
● 填充帧：帧区间内部的帧，由关键帧复制或进行插值运算得到。

在时间轴中单击某帧就可以选择该帧，按下鼠标左键并拖动鼠标则可以选择连续的帧。双击帧区间内的任意一帧就可以选择整个区间内的所有帧。选择完毕后通过时间轴的右键菜单就可以对帧进行复制、剪切或清除操作。

在状态栏的左侧是一系列的帧控制按钮，现将其作用简要介绍如下。

【滚动到播放头】按钮——在设计人员利用时间轴的水平滚动条浏览大量的帧时，单击此按钮可以快速定位到播放头所在的帧（即当前帧）并使该帧位于时间轴的中央。

【绘图纸外观】按钮——同时显示相邻几帧的内容，同时时间轴标尺上显示绘图纸外观标记，具有绘图纸外观的帧处于起始标记和结束标记之间（范围可以由【修改绘图纸标记】按钮进行调整）。除当前帧之外，具有绘图纸外观的帧是半透明的，并且距离当前帧越远的帧，其透明度越高（对当前帧的参考作用越弱）。

【绘图纸外观轮廓】按钮——仅将具有绘图纸外观的帧显示为轮廓线。同样道理，距离当前帧越远的帧，其轮廓线透明度越高。

【编辑多个帧】按钮——在默认状态下，具有绘图纸外观的几个帧中，仅有当前帧允许被编辑。按下此按钮，则所有具有绘图纸外观的帧都允许被编辑。

【修改绘图纸标记】按钮——按下此按钮则显示出一个下拉菜单，其中有以下选项。

● 总是显示标记：在时间轴标尺中显示绘图纸外观标记，而不管【绘图纸外观】按钮是否被按下。
● 锚定绘图纸：将绘图纸外观标记锁定在时间轴标尺中的当前位置。通常情况下，绘图纸外观范围是和播放头位置以及绘图纸外观标记相关的。通过锚定绘图纸外观标记，可以防止它们随播放头移动。
● 绘图纸 2：将绘图纸外观的范围设置为 2（在当前帧的两边各显示两个帧）。
● 绘图纸 5：将绘图纸外观的范围设置为 5。
● 绘制全部：将绘图纸外观的范围设置为所有帧。

通过【帧视图】按钮，可以更改帧的显示方式。单击该按钮将打开帧视图菜单，如图 3-17 所示。其中位置菜单命令用于指定时间轴在文档窗口中的位置，从小到大的 5 个菜单命令决定了每一帧的宽度，较短菜单命令则可以降低帧的高度。彩色显示帧菜单命令指定以彩色方式显示帧（默认状态下形状补间动画

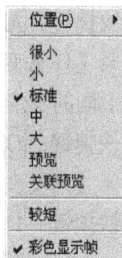

图 3-17 帧视图菜单

以绿色显示，动作补间动画以蓝色显示）。预览菜单命令使时间轴中显示出关键帧内容的缩略图。关联预览菜单命令则以实际比例在时间轴中显示出关键帧的完整缩略图（包括空白区域）。

3. 编辑栏

编辑栏如图 3-18 所示，其中包含用于编辑场景和元件以及用于设置工作区、更改舞台缩放比例的控制。执行窗口→工具栏→编辑栏菜单命令可以打开或关闭编辑栏。

图 3-18　编辑栏

单击【隐藏时间轴】按钮可以显示可隐藏时间轴。位置标签显示出设计人员正在编辑文档的哪一个部分（属于哪一场景、元件或组），单击这些标签可以在文档不同部分之间快速切换。使用【返回】按钮可以返回上一级对象。

使用【编辑场景】和【编辑元件】按钮，可以显示出文档中的场景和元件列表，从而迅速打开和编辑不同的场景及元件。

【舞台视图】组合框用于设置舞台的缩放比例。设计人员可以直接向其中输入新的比例值，也可以从下拉列表中选择一个现有的比例值。其中【符合窗口大小】选项取消工作区滚动条，使舞台缩放至充满工作区显示；【显示帧】选项则恢复工作区滚动条；【显示全部】选项则对整个工作区进行缩放，使未进入舞台的内容也得到完整显示。

【工作区布局】按钮用于保存和管理工作区的布局（例如浮动面板和工具面板的大小及位置），使设计人员可以自定义工作区布局，并能够根据当前的工作需要快速切换工作区布局。

3.2.3　工具面板

工具面板中的工具用于绘制、填充和修改图形。工具面板分为 4 个区域：工具区域、查看区域、颜色区域和选项区域。当鼠标指针位于各种工具图标上时，Flash 自动提示该工具的名称。如果某个工具图标的右下角有一个小的三角形标记，那么该图标代表着一组工具，在该图标上按下鼠标左键则会显示组内的其他工具。

1. 工具区域

工具区域包含绘画、涂色和选择工具。

【选择】工具——用于选择对象。

快捷键：V

【部分选取】工具——显示线条和形状轮廓上的锚点，并通过调整锚点来修改线条和轮廓。线条和形状在 Flash 中以路径表示，锚点则是决定路径外观的关键点。

快捷键：A

【任意变形】工具——用于对当前图形进行变形处理。使用该工具绘图时，可以在选项区域中选择不同的变形方式（例如倾斜、旋转或缩放等）。

快捷键：Q

【渐变变形】工具——用于改变渐变或填充的大小、方向和形状。

快捷键：F

【套索】工具——用于创建不规则的选择区域。使用该工具绘图时，也可以利用选项区域中的【多边形模式】选项，创建具有直边的选择区域。选项区域中的【魔术棒】选项还可以使【套索】工具根据颜色范围建立选择区域。

快捷键： $\boxed{\text{L}}$

🖋 【钢笔】工具——绘制精确的直线或曲线。【钢笔】工具经常与同一组内的 🖋【添加锚点】工具（快捷键 $\boxed{=}$）、🖋【删除锚点】工具（快捷键 $\boxed{-}$）和 🖋【转换锚点】工具（快捷键 $\boxed{\text{C}}$）配合使用。

快捷键： $\boxed{\text{P}}$

🅣 【文本】工具——创建静态文本、动态文本，以及输入文本。

快捷键： $\boxed{\text{T}}$

＼ 【线条】工具——绘制各式线条。

快捷键： $\boxed{\text{N}}$

▢ 【矩形】工具——绘制矩形或圆角矩形。

快捷键： $\boxed{\text{R}}$（按下 R 键可在【矩形】工具与【基本矩形】工具之间切换）

◯ 【椭圆】工具——用于绘制椭圆或正圆。

快捷键： $\boxed{\text{O}}$（按下 O 键可在【椭圆】工具与【基本椭圆】工具之间切换）

▣ 【基本矩形】工具——用于绘制矩形图元对象。图元对象与普通形状的区别在于：图元对象被创建之后，仍然能够调整其各种形状特征。

快捷键： $\boxed{\text{R}}$（按下 R 键可在【基本矩形】工具与【矩形】工具之间切换）

◉ 【基本椭圆】工具——用于绘制椭圆图元对象。

快捷键： $\boxed{\text{O}}$（按下 O 键可在【基本椭圆】工具与【椭圆】工具之间切换）

◌ 【多角星形】工具——用于绘制多边形或星形。

快捷键： 无

✎ 【铅笔】工具——绘制任意线条或形状。

快捷键： $\boxed{\text{Y}}$

🖌 【刷子】工具——用于得到画刷绘图的效果。使用该工具绘图时，可以在选项区域中选择不同的刷子形状、刷子大小以及绘画模式。

快捷键： $\boxed{\text{B}}$

🍶 【墨水瓶】工具——用于改变线条或者形状轮廓的笔触颜色、宽度和样式。

快捷键： $\boxed{\text{S}}$

🪣 【颜料桶】工具——用于填充封闭或未完全封闭的区域。可用纯色、渐变色以及位图进行填充。

快捷键： $\boxed{\text{K}}$

💉 【滴管】工具——用于从一个对象复制填充和笔触属性，然后立即将它们应用到其他对象。

快捷键： $\boxed{\text{I}}$

🖊 【橡皮擦】工具——用于擦除笔触和填充。

快捷键： $\boxed{\text{E}}$

2．查看区域

查看区域包含对舞台进行缩放和移动的工具。

🖐 【手形】工具——当放大舞台时，使用手形工具可以移动舞台，从而观察到超出工作区可视范围的内容。

快捷键： $\boxed{\text{H}}$

🔍 【缩放】工具——用于放大舞台视图（不会改变舞台的实际尺寸），最大放大倍率是 2000%。在按下 $\boxed{\text{Alt}}$ 键时，该工具用于缩小舞台视图，最大缩小倍率是 8%。拖放【缩放】工具在舞台上划定一个区域，可以将该区域放大至充满整个窗口。

快捷键：M　Z

3．颜色区域

颜色区域包含用于选择笔触颜色和填充颜色的工具。利用绘图工具绘制出的形状通常包括两个部分：路径（它描绘形状的外观，路径的轮廓称为笔触）和填充（它对形状内部进行着色）。

✎▢　【笔触颜色】工具——用于设置笔触的颜色。单击色框可以打开颜色选择板，使用滴管工具选择笔触颜色。如图3-19所示，其中提供了216种Web安全色（即能够在网页上正常显示的颜色）。在颜色选择板的文本框内输入十六进制的颜色值（以#RRGGBB格式）也可以定义所需的颜色。单击颜色选择板右上角的按钮，则可以打开Windows系统的【颜色】对话框，在其中选择颜色。【Alpha】选项用于控制笔触的透明度，如果设置为0，则笔触不可见（即完全透明）；如果设置为100%，则笔触不透明。

图3-19　选择笔触颜色

✎■　【填充颜色】工具——用于设置填充的颜色。使用方法与【笔触颜色】工具相似。

▣　【黑白】按钮——用于将笔触颜色设置为黑色、填充颜色设置为白色。

⇄　【交换颜色】按钮——交换【笔触颜色】工具和【填充颜色】工具的颜色设置。

▨　【没有颜色】按钮——选择【填充颜色】工具之后，单击此按钮则将填充颜色设置为无色。

4．选项区域

选项区域显示当前被选定工具的附加功能，这些附加功能直接影响工具的使用效果。随着本书内容的逐渐深入，会将各种工具的附加功能——介绍给读者。

5．自定义工具面板

Flash允许定制工具面板，以便指定在创作环境中显示哪些工具。设计人员可以通过【自定义工具面板】对话框向工具面板中添加或删除工具。

执行编辑→自定义工具面板菜单命令，打开【自定义工具栏】对话框，如图3-20所示。首先在对话框左侧选择某一工具图标（被选中的工具将被红色的矩形框包围），其对应的工具就显示在【当前选择】列表框中，一种工具图标可以对应多种工具。

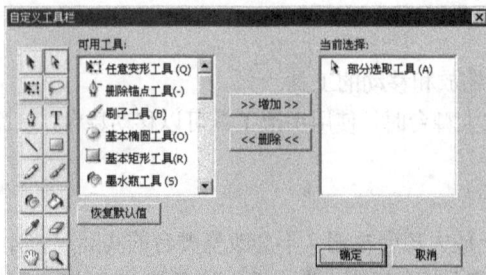

图3-20　【自定义工具面栏】对话框

在【当前选择】列表框中选择一种工具，单击【<<删除<<】按钮将其从列表中删除，执行删除操作之后工具图标不再有对应的工具，即工具图标将从工具面板中消失。

在【可用工具】列表框中选择一种工具，单击【>>增加>>】按钮，可以将该工具添加到当前工具图标对应的【当前选择】列表框中。如果将多个工具分配给工具面板中的一个图标，则所有工具会出现在相应工具图标的弹出菜单中，同时工具图标右下角出现三角形标记表示存在多个工具。

3.2.4　属性检查器

属性检查器包括了【属性】面板、【滤镜】面板和【参数】面板。使用属性检查器可以方便地访问舞台或时间轴上当前选定项的一些常用属性。根据当前选定的内容，属性检查器可以显示当前文档、文本、元件、形状、位图、视频、组、帧或工具的信息和设置，图 3-21 是【文本】工具对应的属性检查器。按下 Ctrl+F3 组合键，可以随时打开或关闭属性检查器。

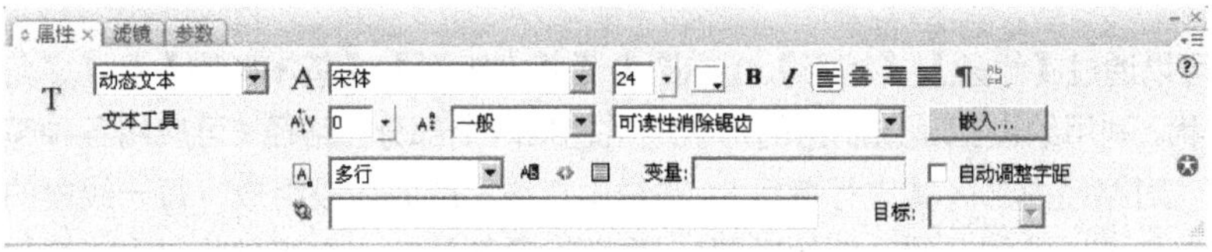

图 3-21　属性检查器

3.2.5　使用和管理面板

Flash 提供的面板有助于查看、组织和更改文档中的对象。面板中的选项控制着元件、实例、颜色、类型、帧和其他对象的特征（例如属性检查器中的面板），也可以使用浮动面板中的【对齐】面板将对象彼此对齐或与舞台对齐。

默认状态下，面板在 Flash 工作区的底部和右边成组停靠，但是它们也可以被拖放到屏幕中的任意位置单独或成组放置（如图 3-22 所示），只需使用鼠标拖放面板的标签即可。无论如何摆放，面板总是处于其他窗口的前面，使得设计人员在任何时候都能够方便地获取面板中的内容。单击面板的标题栏，可以使面板在展开或折叠状态之间进行切换。

所有的面板都可以通过窗口菜单中提供的菜单命令打开或关闭。通过显示特定任务所需的面板并隐藏其他面板，设计人员可以定制常用的面板组合，作为工作区布局进行存储和管理。

图 3-22　面板位置

3.3　上 机 实 验

1. 熟悉 Flash 工作区，自定义工作区布局，并练习切换工作区布局。
2. 练习使用和管理各种面板。

第4章　绘制矢量图形与文本

矢量图形不是依靠像素点来组成图形的，而是通过数学方法描述一系列的点和曲率，计算出连接这些点的直线或曲线路径并最终显示在计算机屏幕上的。矢量图形的工作原理导致它具有两个突出的优点：矢量图形可以随意缩放而不影响最终的显示效果，矢量图形文件的通常较小。

本章主要介绍如何使用 Flash 提供的绘图工具创建和编辑矢量图形与文本。

4.1　绘 制 形 状

在 Flash 中可以通过【线条】、【矩形】、【椭圆】、【基本矩形】、【基本椭圆】和【多角星形】工具轻松创建简单的形状。利用绘图工具绘制出的形状通常包括两个部分：路径（可应用各种笔触来描绘路径的轮廓）和填充（对路径内部区域进行着色）。路径由直线段或曲线段组成，每一线段的起始点和结束点由锚点标记。路径可以是闭合的（例如椭圆），也可以是开放的、有明显的终点（例如直线段）的。

4.1.1　绘制线条

在工具面板中选择【线条】工具（也称为【直线】工具）后，在舞台中按下鼠标左键并拖动鼠标就可以绘制线条。按下鼠标左键的位置是线条的起点，释放鼠标左键的位置则是线条的终点。如果在按下 Alt 键的同时拖动鼠标，则线条以按下鼠标左键的位置为中心向两端延伸。如果在按下 Shift 键的同时拖动鼠标可以将线条绘制方向限制为水平、竖直或与水平方向成45°。

在 Flash 中，线条就是应用了笔触的路径。当选择【线条】工具后，属性检查器的内容如图 4-1 所示。在绘制线条之前，通过属性检查器可以设置笔触的颜色、高度和样式。笔触高度可以是 0.1～200 的数值。

图4-1　【线条】工具属性检查器

在笔触样式列表中，可以选择多种笔触，制造多样的线条效果，如图 4-2 所示。单击【自定义】按钮，打开【笔触样式】对话框，在其中可以定制笔触样式，如图 4-3 所示。

图4-2　应用笔触样式　　　　　　　　图4-3　定制笔触样式

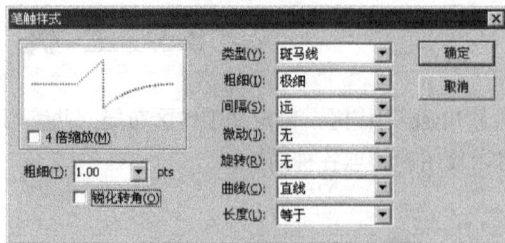

【端点】选项用于指定线条终点处的端点类型。端点共有 3 种类型：无类型、圆角和方形。选择无类型则端点将忠实反映绘制线条时按下和释放鼠标左键的位置（路径端点）；选择圆角则产生一个超出路径端点半个笔触高度的圆头端点；选择方形则产生一个超出路径半个笔触高度的方头端点。图 4-4 比较了为同一线条依次应用上述端点类型产生的 3 种线条端点效果，黑色实线笔触中的圆形锚点为路径的端点。

【接合】选项用于指定线条端点的接合方式。共有 3 种接合方式：尖角、圆角和斜角，图 4-5 中比较了为两条相接线条依次应用上述接合方式产生的接合效果。

图4-4　3 种线条端点类型　　　　　　　图4-5　3 种接合方式

当两线条以尖角方式接合在一起，【尖角】选项用于指定尖角限制（尖角的延伸长度），其有效值为 1～255。这是一个比例值，它与笔触高度乘积的一半决定了尖角延伸出接合点的长度。例如当笔触高度为 18，【尖角】选项的值为 2，则尖角超出接合点 18 像素以外的部分将被切断。图 4-6 所示的尖角限制中比较了当尖角限制依次取值为 1、2 和 4 时，两线条的接合效果。图中每个方格的边长为 18 像素。显然，尖角限制是否发生作用还取决于两线条之间的夹角是否足够小。

【笔触提示】复选框用于决定是否提示笔触使用完整的像素。这一选项影响线条中锚点的位置和笔触的大小，选择它可避免出现模糊的水平或垂直线条。图 4-7 中显示了两组由水平和垂直线条构成的图形，其中第二组图形应用了笔触提示。在播放 Flash 动画的过程中，缩小动画的显示尺寸，可以看到第一组图形中部分水平和垂直线条产生了模糊，与此同时第二组图形中的线条仍然非常清晰。

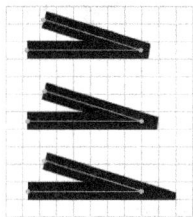

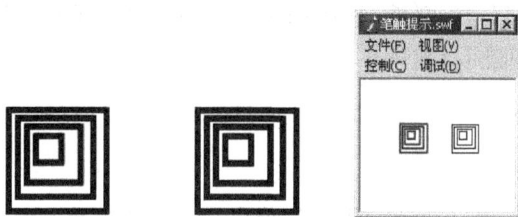

图4-6　尖角限制　　　　　　　　图4-7　应用笔触提示对比

【缩放】选项用于指定笔触的缩放方式。共有 4 种缩放方式：选择一般方式则总是对笔触进行缩放；选择水平方式则当仅沿水平方向缩放对象时，不缩放笔触；选择垂直方式则当仅沿垂直方向缩放对象时，不缩放笔触；选择无，则从不缩放笔触。

关于线条接合有一点必须注意，如果两线条具有不同的笔触颜色、高度，或者分别应用了不同的接合方式、尖角限制、笔触提示或缩放方式，则两线条不会接合在一起。

4.1.2　绘制矩形

在工具面板中选择【矩形】工具，在舞台中按下鼠标左键并拖动鼠标就可以绘制矩形。在绘制矩形时按下鼠标左键的位置就是矩形的起点，释放鼠标左键的位置则是矩形的终点。如果在按下 Alt 键的同时拖动鼠标则矩形以按下鼠标左键的位置为中心向两端延伸。在按下 Shift 键的同时拖动鼠标可以绘制出正方形。

当选择【矩形】工具后，属性检查器的内容如图 4-8 所示，调整其中的圆角半径，可以绘制出圆角矩形。圆角半径的绝对值越大，圆角的弯曲程序也就越明显。普通矩形对应的圆角半径为 0；若圆角半径大于 0，则绘制外凸的圆角；若圆角半径小于 0，则绘制内凹的圆角。单击 4 个圆角半径选项中央的锁标记，则可以分别为矩形的每个角指定圆角半径。在拖放鼠标绘制矩形时，释放鼠标左键之前，可以利用 ↑ 键或 ↓ 键，调整圆角半径。

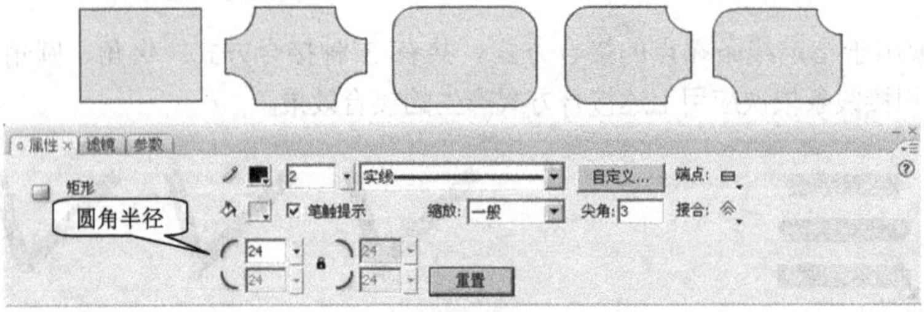

图 4-8　绘制矩形

如果需要精确设置矩形的大小，在按下 Alt 键的同时单击舞台，则会在单击位置创建一个矩形，其大小和圆角半径可以通过【矩形设置】对话框精确地进行设置。

4.1.3　绘制椭圆

在工具面板中选择【椭圆】工具，在舞台中按下鼠标左键并拖动鼠标就可以绘制椭圆。每一个椭圆都有一个不可见的限制矩形（大小刚好能够容纳下椭圆）。在绘制椭圆时按下鼠标左键的位置就是椭圆的起点，释放鼠标左键的位置则是椭圆的终点。如果在按下 Alt 键的同时拖动鼠标则椭圆以按下鼠标左键的位置为中心向两端延伸。在按下 Shift 键的同时拖动鼠标可以创制出正圆形。

当选择【矩形】工具后，属性检查器的内容如图 4-9 所示，调整其中【起始角度】和【结束角度】属性的值，可以绘制圆弧；选择【闭合路径】选项，则可以绘制饼图（扇形）；调整【内径】属性的值，可以绘制出椭圆环（扇环）。

一组非闭合路径　　　　　一条闭合路径　　　　　非 0 内径的闭合路径

图 4-9　绘制椭圆

选择【椭圆】工具后，在按下 Alt 键的同时单击舞台，则会在单击位置创建一个椭圆，其大小可以通过【椭圆设置】对话框精确地进行设置。

4.1.4　绘制基本矩形和基本椭圆

在工具面板中选择【基本矩形】工具或【基本椭圆】工具之后，可以绘制基本矩形或基本椭圆。基本形状也称为图元形状，绘制基本形状与前面介绍的绘制普通形状的操作过程基本相同，但是基本形状与普通形状不同之处在于，设计人员可以随时通过属性检查器修改基本形状的各项属性。图 4-10

中显示了分别选择基本矩形或基本椭圆之后，属性检查器的内容。

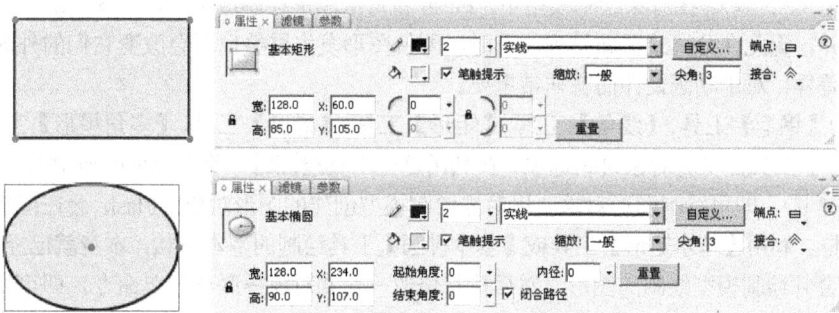

图 4-10　绘制基本矩形和基本椭圆

对基本形状的调整也可以使用鼠标可视的进行，如图 4-11 所示，以鼠标拖动基本形状中的锚点，对基本形状进行修改。

图 4-11　调整基本形状

注意，Flash 也允许使用绘图工具（例如【部分选取】工具或【任意变形】工具等）对普通形状进行修改，但这种修改并不是基于形状意义上的。

4.1.5　绘制多边形和星形

在工具面板中选择【多角星形】工具，在舞台中按下鼠标左键并拖动鼠标就可以绘制多边形或星形。在绘制多边形或星形时按下鼠标左键的位置就是多边形或星形的中心点，以中心点为圆心拖动鼠标就可以使多边形或星形围绕中心点转动，释放鼠标左键的位置则是多边形或星形的一个顶点。

在绘制多边形或星形之前，通过属性检查器可以设置笔触和填充的样式，单击【选项】按钮则打开【工具设置】对话框，对多边形或星形的边数和顶点大小进行设置，如图 4-12 所示，星形顶点设置得越小，最终绘制出的星形就越锐利。

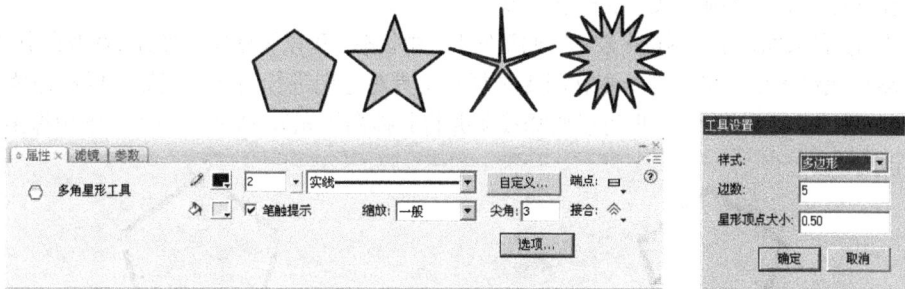

图 4-12　绘制多边形和星形

4.2　编　辑　图　形

4.2.1　绘制模型

Flash 有两种绘制模型：合并绘制模型与对象绘制模型。合并绘制模型是默认的模型，在这种模型下，如果两个图形重叠在一起，将自动进行合并，此时如果移走位于上方的图形，下方的图形将会发生裁剪（详见 4.2.5 节）。在对象绘制模型下，Flash 将每个图形绘制成独立的对象，这些对象在叠加时不会自动合并，因此在分离或重新排列图形时，即使图形发生重叠也不会改变它们的外观。理解两种绘制模型的差异，对于动画设计而言非常重要。

　　Flash 为【钢笔】工具、【线条】工具、【矩形】工具、【椭圆】工具、【多角星形】工具、【铅笔】工具和【刷子】工具提供有对象绘制选项。在利用这些工具绘图时，单击选项区域中的 ◯【对象绘制】按钮（快捷键 J），即可绘制图形对象。以对象绘制模型创建的图形对象，Flash 会在图形周围添加蓝色的矩形边框。利用【基本矩形】工具或【基本椭圆】工具绘制的基本形状，本身就已经是图形对象。

　　选择以合并绘制模型绘制的图形，然后执行修改→合并对象→联合菜单命令，即可将其转换为由对象绘制模型绘制的图形对象。选择图形对象之后，执行修改→分离菜单命令（快捷键 Ctrl+B），即可将其转换为由合并绘制模型绘制的图形。由于两种绘制模型之间可以自由转换，本节主要以合并绘制模型，介绍图形的编辑方法。

4.2.2　调整线条与填充

　　在 Flash 中绘制的图形，线条与填充是分离的。通过工具面板中的【没有颜色】按钮，设计人员在绘图之前可以选择没有线条，或者没有填充。设计人员还可以对已绘制的线条和填充分别进行选择和编辑。图 4-13 所示为一个通过【多角星形】工具绘制的五边形，利用【选择】工具可以进行如下选择。

选择填充　　　　　选择线条　　　　　同时选择线条和填充

图 4-13　绘制五边形

（1）单击图形内部可以选中填充部分。

（2）单击某一边可以选中该边，双击任一边可以选中整个轮廓线条。

（3）在图形内部双击则可以选中整个图形。

线条或填充的表面显示出网点，表示它们正处于选中状态，可以被复制、剪切或在舞台中进行拖放。

选择填充或线条后，可以进一步利用【选择】工具对它们进行调整。例如可以选择填充并将其拖离五边形（如图 4-14(a)所示，也可以选择线条并将其拖离填充），或者分别将每条边拖离填充（如图 4-14(b)所示）。

(a)　　　　　　　　　　　　　　　　　　　　(b)

图 4-14　分离线条和填充

当【选择】工具靠近线条或填充时（假设此时线条或填充没有处于选中状态），则在鼠标指针右下方会出现一个弧形标记，此时按下鼠标左键并拖动鼠标可以对线条或填充进行调整，如图 4-15 所示。

要注意利用【线条】工具绘制出的线条只有线条而没有填充部分。利用【选择】工具可以将直线转换为曲线，如图 4-16 所示。

图 4-15　调整形状后的线条和填充（调整之前是五边形）

当【选择】工具靠近线条的两个端点或多边形和星形的顶点时，鼠标指针右下方会出现一个拐角标记，此时按下鼠标左键并拖动鼠标可以对端点或顶点的位置进行调整，如图 4-17 所示。

(a)　　　　(b)

图 4-16　将直线转换为曲线　　　　图 4-17　调整端点或顶点

对于已经选中的线条，可以重新应用笔触样式。通过绘图工具属性检查器中的【自定义】按钮打开【笔触样式】对话框，在其中设计人员可以定义新的笔触，如图 4-18 所示。其中【4 倍缩放】复选框使设计人员在放大 4 倍的情况下预览笔触效果，【锐化转角】复选框决定由当前笔触形成的夹角是否锐利。笔触样式的类型共有 6 种，如图 4-19 所示，从上到下分别是：实线、虚线、点状线、锯齿状、点描、斑马线，不同的笔触类型对应有不同的参数设置（例如点的大小、密度和笔触起伏程度等）。通过应用各种笔触，可以方便地绘制出具有随机效果的卡通图案，如图 4-20 所示。Flash 还提供有另一种笔触样式——极细，以这种笔触绘制出的线条具有固定的宽度，无论对图形如何进行缩放，极细类型的线条总是具备 1 个像素的宽度。

图 4-18　定义新的笔触样式

矩形　　　六边形　　　椭圆形

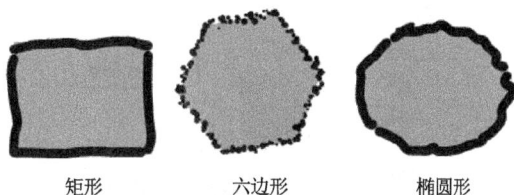

图 4-19　笔触样式　　　　图 4-20　应用新的笔触样式绘制形状

使用【墨水瓶】工具可以对线条或者形状轮廓应用新的笔触，只需在【墨水瓶】工具属性检查器中选择新的笔触，然后单击舞台中的线条或形状轮廓即可应用新的笔触。即使形状本身不具备轮廓线条，通过【墨水瓶】工具单击形状的内部填充部分也可以为形状添加轮廓线条。

Flash 提供的填充有纯色和渐变两类。对于已经选中的填充，也可以重新应用填充样式，只需单击
【填充色】工具打开颜色选择板，在其中选择一种纯色或渐变，如图 4-21 所示。通过【颜料桶】工具，
也能够在现有形状中应用新的填充。

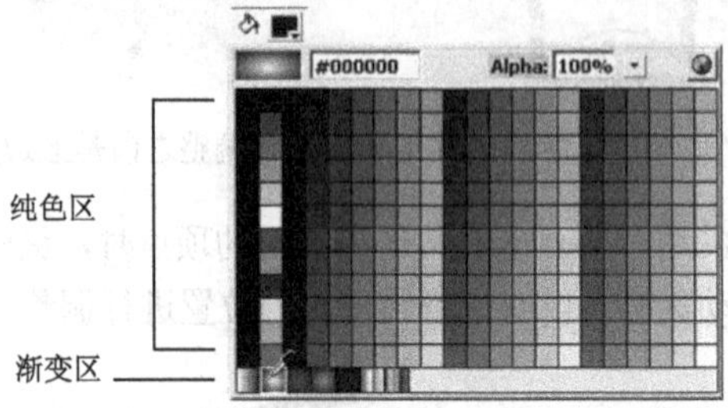

纯色区

渐变区

图 4-21　选择纯色或渐变

4.2.3　定制渐变填充

灵活运用渐变填充，可以创作出很多优美的效果。渐变填充多被用来营造具有真实感的光影效果。
图 4-22 中所示的带有阴影的红色球体就是由两个经渐变填充的圆形对象构成的，图 4-23 所表现的漆
黑舞台上的一道光柱，是由经渐变填充的圆形对象和多边形对象构成的。

图 4-22　由渐变填充构成的红色球体 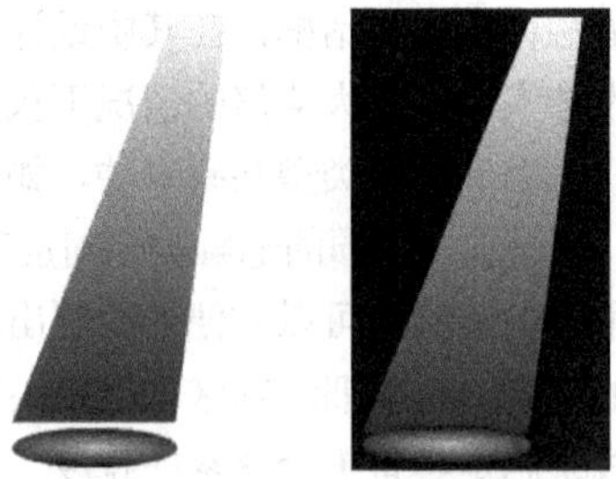　　　　　　图 4-23　由渐变填充构成的光柱

使用【颜色】面板可以定制渐变填充。执行窗口→设计面板→颜色菜单命令（快捷键 Shift+F9）
打开【颜色】面板，如图 4-24 所示。可以通过面板右上角的面板菜单选择 RGB 模式或 HSB 模式，RGB
模式以红（Red）、绿（Green）、蓝（Blue）三原色的组合表示颜色，HSB 模式则以色相（Hue）、饱和
度（Saturation）和亮度（Bright）的组合表示颜色。

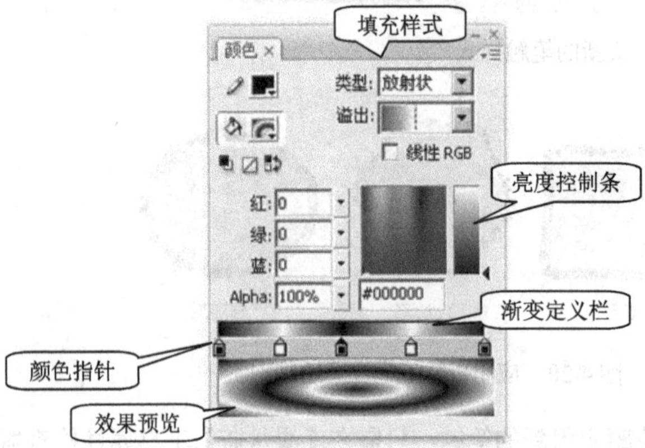

填充样式

亮度控制条

渐变定义栏

颜色指针

效果预览

(a) 放射状渐变（RGB 模式） 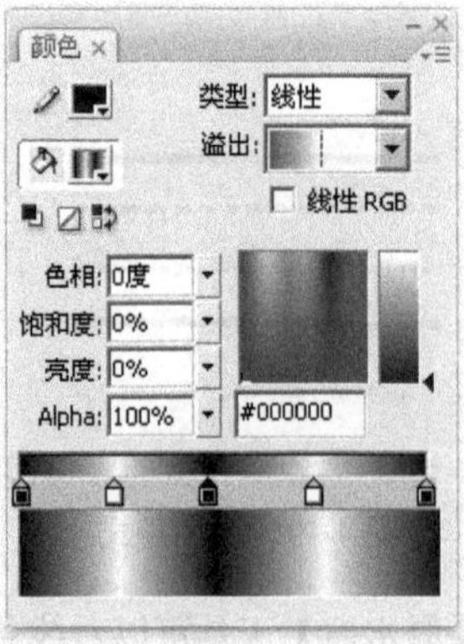　　　　　　(b) 放射状渐变（HSB 模式）

图 4-24　使用【颜色】面板定制渐变填充

用【颜色】面板可以创建任意颜色。设计人员可以在 RGB 模式或 HSB 模式下选择颜色，或者直接使用十六进制值精确指定颜色，还可以通过 Alpha 值来定义颜色的透明度：0%表示完全透明，100%则表示完全不透明。以下是使用【颜色】面板定制渐变的具体步骤。

（1）从【颜色】面板中的【填充样式】列表框中选择一种渐变类型。

线性渐变：代表着从起始点到终点沿直线逐渐变化。

放射状渐变：代表着起始点到终点按照放射模式向四周逐渐变化。

（2）在渐变定义栏下面单击，选择现有的颜色指针或者添加新的指针。

（3）在颜色选择区为当前指针选择一种颜色（也可以通过颜色数值指定颜色），通过 Alpha 值指定颜色的透明度。

（4）沿着渐变定义栏拖动颜色指针可以调整渐变上对应颜色的位置。将指针拖离渐变定义栏可以删除该指针（以及渐变中对应的颜色）。

（5）在【颜色】面板右上角的面板菜单中选择添加样本菜单命令，就可以将新的渐变添加到当前文档的填充颜色选择板中，如图 4-25 所示，以后就可以通过【填充颜色】工具或【颜料桶】工具方便地应用这些新的渐变进行填充。

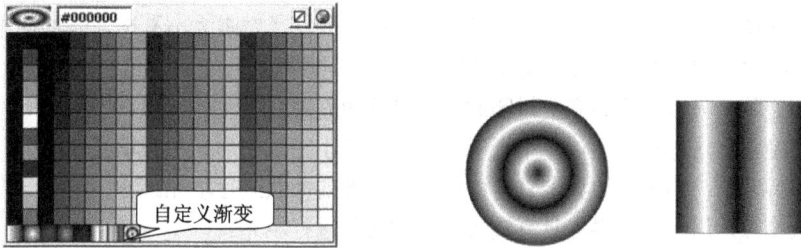

图 4-25　自定义放射状渐变和线性渐变

【渐变变形】工具是设计人员设计渐变填充样式的另一得力助手。选择【渐变变形】工具后单击形状的填充部分，就可以对现有的填充进行调整，如图 4-26(a)所示（对于放射状渐变填充参见图 4-27(a)）。

（1）拖动中心圆点可以改变渐变填充中心点的位置，如图 4-26(b)和图 4-27(b)所示。

（2）要缩放线性渐变填充，拖动边框中心的方形控制点，如图 4-26(c)所示。要缩放放射状渐变的半径，拖动圆形边框中间的圆形控制点，如图 4-27(c)所示。要拉伸放射状渐变，拖动圆形边框上的方形控制点，如图 4-27(d)所示。

（3）要旋转线性渐变填充，拖动边框上方的圆形控制点，如图 4-26(d)所示。要旋转放射状渐变填充，拖动圆形边框最下方的控制点，如图 4-27(e)所示。

（4）要调整放射状渐变填充的焦点，沿填充轴线拖动倒三角形控制点，如图 4-27(f)所示。

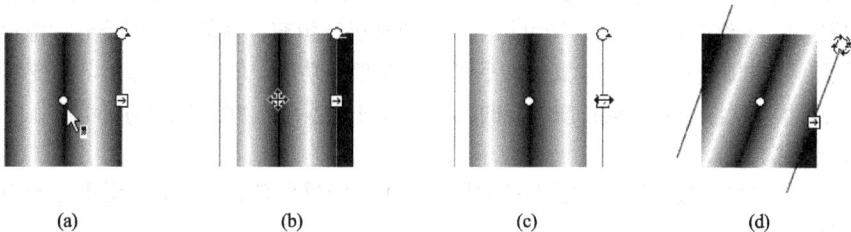

|(a)|(b)|(c)|(d)|

图 4-26　使用【渐变变形】工具调整线性渐变填充

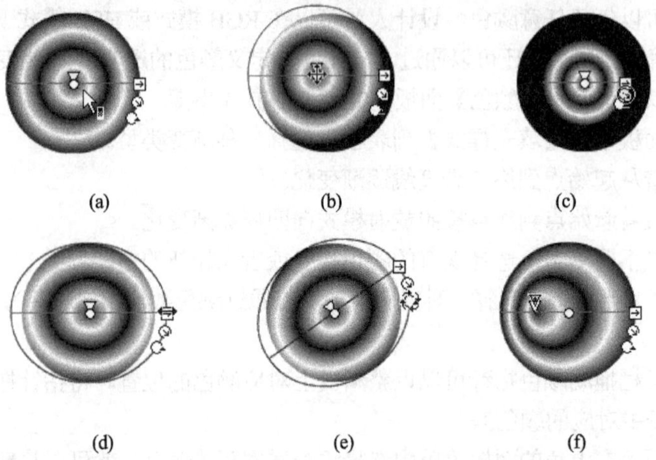

(a)　　　　　　　　(b)　　　　　　　　(c)

(d)　　　　　　　　(e)　　　　　　　　(f)

图 4-27　使用【渐变变形】工具调整放射状渐变填充

4.2.4　关于填充的技巧

在利用【颜料桶】工具进行填充时，工具面板中提供的 ○ 【空隙大小】选项能够使【颜料桶】工具填充未完全封闭的区域。如图 4-28 所示，其中共提供了 4 种选择。

（1）不封闭空隙：只能对边界完全封闭的形状进行填充。

（2）封闭小空隙：这是默认选项，用于对边界上具有小空隙的形状进行填充。

（3）封闭中等空隙：用于对边界上具有中等大小空隙的形状进行填充。

（4）封闭大空隙：用于对边界上具有较大空隙的形状进行填充。

如果形状边界（路径）上有很大的空隙，在对其进行填充之前必须手工调整空隙的大小（运用【选择】工具）。图 4-29(a)所示的是对一个未完全封闭的三角形进行填充。值得一提的是笔触样式并不影响形状的封闭性，如图 4-29(b)所示，是一个完全封闭的圆形，只是对边界线条应用了虚线笔触，在这种情况下即使选择不封闭空隙也能对其进行填充。

图 4-28　【颜料桶】工具的【空隙大小】选项 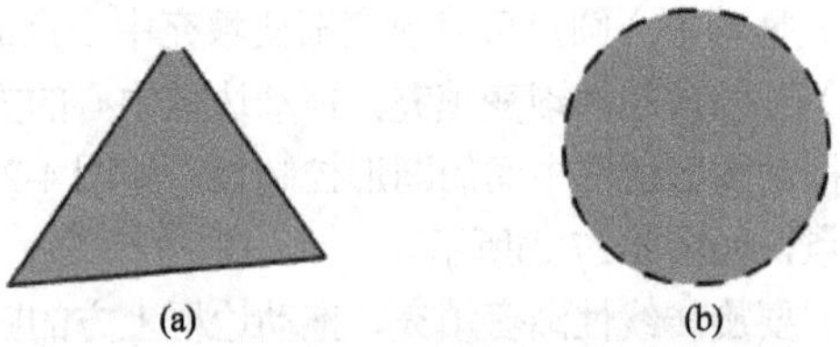　　　　图 4-29　对边界上具有空隙的形状进行填充

工具面板中提供的 ◎ 【锁定填充】按钮能够使【颜料桶】工具填充的范围扩大到舞台中的多个形状。在默认情况下，【颜料桶】工具只能对每个形状单独进行填充，填充效果不受形状位置的影响，如图 4-30(a)所示。如果预先制定填充样式，然后利用锁定填充功能，填充多个形状，渐变填充的范围就可以覆盖这些形状，就像是从左至右按统一的填充样式进行填充，如图 4-30(b)所示。下面举例说明锁定填充功能的使用方法。

（1）在舞台中绘制一组形状，如图 4-31(a)所示，本例的目标是对其中的一组正方形和一组圆形进行统一的线性渐变填充。

（2）在工具面板中选择【颜料桶】工具，将填充颜色选择为线性渐变填充，然后单击最上方的矩形进行填充，如图 4-31(b)所示。单击【锁定填充】按钮，开启锁定填充功能。

(a)　　　　　　　　　　　　　　　　　　　(b)

图 4-30　利用【锁定填充】选项扩展渐变填充的范围

（3）保持当前【颜料桶】工具的选择状态不变，单击舞台中的各个形状，进行统一的线性渐变填充，如图 4-31(c)所示。填充完毕之后，可以删除最上方的矩形，图 4-31（c）中保留了该矩形，是便于读者观察：沿水平方向，不同位置的形状具有不同的渐变效果；而沿竖直方向，相同位置的形状具有相同的渐变效果。

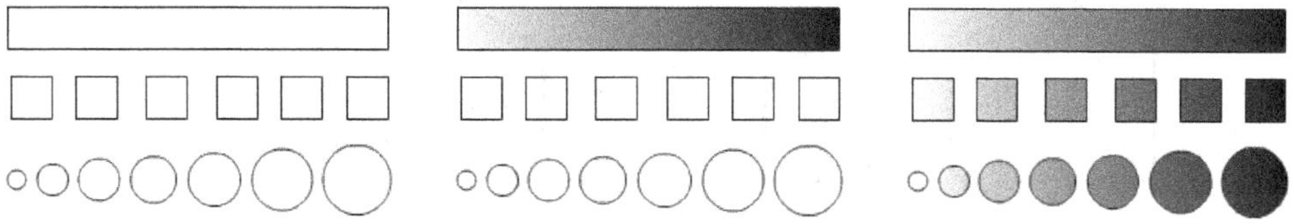

(a)　　　　　　　　　　　　(b)　　　　　　　　　　　　(c)

图 4-31　利用【锁定填充】选项实现线性渐变

上例的第（2）个步骤实质上定义了锁定填充使用的填充模式，并将这一模式应用于整个舞台。也可以理解为锁定填充实质上是对整个舞台进行的填充，而真正被填充的各个形状，就好像是位于舞台上方的一组遮罩，只有遮罩下方的填充结果才允许被显示。为加深读者的理解，下面再举一例。

（1）在整个舞台的范围内，绘制一组矩形，如图 4-32(a)所示。本例的目标是对这些矩形进行统一的放射状渐变填充。

（2）选择【矩形】工具，单击工具面板选项区域中的【对象绘制】按钮，绘制一个与覆盖整个舞台的矩形对象。选择【颜料桶】工具，将填充颜色选择为放射状渐变填充，然后单击矩形对象进行填充，如图 4-32(b)所示。单击【锁定填充】按钮，定义锁定填充使用的填充模式。此时矩形对象的使命已经结束，利用【选择】工具选择该对象并将其删除。

（3）选择【颜料桶】工具，单击舞台上的所有矩形，完成统一的放射状渐变填充，如图 4-32(c)所示（比较图 4-32(b)与(c)的填充效果，它们在位置上有直接的对应关系）。

(a)　　　　　　　　　　　　(b)　　　　　　　　　　　　(c)

图 4-32　利用【锁定填充】选项实现放射性渐变

4.2.5　裁剪与组合图形

在合并绘制模型下，如果两个或多个图形在位置上发生重叠，就会发生裁剪现象。如图 4-33(a)所示，当一条横线贯穿一个被填充的三角形时，两个图形在发生交叉的位置都会发生裁剪（包括线条和填充），如图 4-33(b)所示。

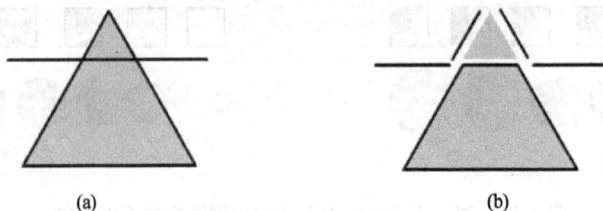

(a)　　　　　　　　　　　　　　(b)

图 4-33　图形裁剪

　　这一特性对于创建较复杂的图形非常有利，例如设计人员可以分别创建一个六边形和一个圆形，并将两者放置在一起，移去中央的圆形后在六边形中央留下一个空洞，从而制作出一个螺母的形状，如图 4-34 所示。

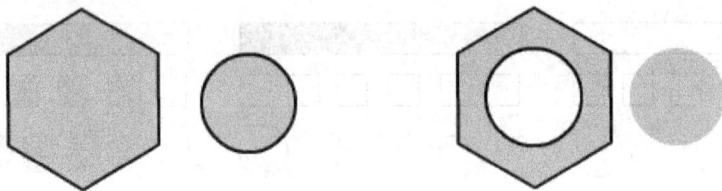

图 4-34　制作螺母形状

　　当两个具有不同颜色的填充重叠在一起时，可以选择移去其中之一，如图 4-35(a)所示。如果发生重叠的填充具有完全一致的颜色，则两者将完全融合在一起，再也无法单独选择其中任一对象，如图 4-35(b)所示。

　　为避免不同形状之间发生裁剪或融合现象，可以直接使用对象绘制模型绘图，或者利用修改→合并对象→联合菜单命令，将合并绘制模型下绘制的图形转换为由对象绘制模型下的图形对象。另一种方法是将图形组合起来，形成一个相对独立的整体。选择一个或多个形状后（包括所有线条和填充）执行修改→组合菜单命令（快捷键 Ctrl+G），这些形状就成为一个组（外围将出现青色的矩形框线，如图 4-36 所示），不会再与其他形状发生裁剪或融合。如果需要，选择已组合图形并执行修改→取消组合菜单命令（快捷键 Ctrl+Shift+G）可以将图形恢复为组合前的状态。Flash 允许在组中选择单个形状进行编辑，而不必事先取消组合。

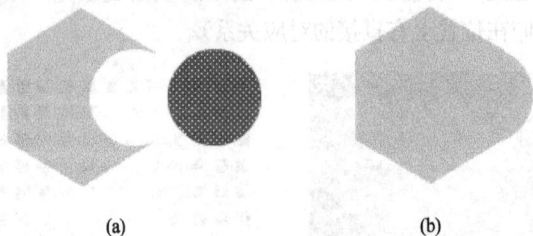

(a)　　　　　　　　　　　　　(b)

图 4-35　裁剪与融合

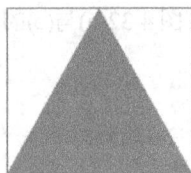

图 4-36　组合后的图形

　　在对象绘制模型下，有时也会需要将现有对象进行合并和修改从而创建新对象。执行修改→合并对象→联合菜单命令，可以将当前选择的多个对象合并为一个对象，在联合对象中如果存在对象重叠，则位于下方的对象将被裁剪。联合对象无法被再次分离为独立对象。执行修改→合并对象→交集菜单命令，将产生多个对象的交集。如图 4-37(a)所示，交集对象使用位于最上方的对象的填充和笔触。执行修改→合并对象→打孔菜单命令，将从下方的所有对象中删除与最上方对象重叠的部分，如图 4-37(b)所示。执行修改→合并对象→裁切菜单命令，将使用最上方的对象裁切下方的所有对象（即保留与最上方对象重叠的部分），如图 4-37(c)所示。

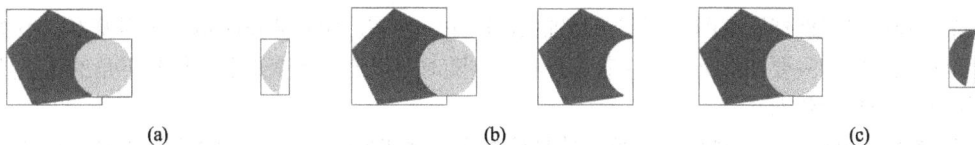

(a)　　　　　　　　　(b)　　　　　　　　　(c)

图 4-37　合并对象

4.2.6　旋转、缩放与变形

使用【变形】面板和【任意变形】工具，可以对线条和形状进行旋转、缩放和变形。在舞台上的形状内部双击，同时选择线条和填充，然后执行窗口→设计面板→变形菜单命令（快捷键 Ctrl+T）打开【变形】面板，如图 4-38 所示。

图 4-38　【变形】面板

位于【变形】面板上方的两个文本框，分别以百分比形式指出当前图形的长度和宽度，只需输入新的比例值并回车，就可以分别对图形的长度和宽度进行缩小和放大。单击【约束】复选框，则可以使缩放动作严格按照图形原有长宽比例进行。

单击【旋转】单选按钮，然后在右侧文本框中以百分比形式输入图形的旋转角度，输入正数使图形沿顺时针方向旋转，输入负数则使图形沿逆时针方向旋转，如图 4-39 所示。可以看出旋转角度与倾斜角度之间始终保持一致。

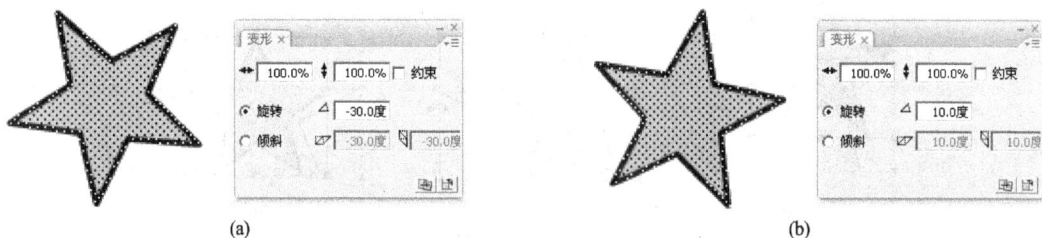

(a)　　　　　　　　　　　　　　　　(b)

图 4-39　沿不同方向旋转图形

单击【倾斜】单选按钮，然后在右侧文本框中以百分比形式分别指定图形在水平方向和竖直方向的倾斜角度，如图 4-40 所示。可以看出角度值的正与负决定着倾斜方向（顺时针与逆时针）。

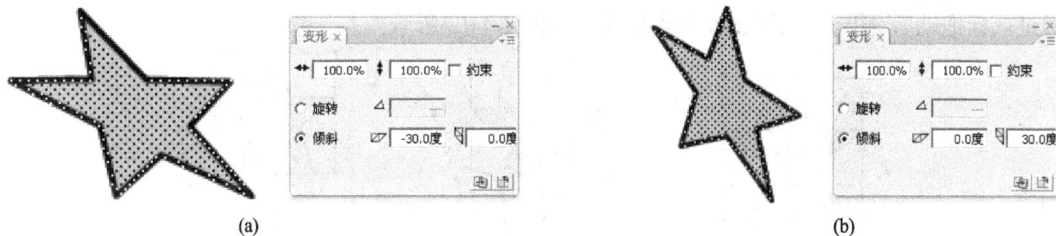

(a)　　　　　　　　　　　　　　　　(b)

图 4-40　沿不同方向倾斜图形

上述修改仅在按下回车键后生效。输入新的数值后，单击【变形】面板右下角的【复制并应用变形】按钮，则可以在保持原有图形不变的基础上，产生一份图形副本并在副本上应用变形。不管进行多少次旋转或缩放，只要图形仍然保持着选择状态，随时可以通过【变形】面板右下角的【重置】按钮使图形恢复至初始状态。

　　【变形】面板使设计人员能够以数值方式精确指定各种变形参数，【任意变形】工具为设计人员提供了更多、更方便的变形操作。【任意变形】工具除了可以对图形进行任意变形，还可以单独执行诸如移动、旋转、缩放、倾斜和扭曲等变形操作。

　　在舞台上选择图形后，单击【任意变形】工具，图形上将出现一系列控制点，如图 4-41 所示，中心的圆点称为变形点，默认状态下变形点处在图形的中心位置。在图形周围移动指针，指针形状会发生变化，指明当前可使用哪种变形功能。

　　如图 4-42(a)所示，当鼠标指针位于图形外框的水平边或竖直边时，将变化为倾斜指针，按下鼠标左键并拖动鼠标可以沿水平方向或竖直方向倾斜图形。在按下 Alt 键的同时拖动鼠标则可以使图形以变形点为中心进行倾斜，如图 4-42(b)所示。

图 4-41　被【任意变形】工具选中的图形　　　　图 4-42　倾斜图形

　　如图 4-43(a)和(b)所示，当鼠标指针位于某一控制点时，将变化为缩放指针，按下鼠标左键并拖动鼠标可以对图形进行缩放。在按下 Shift 键的同时拖动位于四角的控制点，使图形在保持原有长宽比例的前提下进行缩放。在按下 Alt 键的同时拖动控制点则使图形以变形点为中心进行缩放，如图 4-43(c)所示。

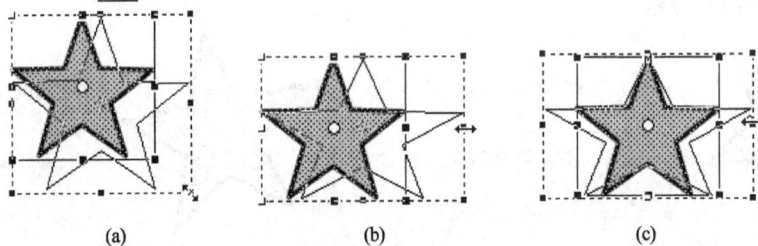

图 4-43　缩放图形

　　如图 4-44(a)所示，当鼠标指针位于四角某一控制点的外侧时，将变化为旋转指针，按下鼠标左键并拖动鼠标可以使图形围绕变形点旋转。在按下 Shift 键的同时拖动鼠标可以使图形以 45° 为增量旋转。在按下 Alt 键的同时拖动鼠标可以使图形围绕对角旋转，如图 4-44(b)所示。在改变变形点位置后（通过鼠标拖动），图形仍然围绕变形点旋转，如图 4-44(c)所示。

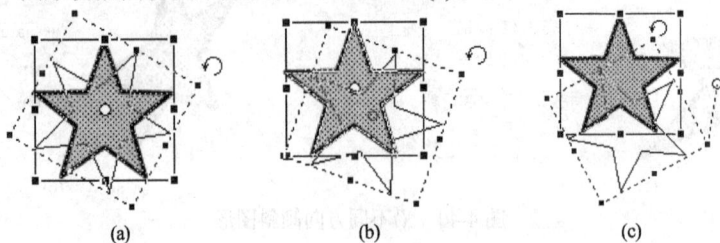

图 4-44　旋转图形

在选择【任意变形】工具后，工具面板的选项区出现 4 个辅助选项。

⬓ 旋转与倾斜——选择此选项，使用【任意变形】工具仅能进行旋转与倾斜操作。

⬓ 缩放——选择此选项，使用【任意变形】工具仅能进行缩放操作。

⬓ 扭曲——选择此选项，使用【任意变形】工具拖动四角控制点或边框控制点，移动图形的角或边，如图 4-45(a)所示。在按下 Shift 键的同时拖动鼠标则可以使图形锥化（即沿拖动方向同一边上的相邻角同时发生移动），如图 4-45(b)所示。

⬓ 封套——选择此选项，使用【任意变形】工具能够弯曲或扭曲图形。封套是一个边框，通过调整封套的控制点和切线手柄来编辑封套形状，图形将会跟随封套一起变形，如图 4-46 所示。

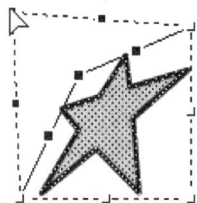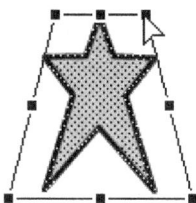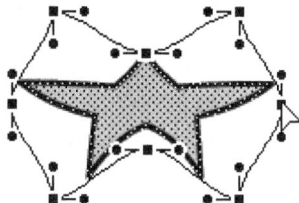

　　(a)　　　　　　　　　　　　(b)

　　　　图 4-45　扭曲图形　　　　　　　　　　图 4-46　通过封套编辑形状

Flash 的修改→变形菜单组中，除了提供一些与本节介绍的变形操作相对应的变形命令，还提供水平翻转、垂直翻转命令，以及取消变形命令（快捷键 Ctrl+Shift+Z）。

4.2.7　贴紧与对齐

Flash 具有标尺、网格和辅助线，可以帮助设计人员精确地绘制和安排图形，如图 4-47 所示。例如可以在文档中放置辅助线，让图形与辅助线对齐。也可以打开网格，使图形与网格对齐。

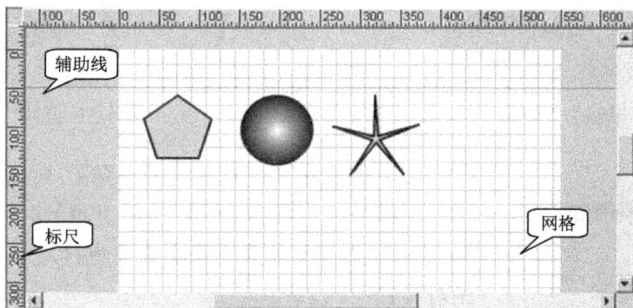

图 4-47　使用标尺、网格和辅助线

执行视图→标尺菜单命令（快捷键 Ctrl+Alt+Shift+R）将在工作区上方和左侧显示出标尺，以利于设计图标精确绘制图形。

执行视图→网格→显示网格菜单命令（快捷键 Ctrl+'），在舞台中将显示出网络。执行视图→网格→编辑网格菜单命令（快捷键 Ctrl+Alt+G），打开【网格】对话框，如图 4-48 所示，对网格进行设置，包括网格颜色、大小，以及是否贴紧网格。选择【贴紧至网格】复选框后，在舞台中移动图形时，图形中央显示出贴紧环，该标记将始终与网格交叉点贴紧，如图 4-49 所示。【贴紧精确度】下拉列表框中的选项决定贴紧操作的精确程度。

在显示标尺后，可以将水平和垂直辅助线从标尺拖动到舞台上。在默认状态下，辅助线是绿色的直线，可用做绘图和对齐操作的参照物。执行视图→辅助线→显示辅助线菜单命令（快捷键 Ctrl+;）

则可以显示或隐藏辅助线。在默认状态下辅助线是可以被鼠标拖动的，执行视图→辅助线→锁定辅助线菜单命令（快捷键 Ctrl+Shift+;）可以避免在绘图过程中移动辅助线。执行视图→辅助线→编辑辅助线菜单命令（快捷键 Ctrl+Alt+Shift+G）打开【辅助线】对话框，如图 4-50 所示，在其中对辅助线进行设置，包括辅助线颜色、是否贴紧辅助线及贴紧操作的精确程度。选择【贴紧至辅助线】复选框后，图形被移动到辅助线附近时将自动与辅助线贴紧。

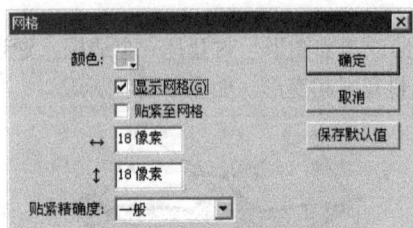

图 4-48 【网格】对话框

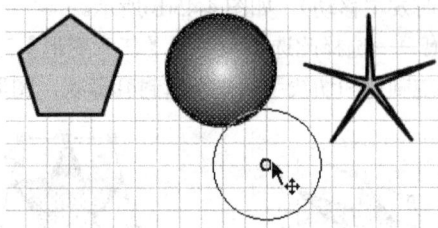

图 4-49 对齐网格

执行视图→辅助线→清除引导线菜单命令可以将舞台中的辅助线清除。

除了利用网格、标尺和辅助线，Flash 还提供了另外 3 种对齐方式。

（1）贴紧对齐：执行视图→贴紧→贴紧对齐菜单命令，可以按照指定的贴紧对齐容差、图形与其他图形之间或图形与舞台边缘之间的预设边界对齐图形，如图 4-51 所示，将要对齐的位置以虚线显示出来。执行视图→对齐→编辑贴紧方式菜单命令（快捷键 Ctrl+/），打开【编辑贴紧方式】对话框，在其中对贴紧的方式进行设置，如图 4-52 所示。

图 4-50 【辅助线】对话框

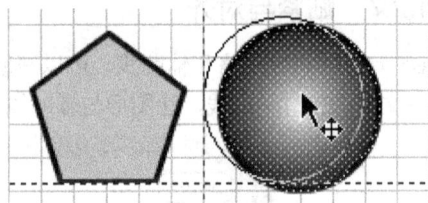

图 4-51 贴紧对齐

图 4-52 【编辑贴紧方式】对话框

（2）像素贴紧：执行视图→贴紧→贴紧至像素菜单命令，当视图缩放比率设置为 400%或更高的时候会出现一个像素网格，设计人员可以在舞台上将对象直接与单独的像素或像素的线条对齐。

（3）对象贴紧：执行视图→贴紧→贴紧至对象菜单命令（快捷键 Ctrl+Shift+/），可以使图形沿着其他图形的边缘与它们对齐。在拖动图形时，鼠标指针下方将显示出贴紧环，当图形处于另一个图形的贴紧距离内时，贴紧环变大以做出提示。有的绘图工具也提供贴紧对象选项，供设计人员在绘图时使用。

执行窗口→对齐菜单命令（快捷键 Ctrl+K）可以打开【对齐】面板，如图 4-53 所示。

（1）对齐选项——能够沿水平或垂直轴对齐选定的对象。对齐方式包括沿选定对象的右边缘、中心或左边缘垂直对齐对象，或者沿选定对象的上边缘、中心或下边缘水平对齐对象。

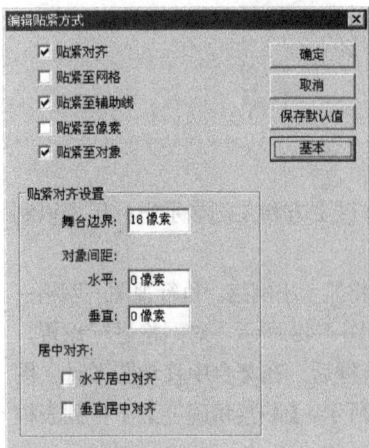

（2）分布选项——将所选对象按照中心间距或边缘间距相等的方式进行分布。

（3）匹配大小选项——调整所选对象的大小，使所有对象水平或垂直尺寸与所选最大对象的尺寸一致。

（4）间隔选项——将所选对象按照水平或垂直间隔相等的方式进行分布。

（5）相对于舞台选项——使上述 4 类操作相对于整个舞台进行。

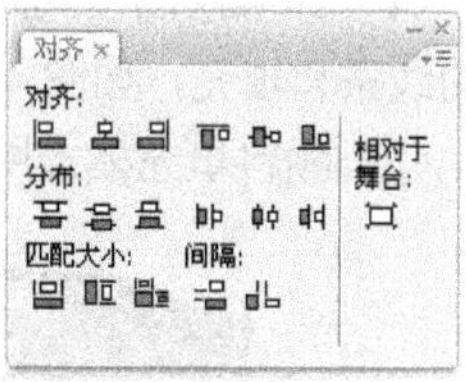

图 4-53　【对齐】面板

4.3　使用【铅笔】工具

使用【铅笔】工具可以随意绘制线条和各种非标准的形状。如果需要绘制平滑或伸直的线条和形状，可以为【铅笔】工具选择相应的铅笔模式，这些铅笔模式显示在工具面板的选项区域，如图 4-54 所示。

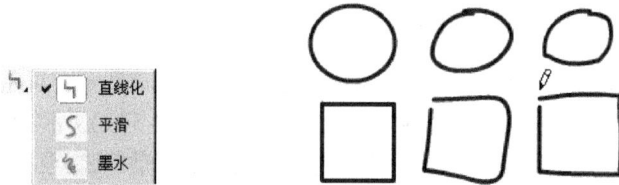

图 4-54　使用【铅笔】工具在不同模式下绘图

（1）在伸直模式下可以绘制直线，并将接近三角形、椭圆、圆形、矩形和正方形的形状转换为这些标准的几何形状。

（2）在平滑模式下可以绘制平滑曲线。

（3）在墨水模式下绘图时，Flash 不对图形进行任何修饰，保持实际的样式。

（4）使用【铅笔】工具绘图时，按下 Shift 键可以将绘图方向限制在水平方向或垂直方向。

4.4　使用【刷子】工具

【线条】和【铅笔】工具仅以笔触绘图，而【刷子】工具则是以填充方式绘图。根据当前填充色的设置，利用【刷子】工具在舞台中能够以纯色或渐变方式绘图，如图 4-55 所示。

【刷子】工具带有刷子模式、刷子大小和刷子形状 3 种辅助选项，如图 4-56 所示。刷子模式选项允许设计人员选择以下 5 种模式中的任意一种涂色模式。

图 4-55　使用【刷子】工具绘图

图 4-56　【刷子】工具的各种选项

（1）标准绘画模式用于在同一层的线条和填充上涂色。【刷子】工具在这种模式下工作将覆盖现有的线条和填充，如图4-57(a)所示。

（2）颜料填充模式用于对填充区域和空白区域涂色，不影响现有线条。如图4-57(b)所示。

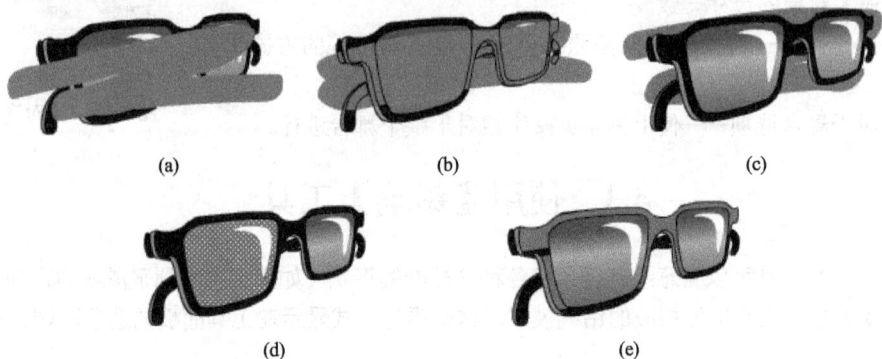

(a)　　　　　　　　　　(b)　　　　　　　　　　(c)

(d)　　　　　　　　　　(e)

图4-57　应用不同模式绘图

（3）后面绘画模式在舞台上同一层的空白区域涂色，不影响现有线条和填充，其效果就像在现有对象后方绘画一样。如图4-57(c)所示。

（4）颜料选择模式在当前的选择区域中绘图。如图4-57(d)所示，带有网点的区域代表了当前的选择区域。

（5）内部绘画模式仅对鼠标单击时所在的填充区域进行涂色，但不对线条涂色。如图4-57(e)所示。如果在舞台空白区域中单击开始涂色，则不会影响任何现有填充区域。

图4-58　不同的刷子形状和大小

选择不同的刷子形状和大小，可以创建多种不同的效果，如图4-58所示。

4.5　使用【橡皮擦】工具

【橡皮擦】工具用于擦除舞台中现有的线条和填充，双击该工具可以快速擦除舞台中的所有内容（包括非图形内容，例如元件）。

【橡皮擦】工具带有橡皮擦模式、水龙头和橡皮擦形状3种辅助选项，如图4-59所示。橡皮擦模式选项允许设计人员选择下列5种擦除模式中的任意一种擦除模式。

（1）标准擦除模式用于擦除同一层上的线条和填充，如图4-60(a)所示。

（2）擦除填色模式用于擦除填充，不影响现有线条，如图4-60(b)所示。

（3）擦除线条模式用于擦除线条，不影响现有填充，如图4-60(c)所示。

（4）擦除所选填充模式用于擦除当前处于选择状态的填充，不影响现有线条（不管线条是否被选中）。如图4-60(d)所示

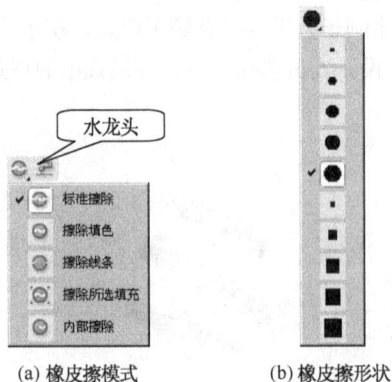

水龙头

✓ 标准擦除
擦除填色
擦除线条
擦除所选填充
内部擦除

(a) 橡皮擦模式　　　　(b) 橡皮擦形状

图4-59　【橡皮擦】工具的各种选项

（5）内部擦除模式仅对鼠标单击时所在的填充区域进行擦除。如果从空白点开始擦除，则不会擦除任何内容，如图 4-60(e)所示。这种模式不影响现有线条。

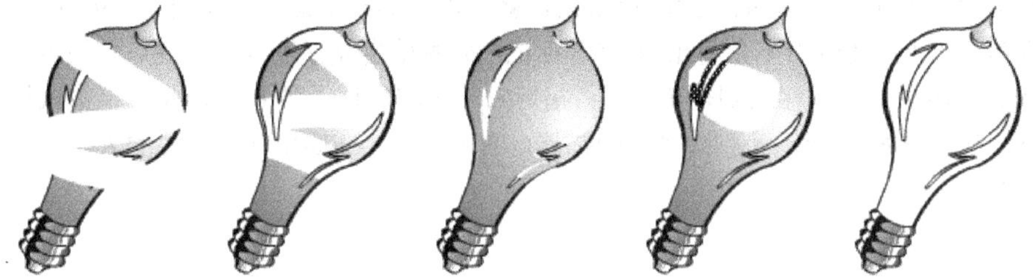

图 4-60　应用不同模式进行擦除操作

单击水龙头选项，鼠标指针变为水龙头样式，单击填充或线条即可进行擦除操作，如图 4-61 所示。选用不同的橡皮擦形状，可以创建多种不同的擦除效果。

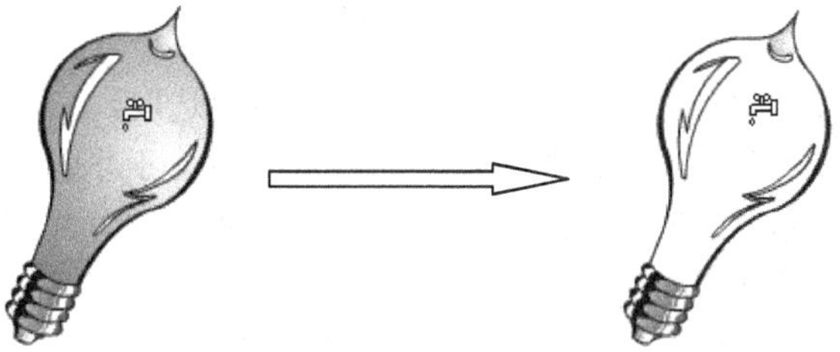

图 4-61　利用水龙头选项进行擦除

4.6　使用【钢笔】工具

使用【钢笔】工具可以通过定义精确的路径绘制出直线或平滑的曲线。选择【钢笔】工具后在舞台的不同位置单击鼠标，可以绘制出一系列相连的直线段（按下 Shift 键可以使直线的倾斜度限制为 45°的倍数），每次单击的位置形成线段的端点，也称为锚点，如图 4-62(a)所示。在舞台的不同位置执行按下鼠标左键→拖动鼠标→释放鼠标左键的操作，可以绘制出一系列相连的曲线段，沿鼠标拖动方向将出现一对切线手柄，调整手柄的长度和角度可以控制曲线的形状，如图 4-62(b)所示。在确定最后一个锚点后，将鼠标指针移动到第一个锚点附近，当指针右下角出现圆形标记时单击鼠标，闭合路径，形成一个封闭的曲线形状，并根据当前填充色设置对形状内部进行填充，如图 4-62(c)所示。如果不需要绘制闭合路径，那么双击最后一个锚点就可以结束绘制过程。

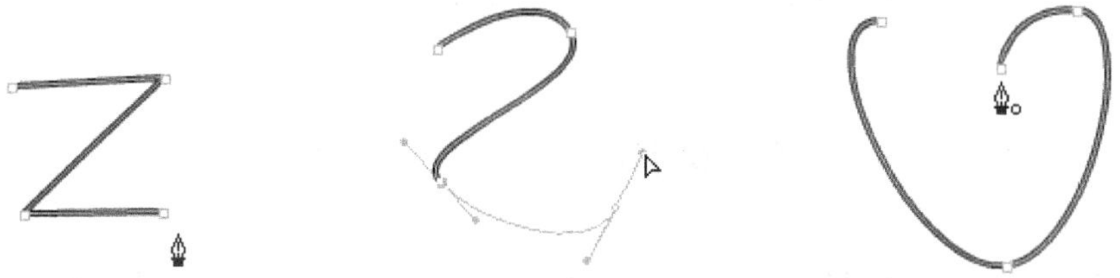

图 4-62　利用【钢笔】工具绘图

连接两个曲线段的锚点也称为曲线点，连接曲线段与直线段或两个直线段的锚点也称为转角点。使用【钢笔】工具单击线条后，显示出线条上所有的锚点，将鼠标指针移动到两个锚点之间的线段上，指针右下角将出现"+"标记，此时单击鼠标就可以增加一个锚点，如图 4-63(a)所示。将鼠标指针移动到曲线点上，指针右下角将出现"^"标记，此时单击鼠标可以将曲线点转换为转角点，如图 4-63(b)所示。将鼠标指针移动到转角点上，指针右下角将出现"-"标记，此时单击鼠标则可以删除该转角点，如图 4-63(c)所示。删除多余的锚点，有助于减小 Flash 动画文件的大小，以及提高画面的绘制速度。

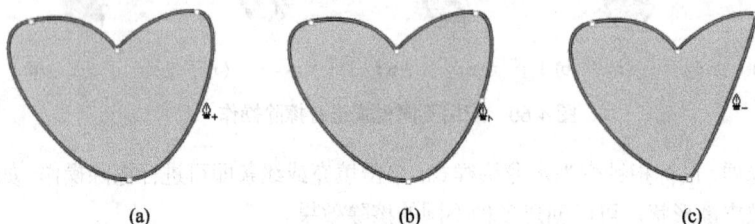

图 4-63 编辑锚点

【部分选取】工具可以对曲线做出进一步修改。利用【部分选取】工具可以在舞台中拖动整个路径，并通过单击操作选择锚点，被选中的锚点以实心矩形显示（处于非选中状态的锚点则以空心矩形显示）。然后调整锚点的位置，如图 4-64(a)所示，通过键盘中的方向键可以对锚点的位置进行微调。拖动切线手柄的端点可以调整曲线的形状，如图 4-64(b)所示，在按下 Alt 键的同时可以单独调整切线手柄的一个端点，如图 4-64(c)所示。选择转角点后，在按下 Alt 键的同时拖动转角点，会拉出切线手柄，同时将转角点转换为曲线点，如图 4-64(d)所示。

图 4-64 利用【部分选取】工具调整曲线形状

如果在现有路径的基础上继续绘制新的路径，选用【钢笔】工具，单击现有路径的最后一个锚点，可以继续绘制路径。在使用【钢笔】工具的过程中，任何时刻按下 Ctrl 键，都可以使【钢笔】工具转换为【部分选取】工具，对路径和锚点进行调整，释放 Ctrl 键，鼠标指针又恢复为钢笔样式，可以继续绘制路径。

4.7 使用【套索】工具

使用【套索】工具可以通过勾画不规则或直边选择区域的方法选择对象。选择【套索】工具，在目标区域周围拖画，在开始位置附近结束拖画，就形成一个闭合的选择区域，如图 4-65(a)所示，或者由 Flash 自动用直线闭合选择区域，如图 4-65(b)所示。

在工具面板选项区选择多边形模式后，【套索】工具的工作方式有所变化，在目标区域周围单击，则被单击的位置依次连接起来，形成具有直边的选择区域，如图 4-66 所示。双击鼠标即可结束选择过程。

(a)　　　　　　　　　　(b)

图 4-65　创建不规则选择区域

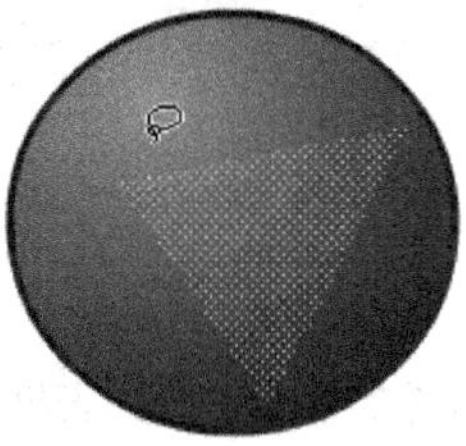

图 4-66　创建直边选择区域

4.8　使用【滴管】工具

【滴管】工具用于从一个图形对象复制填充和笔触属性，然后立即将它们应用到其他图形。

选择【滴管】工具，然后单击需要复制的笔触或填充区域，当鼠标指针位于线条上时，鼠标指针右下方出现铅笔标记，如图 4-67(a)所示，单击线条，【滴管】工具自动变成【墨水瓶】工具，然后就可以将复制的笔触应用于其他图形中。当鼠标指针位于填充区域上时，鼠标指针右下方出现刷子标记，如图 4-67(b)所示，单击填充区域，【滴管】工具自动变成【颜料桶】工具，同时自动打开锁定填充功能，就可以将复制的填充样式应用于其他形状。

(a)　　　　　　　　　　(b)

图 4-67　复制笔触或填充

4.9　使用【文本】工具

使用【文本】工具，可以创建静态文本、输入文本和动态文本。

4.9.1　文本的基本属性

基本属性是静态文本、输入文本和动态文本所共同具有的属性。选择【文本】工具，打开【文本】工具属性检查器，在其中为将要创建的文本对象设置各种基本属性（字体、字号、颜色等），如图 4-68 所示。

（1）【文本类型】下拉列表框——提供了静态文本、输入文本和动态文本 3 种选择。

（2）【字体】下拉列表框——选择用于文本对象的字体。

图 4-68　【文本】工具属性检查器

（3）【字号】下拉列表框——选择用于文本对象的字号。

（4）【颜色】选取框——用于打开颜色选择板，为文本对象指定颜色。

（5）【文本方向】——设置文本排列方向，可以设置为水平、垂直（从左向右）或垂直（从右向左），如图 4-69 所示。在选择垂直排列方向之后，将出现 ⌀【旋转】按钮，该按钮可使文字符旋转 90°，如图 4-70 所示。

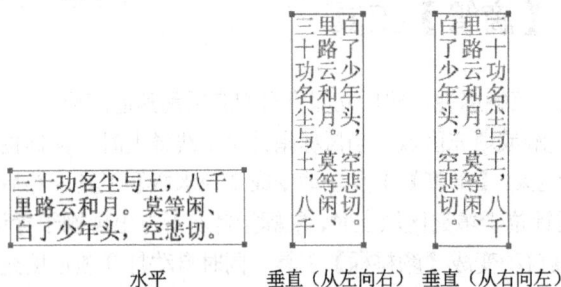

图 4-69　调整文本方向　　　　　　　　图 4-70　旋转文本

（6）【对齐方式】按钮组——提供了 4 种文本对齐方式，从左到右分别是：左对齐、居中对齐、右对齐和两端对齐，如图 4-71 所示。

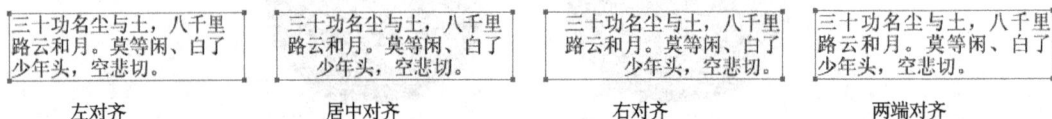

图 4-71　文本对齐方式

（7）【字符间距】文本框——用于控制字符间距。输入负值将使文字排列更为紧凑，输入正值则使文字排列较为宽松，图 4-72(a)和(b)分别对应字符间距值为–3 和 3 的情况。

图 4-72　调整字符间距

图 4-73　控制字符位置高低

（8）【字符位置】文本框——用于控制字符的位置高低，提供有正常、上标和下标 3 个选项。各选项应用效果如图 4-73 所示。

（9）【自动调整字距】复选框——使用字体内置的字距微

调信息来调整字符间距。许多字符都有内置的字距微调信息，例如 A 和 V 之间的间距通常小于 A 和 D 之间的间距。

（10）【字体呈现方法】下拉列表框——其中的选项允许使用 Flash 提供的多种文本消除锯齿功能。当选择【使用设备字体】选项时，Flash 将在用户的计算机上查找与指定的设备字体最相似的字体，以确保信息正确显示。

（11）【编辑格式选项】按钮——单击该按钮打开【格式选项】对话框，如图 4-74 所示，对话框中对水平和垂直方向的文本分别提供了不同的格式选项，包括缩进量、行列间距、左右边距或上下边距。

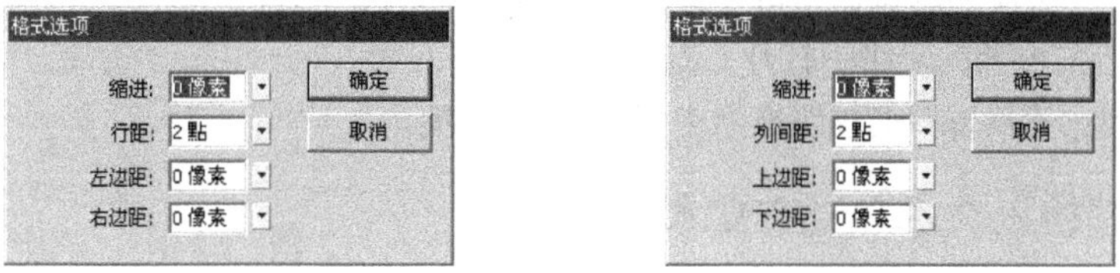

水平文本格式选项　　　　　　　　　　垂直文本格式选项

图 4-74　【格式选项】对话框

4.9.2　创建静态文本

静态文本是在动画播放过程中不能修改的文本对象，通常用于展现标题或说明性文字。选择【文本】工具，设置文本的类型为静态文本之后，在舞台中单击即可创建静态文本。如图 4-75 所示，在默认状态下，静态文本对象的宽度自动随着输入内容的增加而增长，输入回车符将使静态文本对象的高度自动增加。使用鼠标拖动位于文本对象右上角的圆形控制点，可以定义静态文本对象的宽度，同时控制点自动转换为矩形，表示这是一个宽度固定的文本对象，输入的文本内容将在达到文本对象的宽度限制后自动换行。双击矩形控制点又能使其转换为圆形控制点。

不断加宽的静态文本对象　　　　　　　宽度固定的静态文本对象

图 4-75　创建静态文本对象

选择静态文本对象之后，属性检查器的局部如图 4-76 所示，其中左侧的文本框分别用于修改文本对象的宽度、高度，以及在舞台中的坐标（X，Y）。单击【可选】按钮，则静态文本内容在动画被播放时可以由观看者选择并复制。垂直方向排列的静态文本是不可选的。

图 4-76　静态文本选项

如果在【URL 链接】文本框中为静态文本指定了一个 URL 链接，则文本下方显示出一条虚线（仅在设计期间显示），如图 4-77(a)所示。在播放动画时，鼠标指针移动到具有 URL 链接的静态文本对象上方后转变为手形，单击鼠标可以导航至 URL 链接指出的网址，单击鼠标右键则可以打开快捷菜单，选择打开命令则执行同样的导航操作，选择复制链接命令则可以将 URL 地址复制到系统剪贴板中，如图 4-77(b)所示。

《多媒体课件设计与制作教程》

《多媒体课件设计与制作教程》

(a)

(b)

图 4-77 为静态文本指定 URL 链接

【目标】下拉列表框中提供的选项决定如何打开指定的 URL 链接。

_self——在当前浏览器窗口的当前 HTML 框架中打开 URL 链接。

_blank——建立一个新的浏览器窗口并打开 URL 链接。

_parent——在当前框架的父级中打开 URL 链接。

_top——在当前浏览器窗口的顶级框架中打开 URL 链接。

4.9.3　创建输入文本和动态文本

输入文本使用户有机会与 Flash 动画进行交互，例如可以在由输入文本对象构成的表单中填写信息，如图 4-78 所示。动态文本使 Flash 能够在动画播放过程中，对文本内容做出变动，例如显示一个外部文本文件的内容。

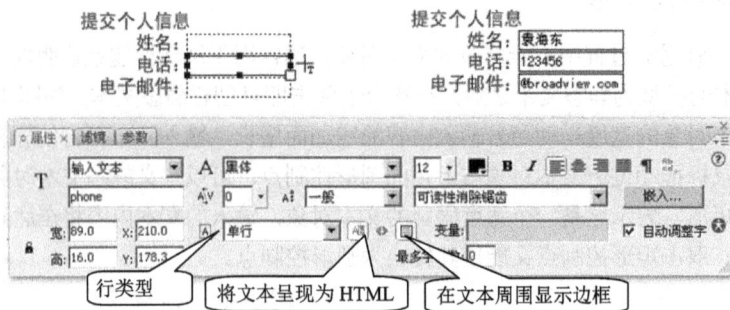

图 4-78　创建输入文本对象

在属性检查器的【文本类型】下拉列表框中选择输入文本或动态文本选项后，文本对象的控制点转移到右下角，表示它是一个具有可变内容的文本对象。

每一个输入文本或动态文本对象都有一个实例名称。通过实例名称可以访问用户输入的内容。例如将"电话"对应的输入文本对象命名为 phone，则用户输入的电话号码被保存在 phone 对象的 text 属性中，即 phone.text 的内容就是"12345678"。在属性检查器中，与输入文本（或动态文本）相关的选项介绍如下。

（1）【行类型】下拉列表框中提供 4 种选择。

● 单行：仅在一行中显示文本。当一行字符数量超出文本对象宽度限制时，文本内容自动向左滚动。

● 多行：在多行中显示文本。当一行字符数量超出文本对象宽度限制时，文本内容自动换行。

● 多行不换行：在多行中显示文本，但只在遇到回车符时换行。如果没有遇到回车符，当字符数量超出文本对象宽度限制时，文本内容自动向左滚动。

● 密码：仅用于输入文本对象。将用户输入的内容自动以"*"字符显示，起到保密作用。

（2）【将文本呈现为 HTML】按钮：允许利用 HTML 标记，创建丰富的文本格式，如字体风格和超级链接。

（3）【在文本周围显示边框】按钮：在文本对象四周显示出边框。

（4）【变量】文本框：在其中输入对应于文本对象的变量名称。注意 ActionScript 3.0 不支持此功能。

（5）【嵌入】按钮：单击该按钮打开【字符嵌入】对话框，如图 4-79 所示，通过该对话框可设置要嵌入 Flash 文档的字符集（以及每个字符集的字型数），指定要嵌入的特定字符。

（6）【最多字符】文本框：仅用于输入文本对象，作用是限制用户输入的最大字符数量。

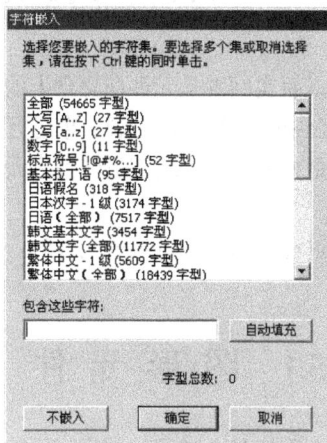

图 4-79　【字符嵌入】对话框

4.10　上机实验

1. 利用绘图工具绘制出各种形状，并练习使用笔触和填充。
2. 简述普通形状与基本形状的特点。
3. 分别以合并绘制模型与对象绘制模型绘制形状，理解合并绘制模型与对象绘制模型的主要区别。
4. 练习使用锁定填充功能填充多个形状。
5. 练习使用【铅笔】、【刷子】和【橡皮擦】工具，熟悉【橡皮擦】工具的 5 种工作模式。
6. 分别制作静态文本、输入文本和动态文本，理解各种文本的用途和特点。

第 5 章　元件、实例和库

　　元件是一种可以重复使用的对象，而实例则是元件在舞台上的一次具体使用。当某一段文字或某个图形需要在不同时刻多次出现在舞台中时，简单地对源对象进行复制并不是最佳的解决办法，这将导致 Flash 影片的体积迅速增大。但是如果将文本或图形转换为元件，而在舞台中重复使用元件的实例则不会增加 Flash 影片的大小。

　　元件还简化了 Flash 动画的设计过程：当编辑过某一元件时，该元件的所有实例都相应地更新以反映最近的修改。

5.1　图 形 元 件

　　图形元件主要用于静态图形，或者创建与主时间轴同步运行的可重用动画片段。它的应用效果可以在设计期间直接进行预览。

　　在创建图形元件之前，首先使用【选择】工具选择组成元件的所有图形，如图 5-1(a)所示，汽车轮胎图形由多个线条和填充组成。执行修改→转换为元件菜单命令（快捷键 F8）打开【转换为元件】对话框，如图 5-2 所示，在其中选择图形类型，输入元件名称"车轮"并单击【确定】按钮，车轮图形就被转为图形元件，如图 5-1(b)所示。

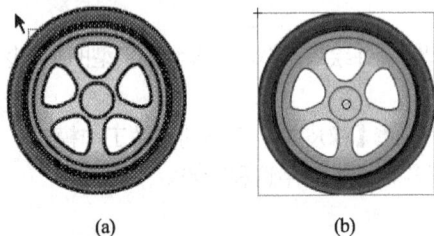

图 5-1　将图形转换为图形元件　　　　　　　图 5-2　【转换为元件】对话框

　　元件被保存在库中，执行窗口→库菜单命令（快捷键 Ctrl+L）打开【库】面板，其中显示出 Flash 文档中保存的所有元件，如图 5-3 所示。在元件列表中选择某一元件，可以在【库】面板上方的【预览】窗口中看到元件的内容。从元件列表或【预览】窗口中将一个元件拖放到舞台上，就产生了该元件的一个实例。

　　由于所有的实例都不是元件的复制品，而是对元件的引用，因此对 Flash 影片的体积只有很小的影响。每一个实例除了自动具有元件的所有属性（这是所有实例的共性），还可以拥有各自的特性，设计人员能够根据需要在实例属性检查器中对每个实例的部分属性（如透明度、大小、颜色和倾斜度等）进行修改，如图 5-4 所示。

　　利用【任意变形】工具可以对实例进行变形。修改实例的其他属性则要通过属性检查器进行，通过【颜色】下拉列表框中的选项可以分别对实例的亮度、色调、Alpha（透明度）进行调整，如图 5-5 所示。

　　亮度选项用于调节实例的相对亮度或暗度，度量范围为从黑（-100%）到白（100%）。

图 5-3　【库】面板

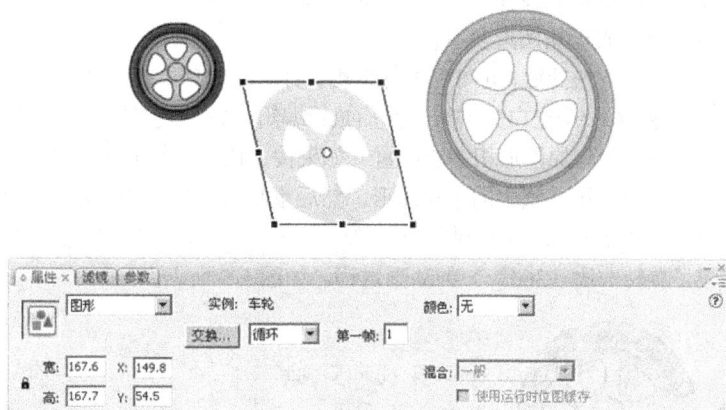

图 5-4　修改实例的属性

图 5-5　调整实例的亮度、色调和透明度

色调选项用于为实例着色。色调值用于设置色调百分比，度量范围为从无色（0%）到完全饱和（100%）。要选择新的颜色，需要在 RGB 文本框中输入红、绿和蓝色的值，或者单击颜色框并从颜色选择板中选择一种颜色。

Alpha 选项调节实例的透明度，从完全透明（0%）到完全不透明（100%）。

高级选项分别调节实例的红、绿、蓝色和透明度的值。如图 5-6 所示，单击【设置】按钮打开【高级效果】对话框，其中左侧的文本框可以按指定的百分比降低颜色或透明度的值。右侧的文本框可以按常数值降低或增大颜色或透明度的值。具体计算方法是：实例当前的红、绿、蓝色和 Alpha 数值都乘以左侧的百分比值，然后加上右侧的常数值，产生新的颜色值。

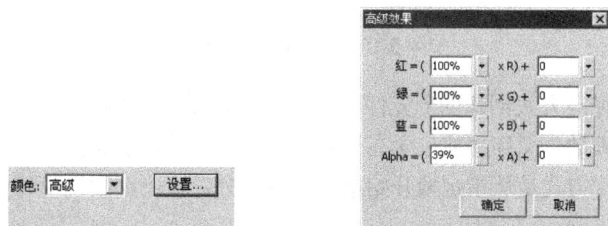

图 5-6　高级设置

双击【库】面板中的某一元件（或者通过编辑栏中的【编辑元件】按钮选择元件）进入元件编辑状态，对元件进行编辑，编辑的结果将影响该元件的所有实例。如图 5-7 所示，元件拥有自己的时间轴，可以向其中添加更多的帧，创建出一个动画片段。

现在对车轮元件进行修改，创建一个可以滚动的车轮元件。

（1）首先进入元件编辑状态，选择舞台中的车轮，

图 5-7　编辑元件

在变形面板中将旋转参数设置为 30°（如图 5-8 所示），然后单击【复制并应用变形】按钮，产生一个旋转 30°的车轮图形复制品。

（2）按下快捷键 Ctrl+X 从当前帧中剪切复制品。在元件时间轴中单击第 2 帧（下一帧），按下快捷键 F7 插入一个空白关键帧，然后执行编辑→粘贴到当前位置菜单命令（快捷键 Ctrl+Shift+V），将复制品粘贴到与原图形相同的位置（如果按下快捷键 Ctrl+V，则使复制品被粘贴到舞台的中央）。

（3）选择第 2 帧中的车轮图形，然后重复第（1）、（2）步骤的操作，每次都将当前帧中的车轮图形产生一个旋转 30°的复制品并粘贴到下一帧。当时间轴中的关键帧数量达到 12 时，就使车轮图形完成了旋转一周（360°）的动画过程，如图 5-9 所示。

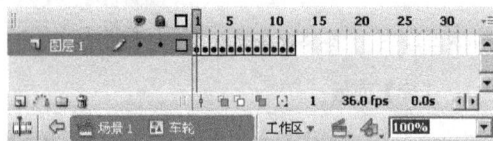

图 5-8　旋转并复制车轮图形　　　　　图 5-9　在图形元件时间轴中创建逐帧动画

（4）在编辑栏中单击 Scene 1 标签（或者通过【编辑场景】按钮选择 Scene 1 场景）回到主时间轴中，双击图层名称将"图层 1"重命名为"车轮转动"。选择第 1 帧并按下快捷键 F7 插入空白关键帧，然后将车轮元件从【库】面板中拖放到舞台上，创建一个实例。

（5）在主时间轴中选择第 24 帧并按下快捷键 F5 扩展关键帧，如图 5-10 所示，沿时间轴标尺拖动播放头或直接按下回车键预览，可以看到车轮的转动动画。由于车轮元件在时间轴中共持续 24 帧，所以车轮将转动整整两周（这是因为元件时间轴中共有 12 帧）。

图 5-10　主时间轴动画

以上是按照默认的循环方式创建图形元件动画。循环方式会从指定帧开始，按照当前图形元件实例在主时间轴中占用的帧数，循环播放包含在该元件内的所有帧。从属性检查器中还可以选择另两种动画方式之一：播放一次方式是从指定帧开始播放动画序列，直到动画结束时停止；单帧方式则仅显示动画序列的指定帧。

5.2　影片剪辑元件

图形元件的播放效果依赖于在主时间轴中占据的帧数，而影片剪辑元件则具有独立于主时间轴播放的特点，因此从这个意义上说，影片剪辑元件相当于嵌套在 Flash 影片中的子影片。另外，由于影片剪辑元件的实例可以具有实例名，能够被动作脚本所控制，因此具有很大的灵活性。

使用【选择】工具选择车轮图形，执行修改→转换为元件菜单命令打开【转换为元件】对话框，如图 5-11 所示，在其中选择影片剪辑类型，输入元件名称"车轮_mc"并单击【确定】按钮，车轮图形就被转为影片剪辑元件。

双击【库】面板中的车轮_mc 元件进入元件编辑状态，然后按照 5.1 节中的方法，在影片剪辑元件时间轴中创建逐帧动画，也可以将现有的图形元件转换为影片剪辑元件，方法是在【库】面板中选择车轮元件并按下鼠标右键，在快捷菜单中选择直接复制菜单命令打开【直接复制元件】对话框，如图 5-12 所示，然后在其中选择影片剪辑类型并重新命名即可。

图 5-11 创建影片剪辑元件   图 5-12 直接复制元件

在主时间轴选择第 1 帧并按下 F7 键插入空白关键帧，然后将车轮_mc 元件从【库】面板中拖放到舞台上，创建一个影片剪辑元件实例。影片剪辑元件实例的动画效果不能在设计期间进行预览，但是可以通过执行控制→测试影片菜单命令（快捷键 Ctrl+Enter）来观看。尽管主时间轴仅有 1 帧，但在测试影片时可以看到车轮在循环不停地转动。

在第 1 帧中绘制一个汽车图形，如图 5-13(a)所示，接着向第 1 帧中再添加 1 个车轮_mc 元件实例，调整两个实例的位置和大小，如图 5-13(b)所示。这就构成了一个简单的单帧汽车动画，按下快捷键 Ctrl+Enter 可以看到动画效果。这个动画效果如果通过图形元件实现，则要用去大量的帧，因为图形元件动画不能独立于时间轴播放。

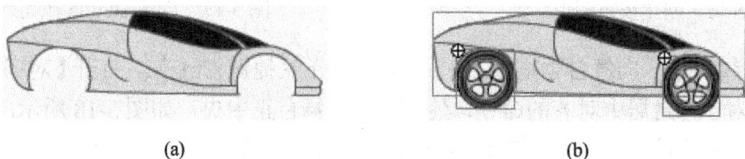

(a)   (b)

图 5-13 创建单帧汽车动画

5.3 按 钮 元 件

按钮实际上是具有交互性的影片剪辑。当创建元件时，为元件选择按钮类型，Flash 会创建一个仅有 4 帧的时间轴，如图 5-14 所示。前 3 帧显示按钮的 3 种可视状态，第 4 帧定义按钮对鼠标操作的反应区域。这 4 帧的作用分别介绍如下。

（1）第 1 帧是按钮的弹起状态，代表指针没有经过按钮时该按钮的外观。

（2）第 2 帧是当指针经过时按钮的状态，代表当指针滑过按钮时，该按钮的外观。

（3）第 3 帧是按钮的按下状态，代表在按钮上方按下鼠标左键时，该按钮的外观。

（4）第 4 帧用于规定点击区域，仅当鼠标指针移入该区域或在该区域按下鼠标左键，才能使按钮元件的实例做出反应（状态发生变化）。此区域在 Flash 影片中是不可见的。

将按钮元件的一个实例放在舞台上，然后就可以给该按钮实例指定动作，例如开始或暂停播放影片。下面开始创建一个按钮元件。

（1）创建一个新的 Flash 文档，执行插入→新建元件菜单命令（快捷键 Ctrl+F8），创建一个图形元件 circle，如图 5-15 所示，该元件将用做按钮元件的基本形态。

（2）在 circle 元件时间轴的第 1 帧中，利用绘图工具创建一个环形和三角形，如图 5-16 所示。

（3）在编辑栏中单击场景 1 标签（或者通过【编辑场景】按钮选择场景 1）回到主时间轴中，按下快捷键 Ctrl+F8，创建名为 Button 的按钮元件，如图 5-17 所示。

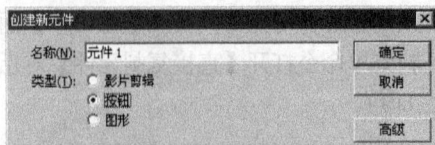

图 5-14　创建按钮元件

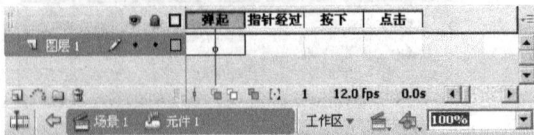

图 5-15　创建 circle 图形元件

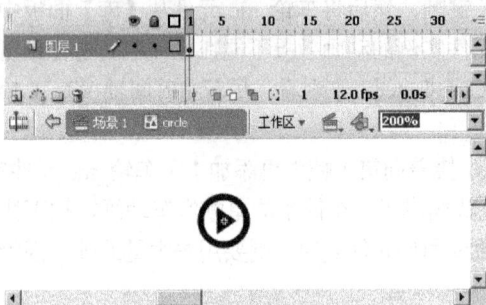

图 5-16　创建按钮图形

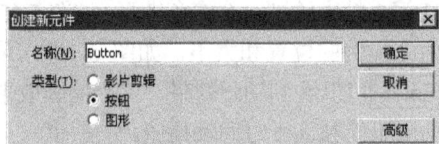

图 5-17　创建 Button 按钮元件

（4）选择"弹起"帧，向舞台中拖放 circle 元件，按下快捷键 Ctrl+K，打开【对齐】面板，对 circle 元件实例执行相对于舞台居中对齐的命令，使实例位于舞台正中央，如图 5-18 所示。

（5）选择"指针经过"帧，按下 F7 键插入 1 个空白关键帧，在舞台中央位置放置一个 circle 元件实例，然后利用【任意变形】工具将该实例放大，如图 5-19 所示。

图 5-18　指定按钮"弹起"状态

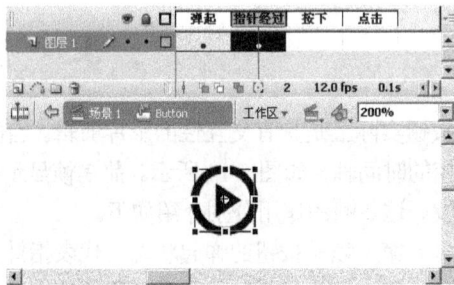

图 5-19　指定按钮"指针经过"状态

（6）选择"弹起"帧并按下鼠标右键，在快捷菜单中选择复制帧菜单命令，然后在"按下"帧单击鼠标右键，在快捷菜单中选择粘贴帧菜单命令，使按钮的"按下"状态与"弹起"状态相同。

（7）选择"点击"帧，按下 F7 键插入 1 个空白关键帧，在舞台中央位置放置一个圆形填充，并使其大小与 circle 元件实例相同，如图 5-20 所示。

（8）在编辑栏中单击场景 1 标签回到主时间轴中，在舞台中创建一个文本对象"Button"，然后向舞台中拖放一个 Button 元件实例，按下快捷键 Ctrl+Enter 测试影片，当鼠标指针移到按钮上方时，根据"指针经过"帧的设置，按钮图形自动放大，如图 5-21 所示。执行控制→启用简单按钮菜单命令（快捷键 Ctrl+Alt+B）之后，在设计期间就可以直接测试按钮，但无法再通过双击按钮实例的方式进入按钮元件编辑状态。

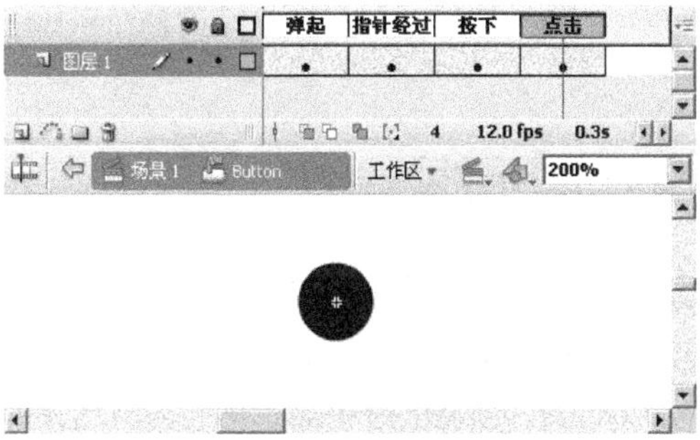

图 5-20　指定按钮点击区域

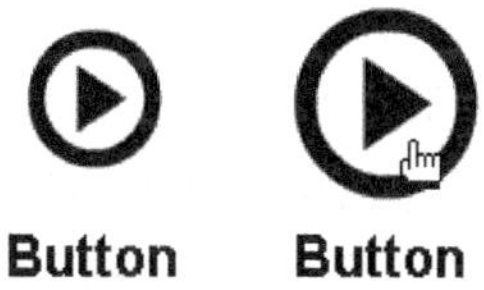

图 5-21　测试按钮

由于影片剪辑元件可以独立于时间轴播放，因此可以利用影片剪辑创建更为复杂的动画按钮。依照 5.2 节中创建车轮_mc 元件的方法，创建一个显示旋转按钮的影片剪辑 rotate，然后打开 Button 元件，将"指针经过"帧中的 circle 元件实例用 rotate 元件实例取代。按下快捷键 Ctrl+Enter 测试影片，当鼠标指针移到按钮上方时，可以看到按钮的旋转动画效果，如图 5-22 所示。

因为按钮的"指针经过"状态仅由 1 帧来表示，所以这里只能通过影片剪辑元件实例实现动画效果。在学习过本书第 6 章内容之后，还可以创建效果更加丰富的动画按钮。

按钮为 Flash 影片带来了交互功能。设计人员可以通过指定按钮的行为，使 Flash 影片对用户操作做出反应。以下步骤使得用户单击按钮就可以导航至电子工业出版社的网站。（注意：使用行为之前，必须将 Flash 影片的发布设置指定为支持 ActionScript 2.0）

（1）在舞台上选择 Button 按钮元件的实例。

（2）执行窗口→行为菜单命令（快捷键 Shift+F3）打开【行为】面板，单击【添加行为】按钮，并在下拉菜单中选择 Web→转到 Web 页行为，如图 5-23 所示。

图 5-22　测试动画按钮

图 5-23　为按钮添加行为

（3）在【转到 URL】对话框中设置导航目标的 URL 地址，如图 5-24 所示，然后单击【确定】按钮。为按钮设置的行为将显示在行为面板中，这一行为可以解释为当用户在按钮上方释放鼠标左键时，自动导航至指定 Web 页。将鼠标指针悬停在某一行为的上方，Flash 将提示该行为使用的参数。

图 5-24　设置行为参数

（4）按下快捷键 Ctrl+Enter 测试影片，单击舞台中的按钮实例，将自动打开浏览器窗口，并显示电子工业出版社的网站。

5.4　使用库管理元件

所有的元件都存放于库中。执行窗口→库菜单命令（快捷键 Ctrl+L）可以打开【库】面板观察当前 Flash 文档中的所有元件，如图 5-25 所示。库还可以用于存储声音、视频、位图动画素材。

【库】面板被分为上下两大部分：预览区域和元件列表。预览区域中显示出当前被选择的元件的内容，对于具有多个帧的元件，单击右上方的播放按钮可以对元件进行预览。对按钮元件的预览比较简单，仅仅是轮流显示出按钮元件 4 个帧中的内容，不会对其中包含的影片剪辑进行播放。

元件列表区显示出元件的名称、类型、使用次数、链接和修改日期。单击每列的标题可以使所有元件以该列为索引排序。

【库】面板的左下方提供了 4 个按钮，从左到右依次是：

（1）【新建元件】按钮，单击该按钮可以打开创建新元件对话框，创建一个新的元件。

（2）【新建文件夹】按钮，单击该按钮可以在库中创建一个文件夹。文件夹便于对元件进行分类管理。

（3）【属性】按钮，单击该按钮打开【元件属性】对话框，在其中可以对元件的属性进行设置，如图 5-26 所示。

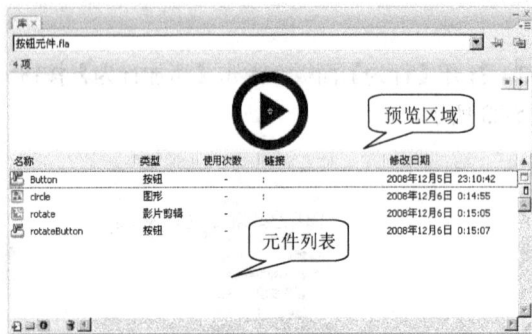

图 5-25　【库】面板　　　　　图 5-26　【元件属性】对话框

（4）【删除】按钮，用于删除当前被选中的元件。

如果当前同时打开了多个 Flash 文档，那么可以直接将一个元件拖放到另一个文档中使用。将当前 Flash 文档中的元件实例复制、粘贴到另一文档中，则元件也被同时复制到另一文档的库中。

5.5　上 机 实 验

1．设计一个图形元件，并在动画中应用多个实例，体会图形元件的作用：

① 修改某个实例，观察修改操作对图形元件和其他实例的影响；

② 在库中修改图形元件，观察修改操作对所有实例的影响。

2．设计一个影片剪辑元件，并在动画中应用多个实例，比较、体会影片剪辑元件和图形元件的异同点。

3．制作一个按钮，使用户单击该按钮后能够打开 Web 浏览器并导航至 http://www.phei.com.cn。

第 6 章　创建时间轴动画

在 Flash 中，大多数的动画效果都是通过逐帧动画或补间动画产生的。动画的播放速度以帧频来表示，即每秒播放的帧数（fps）。在默认状态下，Flash 动画以 12fps 的速率播放，该速率适合播放 Web 动画。设计人员可以根据需要调整帧频，在动画持续时间相等的前提下，帧频越大，动画效果就显得越平滑，因为描述动画中间过程的帧数增多。在帧数不变的前提下，帧频越大，则动画的持续时间就越短。

6.1　逐 帧 动 画

逐帧动画是最基本的动画形式，由设计人员手工创建构成动画效果的每一帧，特别适于创建复杂的动画效果。在逐帧动画中，由于每一帧都与众不同，因此创建逐帧动画通常需要较大的工作量。

逐帧动画的每一帧都是关键帧。关键帧有两种形式，有内容的关键帧以实心圆表示，而空白的关键帧则以空心圆表示。向时间轴中加入关键帧通常有以下几种办法。

（1）在时间轴中选择一个帧，然后执行插入→时间轴→关键帧菜单命令（快捷键 F6），如图 6-1 所示，如果在当前帧之前已经存在关键帧，则该关键帧将自动扩展至当前插入位置，并且在当前关键帧和补间帧中自动重复先前关键帧的内容。如果需要插入空白关键帧，选择空白关键帧菜单命令（快捷键 F7）。

（2）使用鼠标右键单击一个帧，然后在快捷菜单中选择插入关键帧或插入空白关键帧菜单命令。

（3）使用鼠标右键单击一个帧，然后在快捷菜单中选择转换为关键帧或转换为空白关键帧菜单命令，可以将普通帧转换为关键帧。

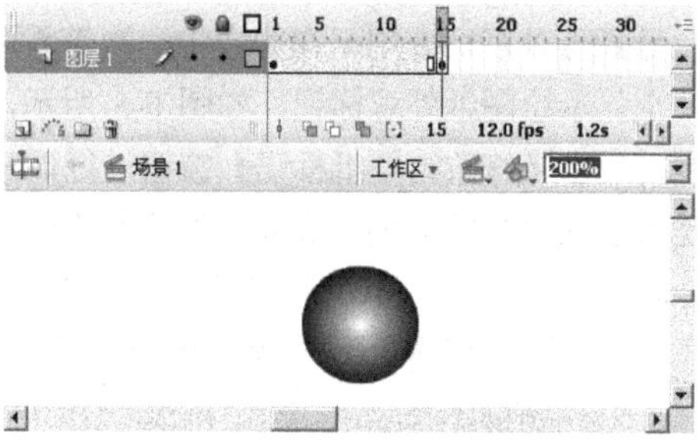

创建逐帧动画的过程，实际上就是反复插入关键帧并向关键帧中添加内容的过程。对于描述简单形状变化的逐帧动画，往往可以利用变形面板提供的复制

图 6-1　插入新的关键帧

并应用变形功能加快创作速度。5.1 节中制作的车轮元件，就是一个逐帧动画，但对于描述复杂内容的逐帧动画，只能手工描绘每一帧。图 6-2 显示的是一段反映信鸽飞舞的逐帧动画，共由 11 个不同的帧构成，图中时间轴处在预览方式下，能够看到每一帧的缩略图。

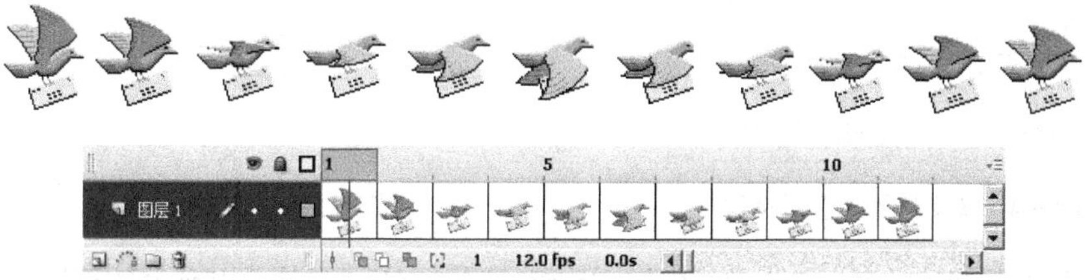

图 6-2　手工创建逐帧动画

在创建逐帧动画时，可以通过执行插入→时间轴→帧菜单命令（快捷键 F5）扩展关键帧。例如，选择图 6-2 中的任意关键帧，按下 F5 键，就可以扩展关键帧形成一个帧区域，如图 6-3 所示，关

键帧后面的浅灰色帧包含无变化的相同内容，最后一帧带有一个空心矩形，表示帧区域的末尾。在按下 Ctrl 键的同时使用鼠标拖动帧区域的最后一帧，可以调整帧区域的长度，从而控制某一画面在屏幕中的持续时间。在默认的帧频下，帧区域的长度达 12 帧就可以使该帧对应的画面在屏幕中保持 1 秒钟，因此调整帧区域的长度也可以达到调整动画片段播放速度的目的。

图 6-3　扩展关键帧

执行修改→文档菜单命令（快捷键 Ctrl+J）打开【文档属性】对话框，在其中对帧频属性进行调整，可以改变整个 Flash 影片的播放速度，如图 6-4 所示。默认的帧频是 12fps。

在时间轴中选择某一帧后，按下 Shift 键单击另一帧可以同时选择两帧之间的所有帧，然后就可以使用鼠标将这些帧沿时间轴拖放，调整它们在动画中的位置。选择某一关键帧并按 Delete 键可以删除该帧中的所有内容，从而使该帧转变为一个空白关键帧。使用鼠标右键单击某一关键帧，在快捷菜单中选择删除帧菜单命令，则可以将该帧彻底从时间轴中删除。

6.2　绘图纸外观命令

在 Flash 文档中，只有关键帧是可以编辑的，选择一个关键帧后其中的内容出现在舞台上，并自动处于选中状态等待编辑。有时出于对齐或同步的需要，要同时显示和编辑多个帧，这时就可以使用绘图纸外观命令（在有些资料中将该命令称为洋葱皮命令）。

绘图纸外观命令用于在舞台中一次查看两个或多个帧的内容。单击【绘图纸外观】按钮，时间轴标尺上显示绘图纸外观标记，如图 6-5 所示，具有绘图纸外观的帧处于起始标记和结束标记之间（帧范围可以由【修改绘图纸标记】按钮进行调整）。当前帧（即处于播放头下面的帧）以正常颜色显示，但是其余的帧是暗淡的，看起来好像每个帧是画在一张半透明的绘图纸上，而且这些绘图纸相互层叠在一起，这样就为精确编辑这些帧的内容提供了可靠的参照。

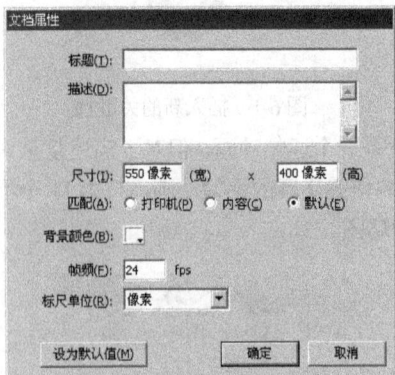

图 6-4　【文档属性】对话框

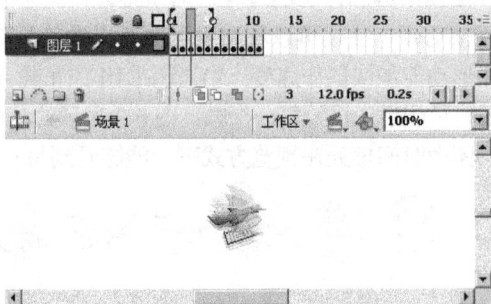

图 6-5　绘图纸外观

在具有绘图纸外观的帧中，仅当前帧能够被编辑，可以有效地防止对其他帧的误操作。单击【绘图纸外观轮廓】按钮，将具有绘图纸外观的帧仅显示为轮廓，这样可以避免其他帧过多地影响当前编辑操作。如果需要同时编辑多个帧，单击【编辑多个帧】按钮，则所有具有绘图纸外观的帧都得到正常显示，并允许被编辑。

6.3 补 间 动 画

补间是"补在中间"的简称，它是指由 Flash 根据两个关键帧的异同，自动计算和补充两个关键帧之间的帧。在 Flash 中可以创建两种类型的补间动画：形状补间和动画补间。

6.3.1 形状补间动画

形状补间动画主要用于独立（未组合）的图形。定义形状补间动画的方法是：为起始关键帧中的形状设置好各种属性，然后在结束关键帧中修改形状或者绘制另一个形状，最后由 Flash 在起始关键帧和结束关键之间的帧中自动创建动画。

下面以一个实例示范如何创建形状补间动画。

（1）创建一个新的 Flash 文档，再选择时间轴的第 1 帧，然后在舞台的中央位置使用【椭圆】工具绘制一个圆形（可以利用对齐面板将圆形调整至舞台的中央位置），并通过属性检查器将圆形设置为浅蓝色。

（2）选择时间轴的第 13 帧，按下快捷键 F7 ，插入一个空白关键帧，然后在舞台的中央位置使用【多角星形】工具绘制一个五边形，并通过属性检查器将其设置为浅红色，如图 6-6 所示。

（3）选择第 1 帧，在属性检查器中的【补间】下拉列表框中选择形状，如图 6-7 所示，Flash 自动创建出形状补间动画，在时间轴中以带箭头的绿色帧序列表示。补间动画的【简易】用于控制变形过程的加速度：正值表示加速变形，负值则表示减速变形。【混合】属性分

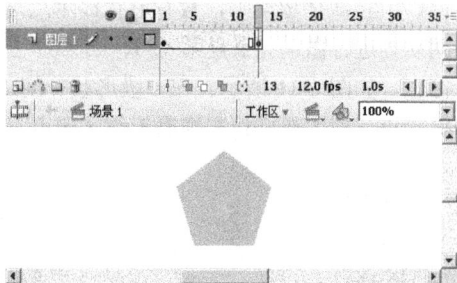

图 6-6 创建形状补间动画的起始帧和结束帧

别用于不同类的图形：分布式选项用于平滑和弯曲的图形，角形选项则用于具有直线或锐利转角的图形。

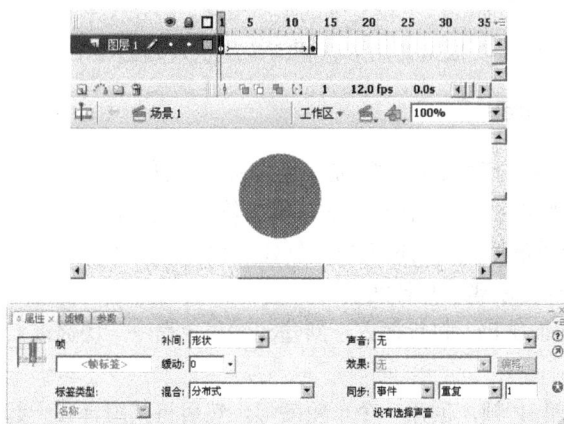

图 6-7 创建形状补间动画

（4）按回车键预览动画，可以看到圆形对象平滑地转变为五边形，同时颜色也发生过渡，如图 6-8 所示。由 Flash 自动生成的中间帧数量越多，形状补间动画的效果就越平滑。

在预览由上述过程创建的补间动画时，可以发现圆形在变形为五边形的过程中，会发生少许旋转，

这是不希望看到的动画效果。利用形状提示点可以进一步精确控制形状补间动画的变形过程。

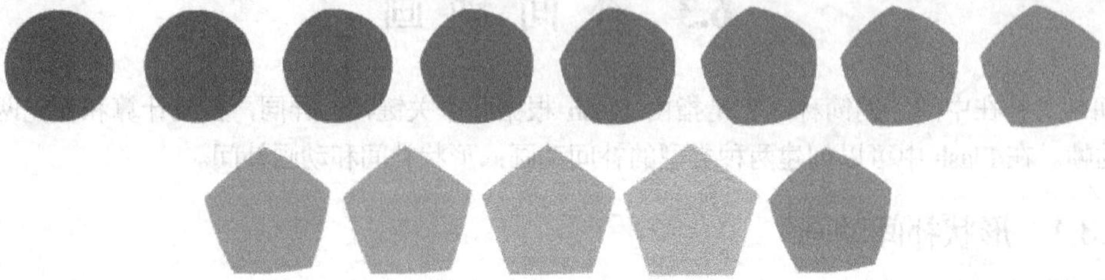

图 6-8   补间动画的过程

（5）选择形状补间动画的起始帧，执行修改→形状→添加形状提示菜单命令（快捷键 Ctrl+Shift+H），向形状补间动画插入第 1 个形状提示点 a，如图 6-9 所示，红色的形状提示点会同时出现在形状补间动画的起始帧和结束帧中。

（6）分别在形状补间动画的起始帧和结束帧中调整 a 提示点的位置，使之处在起始形状和结束形状中的相对应的点。调整后，起始帧中的提示点变为黄色，结束帧中的提示点变为绿色，如图 6-10 所示。

（7）再次播放动画，看看形状提示点是如何影响形状补间动画的。可以移动形状提示点，对形状补间动画进行微调。重复第（5）、第（6）步操作，添加更多的形状提示点。新提示点按照字母顺序进行标志，如图 6-11 所示。在一段形状补间动画中，最多可以添加 26 个形状提示点。如果需要删除某个提示点，使用鼠标将其拖离工作区即可。

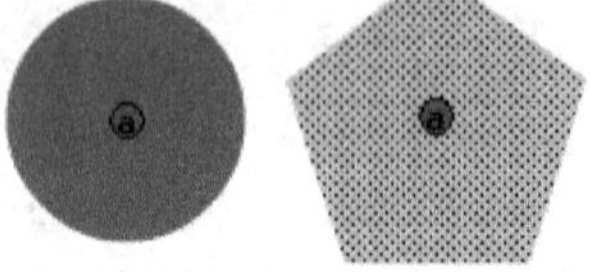

图 6-9   插入形状提示点 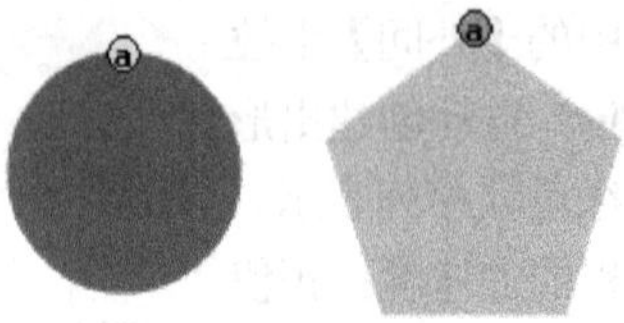   图 6-10   调整形状提示点 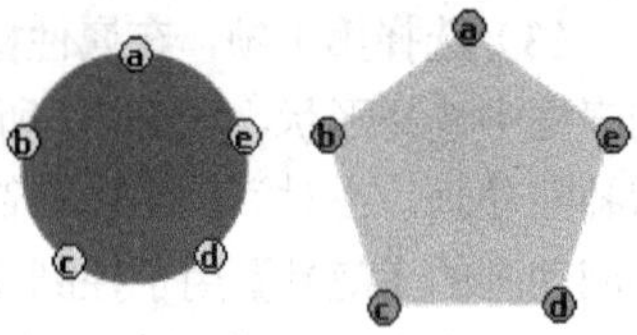   图 6-11   插入更多的形状提示点

提示点使 Flash 能够根据起始形状和结束形状中对应的点，计算和产生形状补间动画的中间帧，可以获得最佳的动画效果。如果需要产生较复杂的形状变化，必须在形状补间动画中设置形状提示点。在处理很复杂的形状时，甚至需要根据初始形状和结束形状人为创建中间形状，然后再设置提示点。

6.3.2   动画补间动画

动画补间动画主要用于组合对象或元件。定义动画补间动画的方法是：为起始关键帧中的对象（组合图形或元件）设置好各种属性，然后在结束关键帧中修改对象的位置、大小、颜色等属性，最后由 Flash 在起始关键帧和结束关键帧之间的帧中自动创建动画。

下面以一个实例示范如何创建动画补间动画。

（1）创建一个新的 Flash 文档，执行插入→新建元件菜单命令（快捷键 Ctrl+F8）创建一个名为车轮的影片剪辑元件。

（2）在元件时间轴的第 1 帧，创建一个车轮图形，然后将其组合在一起（或者转换为元件），利用对齐面板使其处于舞台的中央位置，如图 6-12 所示。

（3）接下来有两种方法可以创建动画补间动画。

方法一：选择元件时间轴的第 12 帧并按下快捷键 F5 扩展关键帧，执行插入→时间轴→创建补间动画菜单命令，然后对车轮图形的位置稍做调整，就产生了动画补间动画，如图 6-13 所示。选择第 12 帧，利用对齐面板将车轮图形调整至舞台中央位置。

图 6-12　创建组合图形

图 6-13　创建动画补间动画

方法二：选择元件时间轴的第 12 帧并按下快捷键 F6 插入关键帧，选择第 1 帧，然后在属性检查器的【补间】下拉列表框中选择动画选项，产生动画补间动画。

（4）下面的操作使车轮图形在原有位置上旋转一周。选择元件时间轴的第 1 帧，在属性检查器的【旋转】下拉列表框中选择顺时针选项，并在旋转次数文本框中输入 1，如图 6-14 所示。按回车键，可以预览到在 1 秒钟的时间内，车轮顺时针旋转 1 周的情形。

图 6-14　设置动画补间效果

（5）按下快捷键 Ctrl+F8，创建一个名为车的影片剪辑元件，如图 6-15 所示。在第 1 帧中放置一个车的图形和两个车轮元件，调整车轮元件的位置和大小使其和车的图形相吻合。

（6）单击场景 1 标签返回主时间轴，向舞台中拖放一个车元件，按下快捷键 Ctrl+Enter 测试影片，可以看到车元件实例的动画效果：车停在原地，而两个车轮在不停地转动。下面继续利用车元件制作动画补间动画，使车动起来。

（7）在主时间轴第 1 帧中调整车元件实例的位置，使其位于舞台左侧。选择第 32 帧并按下快捷键 F6 插入关键帧，然后调整第 32 帧中的车元件实例的位置，使其位于舞台右侧。

（8）选择第 1 帧，在属性检查器中的【补间】下拉列表框中选择动画选项，于是就产生了车进行横向运动的动画补间动画，如图 6-16 所示。直接按回车键可以预览车横向运动的动画效果，但无法看到车轮的转动，这是因为车轮是嵌套的影片剪辑。按下快捷键 Ctrl+Enter 测试影片，可以在车运动的同时，看到车轮在转动。

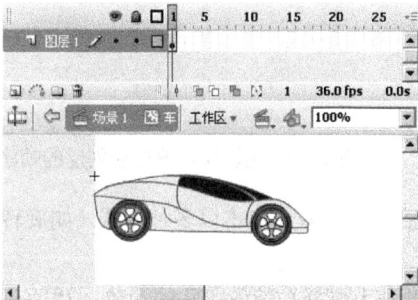

图 6-15　创建车元件图

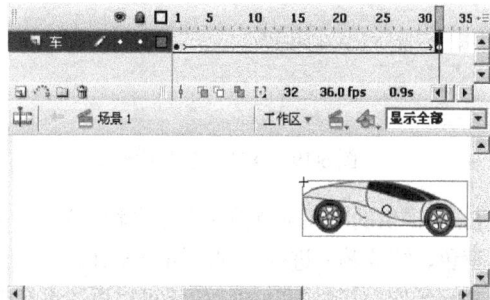

图 6-16　嵌套影片剪辑元件的动画补间动画

6.4　使用时间轴特效

Flash 提供了预设的时间轴特效，使设计人员可以通过简单的步骤快速创建复杂的动画效果。时间轴特效可以应用于文本、图形、图像和按钮元件。应用时间轴特效的步骤如下。

（1）在时间轴第 1 帧中创建一个文本对象，如图 6-17 所示。

（2）保持第 1 帧的选中状态，执行插入→时间轴特效菜单命令，此时 Flash 提供的各种时间轴特效在下拉菜单中显示出来，如图 6-18 所示，选择转换特效。

图 6-17　准备应用时间轴特效的文本对象　　　　图 6-18　时间轴特效命令

（3）Flash 自动打开【转换】对话框，在其中可以对转换特效的参数进行设置，如图 6-19 所示。在对话框中将效果持续时间设置为 30 帧，特效进行的方式设置为以涂抹方式淡入（类似于从左向右展开文字的效果）。在对话框中随时单击【更新预览】按钮，对当前设置的转换效果进行预览。当调整至满意效果后，单击【确定】按钮返回主时间轴。

（4）主时间轴中显示出由转换特效自动创建的帧序列（共 30 帧，这是由【变形】对话框中的效果持续时间决定的），同时自动对图层以特效名称进行命名，如图 6-20 所示。按回车键，可以预览到转换特效的应用效果。

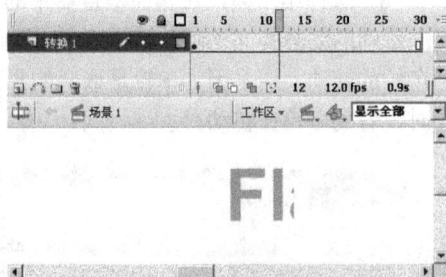

图 6-19　【转换】对话框　　　　图 6-20　由转换特效自动创建的帧序列

Flash 提供的时间轴特效还有很多种，例如，分散式直接复制特效使文本以多种方式（如旋转、淡出、变色、缩放等）进行复制，如图 6-21 所示。

对已经应用于时间轴的特效还可以再次进行编辑。在舞台上选择与特效关联的对象，然后在属性检查器中单击【编辑】按钮，打开与特效对应的对话框，对特效参数进行调整。使用右键单击舞台上与特效关联的对象，在快捷菜单中选择时间轴特效→删除特效菜单命令，可以将时间轴特效从对象中移除。

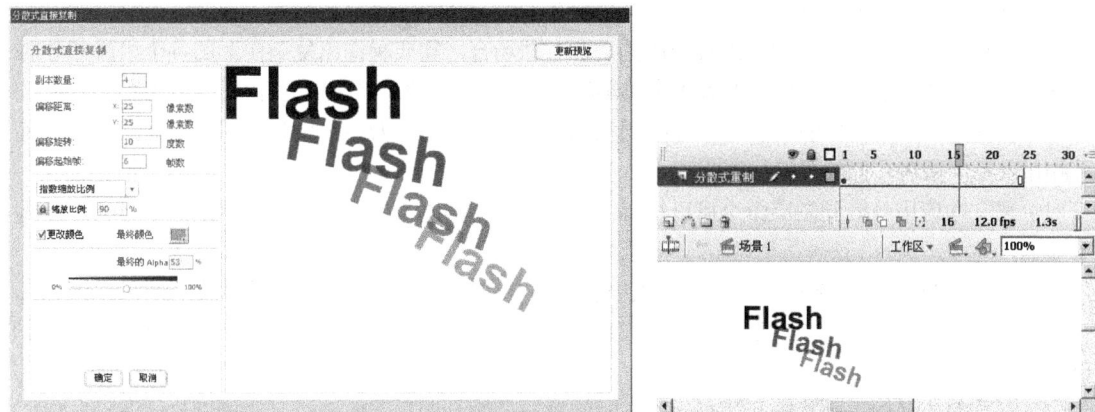

图 6-21　在时间轴中应用分散式直接复制特效

6.5　应　用　图　层

　　Flash 文档中的每一个场景都可以包含任意数量的图层。在创建动画时，可以使用图层和图层文件夹来组织动画序列和分离动画对象，这样多种对象之间就不会互相影响。如果要让 Flash 同时产生多个图形或元件的补间动画，每个图形或元件必须在独立的图层上。

　　图层的使用原则是：在背景层中包含用做动画背景的静态图像或图案（这类图层中的内容通常不会或很少发生变化），而其他的每个层中包含一个独立的动画对象。

6.5.1　分层动画

　　如果需要让不同的对象以不同的方式（如以不同的速度或方向）同时开始动画，那么这些对象就必须放在不同的图层中。如图 6-22 所示的分层动画，为了使数朵白云在蓝天背景下以不同的速度同时向右侧移动（从而制作出近快远慢的效果），则必须在不同图层中，为每个云朵对象分别制作动画补间动画。

图 6-22　分层动画

　　图层的上下次序决定了同时显示在屏幕中的对象的前后次序，例如，图 6-22 中背景图层位于最下层，因此其中的蓝天图案始终显示在所有动画内容的最后方。云朵 3 图层位于最上层，因此当不同的云朵在移动过程中发生位置重叠时，云朵 3 将显示在其他云朵的前面。

　　复杂图形往往是由简单的图形组合而成的。在有些场合，需要制作出复杂图形的各个组成部分的独立动画效果，如使组成一个单词的各个字母单独进行运动和变形，这时需要使用分散到图层命令。该命令可以快速将一个帧中的所选对象分散到独立的新层中，以便为各对象分别创建动画，任何没有选中的对象都保留在它们的原始位置中。

　　对分离文本应用分散到图层命令可以很容易地创建文本动画。下面以一个实例说明如何制作分离文本动画。

　　（1）创建一个新的 Flash 文档，在第 1 帧中创建一个文本对象"Flash"。选择该文本对象，执行修改→分离菜单命令（快捷键 Ctrl+B）将文本对象分离为 5 个单独的文本对象，每个文本对象包含 1 个字母，如图 6-23 所示。

　　（2）保持第 1 帧的选中状态，执行修改→时间轴→分散到图层菜单命令（快捷键 Ctrl+Shift+D），使各个字母分散到不同图层中，注意此时每个字母仍然在原始坐标位置，同时每一个新建图层自动以字母命名，如图 6-24 所示。由于原图层 1 第 1 帧中的内容被移除，因此可以选择图层 1，单击删除图层按钮删除该图层。

图 6-23　分离文本对象

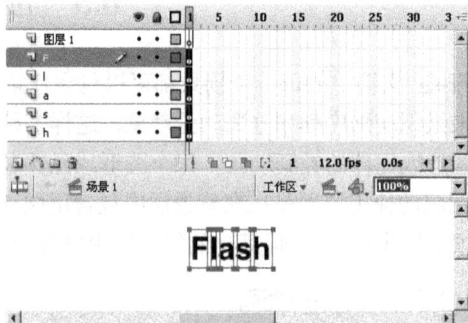

图 6-24　将字母分散到图层

　　（3）在各个图层中分别为每个字母创建补间动画。首先在 F 层中单击第 12 帧，然后在按下 Shift 键的同时在 h 层中单击第 12 帧，同时选中所有图层中的同一帧，按下 F6 键向所有图层中插入关键帧，如图 6-25(a) 所示。接下来就可以按照 6.3.1 节或 6.3.2 节介绍的方法，向各层中添加形状补间动画或动画补间动画。由于在各层的最后一个关键帧中，每个字母都处在形成单词"Flash"的应有位置上，因此尽管每个字母以不同的方式进入舞台，最终会在舞台中央拼成单词"Flash"。补间动画执行过程如图 6-26 所示。

(a)

(b)

图 6-25　在各图层中为每个字母分别创建补间动画

I

I

F　　　　　⼰　　　　h　F　　a　h　⇒　　**Flash**

⇒　　　　　　　　　　　　s

s

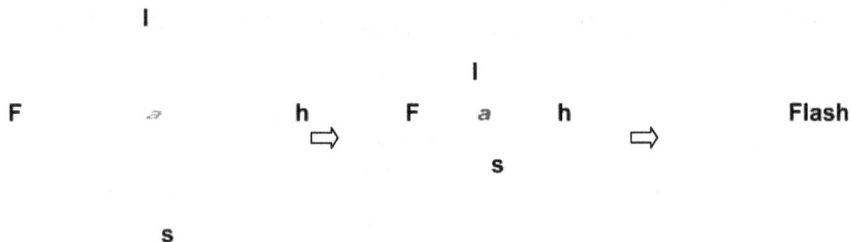

图 6-26　补间动画执行过程

在上述第 3 个步骤中需要注意一点：如果要为字母添加形状补间动画，需要再次执行修改→分离菜单命令（快捷键 Ctrl + B）将字母分离为形状。

6.5.2　引导层

在创建复杂动画时，往往需要按特定的位置摆放对象，但是位置信息不必出现在最终的 Flash 影片中。使用引导层可以存放这些不希望在发布或导出的文件中出现的内容。

假设需要将字符串"Flash"以弧形呈现在观众面前，设计人员可以创建一个新的图层，将弧形位置信息单独放置在该层中，如图 6-27 所示，执行视图→贴紧→贴紧至对象菜单命令（快捷键 Ctrl + Shift + /），然后向弧线附近拖动分离的字母，当字母真正摆放到弧线上时，字母中央的环形对齐标记会放大显示，这样就可以精确控制每个字母都能按照同一弧形分布。

代表位置信息的弧线在播放影片时是不必出现在舞台上的。此时以右键单击弧形所在图层，在快捷菜单中选择引导层菜单命令，就可以将弧形图层转换为引导层（图层名称前有榔头标记），如图 6-28 所示。引导层中的内容在设计期间仍然是可见的，但是不会被加入测试或导出的影片中。根据引导层的这一特性，设计人员还可以将一些注释性内容加入引导层中。

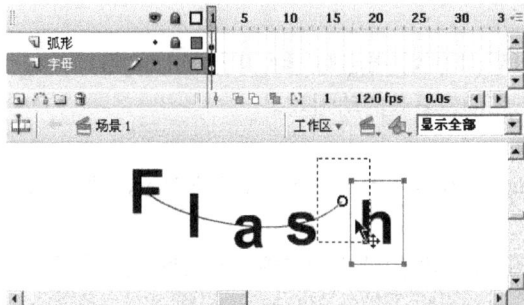

图 6-27　利用贴紧至对象功能指定对象的位置　　　　　图 6-28　创建引导层

6.5.3　运动引导层

在运动引导层中可以绘制运动路径，使与运动引导层相链接的层中的动画补间动画沿着指定的路径进行；还可以将多个层链接到一个运动引导层，使多个对象沿同一条路径运动。

图 6-29 所示的是一段动画补间动画，被移动的对象是一个反映信鸽飞舞的影片剪辑实例。在使用运动引导层之前，该影片剪辑实例在舞台中仅能沿直线运动。

使用鼠标右键单击 birdfly 图层，在快捷菜单中选择添加引导层菜单命令，创建一个运动引导层（图层名称前有路径标记），如图 6-30 所示，birdfly 图层的位置自动进行缩进，链接至运动引导的下方。在运动引导层中随意绘制一条曲线作为信鸽飞行的路径，然后在 birdfly 图层中选择动画补间动画的起

始帧，调整信鸽的位置使其与路径的起点对齐。选择动画补间动画的结束帧，调整信鸽的位置使其与
路径的结束点对齐。

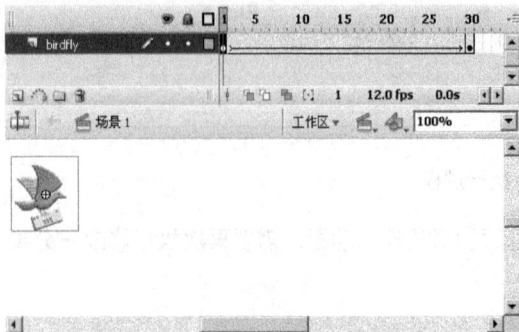

图 6-29　创建动画补间动画

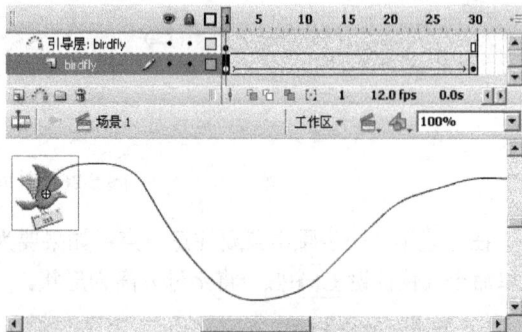

图 6-30　为动画补间动画添加运动引导层

按回车键预览动画，可以看到信鸽在沿曲线路径飞行，如图 6-31 所示。运动引导层中的路径在设
计期间是可见的，但是不会出现在最终发布的影片中。

图 6-31　沿指定路径进行的动画补间动画

6.5.4　遮罩层

遮罩层相当于一个带有孔洞的图层，通过孔洞可以看到与其链接的图层的内容，孔洞以外的部分
则是不可见的；可以将多个图层链接到一个遮罩层之下来创建复杂的动画效果。

下面以一个聚光灯效果动画演示遮罩层的使用步骤。

（1）创建一个新的 Flash 文档，将图层 1 命名为 Flash，在第 1 帧中创建一个文本对象，然后将该
关键帧扩展至第 15 帧，如图 6-32 所示。

（2）添加一个新的图层并将其命名为 mask，这一图层在本例后续步骤中将作为遮罩层使用，现在
首先向其中创建一个用做遮罩的圆形，如图 6-33 所示。

图 6-32　创建 Flash 图层

图 6-33　创建遮罩图形

（3）使用鼠标右键单击 mask 图层，在快捷菜单中选择遮罩层菜单命令，将 mask 图层转换为遮罩

层,如图 6-34 所示,Flash 图层自动链接至遮罩层下方,两个图层同时处于锁定状态。遮罩的作用现在已经显现出来,仅在圆形所在区域能够显示出下方 Flash 图层中的内容。

(4)为进一步创建聚光灯动画效果,单击两个图层的锁定标记撤销图层锁定状态,对 mask 图层进行编辑。在该图层中将圆形对象转换为图形元件实例,对该实例创建动画补间动画,使其沿水平方向向右运动,如图 6-35 所示。

图 6-34 创建遮罩层   图 6-35 创建遮罩动画

(5)重新锁定两个图层,按回车键可以预览到聚光灯动画效果:只有被聚光灯照到的区域,对应的字母才能显现出来,如图 6-36 所示。

图 6-36 聚光灯动画效果

6.6 混 合 模 式

混合模式用于创建图像复合显示效果。复合是改变重叠对象的透明度或者颜色相互关系的过程。使用混合模式,可以将下方图像的颜色(基准颜色)与上方图像的颜色(混合颜色)进行复合,以生成观众实际上看到的颜色(结果颜色)。

混合模式用于影片剪辑。由于影片剪辑通常用在独立的图层中,因此混合影片剪辑的操作也常被称为混合图层。因为发布 SWF 文件时多个图形元件会合并为一个形状,所以不能对不同的图形元件应用不同的混合模式。

当选择一个影片剪辑元件的实例后,属性检查器中出现混合模式选项,如图 6-37 所示。Flash 提供了以下混合模式。

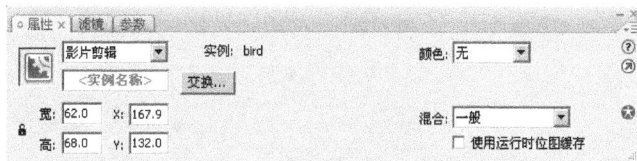

图 6-37 应用混合模式

(1)一般:以混合颜色替代基准颜色。
(2)图层:可以层叠各个影片剪辑,而不影响其颜色。

（3）变暗：只替换比混合颜色亮的区域。比混合颜色暗的区域保持不变。

（4）色彩增殖：将基准颜色与混合颜色复合，从而产生较暗的结果颜色。通常用于创建阴影和深度效果。

（5）变亮：只替换比混合颜色暗的像素。比混合颜色亮的区域保持不变。

（6）荧幕：将混合颜色的反色与基准颜色复合，从而产生漂白效果。

（7）叠加：应用色彩增殖或荧幕模式，具体情况取决于基准颜色。

（8）强光：应用色彩增殖或荧幕模式，具体情况取决于混合颜色。该效果类似于用点光源照射对象。

（9）差异：从基准颜色减去混合颜色或从混合颜色减去基准颜色，具体情况取决于哪一种颜色的亮度值较大。该效果类似于彩色底片。

（10）加色：通常用于在两个图像之间创建动画的亮度分解效果。

（11）减色：通常用于在两个图像之间创建动画的变暗溶解效果。

（12）反色：反转基准颜色。

（13）Alpha：应用 Alpha 遮罩层。

（14）擦除：删除所有基准颜色像素，包括背景图像中的基准颜色像素。

6.7　上机实验

1．使用绘图纸外观命令，制作一段逐帧动画。

2．练习制作补间动画，分别尝试形状补间和动画补间两种补间方式。

3．利用运动引导层，制作一段动画补间动画，体会运动引导层的作用。

4．制作一段 Flash 动画，通过遮罩层显示一幅大图的局部内容。

5．为影片剪辑元件实例应用混合模式，体会不同混合模式的作用。

第 7 章　使用图形图像

Flash 能够识别和导入多种格式的矢量图形文件和位图图像文件。所有被导入到 Flash 文档中的图形和图像都会自动添加到该文档的库中，设计人员还可以将图形和图像直接导入或粘贴到当前 Flash 文档的舞台中。

7.1　导入外部图形、图像文件

执行文件→导入→导入到舞台菜单命令（快捷键 Ctrl+R）或者导入到库菜单命令，可以选择并导入图形或图像文件。Flash 能够支持丰富的图形图像文件格式，其中最常用的文件格式有以下 6 类。

（1）Photoshop 格式（PSD 文件）。Flash 可以直接导入 PSD 文件并保留许多 Photoshop 的特性，并可在 Flash 中保持 PSD 文件的图像质量和可编辑性。

在导入 PSD 文件时，设计人员可以在【PSD 导入器】对话框中做出设置，如图 7-1 所示。

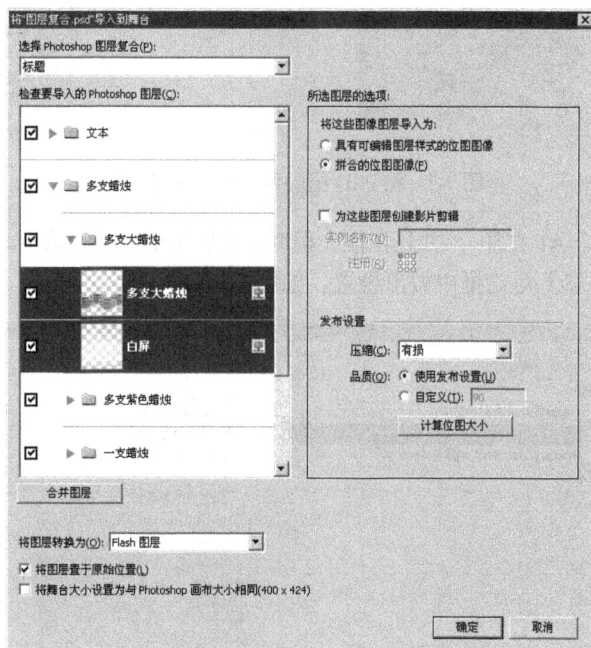

图 7-1　导入 Photoshop 格式

【选择 Photoshop 图层复合】下拉列表框用于指定要导入的图像版本。图层复合是 Photoshop 图像中各图层的快照，记录了图层的可见性、图层的位置以及图层样式。如果 PSD 文件不包含图层复合，该下拉列表框被隐藏。

【检查要导入的 Photoshop 图层】列表框显示了 PSD 文件中的所有图层、组和图层特效。 在此可以勾选要导入的图层。选择一个或多个图层之后，可以在对话框右侧设置更多的导入选项。例如，可以设置将当前层导入为具有可编辑图层样式的位图图像，或者导入为拼合的位图图像，以及是否为当前层创建影片剪辑。在按下 Ctrl 键的同时，从图层列表中单击选择多个图层之后，可以利用列表框下方的【合并图层】按钮，将图层合并为位图再导入。

在【将图层转换为】下拉列表框，选择 Flash 图层则使被导入的 PSD 图层都转换为相应的 Flash 图层，选择关键帧则使被导入的 PSD 图层被放入 Flash 新建图层中的相应关键帧内，PSD 各图层的内容都被转换为关键帧中的对象。图 7-2 显示了将 PSD 图层转换为 Flash 图层之后，时间轴、舞台和【库】面板的内容。

图 7-2　将 PSD 图层导入到 Flash 图层

（2）Illustrator 格式（AI 文件）。并且在很大程度上保留图形的可编辑性。在导入 AI 文件时，设计人员可以在【AI 导入器】对话框中做出设置，如图 7-3 所示。

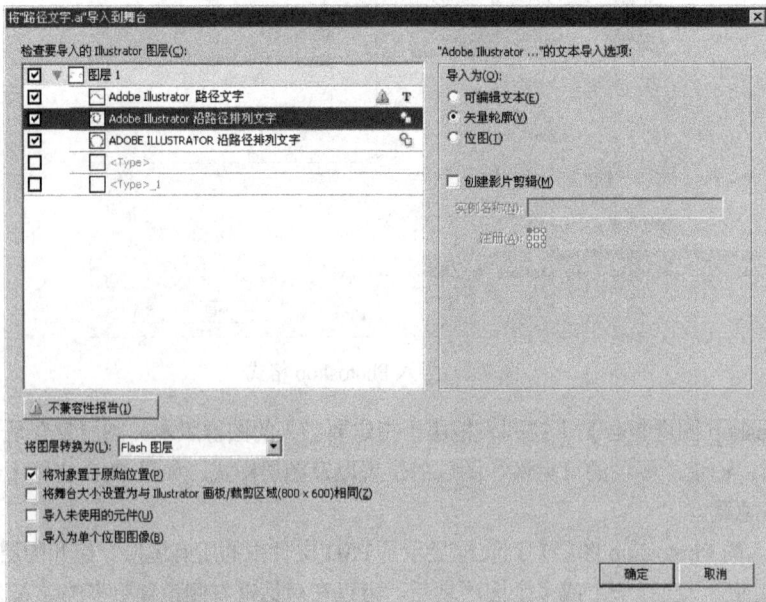

图 7-3　导入 Illustrator 格式

【检查要导入的 Illustrator 图层】列表框显示了 AI 文件中的所有图层和对象。选择要导入的图层或对象之后，可进一步设置将图层转换为 Flash 图层或关键帧，或单一 Flash 图层。对于 AI 中的文本对象，还可以选择作为可编辑文本对象导入，或者作为矢量轮廓或位图导入。根据要导入的 AI 文件中对象的类型，对话框右侧可以使用的选项会有所不同。设置完毕，单击【确定】按钮，AI 文件被导入到 Flash 中，如图 7-4 所示。注意在导入过程中，可能会存在一些兼容性问题。

（3）Fireworks 格式（PNG 文件）。在导入 Fireworks PNG 文件时，Flash 允许将 Fireworks PNG 文件以位图或可编辑对象两种方式导入，如图 7-5 所示。

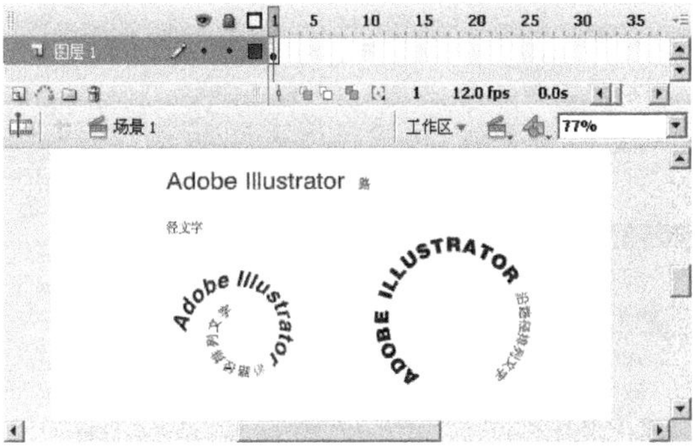

图 7-4　将 Illustrator 图层导入到 Flash 图层 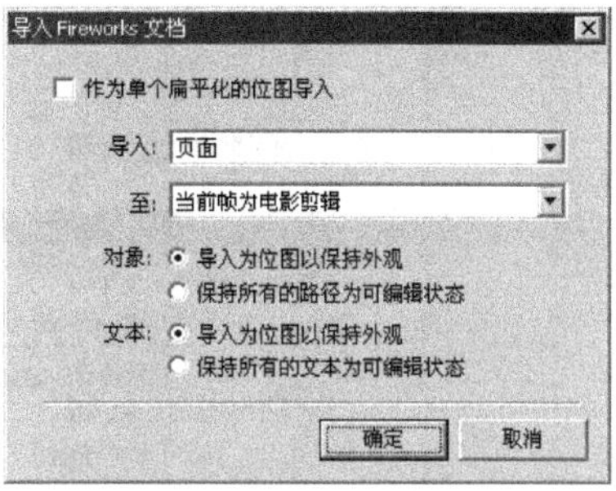　　　　图 7-5　【导入 Fireworks 文档】对话框

将 PNG 文件作为扁平化的位图导入时，整个文件（包括所有矢量插图）会被栅格化，而将 PNG 文件作为可编辑对象导入时，该文件中的矢量图形则会保留为矢量格式，路径和文本也能够保持可编辑状态。

（4）Windows 位图（BMP）、Windows 元文件（WMF）和增强的 Windows 元文件（EMF）。

（5）GIF 和 GIF 动画文件（GIF）。Flash 将为 GIF 动画文件中的每一帧单独创建一个帧。

（6）JPEG 文件（JPG）。

连续编号的图像序列（如 GIF 和 BMP 序列）可以作为当前层的连续关键帧导入，如图 7-6 所示，如果在对话框中选择否，则仍然是导入被选中的单个文件。

图 7-6　导入图像序列

7.2　使用图形、图像

被导入的图形或图像存储在库中。设计人员可以从库中向舞台上拖放图形、图像的实例，选择实例后，属性检查器如图 7-7 所示，单击【交换】按钮，打开【交换位图】对话框，如图 7-8 所示，选择库中现存的任意一种图形或图像，以其实例取代当前被选择的实例。

因为导入位图图像会增大 Flash 影片的文件大小，设计人员可以根据需要压缩导入的位图。方法是在库中选择需要压缩的位图，单击鼠标右键，在快捷菜单中选择属性菜单命令，打开【位图属性】对话框，如图 7-9 所示，在其中选择一种压缩方式。【允许平滑】选项使压缩后的位图看起来更加平滑。单击【测试】按钮，可以看到压缩前后文件的大小。

已导入的位图可被 Flash 用做填充。可以使用【颜色】面板将位图填充到图形对象中，只需在舞台中选择准备填充的图形，然后在【颜色】面板的【类型】下拉列表框中选择位图（如图 7-10 所示），库中存在的位图将显示在面板下方的列表框中，选择某一位图就可以使其填充到图形中。

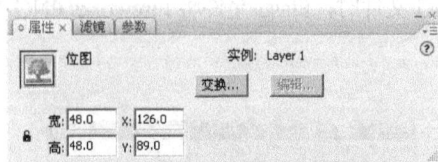

图 7-7　图像实例属性检查器

图 7-8　【交换位图】对话框

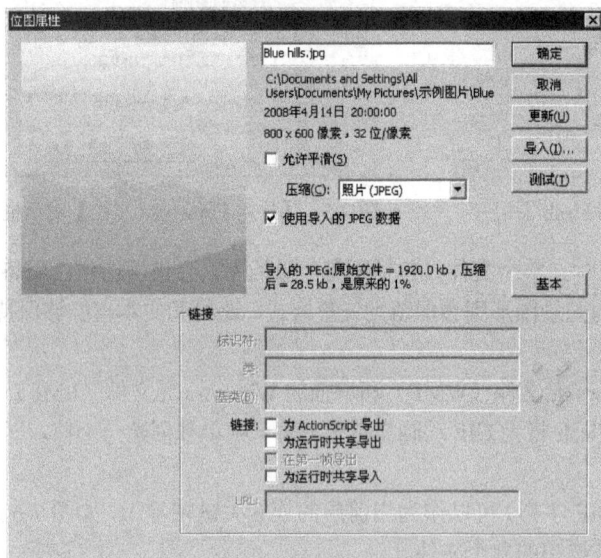

图 7-9　修改位图属性

图 7-10　使用位图作为填充

将位图应用为填充时，会平铺该位图，以填充对象。利用填充变形工具可以对位图填充进行调整，如图 7-11 所示。

图 7-11　调整位图填充

Flash 的分离位图功能会将图像中的像素分散到离散的区域中，设计人员可以分别选中这些区域并进行修改。选择舞台中的位图实例，执行修改→分离菜单命令（快捷键 Ctrl+B），可以将位图实例分离，如图 7-12 所示。

当分离位图之后，使用工具面板中的绘图工具可以修改位图。使用【套索】工具中的魔术棒选项，根据颜色选择已经分离的位图区域。用【滴管】工具选择分离后的位图，可以用位图进行涂色，例如，用【颜料桶】工具填充图形或用【刷子】工具进行绘画。

分离之前　　　　　　　　　　　　　　分离之后

图 7-12　分离位图

执行修改→位图→转换位图为矢量图菜单命令，将当前位图实例转换为矢量图，从而利用 Flash 提供的矢量绘图工具对其进行进一步的修改，例如，调整对象外形，修改填充颜色等。

7.3　创建照片放映幻灯片

本节利用 Flash 提供的照片幻灯片放映模板，创建一个照片放映幻灯片。在开始工作之前，准备好几幅照片。

（1）执行文件→新建菜单命令（快捷键 Ctrl+N），在【从模板创建】对话框中选择照片幻灯片放映类模板中的现代照片幻灯片放映模板，如图 7-13 所示。

（2）照片幻灯片放映模板如图 7-14 所示，该模板已经定义了照片放映幻灯片所需的绝大部分功能，剩下的工作仅是替换或添加新的图像和说明文字。图像位于 picture layer 图层，现有的 4 个关键帧中放置了 4 个图像的实例。说明文字则位于 Captions 图层，4 个关键帧中分别包含了每一个图像的说明。现在将事先准备好的照片图像导入当前文档的库中。

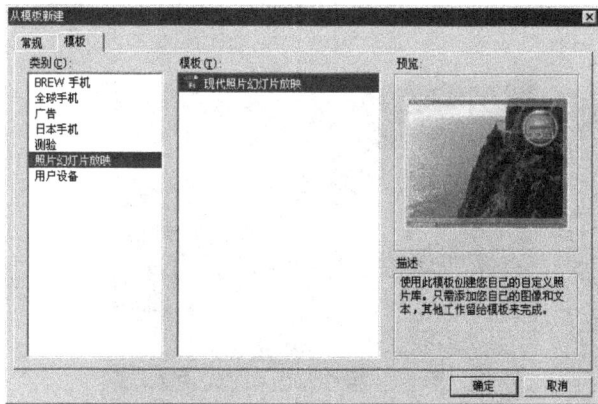

图 7-13　根据模板创建文档

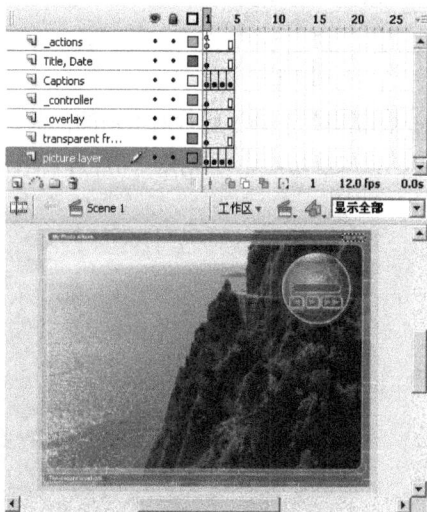

图 7-14　照片幻灯片放映模板

（3）在 picture layer 图层中选择第 1 帧，删除现有图像实例，然后将新的照片实例拖放到舞台上，通过对齐面板将其放置在舞台中央。最后在图像实例属性检查器中将实例高度设置为 640，实例宽度设置为 480，如图 7-15 所示。

以上交换图像实例的工作也可以交给图像实例属性检查器中的【交换】按钮来完成。

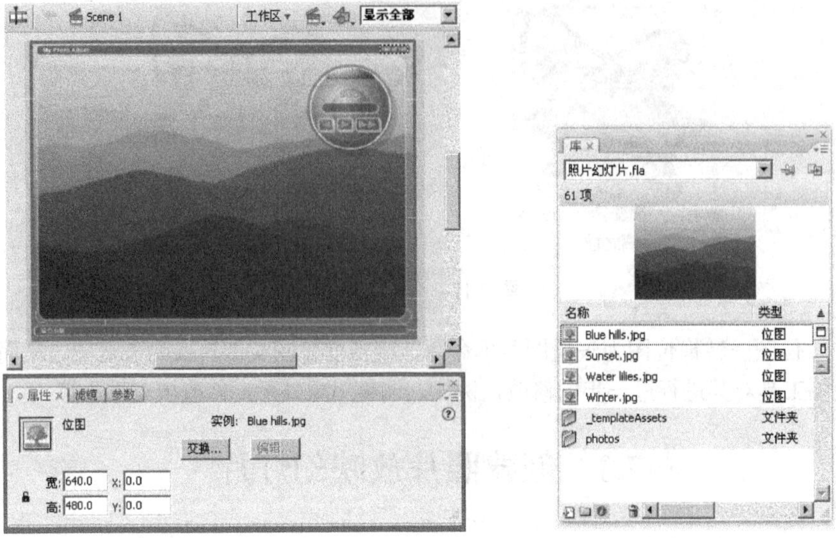

图 7-15　更新图像

（4）在 Captions 图层中选择第 1 帧，双击其中的文本对象，删除原有的说明文字，然后根据新的图像添加新的说明文字。

（5）重复第（3）、（4）步骤的操作，更新剩余的图像。如果照片总数大于 4 幅，可以分别在 picture layer

图层和 Captions 图层插入新的关键帧（快捷键 F6），然后再添加新的照片和说明文字，如图 7-16 所示。

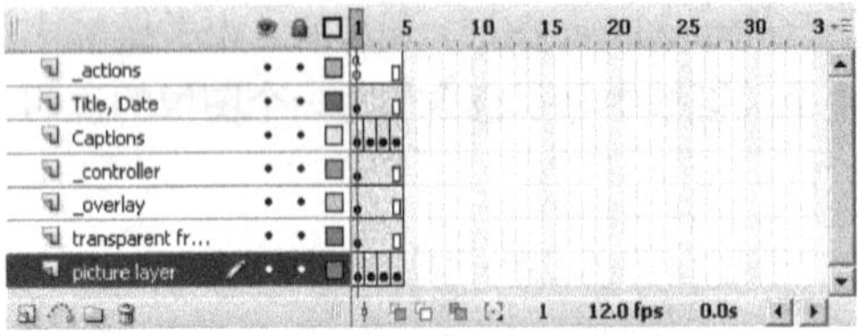

（6）添加完所有的照片后，根据照片数量在其他图层中分别将帧数进行扩展（快捷键 F5），如图 7-16 所示。

图 7-16　扩展幻灯片的数量

照片放映幻灯片制作完成，按下快捷键 Ctrl＋Enter 测试影片，通过影片右上角的向前、向后导航按钮，逐一播放所有的照片，如图 7-17 所示。通过自动播放按钮，还可以控制幻灯片自动播放。

图 7-17　播放幻灯片

7.4　上 机 实 验

1. 利用图形、图像处理工具制作出艺术字，并保存为不同的文件格式导入 Flash 中应用。
2. 结合 5.2.3 节介绍的锁定填充，试设计出以位图进行锁定填充的效果。

第 8 章 使用声音和视频

Flash 支持导入和使用多种格式的声音和视频数据。声音和视频数据在导入 Flash 文档中后，被存储在库中，如图 8-1 所示。

图 8-1 导入文档中的声音和视频数据

8.1 导入声音和视频文件

在 Windows 系统中，Flash 直接支持的声音格式有 WAV 和 MP3，如果系统中安装有 QuickTime 4 （或更高版本），还可以导入 AIFF 格式的声音文件。需要注意的一点是 Flash 只能导入采样率为 11kHz、22kHz 或 44kHz，采样深度为 8 位或 16 位的声音数据。

执行文件→导入→导入到库菜单命令，在【导入到库】对话框中，将【文件类型】设置为所有声音格式，然后选择并打开所需的声音文件，如图 8-2 所示。在【库】面板中选择被导入的声音，然后在预览窗口中单击【播放】按钮，可以听到声音的内容。

(a)   (b)

图 8-2 选择并导入声音文件

在 Windows 系统 DirectX 的支持下，Flash 可以导入 AVI、MPG/MPEG、WMF 和 ASF 格式的视频文件，如果系统中安装有 QuickTime 4（或更高版本），还可以导入 MOV 和 DV 格式的视频文件。

执行文件→导入→导入到库菜单命令，在【导入到库】对话框中，将【文件类型】设置为所有视频格式，然后选择并打开所需的视频文件，这时将出现【导入视频】窗口，如图 8-3 所示，该窗口提供视频导入向导，第一步操作要求选择视频文件位置。对位于本地的视频文件，需要输入其路径；而对于网络中的视频文件，则需要使用 URL 地址。

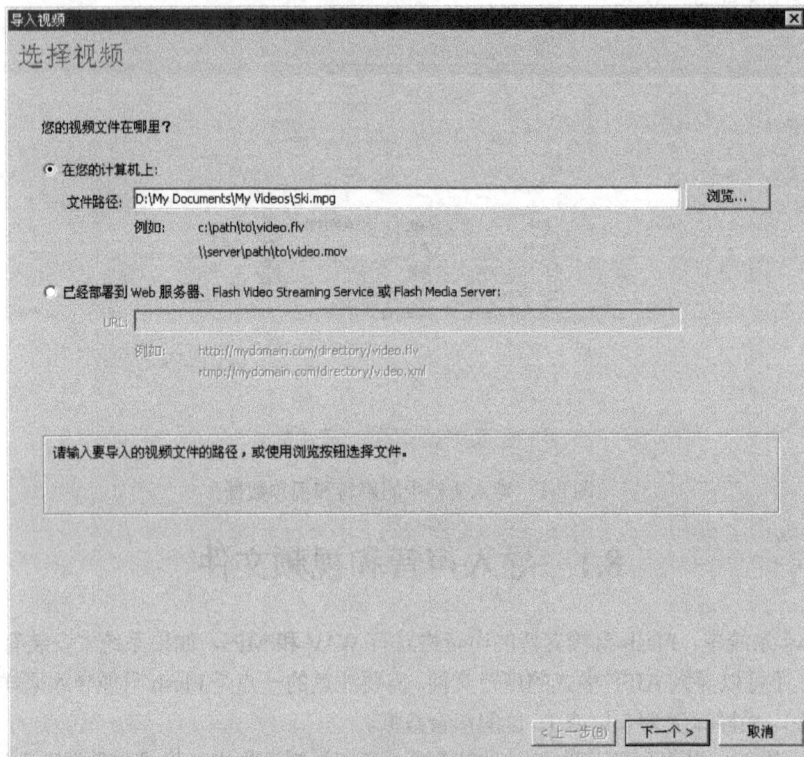

图 8-3　【导入视频】窗口

视频导入向导的第二步，要求设置视频的部署方式，如图 8-4 所示。视频的部署方式决定了在 Flash 中创建和集成视频内容的方式，其中最常用的方式有 3 类。

（1）渐进式下载。从 Web 服务器渐进式下载使视频文件可以存储在 Web 服务器上，当视频被播放时才开始下载，并且将很少一部分视频下载并缓存到用户本地计算机的磁盘驱动器后，就可以开始播放视频。这一部署方式便于设计人员在 Flash 动画中使用相对较大、质量较高的视频剪辑，同时将所发布的 SWF 文件大小保持为最小。

（2）数据流。数据流包括从 Flash 视频数据流服务传输和从 Flash Media Sever 传输两种方式。数据流方式提供快速、安全的实时传输服务，采取按需传输的方式，不必向用户传输完整的视频。用户端获得的数据也不会被存储在磁盘上。

（3）嵌入视频。在 SWF 中嵌入视频并在时间轴上播放的方式，是将视频剪辑作为嵌入文件导入Flash，嵌入的视频文件成为 Flash 文档的一部分。这是一种最容易使用的部署方式，但是通常只用于导入持续时间较短的视频剪辑。导入较长的视频剪辑将显著增加 Flash 文件的大小，并给网络用户带来明显的播放时间延迟。

选择嵌入视频方式之后，可以在视频导入向导的嵌入步骤中（如图 8-5 所示），设置如何导入视频。【符号类型】下拉列表框用于选择嵌入视频的元件类型：嵌入的视频选项使得视频被导入到时间轴；影片剪辑选项使得视频被导入为影片剪辑元件；图形选项使得视频被导入为图形元件。【音频轨道】下拉列表框指定视频文件中包含的音频数据的导入方式：分离选项使得音轨作为声音对象导入（与视频文件分离，如此将在库中同时产生视频对象和声音对象），集成选项使得音轨作为视频文件的一部分导入（集成声音）。在默认情况下，Flash 会增加帧数来扩展时间轴，以完整地容纳将要嵌入的视频剪辑。此时打开向导窗口底部的【先编辑视频】复选框，下一步就会进入拆分视频步骤，如图 8-6 所示。

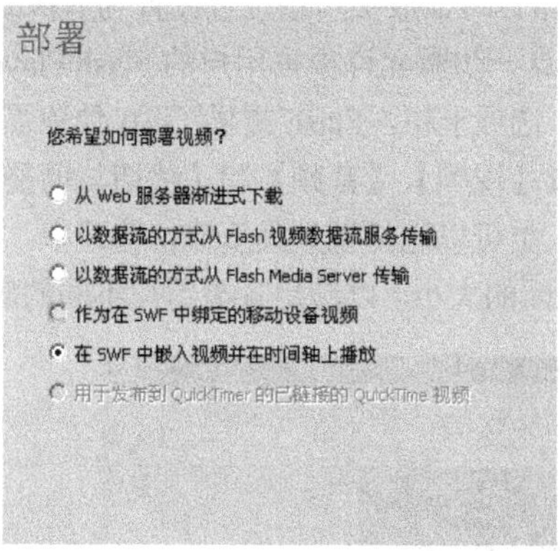

图 8-4　部署视频 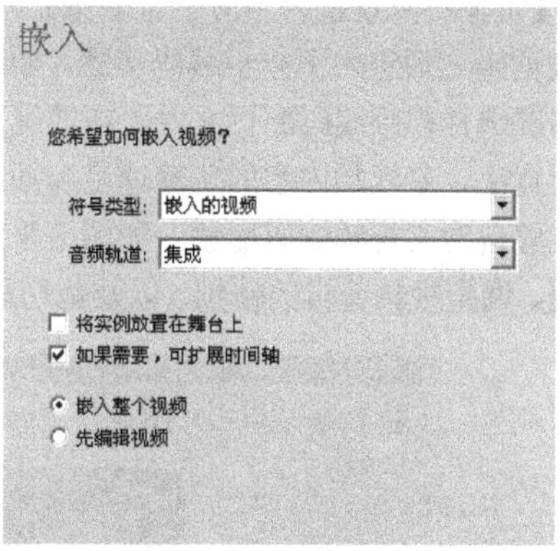　　　　　　　　　　　　　图 8-5　嵌入视频

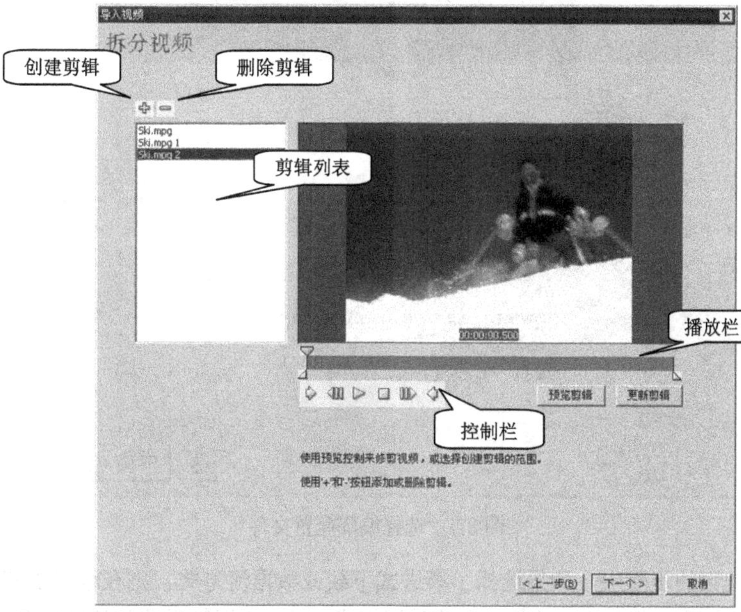

图 8-6　编辑视频

在拆分视频步骤中，拖动播放栏上方的播放头，可以对视频内容进行预览，播放栏上方以时：分：秒：毫秒的格式显示出播放头所处的位置。拖动播放栏下方的输出点和输入点标记，可以直接在播放栏中定义新剪辑的范围。根据同一视频文件可以创建多个包含不同内容的剪辑，所有的剪辑都被加入剪辑列表中，每个剪辑将在库中单独占据一项。单击【创建剪辑】按钮可以根据当前输出点和输入点

创建新的剪辑。单击【删除剪辑】按钮可以删除当前被选择的剪辑。单击【预览剪辑】按钮，可以预览当前的剪辑内容，而单击【更新剪辑】按钮则可以根据输出点和输入点设置，更新当前剪辑。

控制栏提供了 6 个编辑控制按钮，它们的作用分别是：

- 【将输入点设置为当前位置】按钮——单击该按钮，将播放头所在位置设置为剪辑的输入点。
- 【后退一帧】按钮——单击该按钮，使播放头后退一帧，从而预览到该帧的画面。
- 【从当前位置播放】按钮——单击该按钮，从播放头所在位置处开始播放视频内容。
- 【停止播放】按钮——单击该按钮，停止播放当前视频内容。
- 【前进一帧】按钮——单击该按钮，使播放头前进一帧，从而预览到该帧的画面。
- 【将输出点设置为当前位置】按钮——单击该按钮，将播放头所在位置设置为剪辑的输出点。

创建剪辑之后进入下一步编码步骤，如图 8-7 所示，这一步骤允许根据用户的 Flash Player 版本以及带宽情况选择视频编码配置文件。在【编码配置文件】选项卡中，Flash 提供了 10 种预置配置，视频编码配置决定着视频内容的传输速度和播放质量。通过【视频】、【音频】和【裁切与调整大小】选项卡，能够自定义视频编码配置，如图 8-8 所示，设计人员可以选择视频品质或传输速率、控制关键帧的间隔、调整视频剪辑的帧频，以及裁切与调整视频画面的大小，以满足各类用户不同的应用需求。

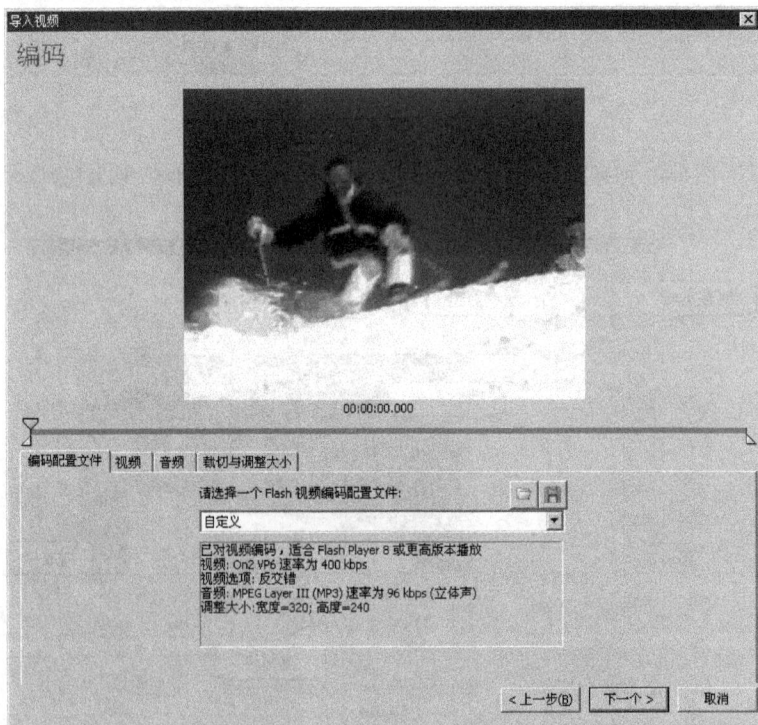

图 8-7　选择编码配置文件

在前述部署视频的步骤中，如果选择了渐进式下载或数据流方式，则在编码步骤中还可以向视频中嵌入提示点。每个提示点由名称及其出现的时间组成，用于在视频播放到特定位置时触发其他动作。提示点有两种类型：事件提示点和导航提示点，事件提示点在到达提示点时触发 ActionScript 方法，而导航提示点则类似于关键帧，主要用于实现导航和搜索功能，也可用于在到达提示点时触发 ActionScript 方法。

完成编码步骤后，下一步进入视频导入步骤。在此设计人员可以观察之前所做出的各种设置，并允许返回以前的步骤进行调整。单击【完成】按钮，开始进行视频剪辑的编码、导入工作。

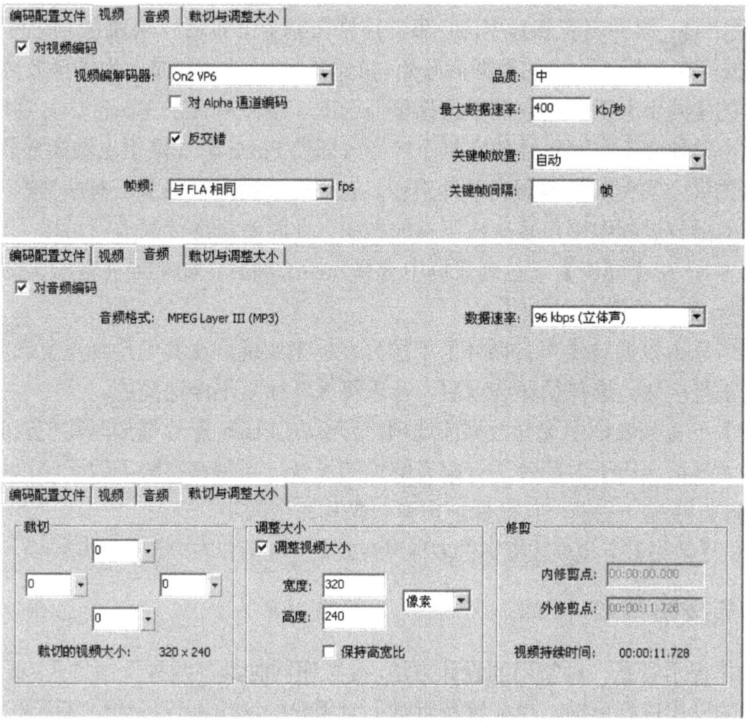

图 8-8　自定义视频编码配置

8.2　控制声音播放

通常将声音放在单独的图层上。执行插入→时间轴→图层菜单命令，为声音创建一个图层，然后将声音从【库】面板中拖到舞台上，声音就被添加到当前图层中。

包含声音的每个图层都是一个独立的声音通道（音轨）。尽管可以将多个声音放在同一图层中，但还是建议将每个声音放在一个独立的图层上。当播放 Flash 影片时，所有图层上的声音将混合在一起共同播放，因此，通常需要对声音的播放进行必要的控制。

8.2.1　播放音乐

Flash 提供了许多播放声音的方式，既可以使声音独立于时间轴连续播放，也可以使音轨和动画同步播放，还可以对声音进行简单的特效处理（如淡入、淡出等）。

在声音所在的图层上，选择包含声音数据的第 1 个帧，然后在属性检查器中，从【声音】下拉列表框中选择声音文件，如图 8-9 所示。

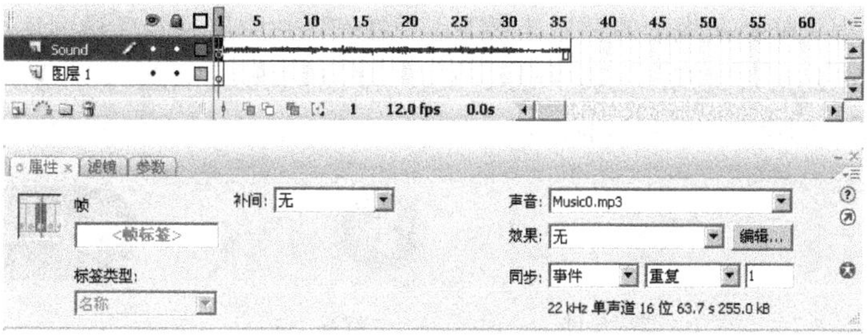

图 8-9　设置声音的属性

Flash 中有两类声音：事件声音和数据流。事件声音在完全下载后开始独立于时间轴持续播放，除非明令其停止；数据流在下载了一定的数据后开始与时间轴同步进行播放。为了播放持续的背景音乐，可以在属性检查器的【同步】下拉列表框中选择事件选项。事件声音在 Flash 影片播放至声音的起始关键帧时开始播放，并独立于时间轴播放完整个声音（即使 Flash 影片停止也继续播放）。

如果同一声音的多个实例都被设置为事件声音，它们可以同时被播放。有些情况下这是应该避免的（如在背景音乐的播放过程中用户多次按下播放按钮，此时音乐继续播放就可以了，没有必要同时播放音乐的几个副本），在【同步】下拉列表框中选择开始选项后，如果当前音乐实例没有播放完毕，Flash 不允许播放同一音乐的第 2 个实例。

循环播放背景音乐可以通过【声音循环】下拉列表框来实现，在其中选择重复选项后，在右侧文本框中指定音乐的重复次数。选择循环选项后，音乐将循环往复不停地播放。

如果在【同步】下拉列表框中选择数据流选项，那么在 Flash 影片播放时将使音频与影片达到完全同步，这一选项尤其适合用于对影片进行配音解说的场合。当带宽有限导致无法以指定的帧频播放Flash 影片时，Flash 将略过一些帧，从而保证声音与影片完全同步。

属性检查器中的【效果】下拉列表框提供多种声音效果，包括左右声道控制与转换、淡入淡出控制。

8.2.2　添加按钮音效

为按钮添加动作提示音是一种常用的设计方法，使按钮同时具备两种反馈方式：既能够从视觉（形状变化）上对用户的操作进行反馈，也能够从听觉上对用户的操作进行反馈。下面通过一个实例，介绍如何向按钮的指针经过状态和按下状态添加音效。首先向 Flash 文档中导入两个声音文件 chimes.wav 和 ding.wav（这两个文件可以从 Windows 系统的 Media 文件夹中找到），前者用于按钮的指针经过状态，后者用于按下状态。

（1）打开 5.3 节制作的 Button 按钮元件，向其中添加一个图层，将其命名为"声音"。

（2）在声音图层中选择指针经过帧并按下 F7 键插入空白关键帧，然后将 chimes.wav 从库中拖放到舞台上，如图 8-10 所示。

（3）在声音图层中选择按下帧并按下 F7 键插入空白关键帧，然后将 ding.wav 从库中拖放到舞台上。

图 8-10　为指针经过状态指定音效

按下 Ctrl+Enter 组合键测试影片，当鼠标指针移到 Button 按钮上方时，声音 chimes.wav 被播放。单击 Button 按钮，声音 ding.wav 则被播放。

8.2.3　控制声音的播放与停止

通常利用按钮来控制音乐或解说的播放与停止。本节将向 7.3 节中制作的照片放映幻灯片中添加播放音乐的功能，使观众能够在优美的音乐伴奏下，观赏幻灯片中展示的风景图片。

（1）打开照片放映幻灯片文档，向其中导入一个声音文件 Music.mp3。然后创建一个 play 按钮元件，按照如图 8-11 所示创建按钮的各种状态。

弹起　　　　指针经过　　　　按下　　　　点击

图 8-11　play 按钮元件

（2）在时间轴窗口中单击【插入图层】按钮，向 play 按钮元件时间轴中添加一个图层，将其命名为 sound。在 sound 图层的【按下】帧插入空白关键帧（快捷键 F7 ），然后在属性检查器中的【声音】下拉列表框中选择 Music.mp3，如图 8-12 所示，在【同步声音】下拉列表框中选择开始选项，避免用户多次单击 play 按钮造成 Music.mp3 的多个实例重叠播放。最后在【声音循环】下拉列表框中选择循环选项，使音乐循环不停地播放。

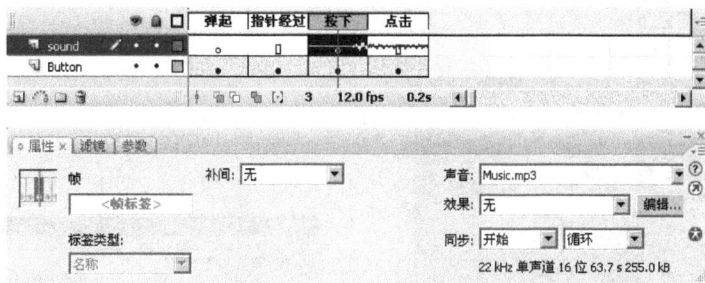

图 8-12　添加开始声音

（3）然后创建一个 stop 按钮元件，按照如图 8-13 所示创建按钮的各种状态。

弹起　　　　　　　　指针经过　　　　　　　　按下　　　　　　　　点击

图 8-13　stop 按钮元件

（4）向 stop 按钮元件时间轴中添加一个 sound 图层，如图 8-14 所示，在 sound 图层中选择按下帧，然后在属性检查器中的【声音】下拉列表框中选择 Music.mp3，在【同步声音】下拉列表框中选择停止选项。

图 8-14　添加停止声音

（5）返回主时间轴窗口，单击【插入图层】按钮添加一个新图层并将其命名为 MusicControl，如图 8-15 所示，然后向舞台左下角拖放一个 play 按钮实例和一个 stop 按钮实例。

按下快捷键 Ctrl + Enter 测试影片，在浏览图片的时候，单击 play 按钮就能听到动听的音乐，单击 stop 按钮则使音乐停止播放。为简化按钮的制作过程，在第（2）、（4）步骤中可以省略添加 sound 图层的操作，而改为在 Button 图层的【按下】帧中直接选择 Music.mp3。

为了使音乐在观众打开 Flash 影片时立即播放，可以利用行为对声音进行控制，但首先要为动作脚本导出声音。在库中选择 Music.mp3，单击鼠标右键，在快捷菜单中选择链接菜单命令，打开【链接属性】对话框，如图 8-16 所示，在其中选择【为动作脚本导出】选项，然后在【标志符】文本框中输入该声音的链接 ID：Music.mp3。

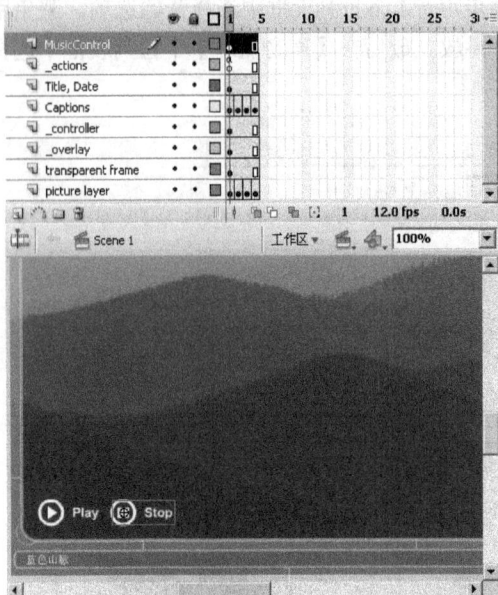

图 8-15　添加声音控制图层

图 8-16　【链接属性】对话框

在 MusicControl 图层中选择第 1 帧，然后执行窗口→行为菜单命令（快捷键 Shift+F3）打开【行为】面板，为当前帧添加从库加载声音的行为，如图 8-17 所示，在【从库加载声音】对话框中输入声音的链接 ID 和实例名称，如图 8-18 所示，注意选中【加载时播放此声音】选项。

图 8-17　利用行为从库加载声音

图 8-18　指定加载的声音

再次按下快捷键 Ctrl+Enter 测试影片，在影片开始播放的时刻，音乐也会同时响起，不过音乐只会被播放 1 次。在 MusicControl 图层中选择第 1 帧，执行窗口→开发面板→动作菜单命令（快捷键 F9），打开动作面板，在其中将最后一行脚本：

```
_global.Behaviors.Sound.music.start(0,1);
```

修改为：

```
_global.Behaviors.Sound.music.start(0,1000);
```

就可以使音乐循环播放 1000 次，通常情况下这是一个足够多的次数。

8.3 控制视频播放

将嵌入的视频从库中拖放到舞台上时，如果当前图层中的空白帧数不足以容纳视频剪辑的每一帧，则 Flash 提示是否允许自动插入更多的帧以容纳整个视频剪辑，如图 8-19 所示，单击【是】按钮可以将视频剪辑完整地导入时间轴。

在设计期间可以预览到视频剪辑的图像内容，但如果视频剪辑同时包含声音（伴音），则必须在测试影片时才能听到伴音的播放效果。如果在导入视频文件时选择将视频与伴音分离，则可以将视频画面与伴音放置在不同的图层，如图 8-20

图 8-19 为视频自动插入帧

所示，这样做的好处是可以重新处理视频画面与伴音的同步方式（如在需要插入解说时消除视频剪辑的伴音）。单击时间轴右上角的【帧视图】按钮，在下拉列表中选择预览选项，则可以在时间轴中放大显示视频画面和伴音的波形，以便更好地观察画面与伴音之间的同步关系。

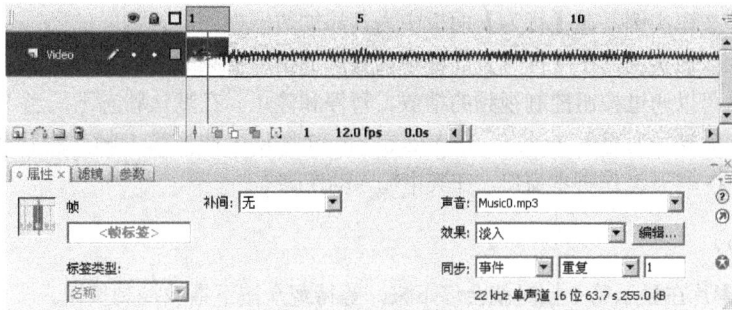

(a)

(b)

图 8-20 分离视频画面与伴音

如果不需要调整视频画面与伴音的同步方式，则在时间轴中选择分离的视频后，从属性检查器中重新设置视频的伴音（可以选用库中的任意声音），以及设置声音的效果和播放方式，如图 8-21 所示。

图 8-21 处理伴音

利用【任意变形】工具，可以对视频画面进行变形处理，如图 8-22 所示。Flash 还允许对视频应用时间轴特效，利用视频制作补间动画。

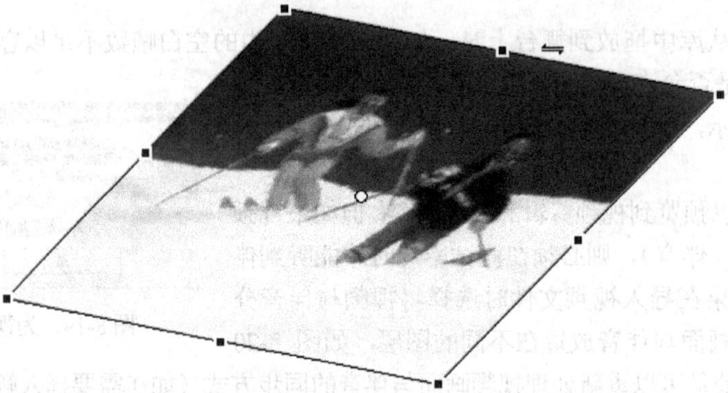

图 8-22　对视频画面进行变形处理

通过行为可以控制视频画面的播放，在使用行为之前，必须选择视频实例，在属性检查器中将实例进行命名（如 movie）。下面介绍如何利用行为对视频进行播放控制。

（1）单击【插入图层】按钮，在时间轴窗口中添加一个新图层并将其命名为 VideoControl。执行窗口→公用库→按钮菜单命令，打开【库】面板，其中提供了多种预定义按钮元件。从 Playback 类按钮元件中向舞台上拖放 3 个按钮：播放按钮、暂停按钮和停止按钮，如图 8-23 所示。

（2）选择播放按钮实例，在【行为】面板中为其添加播放视频的行为，如图 8-24 所示。

图 8-23　从公用库中添加按钮

图 8-24　添加播放视频的行为

（3）选择暂停按钮实例，在【行为】面板中为其添加暂停视频的行为。

（4）选择停止按钮实例，在【行为】面板中为其添加播放视频的行为。

测试程序，就可以通过按钮控制视频的播放、暂停和停止。在默认状态下，当 Flash 影片被打开时，视频自动开始播放。为避免这一点，在 VideoControl 图层中选择第 1 帧，然后执行窗口→动作菜单命令（快捷键 F9）打开动作脚本窗口，在其中输入动作脚本：

```
stop( );
```

这样，Flash 影片在显示第 1 帧时就会停下来，等待观众按下播放控制按钮。

当视频以渐进式下载或数据流方式部署时，视频导入向导提供有视频播放组件，并允许设计人员选择不同的组件外观，如图 8-25 所示。

图 8-25　为其他部署方式选择播放组件外观

8.4　上机实验

1. 导入一段带有伴音的视频，在 Flash 中尝试取消/启用视频文件中包含的伴音。
2. 导入一段视频，在 Flash 中尝试以下部署方式，并体会每种方式的特点：
- 渐近式下载；
- 数据流；
- 嵌入视频。
3. 导入一段声音，并在 Flash 中分别以事件声音和数据流方式进行播放，体会每种方式的特点。
4. 练习使用属性检查器中提供的编辑声音封套功能，处理声音效果。

第 9 章　通过 Flash 创建演示型课件

　　Flash 幻灯片演示文稿是基于屏幕的演示文稿。7.3 节介绍的照片幻灯片最适合展示静态内容，因为每页幻灯片仅在主时间轴中占据一帧，而幻灯片演示文稿以屏幕作为基本单位，每个屏幕有独立的时间轴，因此可以轻易地为每个屏幕创建丰富的动态效果。应用幻灯片演示文稿，可以快速地创建演示型课件，设计人员需要做的工作仅仅是将自己的文本或图形图像添加到屏幕上。利用 Flash 提供的屏幕行为，也可以方便地为屏幕切换动作创建各种转变特效。

　　必须强调一点是：ActionScript 3.0 不支持屏幕和行为。如果想要体会这两种设计工具带来的便利，应首先将 Flash 发布设置调整为 ActionScript 2.0。

9.1　基于屏幕的创作环境

　　执行文件→新建菜单命令（快捷键 Ctrl+N），打开【新建文档】对话框，在【常规】选项卡中选择幻灯片演示文稿，如图 9-1 所示，单击【确定】按钮创建 Flash 文档。

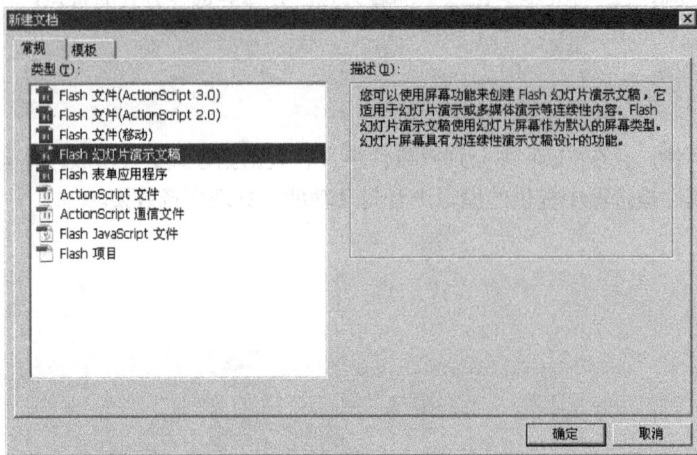

图 9-1　创建幻灯片演示文稿

　　Flash 幻灯片演示文稿如图 9-2 所示，与普通 Flash 文档的区别在于幻灯片演示文稿多出一个【屏幕大纲】窗口，窗口中以树形列表方式，列出当前幻灯片演示文稿中包含的所有屏幕。每个屏幕都有自己的时间轴，相当于一个影片剪辑。

　　图 9-3 显示了一种最常用的幻灯片演示文稿组织结构，从中可以看出所有屏幕构成一个树形分级结构。幻灯片演示文稿有一个主屏幕（在图 9-3 中是"演示文稿"屏幕），其他所有屏幕都是主屏幕的嵌套屏幕（或称为子屏幕），这种嵌套可以达到很多层，即一个子屏幕也可以有它的子屏幕，例如"子标题 1"屏幕既是"演示文稿"屏幕的子屏幕，又是"文稿内容 1_1"和"文稿内容 1_2"屏幕的父屏幕。在树形分级结构中，缩进量最大的屏幕级别最低（即嵌套层数最深的子屏幕）。父屏幕中的内容将会显示在它的所有子屏幕中，因此在设计屏幕时，可以将需要在多个屏幕中保留的内容，放置在它们的父屏幕中（在"子标题 1"屏幕中创建的标题会在其两个子屏幕中都得以显示），而主屏幕中的内容，

将显示在所有屏幕中，因此通常将用于所有屏幕的演示文稿背景图案或全局性的播放控制元件放置在主屏幕中。在播放幻灯片演示文稿时，每个屏幕将显示在父屏幕的上层，同时位于同级或较低级别的屏幕自动从舞台中消失（即当播放至"子标题 1"屏幕时，"标题"屏幕将消失；而播放至"子标题 2"屏幕时，"子标题 1"和"文稿内容1_2"屏幕都将消失）。

图 9-2　幻灯片演示文稿

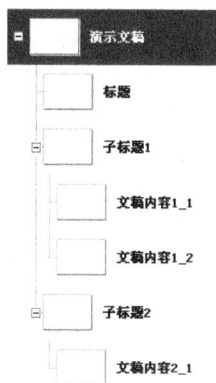

图 9-3　幻灯片演示文稿的组织结构

在【屏幕大纲】窗口中，单击窗口顶端的 ✚【插入屏幕】或 ━【删除屏幕】按钮，可以添加新的屏幕或删除当前被选择的屏幕。执行插入→嵌套屏幕菜单命令，可以为当前选择的屏幕添加新的子屏幕；可以复制、剪切、粘贴和拖动屏幕，以更改它们在幻灯片演示文稿中的顺序和级别。双击某一屏幕，可以对其重新命名。

在【屏幕大纲】窗口中，每个屏幕在默认状态下都处在隐藏状态，这使得子屏幕的内容不会显示在父屏幕中。选择某个屏幕并按下鼠标右键，在快捷菜单中取消隐藏屏幕选项，就会使该屏幕中的内容在父屏幕中显现出来（仅在设计期间有效），从而可以根据父屏幕的整体布局调整子屏幕中对象的位置。处于隐藏状态的屏幕其外框以灰色显示，处于非隐藏状态的屏幕其外框以黑色显示，而在父屏幕中被选择的子屏幕其外框以蓝色显示。

9.2　制作幻灯片演示文稿

在本节将应用幻灯片演示文稿，制作一个"四冲程发动机工作原理"课件。

（1）执行文件→新建菜单命令，创建幻灯片演示文稿。将每个屏幕按照图 9-4 所示重新进行命名。在主屏幕中制作演示文稿背景图案，这一背景图案将应用于所有幻灯片。在"标题"屏幕中添加课件标题和课件简介。上述内容都存在于各屏幕时间轴的第 1 帧内。

（2）向库中导入预先制作的图像素材（四冲程示意图），如图 9-5 所示。再根据 4 幅图像制作描述四冲程发动机工作过程的影片剪辑：由 4 幅图像轮流切换，重现发动机的运转过程。执行插入→新建元件菜单命令（快捷键 Ctrl+F8），创建一个名为"四冲程动画"的影片剪辑元件，在影片剪辑元件的时间轴中插入 4 个关键帧（快捷键 F7），并依次向每个关键帧中添加进气冲程、压缩冲程、做功冲程和排气冲程图像（这一次序是四冲程的工作次序）。分别选择每个关键帧并按下快捷键 F5 扩展帧区域，使每一个图像在时间轴中占据 5 个帧的长度，最终的影片剪辑元件时间轴如图 9-6 所示。各帧中的图像如果不能精确对齐将会影响影片剪辑的播放效果，可以利用绘图纸外观命令，对每一个帧中的图像进行调整。

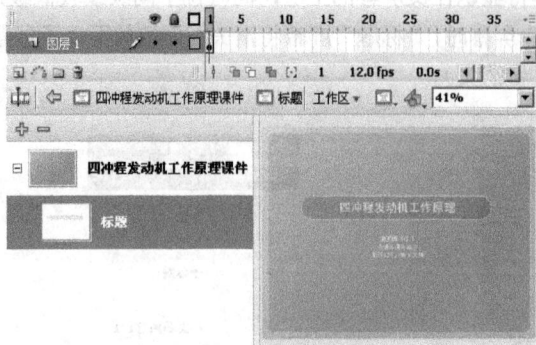

图 9-4 制作幻灯片文稿背景和标题

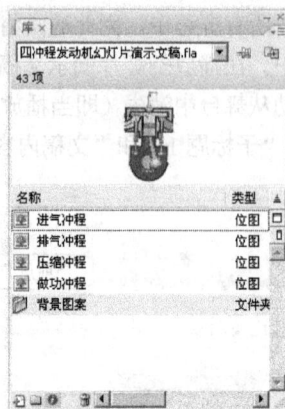

图 9-5 导入图像素材

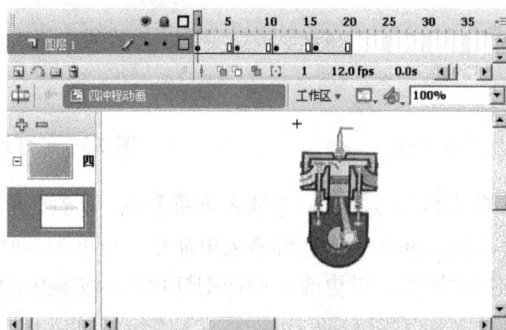

图 9-6 利用图像制作四冲程动画影片剪辑

（3）选择"标题"屏幕，单击【插入屏幕】按钮添加一个同级屏幕，并将新屏幕命名为"各冲程工作原理"。继续执行 1 次插入→嵌套屏幕菜单命令、3 次插入→屏幕菜单命令，为"各冲程工作原理"屏幕添加 4 个子屏幕，并以四冲程的名称依次为这些子屏幕命名。在"各冲程工作原理"屏幕中，利用【文本】工具添加课件子标题"四冲程发动机工作原理"，该标题将一直显示在它的 4 个子屏幕的上方。然后将发动机各冲程的工作原理文字说明和图像添加到各子屏幕中，如图 9-7 所示。

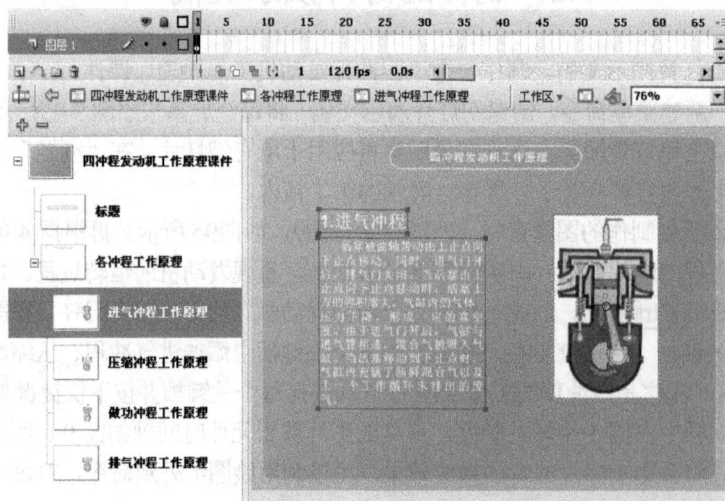

图 9-7 制作"各冲程工作原理"

（4）选择"各冲程工作原理"屏幕，单击【插入屏幕】按钮创建一个同级的新屏幕，并将其命名为"四冲程连续工作原理"，然后向舞台中添加四冲程动画影片剪辑实例和文字说明，如图 9-8 所示。

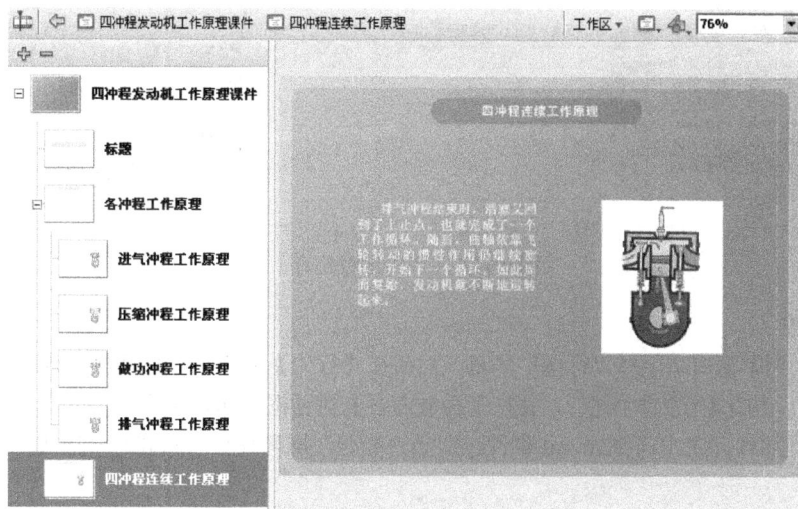

图 9-8　制作"四冲程连续工作原理"

（5）后续步骤利用行为向屏幕添加配音解说和转变特效。添加配音解说的工作分为 3 个步骤。

① 导入与导出配音

在库中创建配音解说文件夹，然后向其中导入每一个配音文件，如图 9-9 所示。由于行为实际上是由 Flash 自动生成的动作脚本，因此为了通过行为控制配音解说的播放，需要为动作脚本导出每一个配音，具体方法是在库中依次在每一个配音项上按下鼠标右键，在快捷菜单中选择链接菜单命令，打开【链接属性】对话框，如图 9-10 所示，选择【为 ActionScript 导出】选项，并使用配音的名称作为标志符。

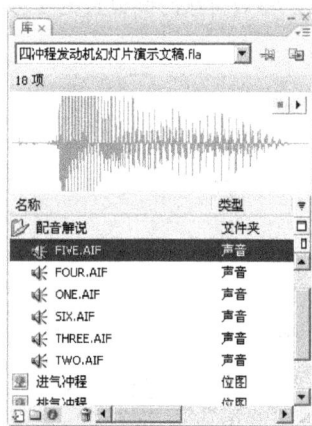

图 9-9　导入配音文件

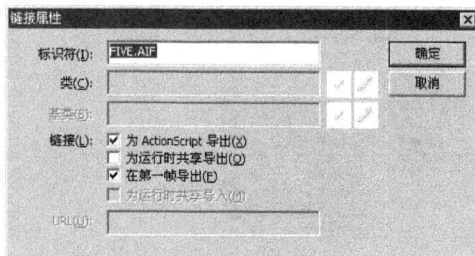

图 9-10　为动作脚本导出每一个配音

② 加载位于库中的配音

执行窗口→行为菜单命令（快捷键 Shift+F3）打开【行为】面板，选择主屏幕并添加从库添加声音的行为，如图 9-11 所示，共加入 6 个同样的行为（分别用于配音 ONE.AIF 至 SIX.AIF），并在【从库加载声音】对话框中为每个要加载的声音输入链接 ID（即图 9-10 中指定的声音标志符）和声音实例名称（分别以 one 至 six 进行命名）。撤销对【加载时播放此声音】选项的选择，因为声音实例将在后续屏幕进行播放。针对所有的行为，在事件列表中选择 Load 事件，即当屏幕被加载的同时，加载这些配音，如图 9-12 所示。

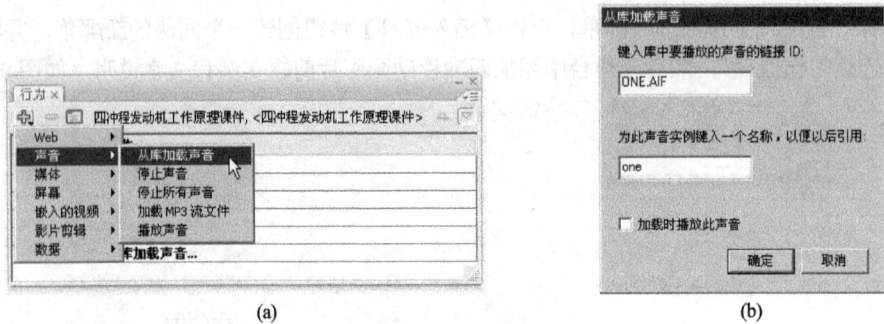

图 9-11　从库中加载配音

③ 播放配音

在【屏幕大纲】窗口中选择"标题"屏幕，然后在【行为】面板中添加播放声音的行为（关于该行为参见图 9-11 中的【行为】面板），并在【播放声音】对话框中输入要播放的声音实例的名称，如图 9-13 所示。在事件列表中选择 reveal 事件，即当"标题"屏幕被显示的同时，播放配音 ONE.AIF。

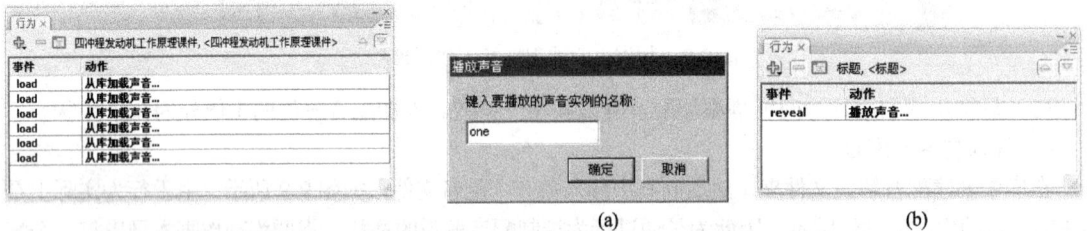

图 9-12　在加载屏幕的同时加载库中的声音　　　　　图 9-13　播放配音

（6）在【屏幕大纲】窗口中选择标题屏幕，然后在【行为】面板中为其添加转变行为，如图 9-14 所示，在【转变】对话框中选择缩放特效，将特效方向设置为输入，特效持续时间设置为 2 秒，放松参数设置为弹性。这些参数使得课件标题能够"冲向"观众。

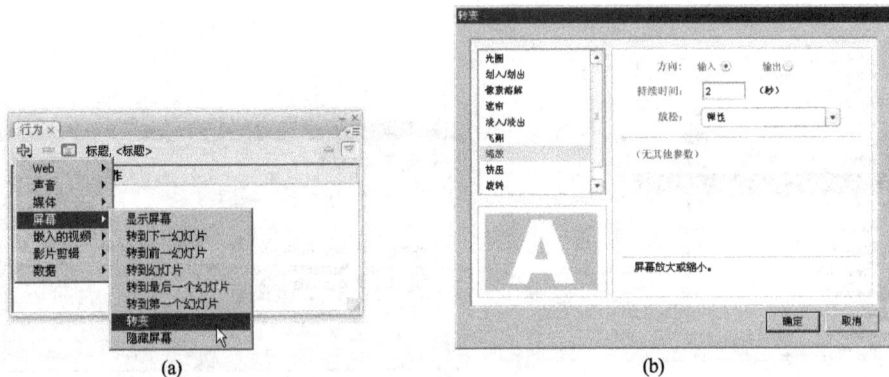

图 9-14　为屏幕添加转变行为

在【行为】面板中为转变行为选择 reveal 事件，即当显示"标题"屏幕时应用转变行为。然后再次为"标题"屏幕添加转变行为，这一次将缩放特效进行方向设置为输出，造成标题离观众远去的视觉效果。然后在【行为】面板中为转变行为选择 hide 事件，即当隐藏标题屏幕时应用该转换行为，如图 9-15 所示。

（7）可以仿照第（5）、（6）步中的方法为其他屏幕添加转变行为和播放声音行为。如果要使"各冲程工作原理"屏幕的所有子屏幕采用相同的转变行为，可以仅在该屏幕中为 revealChild 和 hideChild

事件添加转变行为，而不必为每一个子屏幕重复添加转变行为，如图 9-16 所示。不过各子屏幕仍然可以根据特殊需要添加自己的转变行为。

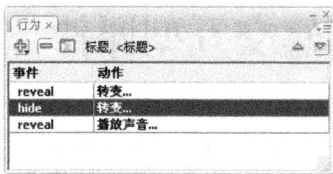

图 9-15　"标题"屏幕的所有行为　　　　　　图 9-16　影响所有子屏幕的行为

按下快捷键 Ctrl+Enter 测试影片。Flash 对幻灯片演示文稿预置有导航功能，按下→或空格键，可以翻阅到下一页幻灯片，按下←键可以返回至上一页幻灯片。本例使用转变行为为各屏幕增添了多种显示特效，这样会使幻灯片演示文稿更具视觉冲击力。

由于每个屏幕相对独立，设计人员对幻灯片演示文稿更易于进行管理和维护。屏幕属性检查器中提供了可供调整的参数，如图 9-17 所示，这些参数的作用分别如下。

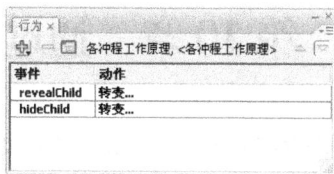

图 9-17　屏幕参数设置

（1）autoKeyNav——决定是否使用默认的键盘操作来导航到下一屏幕或上一屏幕。如果将 autoKeyNav 设置为 true，则按下右方向键或空格键将前进到下一屏幕，而按下左方向键将返回到上一屏幕。如果将 autoKeyNav 设置为 false，则不采用默认的键盘操作，此时可以通过屏幕行为指定如何进行导航。如果将 autoKeyNav 设置为 inherit，则当前屏幕将从其父级继承 autoKeyNav 设置，如果父级也设置为 inherit，则会检查父级的父级，直至找到一个 autoKeyNav 参数设置为 true 或 false 的屏幕。如果当前屏幕是主屏幕，则将 autoKeyNav 设置为 inherit 的效果与设置为 true 时相同。

（2）autoLoad——当设置为 true 时，自动加载屏幕。如果设置为 false，则等到调用特定方法（利用 Loader.load()方法，此时参数 contentPath 用于指出被加载文件的 URL）时才加载屏幕。

（3）overlayChildren——用于指定在幻灯片演示文稿播放期间当前屏幕的多个子屏幕是否相互覆盖。如果将 overlayChildren 设置为 true，则多个子屏幕都会显示在父屏幕中，相互发生覆盖。如果将 overlayChildren 设置为 false，则在后一子屏幕出现时，前一子屏幕自动消失。此参数只影响当前屏幕的直接子屏幕，而不会影响嵌套更深的子屏幕。

（4）playHidden——用于指定屏幕在显示后又进入隐藏状态时是否继续播放。如果将 playHidden 设置为 true，则屏幕再次显示时会从进入隐藏状态的位置起继续播放。如果将 playHidden 设置为 false，则屏幕处于隐藏状态时会停止播放，并在再次显示时从第 1 帧重新开始播放。这一参数通常用于具有大量帧（或播放过程较长）的屏幕。

9.3　上机实验

1. 在基于屏幕的创作环境下，制作一段 Flash 幻灯片演示文稿：
① 在子屏幕中导入多媒体素材，体会演示文稿的组织结构；
② 在子屏幕中创建动画，注意屏幕与时间轴之间存在的关系。
2. 尝试发布一段幻灯片演示文稿（将 Flash 发布设置调整为 ActionScript 2.0）。

第 10 章　通过 Flash 创建交互型课件

　　交互型课件的突出特点在于交互性。本书从第 6 章起，已经逐步利用 Flash 提供的行为实现了一些简单的交互功能。行为实质上是由 Flash 自动生成的动作脚本（ActionScript），使得设计人员不必编写脚本就能够控制影片剪辑和图形元件实例。本章将进一步介绍如何利用一些常用的脚本和组件，创建出交互型的课件。

　　最新版本的 Flash 支持 ActionScript 2.0 和 3.0。ActionScript 2.0 更容易学习和掌握，允许设计人员使用基于屏幕的创作环境和各种行为，对 Flash 幻灯片演示文稿、电子教学内容提供直接的支持，非常适合面向设计的创作活动。与 ActionScript 2.0 相比，ActionScript 3.0 更为复杂，运行速度更快，更适合于需要大量计算的应用程序，但是与屏幕、行为和电子教学内容不兼容，并且要求开发人员对面向对象的编程概念有更深入的了解。因此，从课件设计与制作的角度出发，本章主要介绍 ActionScript 2.0。

10.1　处 理 事 件

　　Flash 对事件的处理能力是产生交互性的基础。事件是指发生的事情，如按下键盘中的某个键、移动鼠标、释放鼠标键等，处理这些事件的过程称为事件处理器，它决定了当某个事件发生时，应该产生的相应动作。

　　在介绍事件处理器之前，先简单介绍 Flash 中对象的概念。简单地讲，对象就是一个实例，例如影片剪辑元件的某个实例或按钮元件某个实例都是对象。对象具有属性和方法，属性是对象的特征，例如，影片剪辑实例的_x 和_y 属性决定了该对象在屏幕中的位置（坐标），而_alpha 属性则决定了对象的透明度。方法是由对象执行的过程，例如，影片剪辑实例的 play( )方法可以使实例开始播放，而onPress( )方法则对单击实例的事件做出处理。

10.1.1　鼠标事件与按钮

　　在按钮上发生的常见鼠标事件如下所述。

　　（1）press：表示在按钮区域按下了鼠标左键。

　　（2）release：表示在按钮区域按下和释放了鼠标左键（通常所说的单击事件）。

　　（3）releaseOutside：表示在按钮区域按下了鼠标左键，然后在鼠标指针移出按钮区域后释放了鼠标左键。

　　（4）rollOver：表示鼠标指针移入按钮区域。

　　（5）rollOut：表示鼠标指针移出按钮区域。

　　可以通过为按钮实例创建 on 处理器来处理以上事件，例如，在舞台上选中一个按钮实例后，执行窗口→开发面板→动作菜单命令，打开【动作】面板（快捷键 F9），在脚本窗口中输入以下动作脚本：

```
on (release) {
  gotoAndPlay(2);
}
```

可以对单击按钮实例的事件进行处理，使影片跳转到第 2 帧并开始播放。当输入动作脚本时，Flash 会根据已经输入的内容，自动提供设计人员可能需要的代码，如图 10-1 所示，因此设计人员不必牢记所有的事件，只需在列表中做出选择即可。同时，开发面板左侧提供了常用函数的列表，在列表中双击函数名可以将该函数插入到脚本窗口中。

图 10-1　在【动作】面板中输入动作脚本

如果需要按钮处理更多的鼠标事件，可以在脚本窗口中继续创建更多的 on 处理器。同一个 on 处理器也可以处理多个鼠标事件，多个事件名之间以逗号分隔，例如：

```
on (release, releaseeOutside) {
    stopAllSounds();
}
```

该事件处理器对于 release 和 releaseeOutside 两个事件做出同样的处理，停止播放所有的声音。

Flash 提供的按钮元件具有 3 种可视状态，但是在很多情况下设计人员需要更多的状态，这时可以利用简单的脚本和一个以上的按钮，创建出多态按钮，以下是具体操作步骤。

（1）创建两个普通按钮元件 Button_1 和 Button_2，每个按钮的 4 种状态如图 10-2 所示。

(a) Button_1　　　　　　　　　　(b) Button_2

图 10-2　创建两个普通按钮元件

（2）创建一个名为"动态按钮"的影片剪辑元件，将 1 个 Button_1 元件的实例拖放到舞台中央。在时间轴中选择第 2 帧，按下 F7 键插入空白关键帧。然后将 1 个 Button_2 元件的实例拖放到舞台中央，如图 10-3 所示。选择第 1 帧，按下 F9 键打开【动作】面板，向脚本窗口中输入：

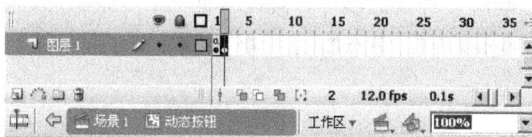

图 10-3　创建影片剪辑元件

```
stop( );
```

stop( )函数使得当 Flash 影片被播放时，自动停止在第 1 帧的位置。

（3）在第 1 帧中，选择 Button_1 按钮实例，向脚本窗口中输入：

```
on(release){
    gotoAndStop(2);
}
```

这一事件处理器使得该按钮被单击时，跳转到第 2 帧并停止在那里。可以根据实际需要向事件处理器中添加更多的脚本。

（4）在第 2 帧中，选择 Button_2 按钮实例，向脚本窗口中输入：

```
on(release){
    gotoAndStop(1);
}
```

这一事件处理器使得该按钮被单击时，跳转到第 1 帧并停止在那里。应用时可以根据实际需要向事件处理器中添加更多的脚本。

（5）返回主时间轴，向舞台上拖放一个动态按钮元件实例，按下快捷键 Ctrl + Enter 测试影片，当单击按钮时，会产生两个按钮轮流切换的效果。实际上，这是利用两个普通按钮，构成了一个具有 6 种可视状态的影片剪辑按钮（相当于一个高级的复选框按钮）。

处理鼠标事件的 on 处理器必须附着于按钮实例之上，而不能位于按钮实例所在的帧中。但是设计人员可以在某一帧中，利用按钮实例的方法，构造鼠标事件处理器。由于方法需要通过对象才能使用，所以必须事先在属性检查器中对按钮实例命名。如图 10-4 所示，假设舞台上有一个名为 Button1 的按钮实例，则可以在时间轴的第 1 帧中构造 release 事件处理器，具体方法是选择第 1 帧，然后在【动作】面板中输入以下脚本：

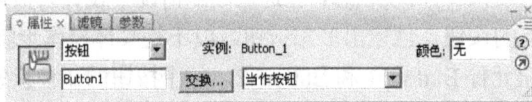

图 10-4　为按钮实例命名

```
Button1.onRelease = function(){
    gotoAndStop(2);
}
```

关键字 function 表示当前正在定义一个函数，而这个函数因为被赋予按钮实例的 onRelease 方法，从而成为一个事件处理器。

10.1.2　鼠标事件与影片剪辑

影片剪辑实例同样可以响应多种鼠标事件。假设现有一个反映蜡烛燃烧的影片剪辑实例，选择该实例并打开【动作】面板，向脚本窗口中添加以下动作脚本：

```
on (press) {
    startDrag();
}
on (release) {
```

```
    stopDrag();
}
```

上述两个事件处理器分别对发生在影片剪辑实例上的 press 和 release 鼠标事件进行处理：当鼠标指针移动到实例上时变换为手形，按下鼠标左键就可以自由拖动（startDrag）该实例，如图 10-5 所示，释放鼠标左键则停止拖放过程（stopDrag）。

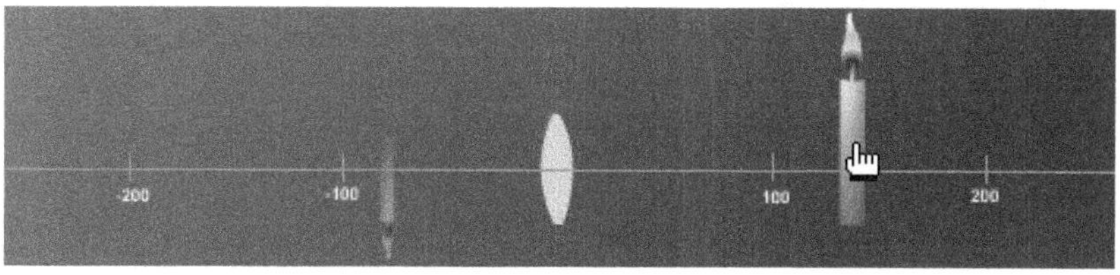

图 10-5　拖动影片剪辑实例

10.1.3　键盘按键事件

观众的按键操作可以产生 keyPress 事件。设计人员可以创建一个 keyPress 事件处理器，当观众按下键盘中的某一键后，由 keyPress 事件处理器对按键进行判断并执行相应的操作。

keyPress 事件处理器通常附着在按钮实例或影片剪辑实例上。选择按钮实例或影片剪辑实例，然后在【动作】面板脚本窗口中输入以下脚本：

```
on(keyPress "<Space>"){
    stop();
}
```

就创建了一个处理空格键的 keyPress 事件处理器。键名必须包含在一对尖括号中，并且区分大小写，例如<s>和<S>代表不同的按键，要对两者都进行处理，则必须创建以下动作脚本：

```
on(keyPress "<S>"){
    stop();
}
on(keyPress "<s>"){
    stop();
}
```

10.2　利用组件创建交互

组件是可以重复使用的功能模块，是一种特殊的影片剪辑。本节重点介绍 User Interface（UI）组件，该类组件提供了许多交互性的界面元素（列表框、组合框、菜单等）。

执行窗口→组件菜单命令（快捷键 Ctrl+F7）打开【组件】面板，所有的组件都显示在其中，如图 10-6 所示。

选择一个组件并将其拖放到舞台上，就可创建出该组件的一个实例。执行窗口→组件检查器菜单命令（快捷键 Shift+F7），打开【组件检查器】（如图 10-7 所示），在其中可以观察并设置组件实例的所有属性。

组件属性检查器中也列出了组件实例的常用属性，如图 10-8 所示。图 10-9 显示的是根据图 10-8 中的设置，产生的组合框实例。

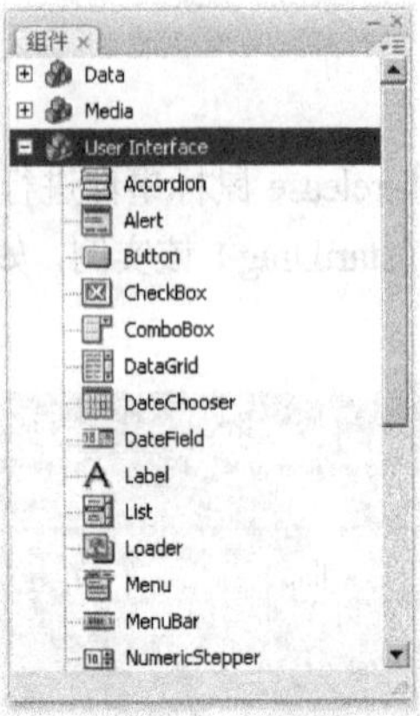

图 10-6　【组件】面板

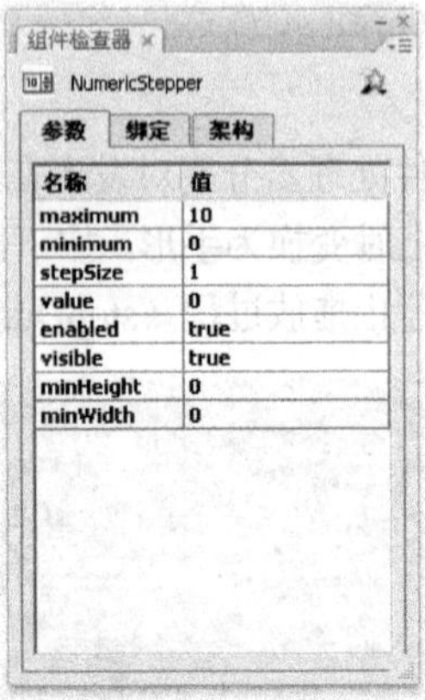

图 10-7　【组件检查器】

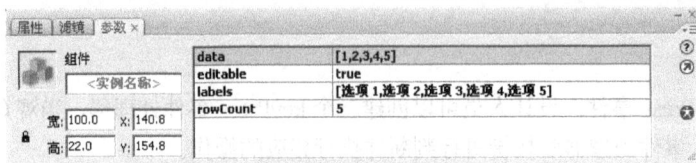

图 10-8　组件属性检查器

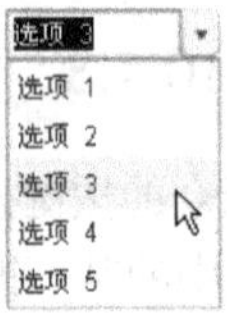

图 10-9　组合框实例

当用户在组件实例进行了某种操作时（例如在图 10-9 中的列表内选择了某一项），将会产生 change 事件，利用事件处理器对组件实例的 change 事件进行处理，可以判断用户究竟进行了什么操作。例如通过以下动作脚本实现跳转到用户选择的帧：

```
on(change){
    _root.gotoAndStop(this.value);
}
```

在上述脚本中，_root 表示容纳组合框实例的主时间轴，this 表示当前组合框实例，value 则是组合框实例的属性，其值是用户在列表中选择的项的对应值。例如当用户在图 10-9 所示的组合框中选择了"选项 3"时，则根据图 10-8 中的设置，this.value 的数值就是 3。

10.3　创建交互型课件（透镜成像原理）

本节综合利用本章前两节的内容，运用幻灯片演示文稿，创建一个"透镜成像原理"课件。如图 10-10 所示，在课件中，学生可以用鼠标移动燃烧的蜡烛，分别观察凹透镜和凸透镜在不同焦距、物距下的成像情况，体验和总结透镜成像规律。

整个课件的组织结构如图 10-11 所示，课件分为凹透镜成像和凸透镜成像两章，每章又分为成像规律、模拟成像和成像公式 3 节。现在开始创建"透镜成像原理"课件。

（1）根据 Flash 幻灯片演示文稿模板，创建新的 Flash 文档，将主屏幕命名为"透镜成像原理课件"。

（2）按照如图 10-11 所示创建所有屏幕并为屏幕命名。使用【文本】工具在"标题"屏幕中创建课件标题，如图 10-12 所示。

（3）"凹透镜成像"与"凹透镜成像规律"屏幕中的内容分别如图 10-13、图 10-14 所示。在"模拟凹透镜成像"屏幕中央绘制一个凹透镜（由一个矩形变形而成），然后再绘制一条穿过凹透镜中心的坐标轴，如图 10-15 所示。

（4）按下快捷键 Ctrl+F8 创建一个名为"火苗"的影片剪辑，在影片剪辑时间轴中创建火苗形状，然后为火苗形状创建形状补间动画。在图 10-16 中显示出各关键帧中火苗的形状。

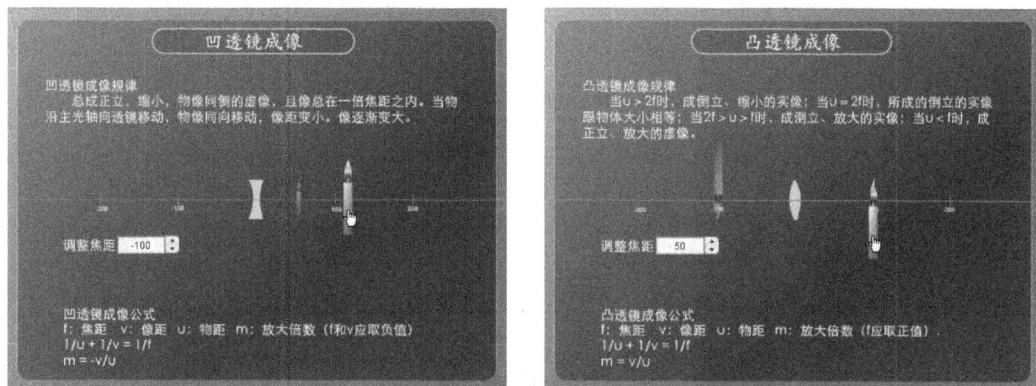

图 10-10　透镜成像原理课件

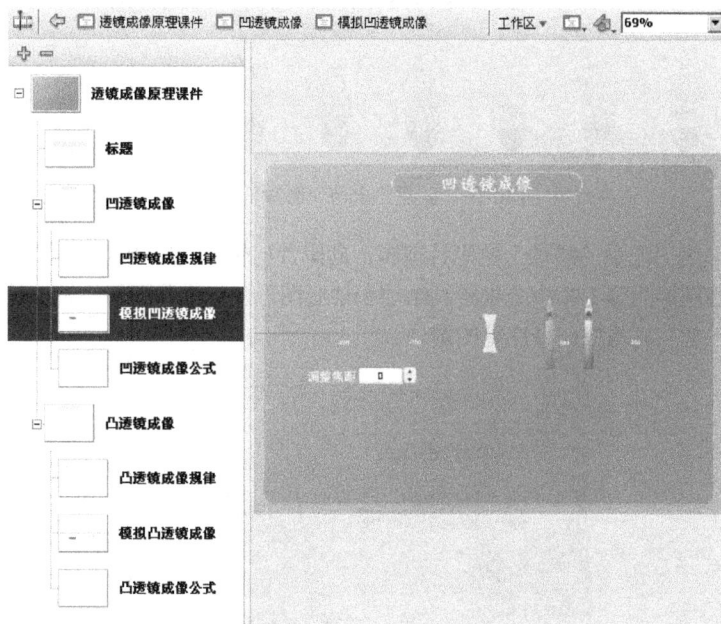

图 10-11　课件组织结构图

图 10-12　"标题"屏幕

图 10-13　"凹透镜成像"屏幕

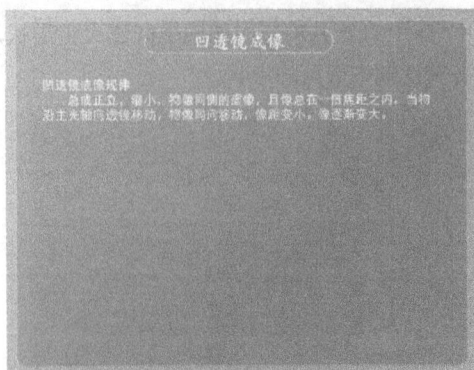

图 10-14　"凹透镜成像规律"屏幕　　　　　　图 10-15　"模拟凹透镜成像"屏幕

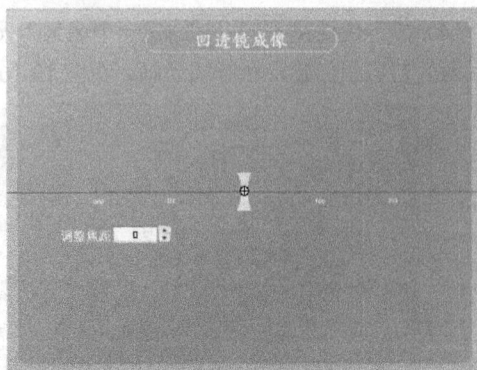

图 10-16　创建"火苗"影片剪辑

（5）创建一个名为"燃烧的蜡烛"的影片剪辑，向影片剪辑时间轴中添加两个图层，如图 10-17 所示，在蜡烛和烛芯图层的第 1 帧中分别绘制蜡烛和烛心图形，在火苗图层的第 1 帧中拖放一个火苗影片剪辑的实例，三者共同构成一个完整的蜡烛。

图 10-17　创建"燃烧的蜡烛"影片剪辑

（6）选择"模拟凹透镜成像"屏幕，在屏幕时间轴窗口中单击【插入图层】按钮，创建一个新的图层并将其命名为"蜡烛与像"，如图 10-18 所示。

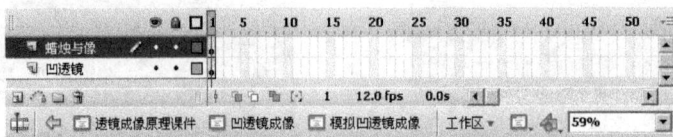

图 10-18　创建"蜡烛与像"图层

（7）向屏幕舞台中拖放两个燃烧的蜡烛影片剪辑实例，如图 10-19 所示。将一个实例作为示范物使用，并将该实例命名为 candle_1。将另一个实例作为物像使用，并将该实例命名为 image_1，然后将其 Alpha 属性设置为 50%，即物像在屏幕中以半透明方式显示。

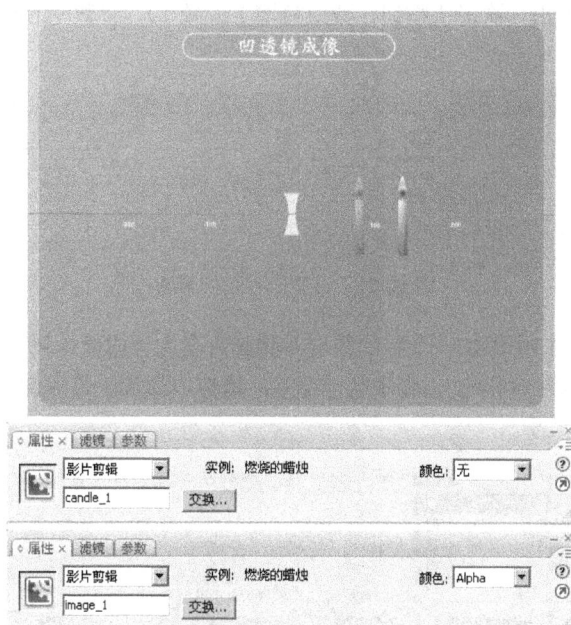

图 10-19　设置实例属性

（8）在屏幕时间轴窗口中创建一个新的图层并将其命名为"调整焦距"，如图 10-20 所示，在该图层中选择第 1 帧，并向舞台中拖放一个 NumericStepper 组件实例，该实例用于调整凹透镜的焦距。

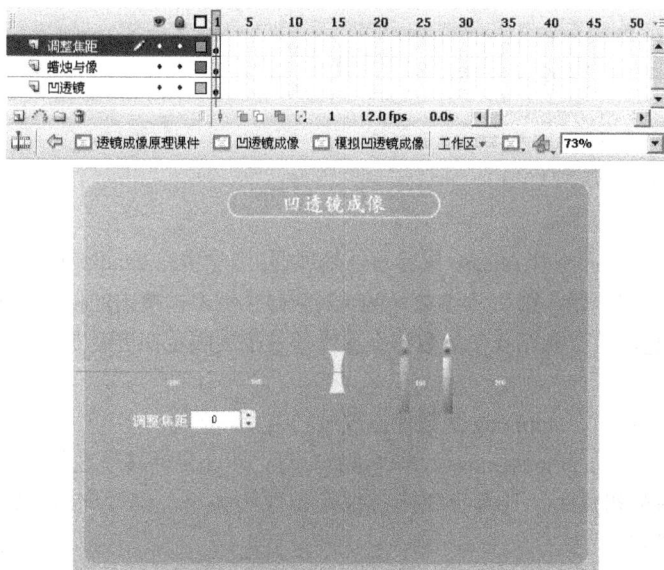

图 10-20　创建 NumericStepper 组件实例

NumericStepper 组件是一个数值调整器，该组件由一对上下箭头按钮和一个文本框组成。当用户按下按钮时，文本框中的数值将逐渐增大或减小。

（9）在属性检查器中将 NumericStepper 组件实例命名为 focus_1，并对其参数按照图 10-21 所示进行设置。参数 maximum 决定了数值调整范围的上限，将其设置为–50（凹透镜的焦距总是负值）。参数 minimum 决定了数值调整范围的下限，将其设置为–200。参数 stepSize 决定了数值发生变化的最小单位，将其设置为 1（每单击一次箭头按钮，数值将增 1 或减 1）。参数 value 反应了调整器的当前值，将其设置为–100。

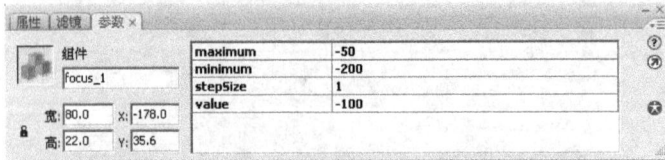

图 10-21　设置组件实例参数

（10）向屏幕时间轴窗口中添加一个新的图层并将其命名为"成像计算"，如图 10-22 所示。至此就进行到本例最关键的步骤：利用动作脚本创建交互。模拟成像实验最关键的环节就是根据物体的位置，计算出物像的位置和大小。

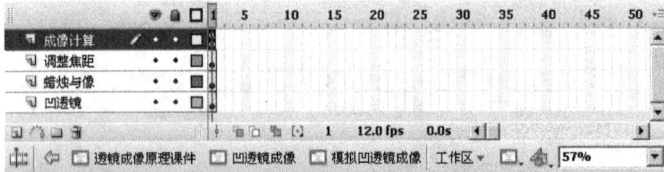

图 10-22　添加容纳动作脚本的成像计算图层

首先创建鼠标事件处理器，使学生能够在屏幕中通过拖放操作改变蜡烛的位置。在成像计算图层中选择第 1 帧，按下 F9 键打开【动作】面板，向脚本窗口中输入以下动作脚本：

```
candle_1.onPress = function(){
    this.startDrag(false, 20, -170, 280, 170);
}
candle_1.onRelease = function(){
    this.stopDrag( );
}
```

上述动作脚本创建了 press 和 release 鼠标事件处理器。当学生在 candle_1 实例上按下鼠标左键时，startDrag 函数使拖放过程开始，第 1 个参数（false）使得实例上被单击的位置与鼠标指针在整个拖放过程中始终锁定在一起，第 2 到第 4 个参数将拖放操作的范围限定在屏幕右半部分（屏幕中心是坐标原点$(0, 0)$）。

当学生释放鼠标左键时，stopDrag 函数使拖放过程结束。

接下来需要对鼠标移动（mousemove）事件进行处理，即在鼠标移动过程（即蜡烛被拖动的过程）中，不断根据新的物距和焦距，计算出相应的像距和像的大小。继续向脚本窗口中输入以下脚本（mousemove 事件处理器）：

```
candle_1.onMouseMove = function(){
    var f = focus_1.value;
    var u = candle_1._x;
    var v = u*f/(u-f);
```

```
        var m = -v/u
        image_1._x = -v;
        image_1._y = m*candle_1._y ;
        image_1._xscale = m*100;
        image_1._yscale = m*100;
    }
```

在上述动作脚本中，变量 f 代表焦距，它的值来自 NumericStepper 组件实例 focus_1 的当前值。变量 u 代表物距，即 candle_1 实例在水平方向上与凹透镜中心的距离。变量 v 代表像距，根据透镜成像公式 $1/u+1/v=1/f$，可以得出 $v=u*f/(u-f)$。变量 m 代表放大倍数，由于虚像的像距总是负值，所以通过公式 $-v/u$ 可计算出放大倍数。像的位置由 image_1 实例的 _x 和 _y 属性决定，像的大小则由 image_1 实例的 _xscale 和 _yscale 属性决定。

接下来可以测试影片，在屏幕中拖动燃烧的蜡烛，调整凹透镜的焦距，观察凹透镜的成像情况。

（11）在"凹透镜成像公式"屏幕中，创建描述成像公式的文本对象。为了使"凹透镜成像"屏幕下的 3 个子屏幕内容同时得到显示，在属性检查器中将"凹透镜成像"屏幕的 overlayChildren 参数的值设置为 false。

课件第 2 章凸透镜成像的制作过程与第 1 章的制作过程相似，区别仅在于将凹透镜更换为凸透镜，并对物像的计算方法根据凸透镜成像规律进行调整，在此不再赘述。

10.4　上机实验

1．制作一个动态按钮，以事件处理器处理 release 、rollOver 和 rollOut 鼠标事件。

2．试用组合框组件（ComboBox）代替 NumericStepper 组件，在透镜成像原理课件中调整透镜焦距。

3．试用屏幕行为，向透镜成像原理课件中添加"上一页"、"下一页"、"第一页"和"最后一页"导航按钮。（提示：在主屏幕中添加按钮。）

第 11 章　通过 Flash 创建测验型课件

Flash 提供了 6 种学习交互组件，这些组件具有一致、易用的界面，设计人员无须编写一行脚本就可以利用这些组件快速创建测验型课件。同时，每种学习交互组件都具有知识跟踪功能，可以与符合 AICC（美国航空工业计算机辅助训练委员会）协议或 SCORM（可共享内容对象参考模型）标准的学习管理系统（LMS）进行沟通，向位于服务器中的学习管理系统发送跟踪信息，达到评估教学效果的目的。

11.1　通过测验模板创建综合题型测验课件

执行文件→新建菜单命令（快捷键 Ctrl+N），在【从模板新建】对话框中，选择一种测验模板并单击【确定】按钮，创建一个测验课件，如图 11-1 所示。

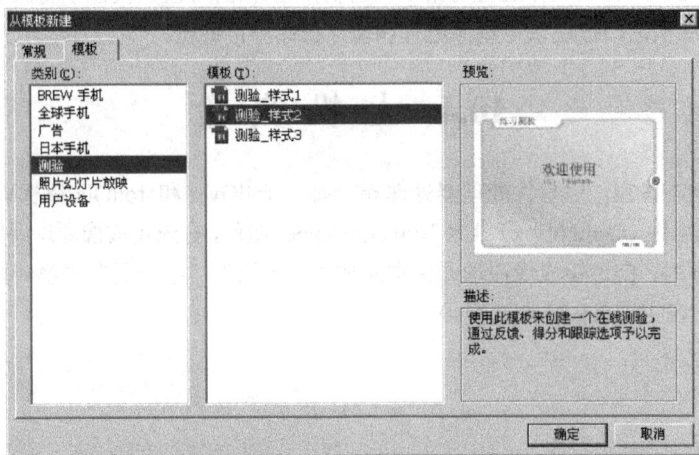

图 11-1　通过模板创建测验

测验模板的时间轴如图 11-2 所示。测验的主要内容集中在 Interactions 图层中，其中的 8 个关键帧依次是 1 个欢迎页面（开始帧）、6 种学习交互组件（每种占 1 帧）、1 个结果页面（结束帧）。

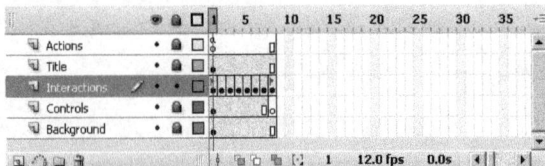

图 11-2　测验模板的时间轴

在开始创建测验之前，首先要设置测验参数。将舞台视图设置为显示全部，解锁 Controls 图层，选择测验模板中舞台左侧的测验选项组件，如图 11-3 所示，然后执行窗口→组件检查器菜单命令（快捷键 Shift+F7），打开【组件检查器】面板，在其中对当前测验的各种参数进行设置，如图 11-4 所示。

图 11-3　测验选项组件

图 11-4　设置测验选项

（1）随机化——当选择该选项时，测验题以随机顺序出现（不按照时间轴中定义的顺序）。

（2）要问的问题——这一参数决定着呈现给学生的测验题数量，默认值为 0 表示使用所有测验题。可以输入少于测验题总数的数值，这时只有部分测验题被使用（结合随机化选项，可以构造随机出题的测验课件）。

（3）登录文件 URL——用来登录到与 AICC 协议兼容的学习管理系统。如果不使用学习管理系统，可以保持为空。

（4）活动 ID 与活动名称——如果使用学习管理系统对测验过程实施跟踪，则必须设置活动 ID 和活动名称，这两个参数可以唯一地标志一场测验。如果未使用学习管理系统，则可以接受默认值。

（5）显示结果页面——选择该选项则在测验结束后，向学生显示出测验结果。

测验模板中的每个问题都是由一个学习交互组件实现的。在 Interactions 图层中选择第 2 帧，适当缩小舞台的显示比例，可以看到完整的 Drag And Drop（拖放）组件，如图 11-5 所示。该组件允许学生通过将屏幕上的一个或多个对象拖放到目标对象上的方式来回答问题。它是一个影片剪辑，如果想要创建拖放操作测验题，必须分离该组件，以便根据需要对其组成元素进行修改。

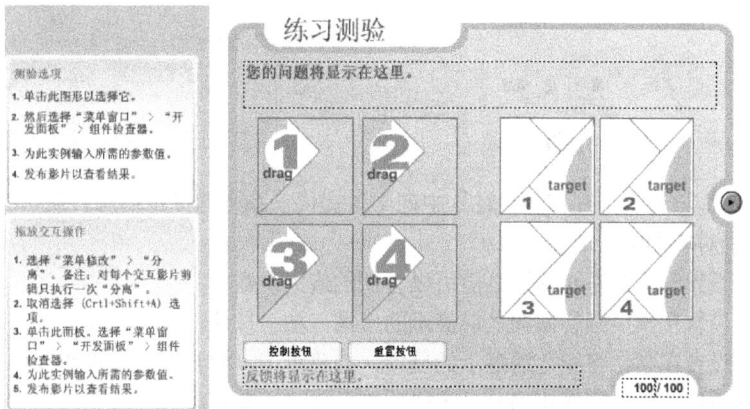

图 11-5　Drag And Drop 组件

选择整个拖放组件，然后执行修改→分离菜单命令（快捷键 Ctrl+B），将拖放组件分离为若干可以修改的单个对象。取消舞台上所有对象的选择状态（快捷键 Ctrl+Shift+A），然后选择图 11-5 左下角的组件说明，执行窗口→组件检查器菜单命令（快捷键 Shift+F7），打开【组件检查器】面板，如图 11-6 所示，在其中对拖放组件的属性进行设置。

（1）交互 ID——学习交互组件的 ID 号码。如果使用学习管理系统，则必须为测验中的每个交互组件指定唯一的 ID 号码。

（2）问题——容纳准备显示给学生的文本。通常是提出一个问题（如将项目移至正确的位置）。

（3）拖动对象名称——列出舞台上各个即将被拖动的对象的实例名称。每个拖动对象实例必须有唯一的名称，设计人员可以删除交互组件中原有的对象实例，改为采用自己创建的对象，但必须在属性检查器中为对象实例命名，并且将实例名称填写到拖动对象名称列表中。在一个拖放组件中最多包含 8 个拖动对象。

（4）匹配目标名称——列出与左侧拖动对象相匹配的目标对象的实例名称。每个目标对象也必须有唯一的名称，设计人员可以删除交互组件中原有的目标对象实例，改为采用自己创建的对象，但必须在属性检查器中为对象实例命名，并且将实例名称填写到匹配目标名称列表中。在同一个拖放组件中最多包含 8 个目标对象。

（5）对齐以启动——如果拖动对象未能匹配目标对象，则自动返回原始位置。

在【组件检查器】面板中单击【选项】按钮，进入拖放组件的选项设置，如图 11-7 所示。拖放组件提供如下选项。

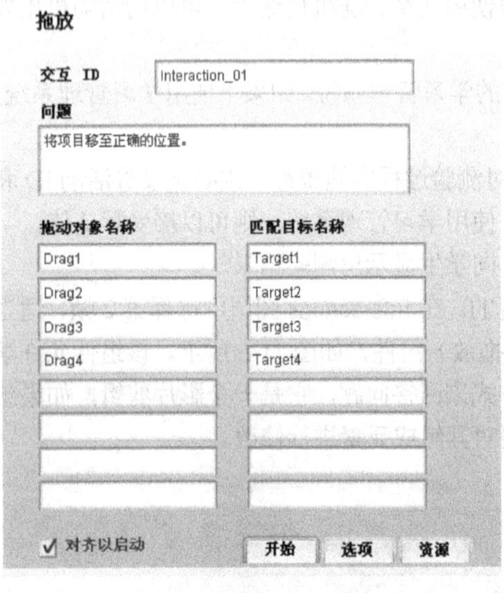

图 11-6　拖放组件属性设置 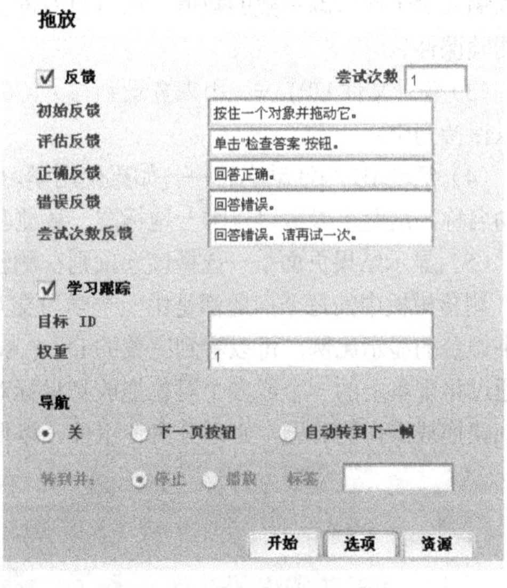　　　　图 11-7　拖放组件选项设置

（1）反馈——选择该选项，则在测验过程中向学生提供一系列的提示信息。默认的提示信息为英文，在此可以修改为对应的中文信息。
- 尝试次数：设置学生在答对问题之前可以尝试的最大次数。
- 初始反馈：设置在学生回答问题之前显示的反馈，如"按住一个对象并拖动它"。
- 评估反馈：设置在学生答题之后显示的反馈，如"单击'检查答案'按钮"。
- 正确反馈：设置在学生回答正确时显示的反馈，如"回答正确"。
- 错误反馈：设置在学生回答错误并且尝试次数设为 1 时显示的反馈，如"回答错误"。

- 尝试次数反馈：设置在学生回答错误并且尝试次数设为大于 1 时显示的反馈，如"回答错误，请再试一次"。

（2）学习跟踪——该选项与兼容 AICC 协议或 SCORM 标准的学习管理系统配合工作，它将学习成绩的数据发送到学习管理系统。

- 目标 ID：如果当前交互组件与学习管理系统中设置的一个目标相关，可以在此输入该目标 ID，否则保持为空。
- 权重：当前测验的重要程度，实际上可以作为当前测验题的分数。

（3）导航——其中的选项指定交互组件在学生提交答案后，如何继续进行下一步骤。

- 关：禁用导航。如果当前使用的是测验模板，请选择该选项，这是因为模板有自己的导航。
- 下一页按钮：要求学生在提交答案后单击【下一步】按钮。在转到动作中，可以选择停止、播放或转到由标签指定的帧。
- 自动转到下一帧：交互组件在学生提交答案后进入下一帧。

在组件检查器中单击【资源】按钮，进入拖放组件的资源设置，如图 11-8 所示。拖放组件提供两个文本字段实例和两个按钮组件实例，作为拖放组件的组成部分，必须将它们的名称填写在拖放组件相应的资源栏里。

（1）问题字段——容纳问题文本的动态文本字段。

（2）反馈字段——容纳反馈文本的动态文本字段。

（3）控制按钮——用于提交学生的答案，以及控制导航的按钮组件。

（4）重置按钮——重置拖动对象的按钮组件。

对拖放组件中的 4 个控制按钮标签也可以进行修改（默认情况下是英文）。设计人员可以对舞台中的资源进行修改，例如改变文本字段的字体、颜色，调整按钮大小和位置等，但是必须注意：在整个测验课件中，每个学习交互组件中的 UI 组件其实例名称必须是唯一的，但不同学习交互组件中的文本字段可以共享相同的实例名称。

对拖放组件设置完毕后，按下快捷键 Ctrl+Enter 测试影片，在课件的第 2 个页面中将屏幕左侧的拖放对象拖放至右侧的目标位置上进行试验，如图 11-9 所示。利用拖放组件，也可以制作出拼图练习课件。

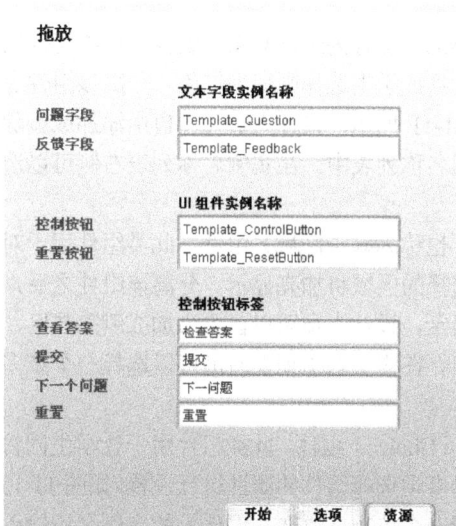

图 11-8　拖放组件资源设置

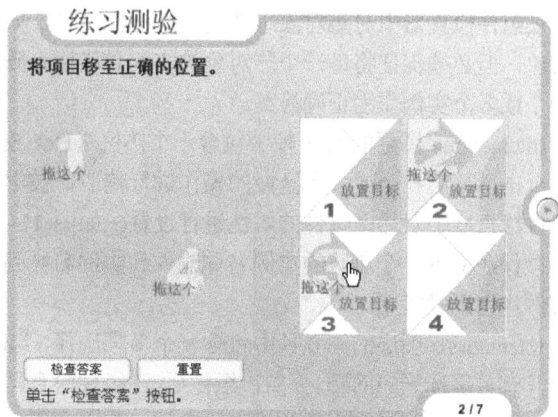

图 11-9　拖放试验

　　在主时间轴的 Interactions 图层中选择第 3 帧，其中包含一个填空（Fill In The Blank）组件。执行修改→分离菜单命令（快捷键 Ctrl+B），将填空组件分离为若干可以修改的单个对象，然后在舞台左下角选择填空组件说明，就可以在组件检查器中对填空组件的属性进行设置，如图 11-10 所示（其中大部分属性与拖放组件类似，故不再一一介绍）。

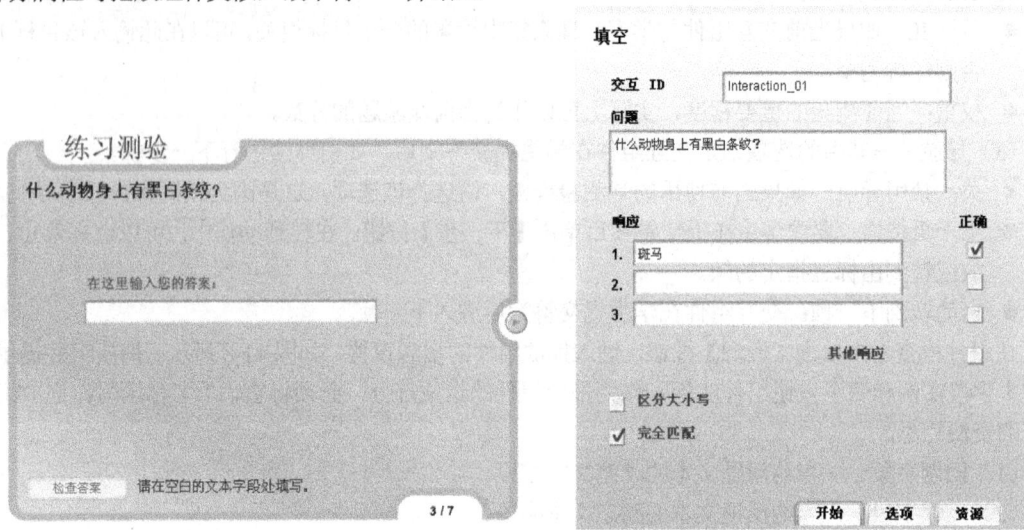

图 11-10　填空组件属性设置

　　（1）响应——可以设置 1 至 3 个可能的正确答案，同时设置答案列表右侧的正确选项。

　　（2）其他响应——可以设置填空组件接受所有输入作为正确答案，除了答案列表中列出的答案。此时需要撤销答案列表右侧的正确选项。

　　（3）区分大小写——指定学生输入的内容大小写必须与正确答案完全一致时才有效。没有选择此项则忽略大小写区别。

　　（4）完全匹配——指定学生输入的内容必须与正确答案完全匹配时才有效。没有选择此项则只要学生输入的内容包含正确答案就算有效，例如假设正确答案是"熊"，则学生输入"熊猫"、"狗熊"都算回答正确。

　　Interactions 图层的第 4 帧中包含一个热对象（Hot Objects，也称为敲击对象）组件，此类组件用于对学生单击屏幕上一个或多个对象的操作进行响应，若对象被学生选择则变为红色。分离该组件之后，在组件检查器中对热对象组件的属性进行设置，如图 11-11 所示，设计人员可以自由添加或删除热对象，但必须保证将每一个热对象的实例名称输入到实例名称列表中。在实例名称列表右侧可以选择一个或多个实例作为正确答案。

　　Interactions 图层的第 5 帧中包含一个热区（Hot Spot，也称为敲击区域）组件，此类组件用于对学生单击屏幕上一个或多个区域的操作进行响应，被学生选择的区域将加亮显示。分离该组件之后，在组件检查器中对热区组件的属性进行设置，如图 11-12 所示，设计人员可以自由添加或删除热区，但必须保证将每一个热区的实例名称输入到实例名称列表中。在实例名称列表右侧可以选择一个或多个实例作为正确答案。

　　Interactions 图层的第 6 帧中包含一个多项选择（Multiple Choice）组件，此类组件用于让学生回答一个具有多重选择的问题。分离该组件后，在组件检查器中对多项选择组件的属性进行设置，如图 11-13 所示，设计人员可以自由添加或删除选项，但必须保证将每一个选项（复选框组件）的实例名称输入到实例名称列表中。在实例名称列表右侧可以选择一个或多个实例作为正确答案。

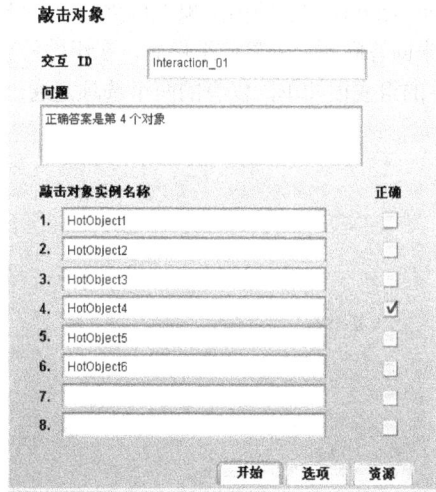

图 11-11　热对象组件属性设置

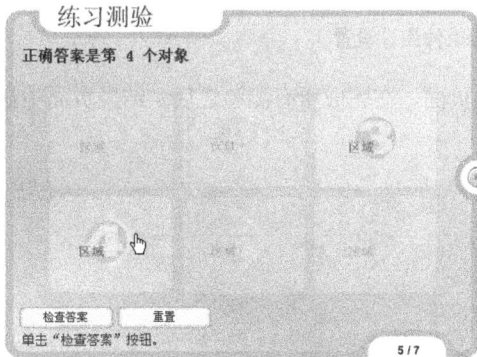

图 11-12　热区组件属性设置

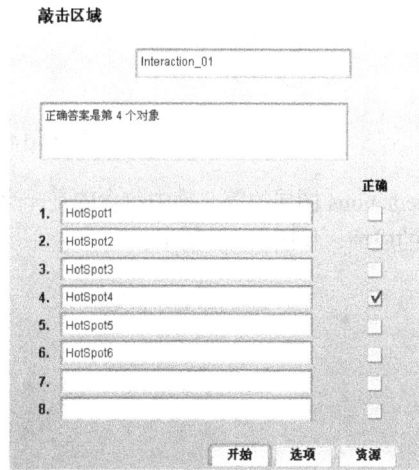

图 11-13　多项选择组件属性设置

Interactions 图层的第 7 帧中包含一个判断（True or False）组件，此类组件用于让学生以"真"或"假"来回答问题。分离该组件后，在组件检查器中对判断组件的属性进行设置，如图 11-14 所示。判断组件的组成很简单，仅有的两个选项是通过单选按钮组件实现的。

图 11-14 判断组件属性设置

Interactions 图层的第 8 帧中包含的是一个结果页面，在完成所有测验之后，结果页面中显示出学生取得的成绩，如图 11-15 所示。

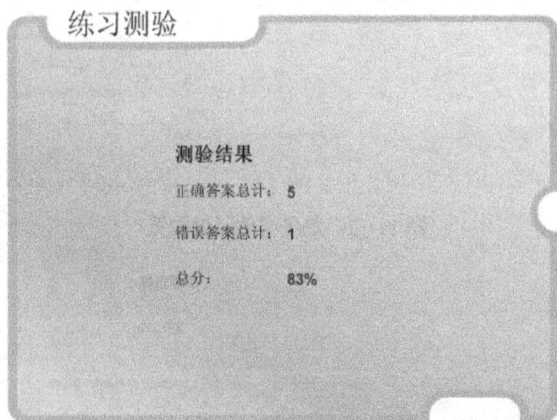

图 11-15 测验结果显示页面

设计人员可以向测验模板中自由添加或删除各类交互学习组件。添加组件的步骤如下。

（1）在时间轴的第 1 层，选择准备插入新组件的位置，例如要在第 8 帧位置添加新的交互学习组件，先在时间轴中选择第 7 帧。

（2）在按下 Shift 键的同时单击最后一层上相同的帧，可同时选择该列帧，如图 11-16(a)所示。

（3）执行插入→时间轴→帧菜单命令（快捷键 F5），向各图层中同时插入 1 帧，如图 11-16(b)所示。这就使各图层的帧数始终保持一致。

（4）在 Interactions 图层中选择刚添加的帧，按下 F7 键将其转换为空白关键帧，如图 11-16(c)所示。

(a)　　　　　　　　　　　　(b)　　　　　　　　　　　　(c)

图 11-16　向模板中插入新的交互学习组件

（5）执行窗口→公用库→学习交互菜单命令，打开学习交互库，从其中将所需的组件拖放到舞台上，然后分离组件，编辑其中的资源和参数。

如果需要删除交互组件，则删除该组件所在帧时要同时删除所有图层中的同一帧，使各图层的帧数始终保持一致。

11.2　通过交互式学习组件创建测验课件

在 11.1 节中介绍了如何通过测验模板创建测验课件。本节以"透镜成像原理"课件为例，介绍直接利用交互学习组件，向课件中添加测验内容。

11.2.1　制作多选题和单选题测验

多项选择组件、热对象组件和热区组件都可用于制作多选题和单选题测验。下面介绍如何利用多项选择组件创建多选题测验，以及如何利用热区组件创建单选题测验。

（1）打开"透镜成像原理"课件，在主屏幕下创建一个新的屏幕并将其命名为"透镜成像原理测验"。在屏幕中创建"透镜成像原理测验"标题，然后为该屏幕创建一个名为"多选题"的子屏幕。执行窗口→公用库→学习交互菜单命令，打开学习交互库，从其中将多项选择组件拖放到屏幕中，如图 11-17 所示。执行修改→分离菜单命令（快捷键 Ctrl+B），将交互组件分离为多个独立的对象，选择组件说明并将其拖放至舞台左侧。

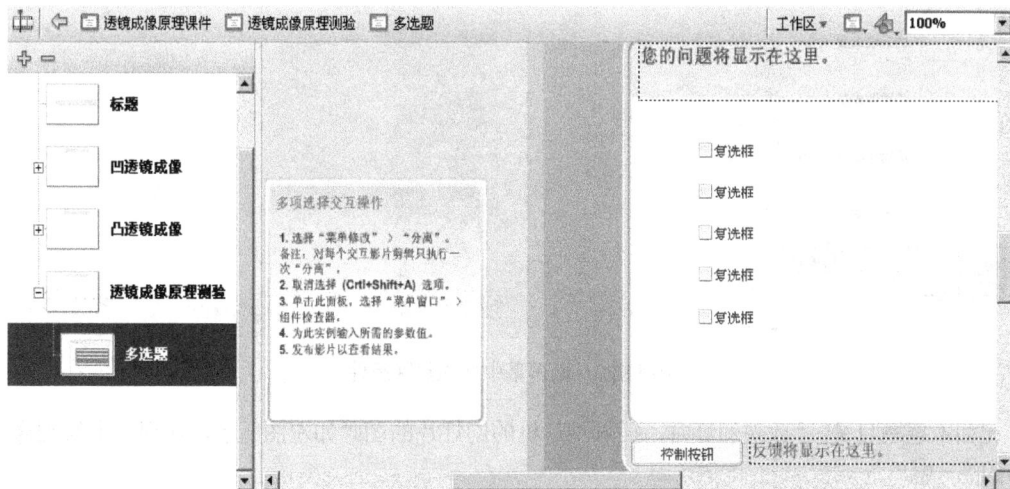

图 11-17　向屏幕中插入多项选择组件

（2）执行窗口→组件检查器菜单命令（快捷键 Shift+F7），打开【组件检查器】面板，在其中输入题目和各个选项。本题题目是："凸透镜焦距 10cm，当烛焰离透镜 30 cm 时，光屏在透镜另一侧距透镜 10cm 至 20cm 之间移动，光屏在某一位置上会呈现一个＿＿＿＿、＿＿＿＿、＿＿＿＿像。"

本题需要 6 个选项，其中包括 3 个正确选项。因此，向舞台中拖放一个复选框组件实例，将其命名为 Checkbox6，然后在组件检查器中将实例名称添加到实例列表。输入每个选项对应的标签并设置第 1、3、5 项为正确选项，如图 11-18 所示。

（3）按下快捷键 Ctrl+Enter 测试影片，可以在课件中进行多项选择题测验，如图 11-19 所示。

图 11-18　编辑多项选择组件

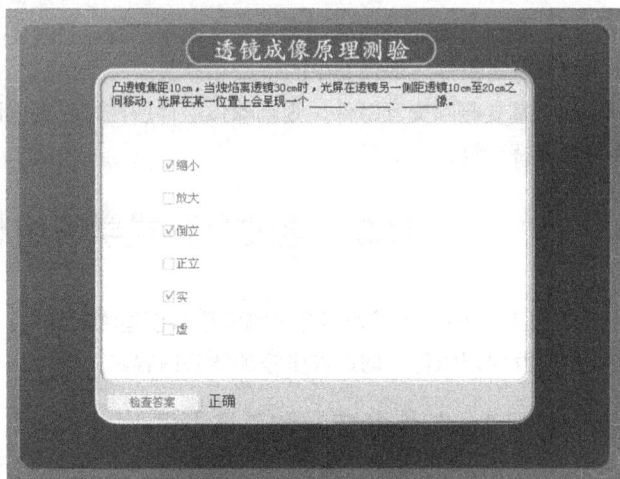

图 11-19　多项选择题测验

（4）在"多选题"屏幕下方添加一个新的屏幕并将其命名为"单选题"。从学习交互库中向屏幕拖放一个热区组件，按下快捷键 Ctrl+B 分离组件，将组件说明拖放到屏幕左侧，如图 11-20 所示。

图 11-20　向屏幕中插入热区组件

比如本题题目是："放映幻灯时，插入幻灯机的幻灯片的图画如左图所示，在银幕上得到像是右图中的哪一幅？"

首先从屏幕中删除第 5、6 个热区图形，然后在舞台上绘制幻灯片图画（一个 F 状图形）。对第 1 至第 4 个热区图形按照如图 11-21 所示进行编辑。

单击组件说明，在组件检查器中删除第 5、6 项热区实例名，最后设置第 4 个热区为正确答案，如图 11-22 所示。

图 11-21　修改热区图形

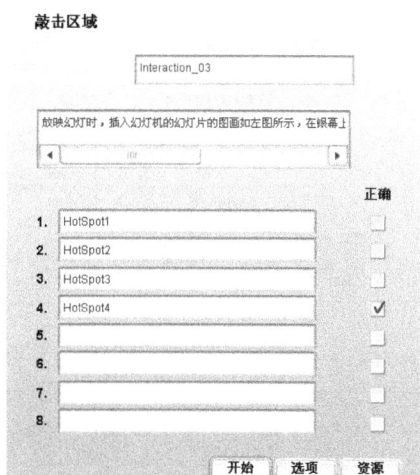

图 11-22　编辑热区组件

按下快捷键 Ctrl+Enter 测试影片，在课件中进行单选题测验，如图 11-23 所示。利用左、右方向键在幻灯片演示文稿中导航，可以方便地在不同测验中切换，而无论某个测验是否已经完成。

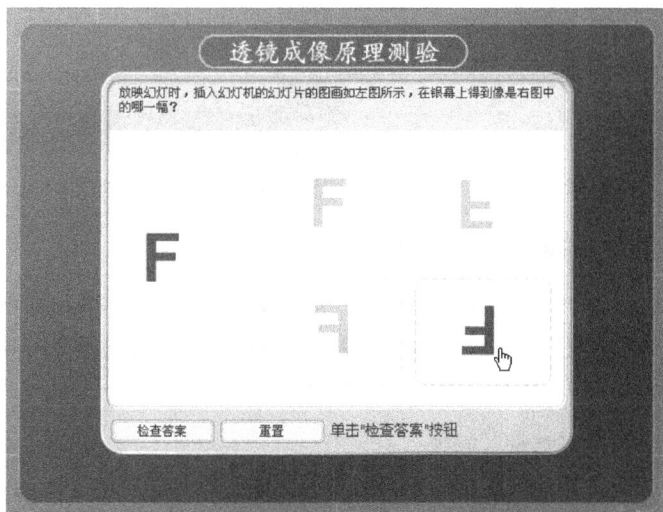

图 11-23　由热区组件创建的单选题测验

11.2.2　制作判断题测验

判断题（也称为是非题）测验通常由判断组件构成。

在"单选题"屏幕下方添加一个新的屏幕并将其命名为"判断题"。从学习交互库中向屏幕拖放一个判断组件，按下快捷键 Ctrl+B 分离组件，将组件说明拖放到屏幕左侧，如图 11-24 所示。

如本题题目是："实像是倒立的，虚像是正立的。"

按照如图 11-25 所示，对判断组件进行设置，将正确答案设置为第 1 项。

按下快捷键 Ctrl+Enter 测试影片，在课件中进行单选题测验，如图 11-26 所示。

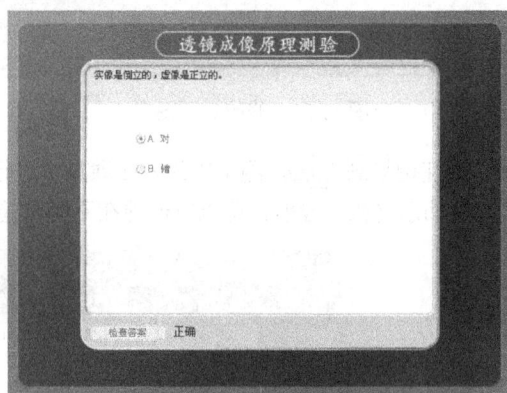

图 11-24　添加判断组件

图 11-25　设置判断组件

图 11-26　由判断组件创建的判断题测验

11.2.3　制作填空题测验

填空题测验通常由填空组件构成。在"判断题"屏幕下方添加一个新的屏幕并将其命名为"填空题"。从学习交互库中向屏幕拖放一个填空组件，按下快捷键 Ctrl+B 分离组件，将组件说明拖放到屏幕左侧，如图 11-27 所示。

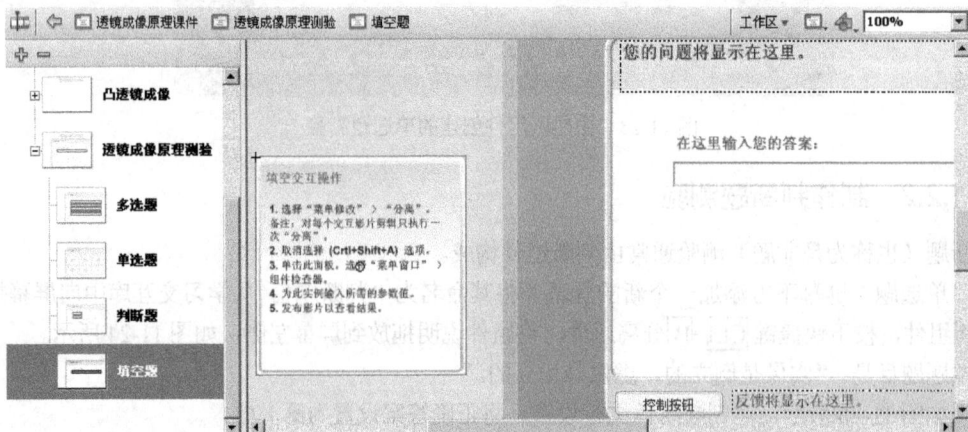

图 11-27　添加填空组件

如本题题目是"能会聚太阳光的是："。

按照如图 11-28 所示，对填空组件进行设置，将正确答案设置为"凸透镜"。

按下快捷键 Ctrl+Enter 测试影片，就可以在课件中进行单选题测验，如图 11-29 所示。

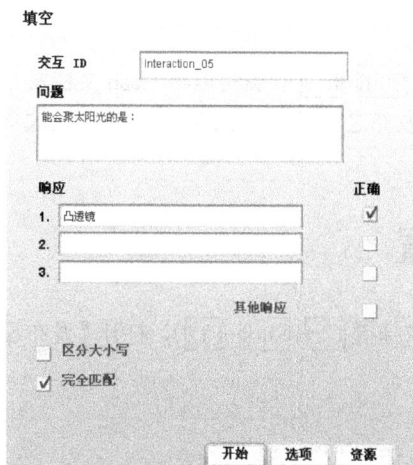

图 11-28　设置填空组件

图 11-29　由填空组件创建的填空题测验

11.3　上机实验

1．利用热区组件制作单选题课件。

2．利用热对象组件制作多选题和单选题课件。

第 12 章　发布 Flash 影片

要发布 Flash 影片，只需执行文件→发布菜单命令（快捷键 Shift+F12），就可以将 Flash 文档发布为 SWF 文件以及可嵌入 SWF 文件的 HTML 网页。但是如果在发布之前进行一定的设置，则可以改善发布效果。

12.1　发 布 设 置

创建课件并测试正常后，执行文件→发布设置菜单命令（快捷键 Ctrl+Shift+F12），打开【发布设置】对话框，如图 12-1 所示。

12.1.1　发布格式设置

发布格式显示在【发布设置】对话框的【格式】选项卡中。在默认状态下，Flash 文档的发布格式被配置为创建 Flash 影片（.swf）和 HTML 支持文件（.html）。根据【格式】选项卡中的设置，【发布设置】对话框中会显示出对应的选项卡（例如【Flash】选项卡和【HTML】选项卡），如果在【格式】选项卡中选择了更多的发布格式，就会有更多的选项卡出现在【发布设置】对话框中。

每种发布格式都有一个对应的目标文件。各类目标文件在默认状态下都以 Flash 文档的名称命名，设计人员可以在【文件】文本框中指定新的目标文件名。单击【文件】文本框右侧的【选择发布目标】按钮，打开【选择发布目标】对话框，在其中重新指定目标文件的名称和路径，如图 12-2 所示。

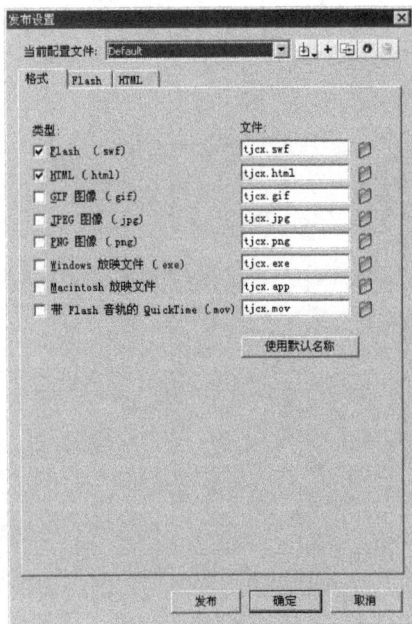

图 12-1　【发布设置】对话框　　　　　　　图 12-2　【选择发布目标】对话框

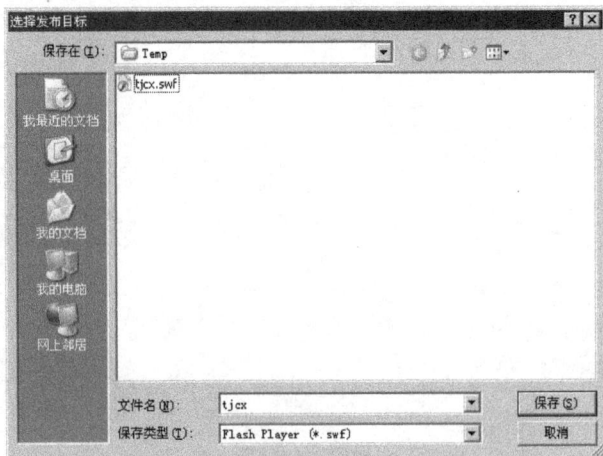

12.1.2　SWF 文件发布设置

【Flash】选项卡（如图 12-3 所示）用于对 Flash SWF 文件进行发布设置。

（1）【版本】下拉列表框——以指定的播放器版本发布影片，例如，可以将影片以 Flash Player 6 格式进行发布以适应大多数观众的情况。

（2）【加载顺序】下拉列表框——指定 Flash 如何加载 SWF 文件各层以显示第 1 帧内容，共有两种方式：由下而上或由上而下。该选项用于控制 Flash 在慢速的网络连接条件下先绘制 SWF 文件的哪些部分。

（3）【ActionScript 版本】下拉列表框——根据 Flash 文档中使用的动作脚本版本进行设置，共有 3 种选择：ActionScript 1.0、2.0 或 3.0。

（4）【生成大小报告】复选框——在生成目标文件的同时产生一个报告，按文件列出最终 Flash 影片中的数据量，如图 12-4 所示。

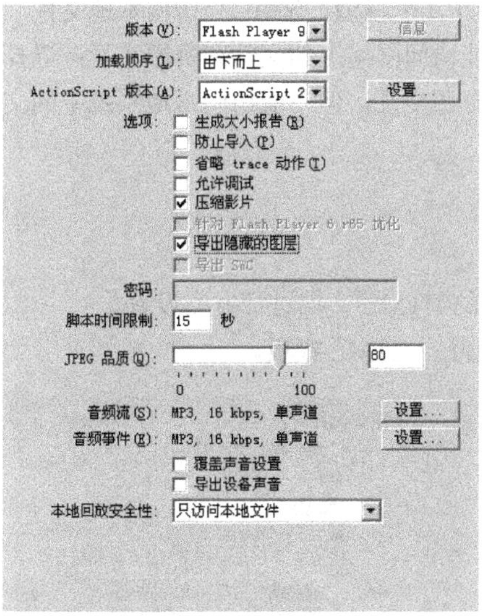

图 12-3　【Flash】选项卡

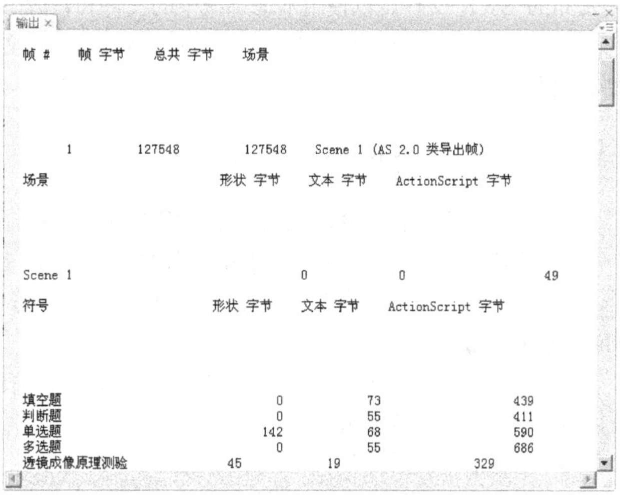

图 12-4　生成大小报告

（5）【防止导入】复选框——防止其他人导入 SWF 文件并将其转换回 FLA 文档。如果选择此选项，可以在【密码】文本框中指定用来保护 SWF 文件的密码。

（6）【省略 trace 动作】复选框——使 Flash 忽略当前 SWF 文件中存在的跟踪动作（trace）。如果选择此选项，来自跟踪动作的信息将不会显示在输出面板中。

（7）【允许调试】复选框——激活调试器并允许远程调试 SWF 文件。如果选择此选项，可以在【密码】文本框中指定用来保护 SWF 文件的密码。

（8）【压缩影片】复选框——压缩 SWF 文件以缩减文件大小和缩短下载时间。经过压缩的文件只能在 Flash Player 6 及更高版本中播放。

（9）【针对 Flash Player 6 r65 优化】复选框——如果在版本选项中选择 Flash Player 6，就可以选择此选项来提高影片播放性能，前提是观众必须安装有 Flash Player 6 或更高版本。

（10）【导出隐藏的图层】复选框——导出 Flash 文档中所有隐藏的图层。

（11）【导出 SWC】复选框——导出用于分发组件的 SWC 文件。

（12）【脚本时间限制】文本框——用于设置脚本在 SWF 文件中执行时可占用的最长时间，超出该限制的任何脚本将被取消执行。

（13）【JPEG 品质】——对 SWF 文件中使用的位图进行压缩。图像品质越低，生成的文件就越小；图像品质越高，生成的文件就越大。

图 12-5　【声音设置】对话框

（14）【音频流】和【音频事件】——单击对应的【设置】按钮打开【声音设置】对话框，为 SWF 文件中的所有声音流或事件声音设置采样率和压缩方式，如图 12-5 所示。

（15）【覆盖声音设置】复选框——使用【Flash】选项卡中的设置代替属性检查器中的声音属性。

（16）【导出设备声音】复选框——导出适合于设备（包括移动设备）的声音而不是原始库声音。

（17）【本地回放安全性】下拉列表框——选择要使用的 Flash 安全模型。选择"只访问本地文件"，则发布的 SWF 文件可以使用本地系统中的文件和资源，但不能访问网络上的文件和资源交互；选择"只访问网络"，则发布的 SWF 文件可以使用网络上的文件和资源交互，但不能访问本地系统中的文件和资源。

12.1.3　HTML 文件发布设置

【HTML】选项卡（如图 12-6 所示）用于对嵌入 SWF 文件的 HTML 文档进行发布设置。

（1）【模板】下拉列表框——根据发布的最终目标，选择预置的 HTML 模板。

（2）【检测 Flash 版本】复选框——自动检测观众拥有的 Flash Player 的版本。

（3）【尺寸】下拉列表框——用于设置影片在浏览器窗口中的大小，其中提供了 3 个选项。

- 匹配影片：保持 SWF 文件的原始画面大小。
- 像素：以像素为单位，通过【宽】和【高】文本框指定影片的宽度和高度。
- 百分比：指定影片大小与浏览器窗口大小的百分比。

（4）【回放】复选框组——用于控制 SWF 文件的回放过程。

- 开始时暂停：暂停播放 SWF 文件，直到观众选择播放操作。
- 循环：在 SWF 文件到达最后 1 帧后再重复播放。不选择此选项会使 SWF 文件在到达最后一帧后停止播放。

图 12-6　【HTML】选项卡

- 显示菜单：在观众使用鼠标右键单击 SWF 文件时，显示一个完整的快捷菜单。如果不选择此选项，那么快捷菜单中就只有"关于 Flash"一项。
- 设备字体：用边缘平滑的系统字体代替观众系统中缺少的字体。使用设备字体可使小号字体清晰易辨，并能减小 SWF 文件的大小。

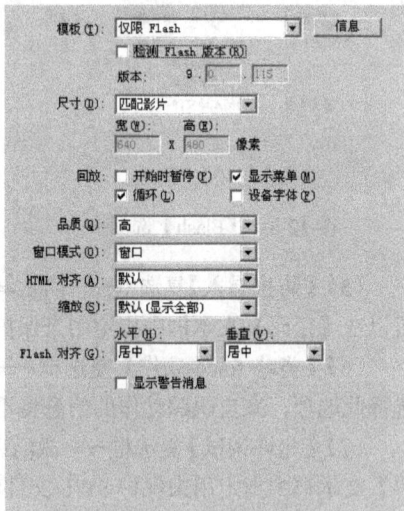

（5）【品质】下拉列表框——用于在播放速度和画面质量之间确定一个平衡点。

● 低：主要保证播放速度，画面质量低并且不使用消除锯齿功能。

● 自动降低：主要保证播放速度，同时兼顾画面质量。在播放过程开始时，消除锯齿功能处于关闭状态，但如果 Flash Player 检测到处理器速度足以处理消除锯齿功能，就会打开该功能。

● 自动升高：以高画面质量开始播放，但在必要时会牺牲画面质量来保证播放速度。在播放过程开始时，消除锯齿功能自动处于打开状态，但如果实际帧频降到指定帧频之下，就会关闭消除锯齿功能以提高播放速度。

● 中：启用消除锯齿功能，但并不会平滑位图。

● 高：仅保证画面质量，不保证播放速度。该选项始终启用消除锯齿功能，但有选择地对位图进行平滑处理。

● 最佳：提供最佳的画面质量，而不考虑回放速度。始终启用消除锯齿功能，并且始终对位图进行光滑处理。

（6）【窗口模式】下拉列表框——用于控制 SWF 文件与 HTML 内容之间的关系。

● 窗口：SWF 文件背景不透明，并使用 HTML 背景颜色。HTML 内容无法呈现在 SWF 文件的上方或下方。

● 不透明无窗口：将 SWF 文件的背景设置为不透明，并遮蔽位于 SWF 文件下面的任何 HTML 内容。这一选项使 HTML 内容可以显示在 SWF 文件的上方。

● 透明无窗口：将 SWF 文件的背景设置为透明。此选项使 HTML 内容可以显示在 SWF 文件的上方和下方。

（7）【HTML 对齐】下拉列表框——确定影片在浏览器窗口中的位置。

● 默认：使 SWF 文件在浏览器窗口内居中显示，如果浏览器窗口小于 SWF 文件，则会裁剪边缘。

● 左、右、顶部或底部对齐：将 SWF 文件与浏览器窗口的相应边缘对齐，并根据需要裁剪其余的三边。

（8）【缩放】下拉列表框——将 SWF 文件在指定的边界内播放。

● 默认（显示全部）：在指定的区域显示整个 SWF 文件，同时保持 SWF 文件的原始高宽比。

● 无边框：对 SWF 文件进行缩放，使它填充指定的区域，同时保持 SWF 文件的原始高宽比，并根据需要裁剪 SWF 文件边缘。

● 精确匹配：在指定区域显示整个 SWF 文件，不保持原始高宽比。

● 无缩放：禁止 SWF 文件在调整 Flash Player 窗口大小时进行缩放。

（9）【Flash 对齐】下拉列表框——设置如何在浏览器窗口内放置 Flash 内容。可以选择沿水平方向对齐或沿垂直方向对齐。

（10）【显示警告消息】复选框——当标签设置发生冲突时显示错误消息。

12.2　预览和发布

通过文件→发布预览菜单命令，从子菜单中选择要预览的文件格式（例如 HTML 或 Flash），可以使用指定的发布设置来预览 SWF 文件。

在图 12-7 中显示的是以 HTML 格式对透镜成像原理课件进行发布预览。

如果对发布预览的效果满意，执行文件→发布菜单命令（快捷键 Shift+F12），开始正式的发布操作。

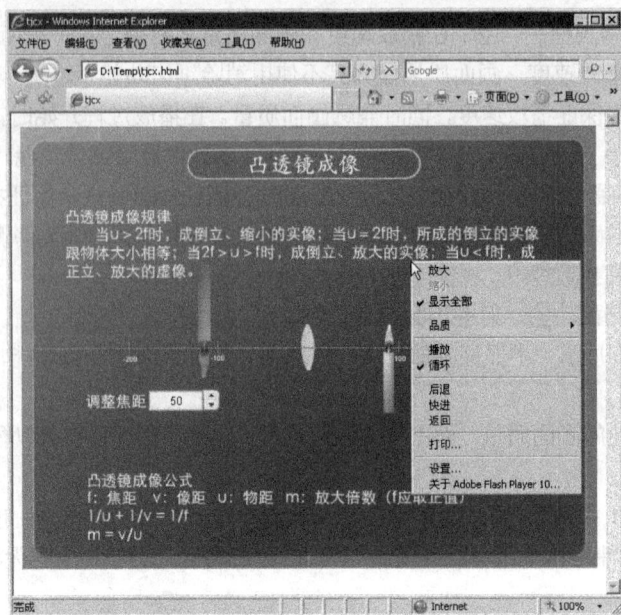

图 12-7　以 HTML 格式对课件进行发布预览

12.3　上 机 实 验

　　将透镜成像原理课件进行发布，并使影片在浏览器窗口中居中显示。（注意：当课件中使用了屏幕行为或学习交互组件，应该将 ActionScript 版本设置为 2.0。）

第三部分　　使用 Authorware 制作课件

第 13 章　Authorware 简介

Authorware 是处于领先地位的 e-learning 多媒体课件创作工具，它采用基于设计图标和流程图的可视化设计方法，具备各种多媒体素材的集成能力和强大的交互控制能力，即使是非专业人员也能够顺利地使用它创作交互式的网络多媒体应用程序。其强大的一键发布功能可以使多媒体课件在各种载体（例如 CD-ROM/DVD-ROM、局域网或 Web 等）上运行。

13.1　主　要　特　点

Authorware 7 是一套易学易用、功能强大的多媒体开发工具，具有如下特点。

1. 具备各种多媒体数据的集成和处理能力

Authorware 的优势在于能够将各种格式的多媒体素材集成到一起，并以流程图方式进行组织，形成一个交互性强、富有表现力的多媒体作品。从最简单的文本内容到最流行的 Flash 矢量动画，甚至是 QuickTime VR 虚拟现实电影，Authorware 都能很好地进行运用和处理。对 ActiveX 控件的支持也为 Authorware 带来了无穷的扩展能力。

2. 具备强大的交互控制能力

同其他课件制作工具相比，Authorware 的真正优势在于它能够开发交互性极强的多媒体课件。Authorware 提供了 11 种交互方式、13 种导航方式，以及多种反馈类型。因此，使用 Authorware 开发出的课件，可以拥有强大的交互控制能力，可以使用菜单、按钮，甚至屏幕上的一个图像、一片区域同用户进行交互。

3. 提供完全可视化的设计环境

Authorware 为设计人员提供了基于流程图和屏幕的可视化创作环境，如图 13-1 所示，可以将多媒体文件（包括音频、视频、图像等）从资源管理器中直接拖放到流程线上，编写和修改程序的工作直接在流程图上进行。利用 Authorware 创作课件的过程，可以说就是绘制授课流程的过程。在【演示】窗口中能够直观地摆放、对齐各种界面对象，而且在测试过程中对不满意的地方可以随时暂停程序进行修改。

4. 提供多种知识对象

知识对象（Knowledge Object）是一种智能化的设计模板，在知识对象的指引下，无须编写一行代码，就可以快速开发出多媒体应用程序或常用的功能模块（例如一个选择题测验课件，如图 13-2 所示），大幅度地提高工作效率。

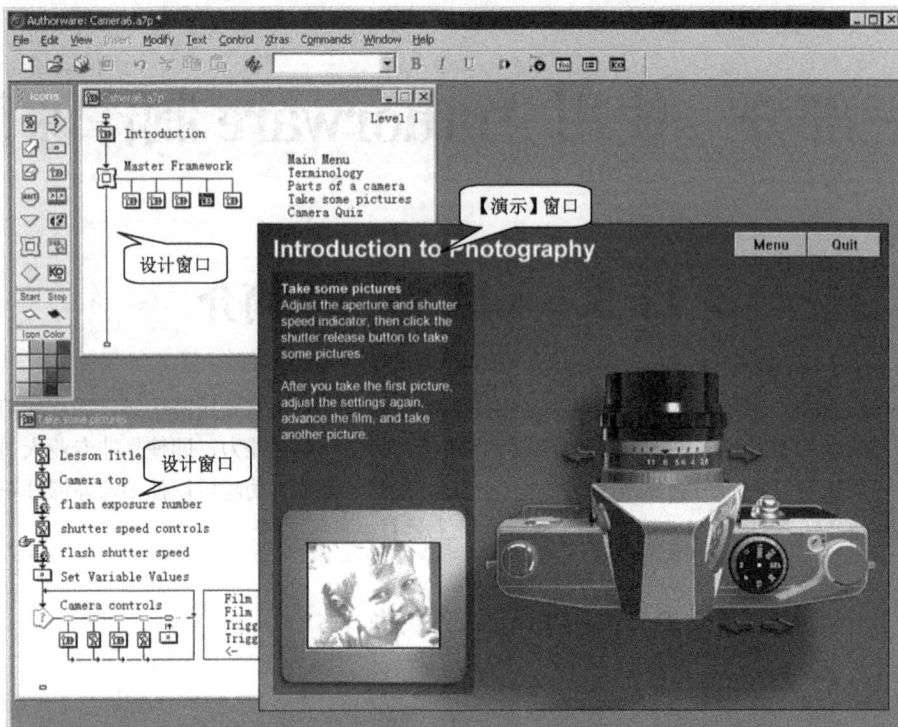

图 13-1　Authorware 的设计环境

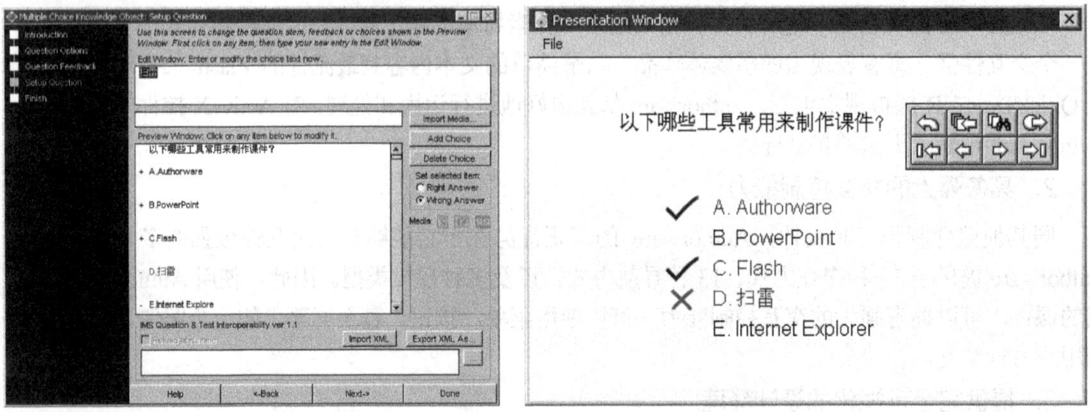

图 13-2　通过知识对象快速创建测验型课件

5．对网络应用提供有力的支持

Authorware 使用增强的流技术，将网络课件进行分段打包，极大地提高了网络课件的下载效率，由于它通过跟踪和记录学生最常使用的课件内容，智能化地预测和下载课件片段，因此可以节省大量的下载时间，提高了课件的运行效率。

6．提供方便强大的发布功能

Authorware 7 集成了强大的一键发布功能，只需一步操作，就可以保存项目并将项目发布到 Web，CD-ROM/DVD-ROM，本地硬盘或者局域网。学生可以像访问网页一样，在浏览器中浏览多媒体课件，如图 13-3 所示。

图 13-3　在浏览器中浏览多媒体课件示意图

13.2　主　界　面

Authorware 主界面由菜单栏、工具栏、图标选择板、设计窗口、【演示】窗口、浮动面板、属性检查器 7 部分构成，如图 13-4 所示。

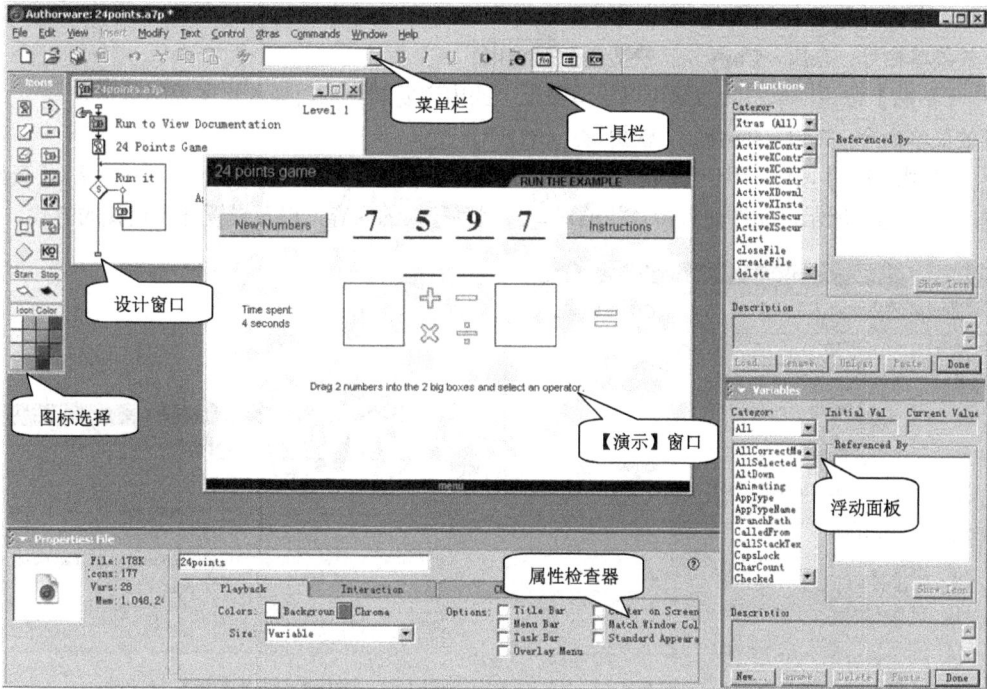

图 13-4　Authorware 主界面

13.2.1　工具栏

Authorware 的工具栏提供了一些最常用的设计命令，用以提高设计工作的效率。执行 View→Toolbar 菜单命令（快捷键 Ctrl+Shift+T），可以随时打开或关闭工具栏。现将工具栏提供的按钮及对应的菜单命令与快捷键介绍如下。

【新建】按钮，用于创建一个新的程序文件。

等效菜单命令：File→New→File　　快捷键：Ctrl+N

【打开】按钮，打开一个已经存在的程序文件，单击此按钮会出现一个标准的 Windows 打开文件对话框，在其中选择打开一个程序文件。

等效菜单命令：File→Open→File　　快捷键：Ctrl+O

【全部保存】按钮，用于将当前打开的所有文件（包括程序文件、库文件）存盘。

等效菜单命令：File→Save All　　快捷键：Ctrl+Shift+S

【导入文件】按钮，用于向程序中导入多媒体数据文件，单击此按钮会出现一个【Import Which File】（【导入文件】）对话框，如图 13-5 所示。

等效菜单命令：File→Import and Export→Import Media　　快捷键：Ctrl+Shift+R

【撤销】按钮，单击此按钮可以撤销最近一次的操作，或者恢复到撤销之前的状态。

等效菜单命令：Edit→Undo　　快捷键：Ctrl+Z

【剪切】按钮，单击此按钮可以将当前选中的内容转移到剪贴板上。当前选中的内容可以是设计图标，也可以是文本、图像、声音等。

等效菜单命令：Edit→Cut　　快捷键：Ctrl+X

【复制】按钮，单击此按钮可以将当前选中的内容复制到剪贴板上。当前选中的内容可以是设计图标，也可以是文本、图像、声音等。

等效菜单命令：Edit→Copy　　快捷键：Ctrl+C

【粘贴】按钮，单击此按钮可以将剪贴板上的内容复制到当前插入点所处的位置。

等效菜单命令：Edit→Paste　　快捷键：Ctrl+V

【查找/替换】按钮，用于查找和替换指定的对象。单击此按钮，会出现一个【Find】（【查找】）对话框，如图 13-6 所示，允许输入待查找的对象，用以替换的内容，以及设置开展查找的方式。

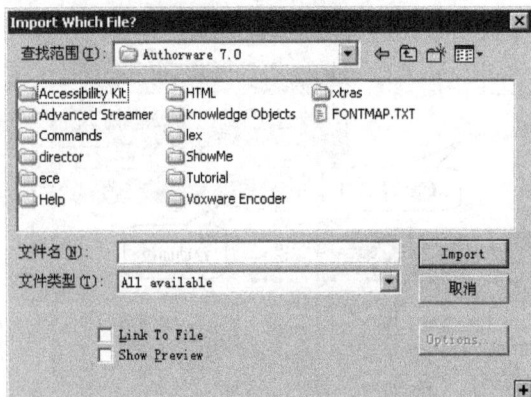

图 13-5　【导入文件】对话框　　　　图 13-6　【查找】对话框

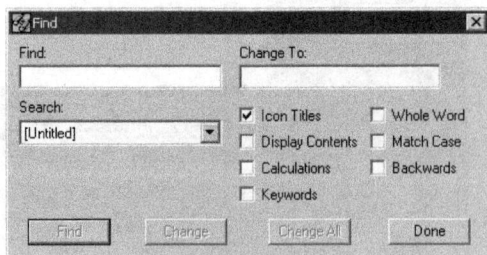

等效菜单命令：**Edit→Find**　　　快捷键：Ctrl+F

▣　【文本样式】列表框用于选择预定义的文本样式，以应用到当前的文本对象上。

B　【粗体】按钮，用于将选中的文本对象设置为粗体样式。例如将"Authorware"改变为"**Authorware**"。

等效菜单命令：**Text→Style→Bold**　　　快捷键：Ctrl+Alt+B

I　【斜体】按钮，用于将选中的文本对象设置为斜体样式。例如将"Authorware"改变为"*Authorware*"。

等效菜单命令：**Text→Style→Italics**　　　快捷键：Ctrl+Alt+I

U　【下画线】按钮，用于将选中的文本对象设置为带下画线的样式。例如将"Authorware"改变为"Authorware"。

等效菜单命令：**Text＞Style＞Underline**　　　快捷键：Ctrl+Alt+U

▣　【运行】按钮，用于运行当前打开的程序，如果在程序中插入了【开始标志】，则 Authorware 控制程序从【开始标志】所处的位置开始运行。

等效菜单命令：**Control→Restart**　　　快捷键：Ctrl+R

▣　【控制面板】按钮。单击此按钮，会出现【Control Panel】（【控制面板】）窗口，如图 13-7 所示，用于控制程序的运行，也可以对程序流程进行调试。

等效菜单命令：**Window→Panels→Control Panel**　　　快捷键：Ctrl+2

▣　【函数】按钮。单击此按钮，会出现【Functions】（【函数】）面板窗口，如图 13-8 所示。面板窗口中列出了所有的系统函数、自定义函数，以及对函数的描述。

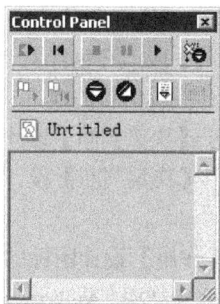

图 13-7　【控制面板】窗口　　　　　　　　图 13-8　【函数】面板窗口

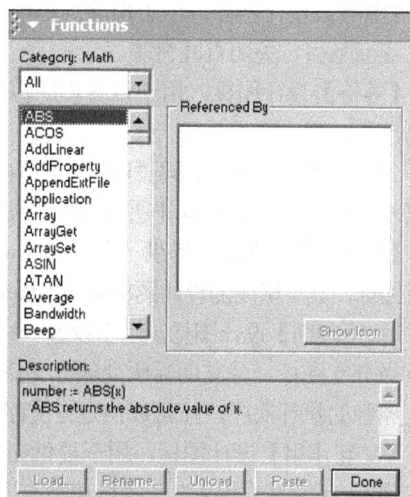

等效菜单命令：**Window→Panels→Functions**　　　快捷键：Ctrl+Shift+F

▣　【变量】按钮。单击此按钮，会出现【Variables】（【变量】）面板窗口，如图 13-9 所示。面板窗口中列出了所有的系统变量、自定义变量，以及对变量的描述。

等效菜单命令：**Window→Panels→Variables**　　　快捷键：Ctrl+Shift+V

▣　【知识对象】按钮。单击此按钮，会出现【Knowledge Objects】（【知识对象】）面板窗口，如图 13-10 所示。面板窗口中列出了所有的知识对象，以及对知识对象的描述。

等效菜单命令：**Window→Panels→Knowledge Objects**　　　快捷键：Ctrl+Shift+K

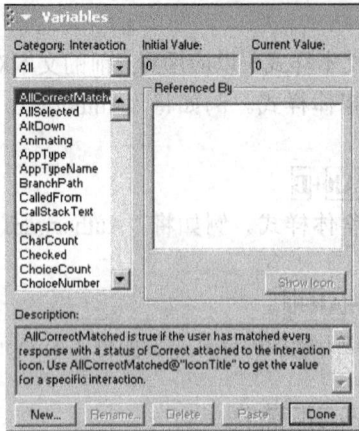

图 13-9　【变量】面板窗口　　　　　　　图 13-10　【知识对象】面板窗口

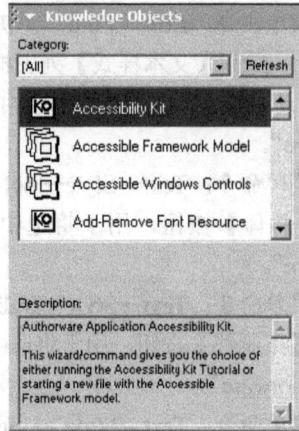

13.2.2　图标选择板

图标选择板提供的 14 种设计图标，是构成 Authorware 多媒体课件的基本元素。

【显示】设计图标，用于显示文本和图形、图像。其内容可以由 Authorware 提供的创作工具生成，也可以是从程序文件外部导入的文本文件和图像文件。

【移动】设计图标，用于移动屏幕中显示的对象。【移动】设计图标可以控制对象移动的速度、路线和时间，可以用它生成精彩的动画效果。被移动的对象可以是文本、图形、图像甚至一段视频内容。

【擦除】设计图标，用于擦除屏幕中显示的对象。它的精彩之处在于能够指定对象消失的效果，例如逐渐隐去、关闭百叶窗等。

【等待】设计图标，用于设置程序等待的方式：等待用户击键、等待用户按下按钮或等待一段指定长度的时间。

【导航】设计图标，同页图标共同构成导航结构，用于控制程序在各个页图标之间进行跳转。附属于【框架】设计图标的设计图标称做页图标。

【框架】设计图标，提供了在 Authorware 程序内部导航的便利手段，它包含了一组默认的【导航】设计图标，其下附属的设计图标称为页图标，可作为【导航】设计图标的目的地。

【决策判断】设计图标，用于设置一种逻辑判断结构。附属于【决策判断】设计图标的其他设计图标称做分支图标，分支图标所处的分支流程称为分支路径。利用【决策判断】设计图标不仅可以决定分支路径的执行次序，还可以决定分支路径被执行的次数。

【交互作用】设计图标，用于提供交互接口。附属于【交互作用】设计图标的其他设计图标称做响应图标，【交互作用】设计图标和响应图标共同构成交互作用分支结构。Authorware 强大的交互能力正源于交互作用分支结构。

【运算】设计图标，用于容纳代码。在这里可以编写一行或一段程序语句。

【群组】设计图标，用于容纳多个设计图标，还可以包含自己的逻辑结构。

【数字化电影】设计图标，用于导入一个数字化电影文件，并可以对数字化电影的播放提供控制。

【声音】设计图标用于导入声音文件，并可以对声音的播放进行控制。

【DVD】设计图标用于在程序中控制视频设备的播放。

【知识对象】设计图标用于创建自定义知识对象。

除了上述设计图标，图标选择板还提供了以下两种调试工具。

【Start】（【开始标志】）用于设置程序运行的起点，【Stop】（【结束标志】）用于设置程序运行的终点。在设计窗口中设置好【开始标志】和【结束标志】的位置后，按下运行按钮则程序只从【开始标志】处运行到【结束标志】处。它们只在程序设计期间有效。

【Icon Color】（【图标颜色板】）允许设计人员为当前选中的一个或多个设计图标设置一种颜色，以区分其层次性、重要性或特殊性，对程序的执行结果没有任何影响。

实际上 Authorware 还提供了第 15 种设计图标：【Sprite】（【组件】）设计图标，用于扩展 Authorware 的功能。这种设计图标没有出现在图标选择板中，但是可以通过菜单栏中的【Insert】菜单命令选用。

13.2.3　设计窗口

Authorware 的设计窗口是用于绘制程序流程图的设计平台，如图 13-11 所示。在这里程序设计人员可以将设计图标从图标选择板中拖放到流程线上，设计出各种逻辑结构。由于嵌套的逻辑结构处于不同层次的设计窗口中，因此，一个打开的程序可以拥有一个或多个设计窗口，现将设计窗口简介如下。

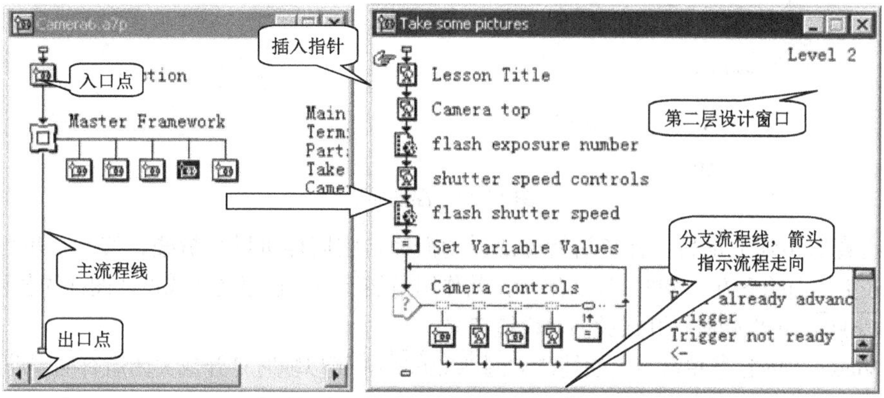

图 13-11　Authorware 的设计窗口

（1）设计窗口左侧的竖直线段称为主流程线，表示分支路径的线段称为分支流程线，箭头指示流程走向。

（2）主流程线的最上方和最下方分别有一个入口点标志和出口点标志。我们可以将整个程序看成一个大的逻辑结构，第一层设计窗口的入口点代表整个程序的起点，出口点代表整个程序的终点；以下各层设计窗口的入口点和出口点分别表示一个子结构的入口和出口。设计窗口右上角的数字表示该设计窗口所处的层次。

（3）逻辑结构存在于【群组】设计图标中，由此看出整个程序文件实际上就是一个大型【群组】设计图标。因此，第一层设计窗口的窗口标题就是当前打开的程序文件名，以下各层设计窗口分别以各自所属的【群组】设计图标命名。双击设计窗口中任何一个【群组】设计图标，将会打开下一层设计窗口，显示出该【群组】设计图标的内容。

（4）手形插入指针指示当前插入点所处的位置。可以向当前插入点导入或粘贴各种设计图标。

13.2.4　使用与管理面板

Authorware 7 提供了 3 种浮动面板：【函数】面板、【变量】面板和【知识对象】面板。浮动面板通常停靠在 Authorware 主界面的右边（如图 13-4 所示），但随时可以被拖放到屏幕中的任意位置：只需在鼠标指针处于浮动面板标题栏左方的拖放区时（拖放区由 5 个点标志，此时鼠标指针的形状变为十字箭头形 ✥），按下鼠标左键并拖动鼠标即可。

所有的浮动面板都可以在屏幕中成组放置，如图 13-12(a)所示；也可以单独摆放，如图 13-12(b)所示。但是无论如何摆放，浮动面板总是处于其他窗口的前面，以便设计人员在任何时候都能够方便地获取面板中的内容。单击浮动面板的标题，可以使浮动面板在展开或折叠状态之间进行切换。单击工具栏中的【函数】按钮、【变量】按钮或【知识对象】按钮，可以隐蔽或显示对应的浮动面板。一个已经被拖放到屏幕中央的浮动面板，可以通过工具栏中对应的按钮使其恢复到停靠状态。

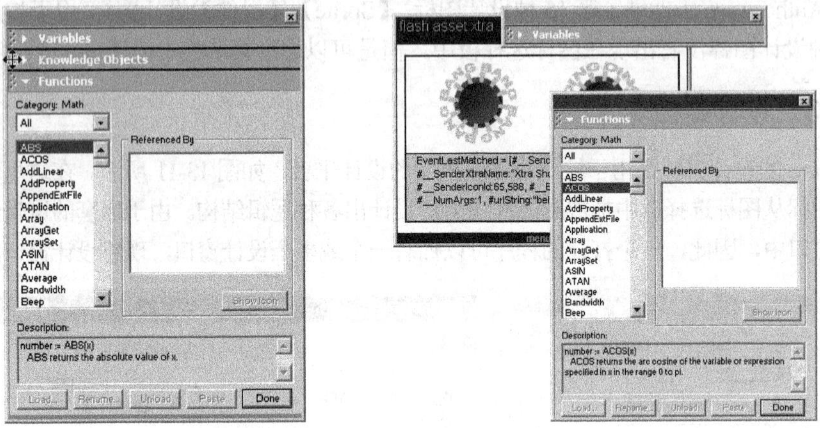

(a)   (b)

图 13-12　浮动面板

属性检查器实际上是另一种较为特殊的浮动面板，它同样可以被折叠、移动，也可以停靠在 Authorware 主界面的下方，如图 13-13 所示，其作用是显示当前程序文件或设计图标的各种属性。按下快捷键 Ctrl+I，可以随时打开或关闭属性检查器。

执行 View→Panels 菜单命令（快捷键 Ctrl+Shift+P），可以随时打开或关闭所有的浮动面板。

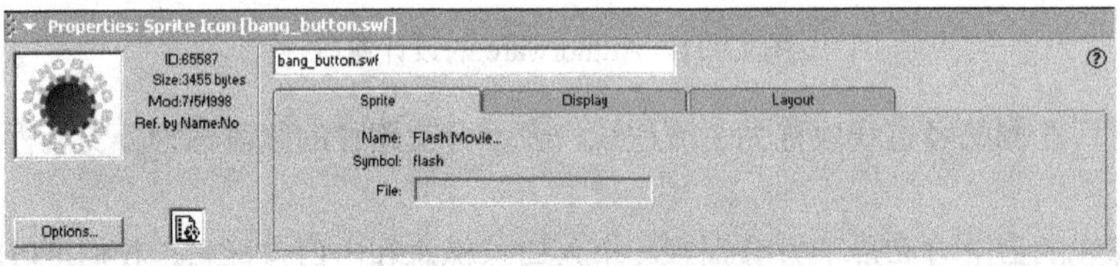

图 13-13　设计图标属性检查器

13.2.5　【演示】窗口

【Presentation】（【演示】）窗口是多媒体程序运行结果的输出窗口，也是程序设计期间最重要的设计平台。按下 Ins 键或者快捷键 Ctrl+1，可以随时打开或关闭【演示】窗口。

按下快捷键 Ctrl+Shift+D，打开【文件】属性检查器，如图 13-14 所示。关于【演示】窗口外观的控制选项都集中在【Playback】（【回放】）选项卡中。现将这些控制选项介绍如下。

图 13-14　【文件】属性检查器中关于【演示】窗口外观的选项

（1）窗口标题文本框：指定程序打包运行时窗口的标题。在默认状态下，程序窗口以程序文件名作为窗口标题。

（2）【Colors】（【颜色】）选择框：单击【Background】颜色框，出现【Color】对话框，如图 13-15 所示，在该对话框中可以选取【演示】窗口背景色，默认的背景色为白色。如果对话框中提供的 256 种颜色仍然不能满足需要，可以单击【Custom】（【定制】）按钮，打开 Windows 系统提供的【颜色】对话框，如图 13-16 所示，在 1600 万种色彩中做出选择。

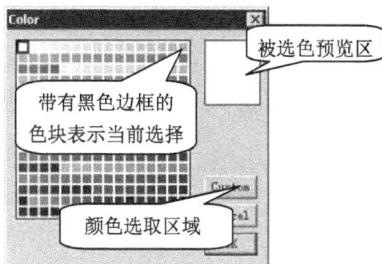
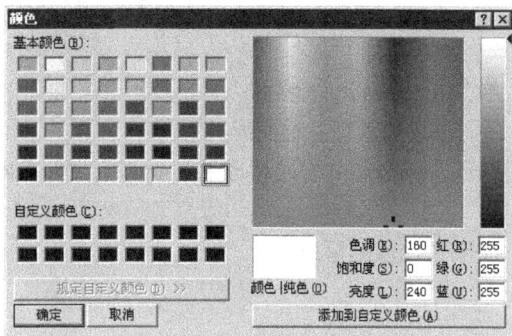

图 13-15　【Color】对话框　　　　　　　图 13-16　Windows 系统的【颜色】对话框

（3）【Size】（【窗口尺寸】）下拉列表框：用于设置【演示】窗口的大小，提供如下选择。

● Variable：在程序设计期间，允许拖动【演示】窗口四角和边框，对窗口的尺寸进行调整，但是在程序打包运行之后，窗口的尺寸就固定在最后一次调整的数值，用户不能改变其大小。这个选择项使程序设计人员可以根据实际需要对窗口的大小进行精确调整。

● 512 × 342 (Mac 9") 至 1152 × 870 (Mac 21")：设置【演示】窗口为固定大小，尺寸从 512 × 342 到 1152 × 870，以像素为单位。【演示】窗口的默认大小为 640 × 480（VGA，Mac 13"）。如果现在所开发的程序将来要在不同尺寸的屏幕中显示，那么在程序设计期间最好将【演示】窗口的大小设置为较小的尺寸，并且打开右面【Options】复选框组中的【Center on Screen】复选框。

● Use Full Screen：使【演示】窗口占据整个屏幕而不管用户的系统当前处于何种显示模式。

（4）【Options】（【可选项】）复选框组

● 【Title Bar】复选框：打开该复选框后【演示】窗口会有一个 Windows 风格的标题栏，如果不希望出现窗口标题栏，则关闭此复选框。此复选框默认状态为打开。

● 【Menu Bar】复选框：打开后【演示】窗口会有一个 Windows 风格的菜单栏，在默认状态此菜单栏仅包含 File 菜单组，其下只有用于退出程序的 Quit 菜单选项。此复选框默认为打开状态。

● 【Task Bar】复选框：如果此复选框处于打开状态，当程序打包运行后【演示】窗口的尺寸大于等于屏幕尺寸（显示分辨率）或【演示】窗口被设置为 Full Screen 模式时，允许 Windows 任务栏显示于【演示】窗口之前；同时必须将 Windows 任务栏属性选项中的【总在最前】复选框打开，而将【自动隐藏】复选框关闭。

● 【Overlay Menu】复选框：这个选项决定菜单栏是否在垂直方向上占用 20 像素的窗口空间。默认状态下，【演示】窗口菜单栏左下角的坐标为（0，0），打开【Overlay Menu】复选框后，该点坐标为（0，20），即菜单栏占用了窗口的坐标空间。

● 【Center on Screen】复选框：打开该复选框后【演示】窗口将处于屏幕正中间。如果设计时采用的【演示】窗口尺寸小于程序运行时的屏幕尺寸（显示分辨率），一般要打开此复选框。

● 【Match Window Color】复选框：Windows 系统默认的窗口颜色是白色，这一点用户可以通过修改系统显示属性来改变。此复选框打开后，【演示】窗口的背景色将变为用户指定的系统窗口颜色，而不管程序设计期间【Background】颜色框是如何设置的。

- 【Standard Appearance】复选框：Windows 系统默认的立体对象（如按钮等）的颜色为灰色，用户可以通过修改系统显示属性来改变。此复选框打开后，【演示】窗口中用到的立体对象的颜色将采用用户的设置，而不管程序设计期间指定的颜色。

13.3　上 机 实 验

1. 熟悉 Authorware 主界面：
① 练习使用与管理各种面板；
② 打开 Authorware 安装路径中 ShowMe 文件夹内的某个范例程序，观察多媒体程序流程的组织结构；
③ 打开/关闭演示窗口。

第 14 章　使用各种媒体素材

Authorware 提供了创建文本和图形的简单工具，此外，设计人员也可以向 Authorware 课件中导入外部文本、图形和图像素材。除了声音素材不可见外，其他所有媒体素材都将以显示对象的方式呈现在【演示】窗口中。

14.1　创建图形和文本

图形和文本通常是由浮动工具板中提供的工具创建的。向设计窗口流程线上拖放一个【显示】设计图标，双击该设计图标将打开【演示】窗口和浮动工具板，如图 14-1 所示。在执行绘图操作之前，执行 View→Grid 菜单命令，打开【演示】窗口网格，为绘图操作提供参考坐标，相邻网格间的距离为32 像素（这些网格仅在编辑状态下出现，不会影响课件的运行效果）。

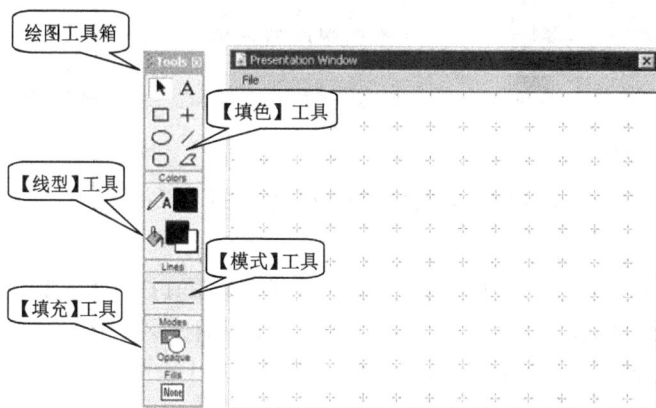

图 14-1　【演示】窗口及浮动工具板

14.1.1　浮动工具板

浮动工具板中提供了 5 类辅助设计工具，它们分别是绘图工具箱、【填色】工具、【线型】工具、【模式】工具和【填充】工具。

1. 绘图工具箱

通过绘图工具箱中提供的绘图工具可以直接在【演示】窗口中（实际上是在当前被打开的【显示】设计图标中）创建文本和矢量图形。现将各种绘图工具进行简要介绍。

　　【指针】工具，用于选择各种显示对象，或者调整显示对象的大小和位置。

　　【文本】工具，用于输入和编辑文本。

　　【直线】工具，用于绘制水平线、垂直线或 45°直线。

　　【斜线】工具，用于绘制各种角度的斜线。

　　【矩形】工具，用于绘制矩形。

　　【圆形】工具，用于绘制圆形。

　　【圆角矩形】工具，用于绘制圆角矩形。

    【多边形】工具，用于绘制任意多边形。

2.【填色】工具

　　【填色】工具用于指定文本或图形对象的前景色、背景色和线条/文本色。铅笔图标右侧的色块反映当前选择的线条/文本色，油漆桶图标右侧的上、下两个色块分别反映当前选择的前景色和背景色，单击任一色块，都将打开【颜色】选择板，如图 14-2(a)所示，其中提供了 256 种颜色样本，单击某个样本色块，就为对象设置对应的颜色。单击【颜色】选择板右下方的【Select Custom Color】（【自定义颜色】）色块，打开 Windows 系统提供的【颜色】对话框，在其中可以选择更多的颜色，还能够以数值方式，更精确地定义所需颜色。在【颜色】对话框中单击【确定】按钮后，自定义的颜色就会反映在【Select Custom Color】色块中。

(a)　　　　　　　　　　　　(b)

图 14-2　【颜色】选择板与【颜色】对话框

3.【线型】工具

　　【线型】工具用于改变线段的宽度和样式。单击【线型】工具打开【线型】选择板，如图 14-3 所示。【线型】选择板被分为上下两个区域：线宽选择区和箭头样式区。线宽选择区用于设置当前绘制线条的宽度，最顶端的虚线表示隐藏绘制的线条。箭头样式区用于设置当前线段的两端是否带有箭头。

4.【模式】工具

　　【模式】工具用于为当前对象应用各种覆盖模式。单击【模式】工具打开【覆盖模式】选择板，如图 14-4 所示，其中提供了 6 种覆盖模式，灵活运用这些覆盖模式，可以制作出丰富多彩的显示效果。

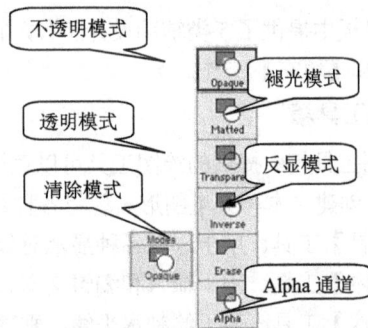

图 14-3　【线型】选择板　　　　　　图 14-4　【覆盖模式】选择板

5.【填充】工具

　　使用绘图工具绘制的各种形状，都可以使用【填充】工具进行填充。单击【填充】工具，可以打

开【填充模式】选择板，如图 14-5 所示。通过【填充模式】选择板对
形状应用各种填充模式：用前景色进行填充、用背景色进行填充或者
用底纹图案结合前景色和背景色进行填充。

用背景色填充

用前景色填充

图 14-5　【填充模式】选择板

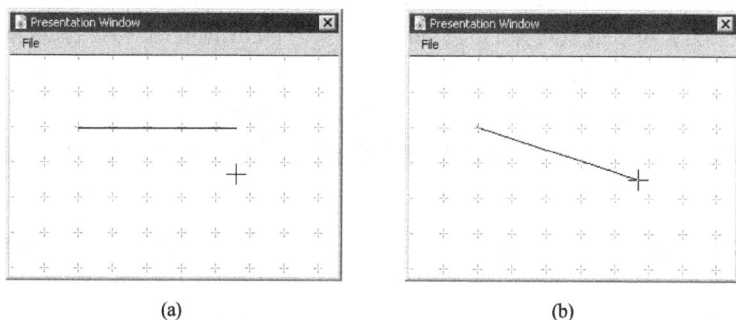

14.1.2　绘制图形

1. 绘制线段

绘制线段需要使用【直线】工具或【斜线】工具，两种工具的使
用方法基本相同：首先在绘图工具箱中用鼠标单击【直线】工具或【斜
线】工具，然后在【演示】窗口中按下鼠标左键并拖动鼠标，则在鼠标拖动方向上形成一条线段，图
14-6(a)(b)分别表示了绘制直线段和斜线段的过程。注意，如果正在使用【直线】工具，则无论鼠标沿哪
个方向拖动，线段只能沿与水平方向成 0°、45° 及 90° 的方向增长。如果在绘制斜线段的同时按下
Shift 键，就可以绘制出与水平方向成 0°、45° 及 90° 的斜线段。执行 View→Snap to Grid 菜单命令，
打开对齐网格功能，可以在绘图过程中控制鼠标自动以半格为单位移动。

(a)　　　　　　　　　　　　　(b)

图 14-6　绘制线段对象

线段绘制完毕后，利用【指针】工具可以对线段的长度、方向和位置进行调整。在绘图工具箱中
选择【指针】工具，然后在【演示】窗口中单击需要进行调整的线段，被选中的线段两端将出现控制
点。用鼠标拖动任意控制点，可以对线段的长度、方向进行调整，如图 14-7 所示。如果在拖动控制点
的同时按下 Shift 键，可以将斜线段调整到与水平方向成 0°、45° 及 90° 的方向上，而对于直线段，
只能沿着与水平方向成 0°、45° 及 90° 的方向进行调整。

调整直线的
方向与长度

调整斜线的
方向与长度

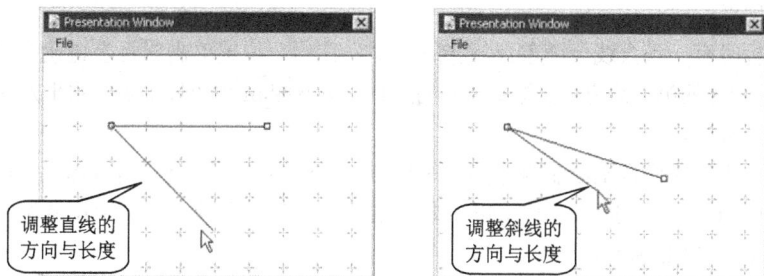

图 14-7　线段的调整

利用【线形】工具，可以对线段的样式（粗细和箭头）进行调整，如图 14-8 所示。单击【填色】
工具中的线条/文本色框，打开【颜色】选择板，可以为当前线段选择其他颜色。

图 14-8　设定线段的样式

2. 绘制形状

绘制圆形、矩形和圆角矩形的方法基本相同：首先在绘图工具箱中用鼠标单击【圆形】工具（或者【矩形】工具、【圆角矩形】工具），然后在【演示】窗口中按下鼠标左键并拖动鼠标，分别绘制出椭圆形、矩形、圆角矩形。如果在绘制的同时按下 Shift 键，就可以绘制出圆形、正方形、正圆角矩形，如图 14-9 所示。当前线条/文本色和线宽的设置都会影响所绘形状的边框颜色和粗细。

对绘制完毕的形状可以进行调整。首先使用【指针】工具选择待调整的对象，然后用鼠标拖动被选中对象周围的控制点，可以改变对象的大小和形状。按下 Shift 键的同时，用鼠标拖动位于四角的控制点，可以在改变对象大小的同时保持其原来的形状（长宽比）。选择【圆角矩形】工具后用鼠标拖动圆角矩形内部的控制点，可以调整圆角的形状，如图 14-10 所示。

使用绘图工具箱中的【多边形】工具可以在【演示】窗口中绘制任意多边形。绘制多边形的步骤如下。

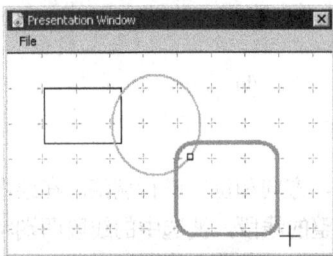

图 14-9　绘制形状

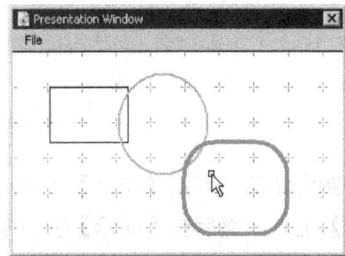

图 14-10　调整圆角的形状

（1）首先在绘图工具箱中选择【多边形】工具，然后在【演示】窗口中单击鼠标左键，确定多边形对象的第一个顶点。

（2）拖动鼠标时有一条直线会随着鼠标指针移动，在另一位置单击鼠标左键确定第二个顶点，同时也形成了多边形对象的第一条边。在拖动鼠标的同时，按下 Shift 键可以沿着与水平方向成0°、45°、90°的方向绘制一条边。

（3）重复第2步的操作直至绘制到最后一个顶点，在最后一个顶点双击鼠标就完成了一个未封闭的多边形对象，如图 14-11(a)所示；也可以将鼠标指针移至第一个顶点上，单击鼠标完成一个封闭的多边形对象，如图 14-11(b)所示。

利用【指针】工具可以对多边形对象进行大小、形状及位置的调整。使用【多边形】工具可以对多边形对象的顶点和边进行调整。

（1）选择【多边形】工具，然后用鼠标拖动当前选中的多边形对象的顶点，可以改变顶点的位置，同时也就改变了多边形对象的形状。

（2）选择【多边形】工具，然后在按下 Ctrl 键的同时单击多边形对象的任一条边，这条边上就被插入了一个新的顶点，与此同时多边形对象也增加了一条新的边。

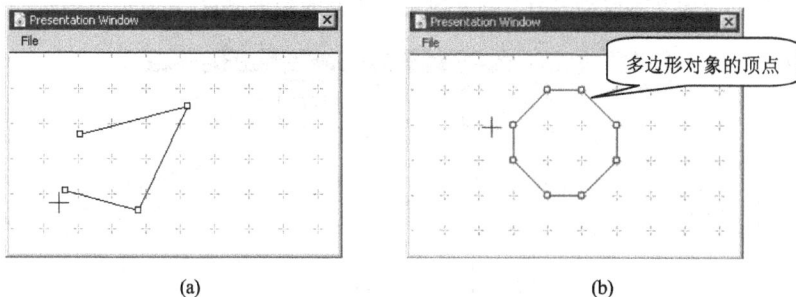

图 14-11　多边形对象示意图

可以对形状使用各种图案或颜色进行着色与填充。首先使用【指针】工具选择待着色或填充的一个或多个形状（在按下 Shift 键的同时使用【指针】工具单击多个形状），然后单击【填充】工具，打开【填充模式】选择板，在其中单击所需的图案，当前被选中的形状就具有了指定的填充模式。为了设置图案的前景色（或背景色），单击【填色】工具中的前景色框（或背景色框），打开【颜色】选择板，然后在样本色块中进行选择即可。通过【填色】工具中的线条/文本色框，可以为形状的边框着色，如图 14-12 所示。

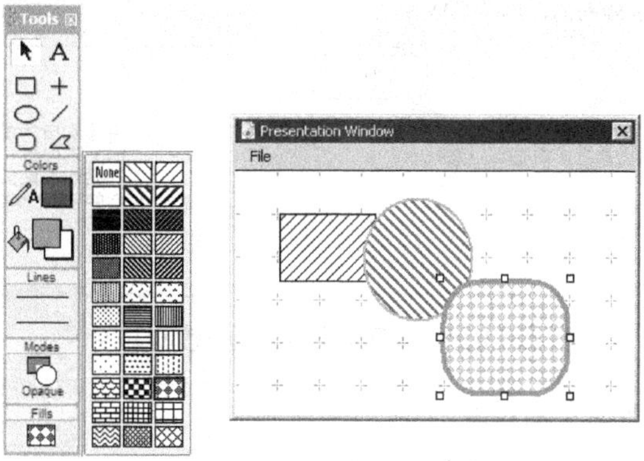

图 14-12　对形状进行着色与填充

14.1.3　创建文本

直接利用文本工具可以输入简短的文本内容。在外部文本文件中存储的大量文本内容可以直接导入 Authorware。

1. 使用【文本】工具创建文本对象

使用绘图工具箱中的【文本】工具，可以非常方便地创建文本对象，并对文本对象进行编辑和设置。按照以下步骤可以创建一个文本对象。

（1）打开一个【显示】设计图标，在绘图工具箱中选择【文本】工具后将鼠标指针移到【演示】窗口中，此时鼠标指针变为文字指针。

（2）在需要放置文本对象的位置单击鼠标左键，此时【演示】窗口中出现一条文本标尺和一个文本插入点光标，接下来可以输入文字，如图 14-13 所示。

（3）用鼠标由两端向中间拖动位于标尺两端的文本宽度控制点，可以改变文本对象的宽度。在文本对象中，每一行所能容纳的文字数目由字体大小、文本对象的宽度，以及左缩进标记和右缩进标记的位置决定。当输入的文本到达右缩进标记时，再输入的文本会自动转入下一行。按回车键可以开始新的一段。新开始的一段文本自动具有与前一段文本相同的缩进设置。

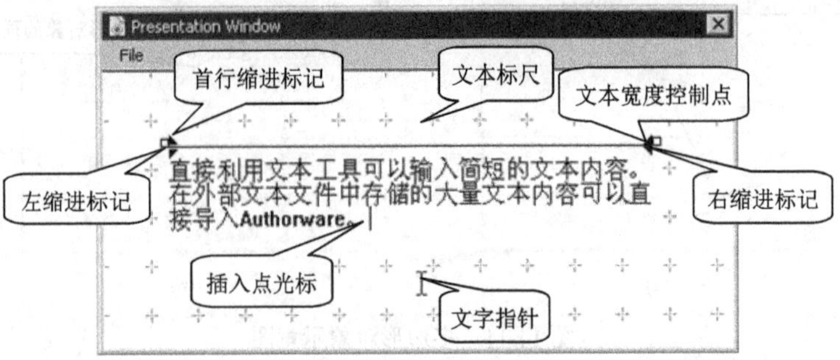

图 14-13　创建文本对象

（4）输入完毕后，单击绘图工具箱中的【指针】工具，退出文本编辑状态。此时全部文本以对象形式显示，文本对象周围出现六个控制点。用鼠标拖动文本对象可以调整文本对象在【演示】窗口中的位置，拖动文本对象四周的控制点，则可以改变文本对象的宽度和高度，如图 14-14 所示（与通过文本宽度控制点来调整文本对象的宽度是等效的）。

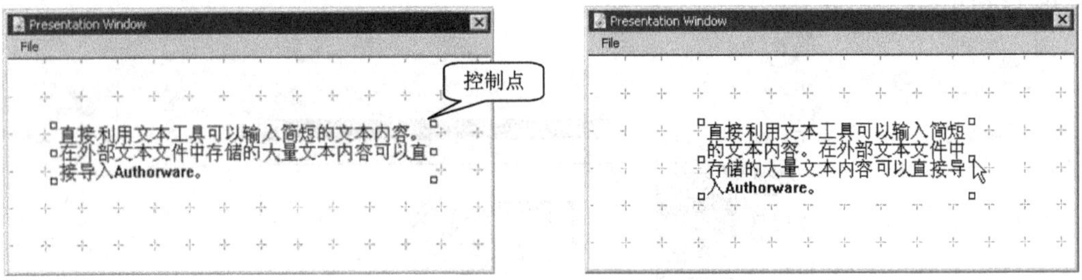

图 14-14　调整文本对象的宽度和高度

2．由外部文本文件创建文本对象

在工具栏中单击【导入文件】按钮或者执行 File→Import and Export→Import Media 菜单命令（快捷键 Ctrl+Shift+R），在【导入文件】对话框中选择一个文本文件（可以是普通的.txt 文件或带有特定格式信息的.rtf 文件），如图 14-15 所示，单击【Import】按钮，可以将该文本文件导入到程序文件中。

如果当前有一个文本对象正处在编辑状态，文本文件的内容将被导入到该文本对象中。如果当前不存在被编辑的文本对象，但是存在一个打开的【显示】设计图标（或者【交互作用】设计图标），则 Authorware 将在该设计图标中创建一个新的文本对象，并把文本文件的内容导入到新创建的文本对象中。如果当前没有被打开的设计图标，则 Authorware 会自动以文本文件名为标题，创建一个新的【显示】设计图标，并将文本文件的内容导入到该设计图标中。

在文本文件的内容被导入之前，Authorware 会弹出一个【RTF Import】（【导入文本】）对话框，如图 14-16 所示，其中有两个单选按钮组。

（1）【Hard Page Break】单选按钮组：选择如何对待 RTF 文件中的分页符。

● Ignore：忽略分页符。

● Create New Display Icon：从分页符处另外创建【显示】设计图标来容纳其他页的文本信息。

　　如图 14-17 所示，除了第 1 个设计图标以文本文件名命名外，其他新创建的设计图标以 RTF 文档的标题命名，并自动具有递增的序号。

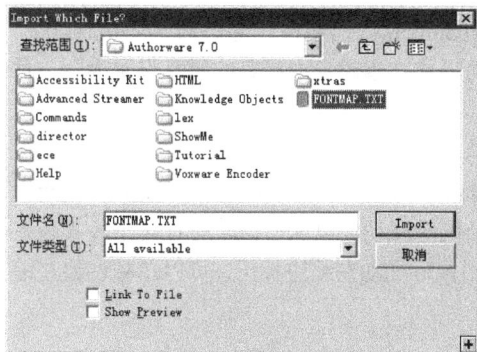

图 14-15　选择并导入文本文件

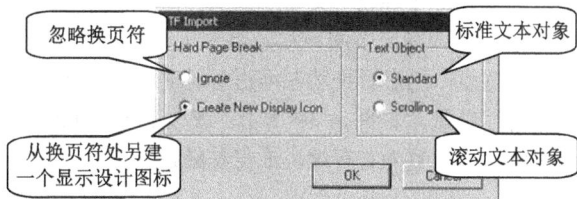

图 14-16　【导入文本】对话框

（2）【Text Object】单选按钮组：选择如何使用导入的文本建立文本对象。

● Standard：建立标准的文本对象。

● Scrolling：建立可滚动的文本对象。

选择完毕后，单击【OK】按钮确认，此时文本就导入到程序文件中了。如果文本文件较大，超过了 32KB（约 1.6 万个汉字），一个文本对象容纳不下，Authorware 会自动为每 32KB 文本建立一个【显示】设计图标和一个文本对象来容纳它，如图 14-18 所示。注意，如果导入普通.txt 文本文件，【显示】设计图标的命名方式与图 14-17 中的有所不同。

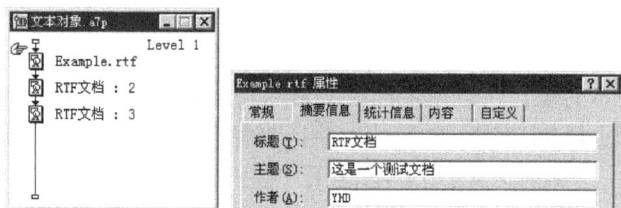

图 14-17　导入带有分页符的 RTF 文档

图 14-18　导入大型文本文件（.txt）

RTF 格式的文本文件被导入后，其中大部分格式信息可以被保留，如字体、字号、段落缩进等。事先规划好 RTF 文件的格式，在合适的位置分页，可以避免在 Authorware 中反复进行调整文本对象格式的工作。另外，Authorware 还支持鼠标拖放操作，可以将外部文本文件直接从 Windows 资源管理器中拖放到设计窗口的流程线上。

在 Authorware 中，既可以将已经存在的外部文本文件直接导入到程序文件中，也可以将系统剪贴板内来自其他程序的文本内容粘贴到文本对象或设计图标中，两者的操作步骤是相似的。

3．调整文本格式

调整文本格式的操作需要在文本编辑状态下进行。首先在绘图工具箱中选择【文本】工具，然后单击需要调整的文本对象，进入文本编辑状态。

（1）设置文本对齐方式

在默认状态下，文本对象的内容采用两端对齐方式。在编辑状态下，执行以下对齐命令，可以对插入点光标所在的段落的对齐方式进行调整。

① 执行 Text→Alignment→Left 菜单命令（快捷键 Ctrl+[），可以将一段文本设为左对齐。

② 执行 Text→Alignment→Center 菜单命令（快捷键 Ctrl+\），可以将一段文本设为居中对齐。

③ 执行 Text→Alignment→Right 菜单命令（快捷键 Ctrl+]），可以将一段文本设为右对齐。

④ 执行 Text→Alignment→Justify 菜单命令（快捷键 $\boxed{Ctrl}$+$\boxed{Shift}$+$\boxed{\backslash}$），可以将一段文本设为两端对齐。

使用【指针】工具选中整个文本对象执行上述命令，可以将文本对象中所有的段落设置为同一种对齐方式。

（2）设置文本缩进

用鼠标由两端向中间拖动段落缩进标记（分为左缩进标记和右缩进标记），可以改变插入点光标所在段的宽度。用鼠标拖动左缩进标记时，首行缩进标记会同时移动，以保持该段首行与该段其余各行的相对缩进量，如图 14-19 所示。在按下 $\boxed{Shift}$ 键的同时用鼠标拖动左缩进标记，可以单独调整左缩进量，将段落设置为首行缩进或悬挂缩进。

图 14-19　设置文本缩进

要对部分段落设置相同的缩进量，首先要在文本对象中按下鼠标左键并拖动鼠标，同时选中多个段落，然后进行统一调整。

（3）设置制表位

如果想要创建内容按栏目对齐的文本对象，可以用鼠标在文本标尺上单击来设置制表位。Authorware 提供两种制表位：文字制表位和小数点制表位。文字制表位用于在栏目中左对齐文字内容，小数点制表位用于对齐栏目中数字的小数点，如果数字为整数，则小数点制表位使它们右对齐，如图 14-20 所示。每输完一栏后按下 $\boxed{Tab}$ 键，插入点光标就会跳到下一制表位处。按下回车键另起一段时，新段自动具有与前一段相同的制表位设置。

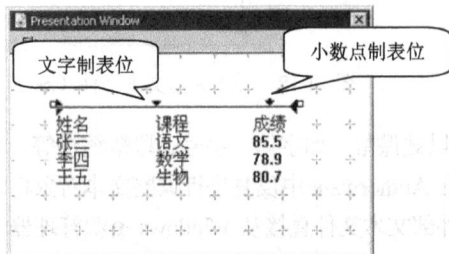

图 14-20　使用制表位

单击制表位符号，制表位可以在文字制表位与小数点制表位之间转换。要删除制表位，只需用鼠标将它横向拖出文本标尺即可。

4．设置文本风格

在 Authorware 中可以通过改变文本默认的颜色、字体、字号、样式等来设置特定文本风格。

（1）设置文本对象的颜色

【颜色】选择板中的线条/文本色框对应着文字本身的颜色，而背景色框决定文本对象的背景色。在 Authorware 中，默认的文字颜色为黑色，背景色为白色。如果需要改变这种默认的设置，首先在文本对象中选择需要改变颜色的文字，然后在【颜色】选择板中挑选一种线条/文本色即可，如图 14-21 所示。如果需要改变文本对象背景色，只需选择文本对象，然后在【颜色】选择板中挑选一种背景色即可。对于同一个文本对象，其中的文字可以被设置为多种颜色，但是文字背景色只能是统一的一种颜色。

（2）设置字体和字号

在文本对象中文字的默认字体是 System，默认字号为 10 磅。要改变字体，首先选中需要改变字体的文字或者整个文本对象，然后执行 Text→Font→Other 菜单命令，打开【字体】对话框窗口，如图 14-22 所示，此时可以在【Font】下拉列表框中选择一种字体，选中字体的样例可以在字体预览框中（允许向其中输入新的文字）显示出来。在字体对话框中单击【OK】按钮，所选字体就被应用到文本对象中。

图 14-21　具有黄色背景的三色文字

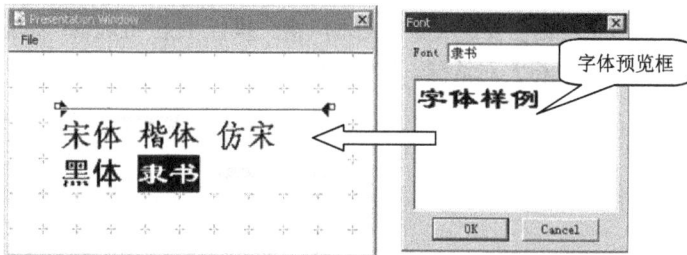

图 14-22　使用【字体】对话框设置文本对象的字体

如果需要改变字号，首先选中要改变字号的文字或整个文本对象，然后在【Text→Size】菜单选项下的级联菜单中直接选择一种字号，或者执行 Text→Size→Others 菜单命令，打开【字号】对话框，如图 14-23 所示，在【Font Size】文本框中输入所需字号。此外也可以不通过【字号】对话框，而直接使用 Ctrl+↑或 Ctrl+↓快捷键来逐渐增大或减小文字的字号。

图 14-23　使用【字号】对话框改变文字的字号

（3）文本消锯齿

文本对象的字号增大之后，可以看出文字的笔画边沿出现明显的锯齿现象，这会严重影响画面的整体效果。Authorware 提供了文本消锯齿功能，使用该功能，可以消除这种锯齿现象，如图 14-24 所示。要使用消锯齿功能，首先选中文本对象，然后执行 Text→Anti-Aliased 菜单命令。文本消锯齿功能作用于整个文本对象，而不是其中的个别文字。

（4）滚动显示文本

滚动显示文本功能可以在一个限定的区域内容纳大量文本。对当前选中的文本对象执行 Text→

Scrolling Text 菜单命令，可以将文本对象设置为滚动显示，如图 14-25 所示。用鼠标单击滚动条上的方向按钮，或者拖动滚动滑块，可使文本内容在滚动框中滚动。

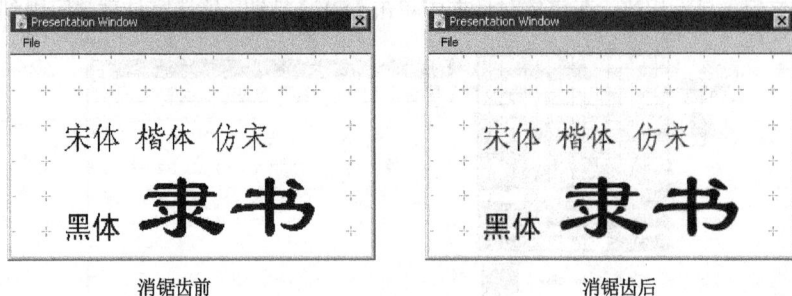

图 14-24　文本消锯齿

（5）自定义文本风格

Authorware 允许开发人员根据需要定义新的文本风格。执行 Text→Define Styles 菜单命令（快捷键 Ctrl+Shift+Y），打开【定义风格】对话框，如图 14-26 所示。

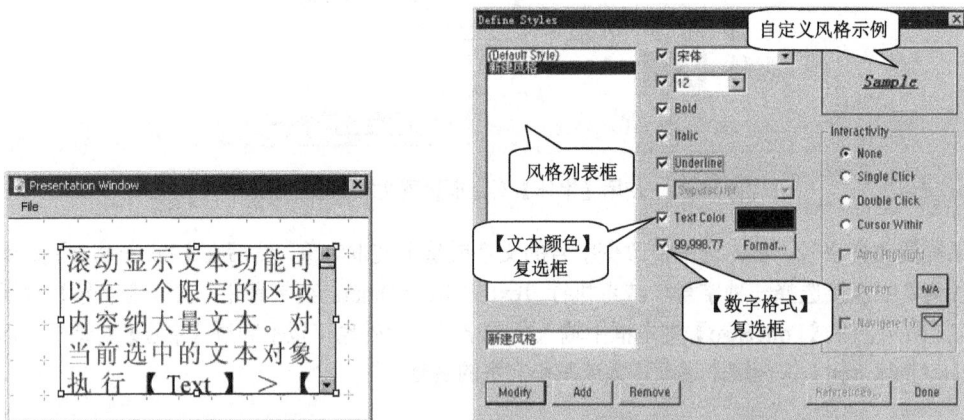

图 14-25　滚动显示文本对象　　　　　图 14-26　自定义文本风格

单击【Add】按钮，在风格列表框下方的文本框中输入一个新的名称，输入后按下回车键，新的文本风格就出现在风格列表框中。

在风格列表框右边有一组复选框，分别用于设置字体、字号、粗体、斜体、下画线、上标或下标、文本颜色和数字格式。打开【文本颜色】复选框后，单击它右边的颜色选择按钮，可以从【文本颜色】对话框中选择一种文本色。

【定义风格】对话框右上角的风格示例中显示出当前设置的文本风格。当完成设置后单击【Done】（结束】）按钮就保存了这种文本风格。在风格列表框中选中一种文本风格，单击【Modify】（【修改】）按钮可以对该种风格进行修改。

文本风格定义完毕后，可以对文本对象应用自定义的文本风格。首先选中文本对象，执行 Text→Apply Styles 菜单命令（快捷键 Ctrl+Alt+Y），打开【Apply Styles】（【应用风格】）对话框，如图 14-27 所示。在对话框中显示出一组复选框，代表目前可用的文本风格，打开相应的复选框，当前选中的文本对象就应用了它所代表的风格。可以对同一个文本对象同时应用多种文本风格。

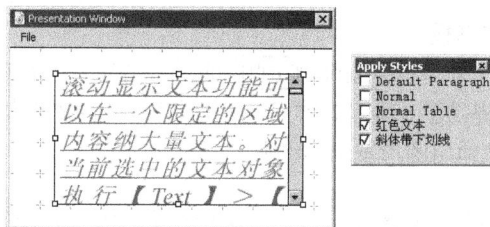

图 14-27　应用自定义文本风格

14.1.4　常用对象编辑操作

以下的常用编辑操作不仅适用于文本和图形对象，也同样适用于图像对象。

1．选择对象

首先选择【指针】工具，然后在按下 Shift 键的同时，用鼠标依次单击【显示】设计图标中的多个对象，可以同时选中多个对象。按下 Ctrl+A 快捷键，可以同时选中当前【显示】设计图标中的所有对象。

2．删除对象

首先用【指针】工具选中对象，然后执行 Edit→Clear 菜单命令（快捷键 Delete ）。

3．复制或移动对象

先用【指针】工具选中对象，然后按下工具栏上的【复制】（或【剪切】）按钮，接着单击【演示】窗口中希望出现对象的地方，再按下工具栏上的【粘贴】按钮。

在不同设计图标之间复制或移动对象时，首先需要打开另一个设计图标，单击【演示】窗口中希望出现对象的地方，然后再执行粘贴操作。如果不进行单击操作就进行粘贴操作，对象将会出现在原有位置上。

4．改变对象的前后次序

如果几个对象在位置上发生重叠，Authorware 在默认状态下将后创建的对象放在先创建的对象之前，如图 14-28(a)所示，矩形是最早创建的对象，圆角矩形是最后创建的对象。如果想要改变这种次序，首先在【演示】窗口中用【指针】工具选中圆形对象，然后执行 Modify→Send to Back 菜单命令（快捷键 Ctrl+Shift+↓ ），就可以将该对象放置在当前设计图标中其他所有对象之后（置后），如图 14-28(b)所示。执行 Modify→Bring to Front 菜单命令（快捷键 Ctrl+Shift+↑ ），可以将该对象放置在其他所有对象之前（置前），如图 14-28(c)所示，再对矩形对象执行置前操作，这样就实现了对象的逆序排列，如图 14-28(d)所示（可以与图 14-28(a)相比较）。

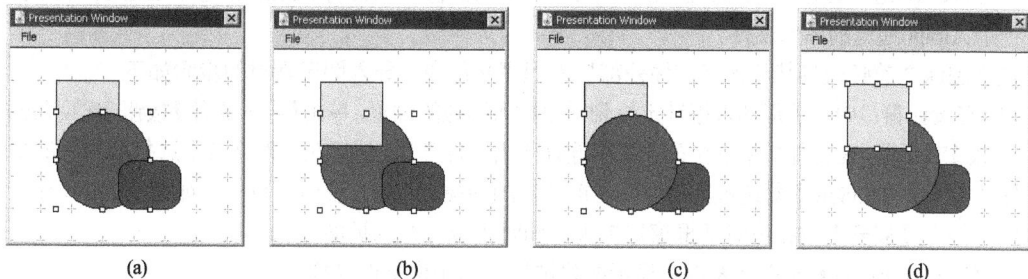

图 14-28　调整对象前后次序

5．对象的排列与对齐

（1）对齐网格

执行 View→Snap To Grid 菜单命令后，再用鼠标绘制和移动对象时，对象自动以半格为单位缩放或移动，此时使用键盘方向键仍可以使对象以像素为单位移动。

（2）使用【对齐方式】选择板

执行 Modify→Align 菜单命令（快捷键 Ctrl+Alt+K），打开【对齐方式】选择板，如图 14-29 所示。【对齐方式】选择板共提供了 8 种对齐方式，用于将多个对象按照指定方式在【演示】窗口中对齐摆放。每种对齐方式都形象地用图形表示了出来。

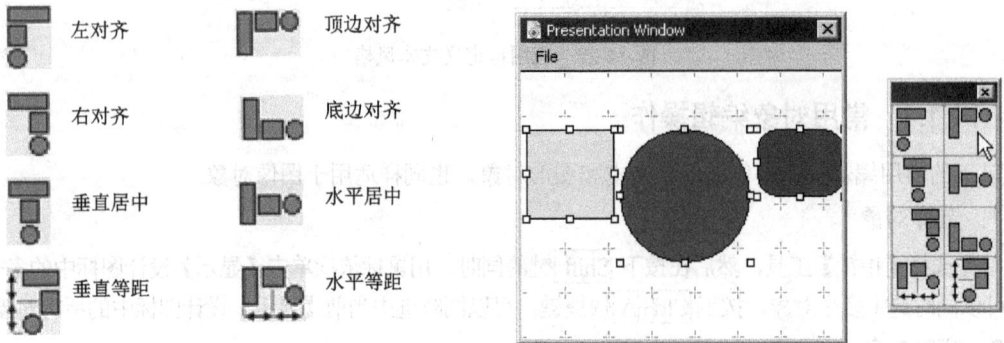

图 14-29　使用【对齐方式】选择板

【对齐方式】选择板的使用方法是：首先打开【显示】设计图标，在【演示】窗口中选择需要对齐的所有对象，然后选择【对齐方式】选择板中的一种或多种对齐方式，使所选对象以指定方式对齐。

6. 组合对象

Authorware 允许将多个对象组合到一起，形成一个对象。具体方法是：首先选中需要组合的所有对象，然后执行 Modify→Group 菜单命令（快捷键 Ctrl+G），当前被选中的多个对象就组合成一个组合对象。组合对象表现为一个单独的对象，可以像单个对象那样移动和缩放，完全避免了反复选择多个对象的麻烦，而且在对其进行缩放时，对象之间的相对大小和相对位置关系也不会被破坏。

对组合对象中的任何对象无法再进行单独调整。执行 Modify→Ungroup 菜单命令（快捷键 Ctrl+Shift+G），可以将当前选中的组合对象分离成单个对象。

14.2　使 用 图 像

Authorware 支持以下格式的图像文件：PICT、TIFF、LRG、GIF、PNG、BMP、RLE、DIB、JPEG、PSD、TGA、WMF、EMF。PSD、PNG 和 TIFF 格式的图像可以带有 Alpha 通道，Authorware 仅支持带有一个 Alpha 通道的图像文件。

使用图像之前必须将其从程序文件外部导入程序文件中。导入图像素材的步骤如下。

（1）在设计窗口中将手形插入指针定位到需要插入图像的位置，单击【导入文件】按钮，出现【Import Which File】对话框，在文件类型下拉列表框中选择所需文件类型，然后在文件列表中选择要导入的文件。如果打开【Show Preview】复选框，可以将当前选中的图像文件显示在预览框中，如图 14-30 所示。

（2）按下【展开】按钮将对话框窗口扩大，同时出现一系列扩展控制。

- 【File to Import】文件列表框：显示即将被导入的图像文件名称。
- 【Add】按钮：单击此按钮可以将当前被选中的图像文件添加到导入文件列表中。
- 【Add All】按钮：单击此按钮可以将当前文件夹下同当前类型相符合的所有图像文件添加到导入文件列表中。
- 【Remove】按钮：在导入文件列表中选择文件名后，按下该按钮可以将该文件从列表中移除。
- 【折叠】按钮：隐藏扩展控制。

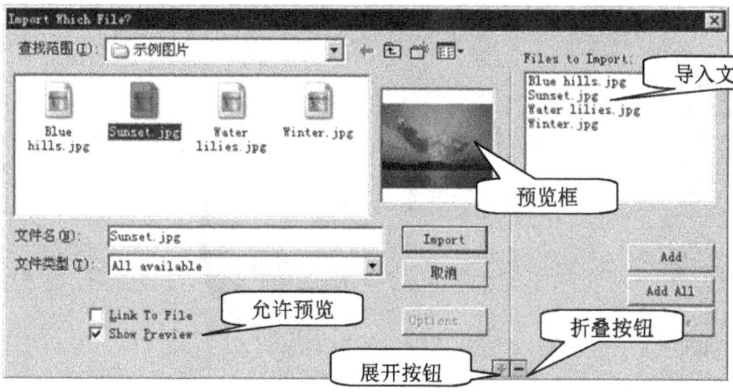

图 14-30　导入外部图像文件

（3）在默认状态下，导入的图像数据将作为程序文件的一部分，同程序文件一起保存。如果此时打开【Link To File】复选框，则图像数据仍保存在原来的位置，在程序文件中仅保存指向图像文件的链接指针。

（4）单击【Import】按钮，可以将导入文件列表中的所有图像文件导入程序文件中，形成图像对象。在插入指针所在位置处，Authorware 自动为每个图像对象创建一个【显示】设计图标，并以对应的图像文件名命名，如图 14-31 所示。

如果向一个打开的【显示】设计图标（或者【交互作用】设计图标）中导入图像素材，Authorware 将会在该设计图标中创建一个或多个新的图像对象（根据导入文件列表中的图像文件数量）。

通过系统剪贴板向设计图标中粘贴图像数据，或者使用拖放方法将外部图像文件直接从 Windows 资源管理器或图像浏览器中拖放到设计窗口的流程线上，都可以在程序中创建新的图像对象。

新创建的图像对象自动在【演示】窗口中以图像原大小居中显示。处理图形和文本对象一样，可以对图像对象进行移动、缩放等编辑操作，当拖动图像对象四周的控制点对图像对象进行缩小或放大时，Authorware 会打开一个提示框，如图 14-32 所示，提示图像对象将转换为一个可缩放的对象，单击【OK】按钮可以完成这种转换。在进行缩放操作时按下 Shift 键，可以使图像对象在保持其原有长宽比例的前提下进行缩放。

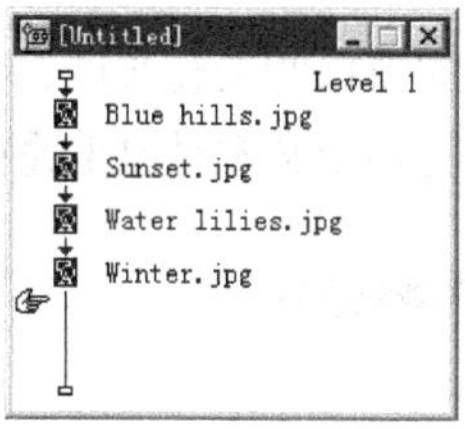

图 14-31　导入多个图像文件

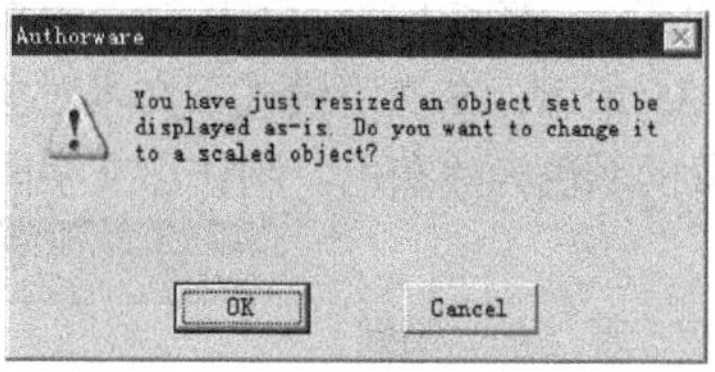

图 14-32　改变图像对象的缩放模式

14.3　覆 盖 模 式

当多个显示对象重叠在一起时，覆盖模式决定着它们的混合显示效果。

1．不透明模式

这是在 Authorware 中默认的覆盖模式。如图 14-33 所示，显示对象在这种模式下，会将其后的内容完全遮住。

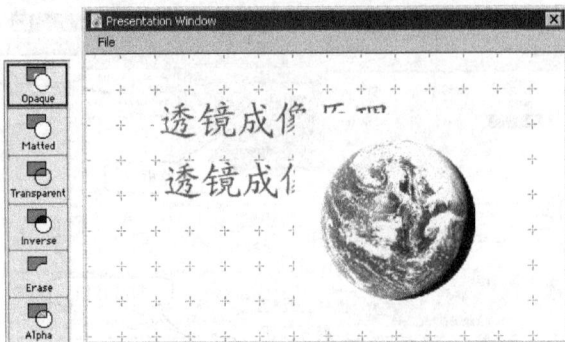

图 14-33　以不透明模式显示的文本对象和图像对象

2．褪光模式

褪光模式会使图像外围部分的纯白色像素变为透明，但图像内部的纯白色像素仍然保持不透明状态，如图 14-34 所示，文本对象在褪光模式下的表现与不透明模式相同。由于图像中包含丰富的色彩，图像外围许多颜色接近于白色的像素被保留下来，在深色的背景下形成难看的白边。

图 14-34　以褪光模式显示的文本对象和图像对象

3．透明模式

在透明模式下，图像内外所有的纯白色像素均变为透明，其后的窗口背景会通过透明部分显露出来，如图 14-35 所示。在透明模式下文本对象的背景色变成透明，将两个文本对象重叠在一起，调整下方文本对象的颜色为浅灰色，制作出文字阴影效果。

图 14-35　以透明模式显示的文本对象和图像对象

4．反显模式

文本对象和图像对象在这种模式下以反色显示，对象中越是接近白色的部分就越透明。将两个同样的文本对象重叠在一起，可以制作出空心字效果，如图 14-36 所示。把两个同样的图像对象设置为反显模式并将它们完全重叠在一起，它们将从【演示】窗口中彻底消失，其后所有对象会完全显露出来。

图 14-36　以反显模式显示的文本对象和图像对象

5．清除模式

在清除模式下，对象中越是接近白色的部分就越透明，接近黑色的部分就会变成接近于白色，其他部分则会形成类似于负片的效果。图 14-37 显示的是一幅色样图在不透明模式和清除模式下的对比效果。

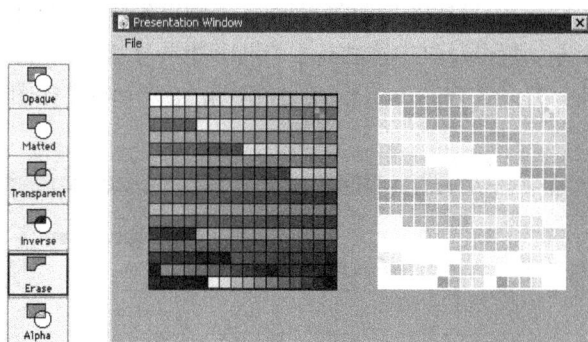

图 14-37　不透明模式和清除模式显示图像对比

6．Alpha 通道模式

Alpha 通道模式利用图像的 Alpha 通道作为遮罩，将通道中黑色部分对应的图像内容进行透明处理（越是接近黑色的部分就越透明）。在 Alpha 通道模式下，图像的透明背景也将以透明方式显示（在不透明模式下，图像的透明背景会显示为某种颜色）。如图 14-38 所示，地球的光晕来自图像的白色背景和通道的灰色部分。

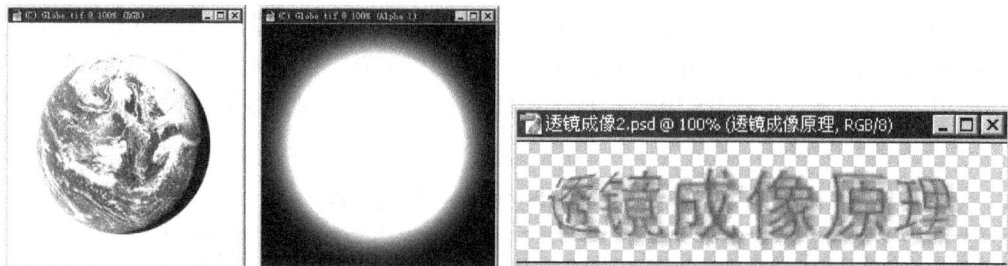

图 14-38　以 Alpha 通道模式显示的图像对象

图 14-38　以 Alpha 通道模式显示的图像对象（续）

14.4　调整设计图标的显示效果

　　层决定着设计图标的显示次序。不同的设计图标可以处在同一层，在这种情况下，设计图标在流程线上的前后位置关系决定着它们的显示次序，如图 14-39 所示。

　　通过在设计图标属性检查器中改变设计图标的【Layer】属性，可以改变不同设计图标的显示次序，层数较高的设计图标将显示在层数较低的设计图标之前，而不管它们在流程线上的位置关系如何。

　　过渡效果可以说是 Authorware 最具代表性的特性之一，利用各种显示过渡效果，能够轻而易举地实现多种显示特效。在设计窗口使用鼠标左键单击选中的设计图标，然后执行 Modify→Icon→Transition 菜单命令（快捷键 Ctrl+T），打开【Transition】（【过渡效果】）对话框，如图 14-40 所示，可以为设计图标设置各种过渡效果。

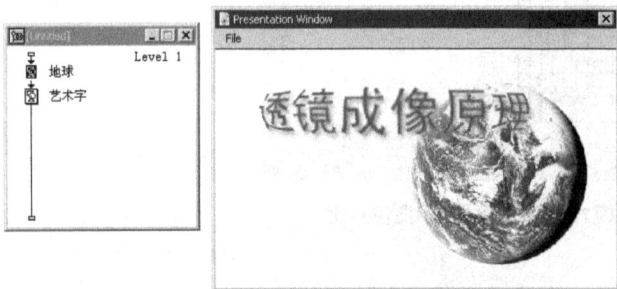

图 14-39　设计图标的显示次序　　　　　　　　　图 14-40　【过渡效果】对话框

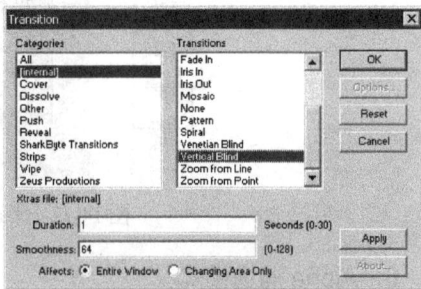

　　要设置过渡效果，首先在【Categories】（【种类】）列表框中选择过渡效果的种类（默认的显示过渡效果种类为[internal]），然后在【Transitions】（【过渡效果】）列表框中选择一种过渡效果。过渡效果的持续时间和平滑程度可以根据需要进行调整：在【Duration】（【持续时间】）文本框中输入数值，能够以秒为单位设置过渡效果的持续时间，而在【Smoothness】（【平滑度】）文本框中输入数值，能够设置过渡效果进行的平滑程度，最小值 0 表示最平滑的过渡效果，数值越大，过渡效果越粗糙。

　　[internal]类中的过渡效果最为常用，表 14-1 提供了这些常用显示过渡效果的中文说明，图 14-41 中显示了其中几种过渡效果。

表 14-1　[internal]类过渡效果的中文说明

英 文 名 称	中 文 说 明
Barn Door Close	以关门方式由左右两端向内展开

英 文 名 称	中 文 说 明
Barn Door Open	以开门方式由内向左右两端展示
Build Down	由上向下展开
Build to Left	由右向左展开
Build to Right	由左向右展开
Build Up	由下向上展开
Fade In	以小方块逐渐布满方式展示
Iris In	以照相机光圈收缩方式展示
Iris Out	以照相机光圈扩大方式展示
Mosaic	以马赛克方式展示
None	不加任何效果
Pattern	以淡出方式展示
Spiral	由外向内螺旋展示
Venetian Blind	以水平方向打开百叶窗方式展示
Vertical Blind	以垂直方向打开百叶窗方式展示
Zoom from Line	从一条直线沿垂直方向逐渐伸展
Zoom from Point	从一点逐渐放大

Mosaic　　　　　　　　Venetian Blind　　　　　　　Pattern

图 14-41　几种过渡效果

对于不再需要的屏幕内容（包括文本、图形、图像，甚至视频内容）可以使用【擦除】设计图标予以擦除。【擦除】设计图标用于擦除设计图标，从视觉效果上看，【擦除】设计图标可以一次擦除一个或多个设计图标中包含的所有对象。

从图标选择板中拖动一个【擦除】设计图标到设计窗口主流程线上，双击该设计图标，会出现【擦除】设计图标属性检查器，如图 14-42 所示，单击【演示】窗口中的一个或多个对象，对象就会从【演示】窗口中消失，同时对象所在的设计图标被添加到设计图标列表中，成为被擦除的设计图标。

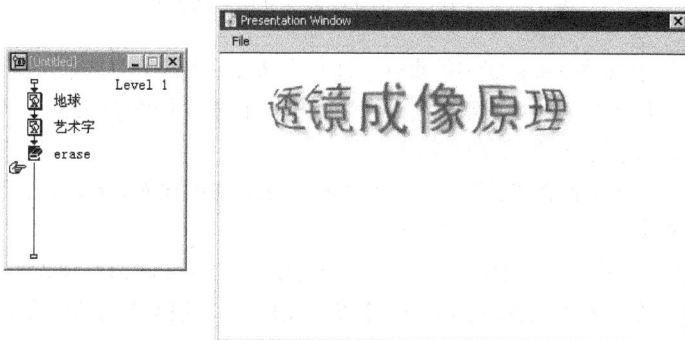

图 14-42　【擦除】设计图标属性检查器

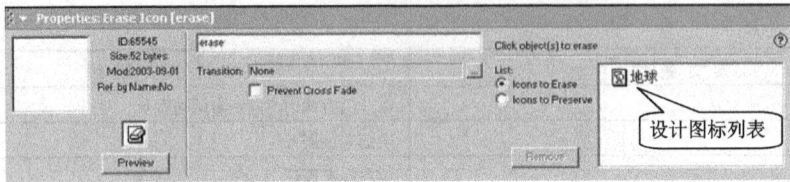

图 14-42　【擦除】设计图标属性检查器（续）

在【擦除】设计图标属性检查器中，【Transition】文本框用于设置擦除过渡效果，单击右边的【对话】按钮可以弹出【擦除过渡效果】对话框，如图 14-43 所示，该对话框的使用方法与显示【过渡效果】对话框相同，可以从过渡效果中挑选一种应用于当前选中的设计图标。单击【Apply】按钮在【演示】窗口中可以预览当前选择的擦除效果。

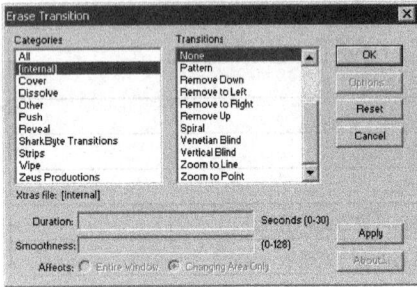

图 14-43　【擦除过渡效果】对话框

在【擦除过渡效果】对话框中，【Prevent Cross Fade】选项用于防止发生交叉过渡。Authorware 中对设计图标既可以设置显示过渡效果，又可以设置擦除过渡效果，打开【Prevent Cross Fade】复选框可以防止两种过渡效果同时发生。选择【Icons to Erase】单选按钮，处于设计图标列表中的设计图标将被擦除。若选择【Icons to Preserve】单选按钮，未包含在设计图标列表中的设计图标将被擦除（仅保留设计图标列表中的设计图标）。

在程序运行到某些特定的地方时，需要暂停执行，以便用户有足够的时间看清屏幕上的内容或者进行短暂的思考，这时可以使用【等待】设计图标控制程序的暂停与执行。对于图 14-42 中所示的流程，地球图像显示在【演示】窗口中后，会立即被【擦除】设计图标擦除，观众根本看不清屏幕上曾经出现过的内容。此时使用【等待】设计图标，可以控制流程在经过一段指定的时间或用户做出某种操作之后，再恢复程序的执行。

向"艺术字"和"eraser"设计图标之间拖放一个【等待】设计图标，如图 14-44 所示，双击该设计图标打开【等待】设计图标属性检查器，在其中可以对等待方式进行设置。

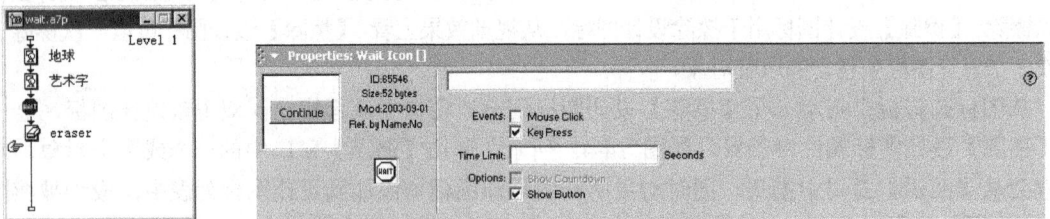

图 14-44　【等待】设计图标及其属性检查器

【Events】属性用于设置结束等待状态的事件。打开【Mouse Click】复选框，当用户单击鼠标左键时，结束等待状态。打开【Key Press】复选框，则当用户按下键盘上的任意键时，结束等待状态。在程序设计期间，【等待】设计图标仅接受回车键。

【Time Limit】文本框用于设置等待时间，单位为秒。如果在此输入等待时间，到了设定的时间即使用户没有进行任何操作，也会结束当前的等待状态。

【Options】选项为用户提供一定的反馈措施。打开【Show Countdown】复选框（此复选框只有在设置了等待时间后才有效），程序在执行到【等待】设计图标时，【演示】窗口中会显示一个倒计时钟。打开【Show Button】复选框，则程序在执行到【等待】设计图标时，【演示】窗口中会显示一个【Continue】

按钮，用户单击该按钮可以使程序继续执行。

14.5　使用声音

通过【声音】设计图标，可以加载和播放声音素材，同时设置声音的播放速度、播放条件及播放次数。Authorware 支持 6 种格式的声音数据文件：AIFF、MP3 Sound、PCM、SWA、VOX、WAVE。

向课件中导入声音素材需要经过以下步骤。

（1）从图标选择板中拖放一个【声音】设计图标到设计窗口中的流程线上，将其命名为 "Music"，如图 14-45 所示，尚未包含声音数据的【声音】设计图标呈灰色显示。

（2）双击【Music】设计图标，打开【声音】设计图标属性检查器，如图 14-46 所示。

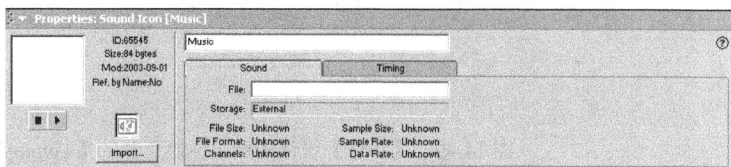

图 14-45　添加【声音】设计图标　　　　　　图 14-46　【声音】设计图标属性检查器

（3）在【声音】设计图标属性检查器中单击【Import】按钮，然后在【导入文件】对话框中选择一个声音数据文件，如图 14-47 所示。单击【Import】按钮，Authorware 就会导入声音数据。在默认状态下，导入的声音数据将作为程序文件的一部分，同程序文件一起保存。

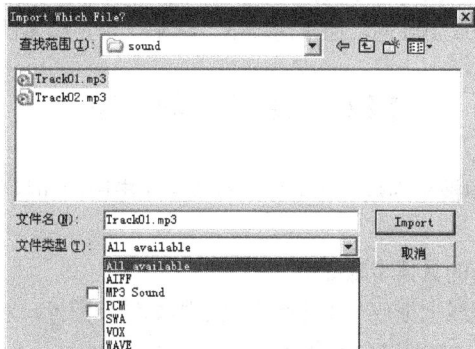

图 14-47　导入外部声音数据文件

如果在导入声音数据之前打开了【导入文件】对话框中的【Link To File】复选框，则声音数据仍保存在原来的位置，程序文件中仅保存指向声音数据文件的链接指针。

声音数据被导入之后，【声音】设计图标属性检查器中显示出被导入的声音数据的各种信息，如图 14-48 所示。

文件类型预览框下方提供了【停止】按钮和【播放】按钮，单击【播放】按钮可以试听已经导入的声音。【File】文本框显示了声音数据的来源文件，【Storage】文本框显示声音数据的存储方式：Internal 表示声音数据存储在程序文件内部，External 则表示声音数据存储在外部声音数据文件中。

数据格式区域显示出被加载的声音数据的各种信息：声音数据文件的大小（File Size）和格式（File

Format），声音数据的声道数（Channels），采样深度（Sample Size），采样频率（Sample Rate），以及数据传输率（Data Rate）。

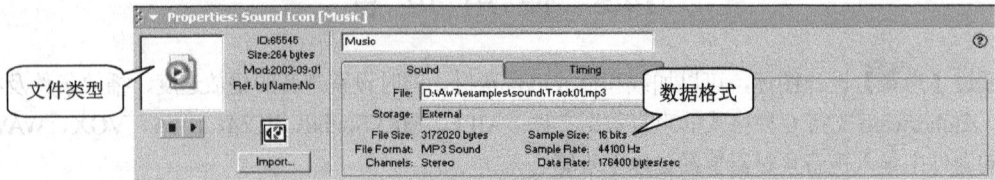

图 14-48　声音数据信息

在真正播放声音之前，还需要在【声音】设计图标属性检查器的【Timing】选项卡中设置声音的播放方式，如图 14-49 所示（如果此时运行程序，只能听到音乐，在【演示】窗口中看不到任何图像）。

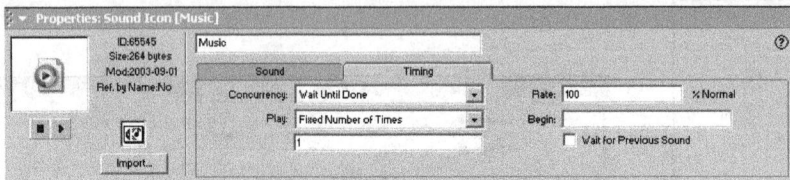

图 14-49　【声音】设计图标属性检查器的【Timing】选项卡

【Concurrency】下拉列表框用于设置声音播放过程同其他设计图标执行过程之间的并行方式，默认的 Wait Until Done 方式表示只有在声音播放完毕之后，程序再沿流程线向下执行其他设计图标。如果需要在播放音乐的同时，显示后续的画面（执行后续的设计图标），应该在【Timing】选项卡中，将【Concurrency】属性设置为 Concurrent，该选项表示在播放声音的同时，程序继续执行其他设计图标。为了使音乐在程序运行结束之前循环不停地播放，在【Play】属性下方的文本框中输入 100，使【声音】设计图标将其中包含的音乐播放 100 遍，通常情况下，这是一个足够多的次数。

14.6　使用视频

视频素材在 Authorware 中被称为数字化电影，对数字化电影的加载和播放是通过【数字化电影】设计图标实现的。

向程序中导入数字化电影的具体步骤如下。

（1）向设计窗口中的流程线上拖放一个【数字化电影】设计图标，双击该设计图标，打开【数字化电影】设计图标属性检查器，如图 14-50 所示。

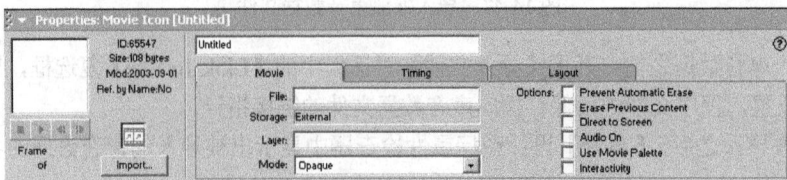

图 14-50　【数字化电影】设计图标属性检查器

（2）在【数字化电影】设计图标属性检查器中单击【Import】按钮，然后在【导入文件】对话框中选择一个数字化电影文件，打开【Show Preview】复选框，可以对数字化电影的内容进行预览，如图 14-51 所示。

图 14-51　导入数字化电影

　　如果当前准备导入的是 FLC、FLI、CEL 或位图序列格式的数字化电影，【导入文件】对话框中的【Options】按钮变为可用，单击该按钮，将出现【Movie Import Options】（【电影导入选项】）对话框，如图 14-52 所示，在对话框中有两个选项：选择【Use full frames】选项，数字化电影的每一帧被完全加载到程序中，而不是仅加载其与前一帧不同的部分，这样做会占用更多的内存，但是有利于数字化电影的单步播放或倒播；选择【Use black as the transparent col】选项，将数字化电影画面中的黑色设置为透明色，当数字化电影的覆盖模式被设置为透明模式（或褪光模式）时，画面中的黑色部分会变成透明。对于 FLC、FLI、CEL 及 BMP 位图序列格式的数字化电影，默认的透明色是黑色，关闭此复选框则将白色设置为透明色。

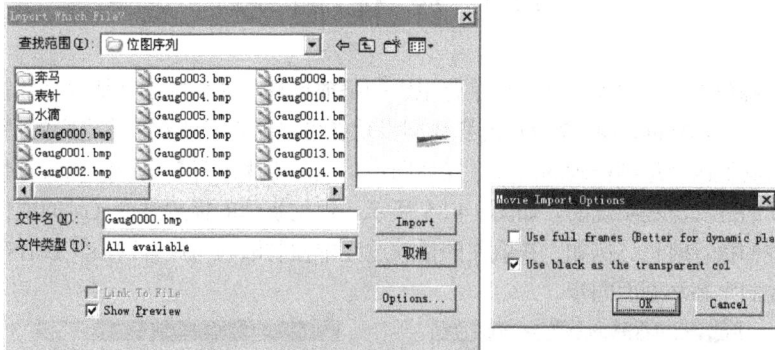

图 14-52　【电影导入选项】对话框

　　（3）单击【导入文件】对话框中的【Import】按钮，数字化电影被导入到【数字化电影】设计图标之中。

　　【数字化电影】设计图标属性检查器中显示出被导入的数字化电影的各种信息（例如总帧数、数字化电影的来源文件等），如图 14-53 所示。预览控制按钮用于预览数字化电影的内容，或查找特定画面所在的帧。每个按钮的作用分别如下。

图 14-53　数字化电影信息

▶ 【播放】按钮：单击该按钮可以在【演示】窗口中预览已经导入的数字化电影文件。按钮下方以帧为单位显示出数字化电影的总长度及当前播放的帧数。

■ 【停止】按钮：单击该按钮可以停止数字化电影的预览。

▶ 【单步向前】按钮：单击该按钮，可以对数字化电影按照逐帧顺序进行预览，当前预览的位置（帧数）在下方显示。

◀ 【单步向后】按钮：单击该按钮，可以对数字化电影进行逐帧倒播（反方向播放）。

用于控制数字化电影播放过程的属性都集中在【Timing】选项卡中，如图 14-54 所示。其中【Concurrency】下拉列表框用于设置数字化电影播放过程同其他设计图标执行过程之间的并行方式，默认的 Wait Until Done 方式表示只有在数字化电影播放完毕后，程序再沿流程线向下执行其他设计图标。

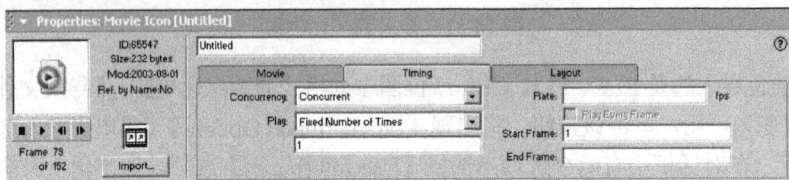

图 14-54 　【数字化电影】设计图标属性检查器的【Timing】选项卡

同【声音】设计图标一样，对数字化电影也可以采用 Concurrent 播放方式，并指定播放次数，使其在程序运行过程中循环播放。

14.7 　媒 体 同 步

Concurrent 播放方式能够使声音或数字化电影的播放过程与课件中的其他内容并行执行，这只是一种粗略的同步方式。Authorware 7 提供的媒体同步功能可以使声音或数字化电影的播放过程与文本、图形、图像或者其他内容达到精确的同步。媒体同步功能是由【声音】设计图标或【数字化电影】设计图标及其所属的分支流程实现的，如图 14-55 所示，根据媒体的播放进度（时间或位置信息）控制每一条分支流程的执行时机。例如，在歌曲的播放过程中控制歌词与声音同步，或者在数字化电影的播放过程中，控制字幕与画面同步。

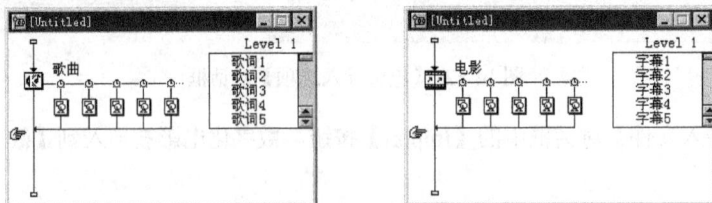

图 14-55 　媒体同步分支结构

从设计图标选择板中拖动一个设计图标放置到设计窗口中的【声音】设计图标或【数字化电影】设计图标的右侧，就会出现一个媒体同步分支流程（具有一个时钟样式的同步标记），同时该设计图标成为一个媒体同步图标。双击同步标记，打开媒体同步属性检查器，如图 14-56 所示，在其中对媒体同步分支流程的执行时机和执行方式进行设置。

【Synchronize on】属性用于设置当前分支流程基于何种标准进行同步。对于声音同步，通常选择【Seconds】（秒数）选项，然后在下方的文本框中输入一个数值作为秒数，表示当声音播放到指定秒数时，当前同步分支流程将被自动执行。对于视频同步，通常选择【Position】（帧数）选项，在下方的文本框中输入一个数值作为帧数，表示当数字化电影播放到指定帧时，当前同步分支流程将被自动执行。

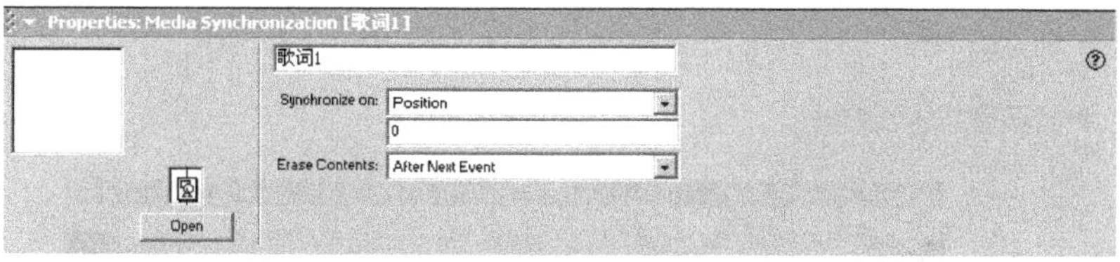

图 14-56 媒体同步属性检查器

【Erase Contents】属性决定同步分支的内容何时被擦除。选择【After Next Event】选项，表示在进入下一同步分支后，擦除当前同步分支中的内容。选择【Before Next Event】选项，则在进入下一同步分支之前，也就是在当前同步分支的内容全部执行完后，擦除当前同步分支中的内容。选择【Upon Exit】选项，则暂时保持当前同步分支中的内容，等到程序执行完所有的同步分支时进行擦除。选择【Don't Erase】选项，表示保留当前同步分支中的内容不予擦除（留待以后通过【擦除】设计图标进行擦除）。

当程序执行到一个媒体同步分支结构时，如果【声音】设计图标或【数字化电影】设计图标的【Concurrency】属性设置为 Concurrent，那么程序会在所有媒体同步分支流程执行完之后，再继续向下执行，无论声音或数字化电影是否播放完毕。如果【声音】设计图标或【数字化电影】设计图标的【Concurrency】属性设置为 Wait Until Done，那么当声音或数字化电影播放完毕后程序继续向下执行，无论媒体同步分支流程是否全部执行完毕。

14.8 播放 DVD 视频

DVD 即 Digital Video Disc（数字化视频光盘），是现代新兴的光盘存储技术。在一片 DVD 光盘上，可存储长达数小时的高质量数字视频节目，并且支持多视角、多语言、多字幕、多声道环绕声。DVD 视频与通常的数字化电影不同，它不是由一个文件构成的，而是由一组文件构成的。这一组文件通常存储在 DVD 视频光盘的 VIDEO_TS 文件夹内，以 VOB 和 IFO 文件为主。VOB 文件是 MPEG-2 格式的视音频数据，IFO 文件则提供了电影的播放控制信息。DVD 视频内容以标题和章节划分，一部 DVD 视频可包含多个标题，每个标题下面又可包含多个章节，在 DVD 视频的播放过程中，可以根据标题和章节对节目内容进行检索。

在 Authorware 7 中，通过新增的【DVD】设计图标，可以播放高清晰度的 DVD 视频。在播放 DVD 视频之前，必须保证系统中安装了 Microsoft DirectX 8.1（或以上版本）和 MPEG-2 解码驱动程序，以及一台 DVD-ROM 驱动器。MPEG-2 解码驱动程序通常存在于各种 DVD 视频播放软件之中，只要系统中安装了一种 DVD 视频播放软件（例如 WinDVD 或 PowerDVD），就可以认为系统已经具有了 MPEG-2 解码能力。

使用【DVD】设计图标播放 DVD 视频非常简单。向 DVD-ROM 驱动器中放入一片 DVD 视频光盘，启动 Authorware，向设计窗口中拖放一个【DVD】设计图标，无须进行其他任何设置，直接运行程序就可以播放 DVD 视频了。Authorware 根据当前【演示】窗口的大小，自动对 DVD 视频画面进行按比例缩放，使画面占据整个【演示】窗口，空余的地方用黑色填充。

DVD 视频是带有交互性的数字视频信息。通过【DVD】设计图标播放 DVD 视频，用户可以使用鼠标点选 DVD 视频提供的菜单，如图 14-57 所示，进行各种设置。

在 DVD 视频的播放过程中，用户还可以随时用鼠标右键单击电影画面，利用 DVD 视频弹出菜单对 DVD 视频的播放过程进行控制，如图 14-58 所示。DVD 视频弹出菜单中提供了 10 条常用的播放控制命令。

图 14-57　通过【DVD】设计图标播放 DVD 视频

图 14-58　利用 DVD 视频弹出菜单控制播放过程

（1）Play：播放 DVD 视频。

（2）Pause：暂停播放。

（3）Stop：停止播放。

（4）Rewind：快速倒播。

（5）Fast Forward：快速播放。

（6）Full Screen：全屏幕播放。

（7）Previous Chapter：跳转到前一章节。

（8）Next Chapter：跳转到下一章节。

（9）Root Menu：回到 DVD 视频的主菜单。

（10）Show Cursor：关闭鼠标指针，避免对电影画面造成影响。

利用这些命令，可以尽情欣赏 DVD 视频。双击【DVD】设计图标打开【DVD】设计图标属性检查器，如图 14-59 所示，主要的控制选项都集中在【Video】选项卡中。【Video】复选框用于打开或关闭 DVD 视频画面。【Audio】复选框用于打开或关闭 DVD 视频中的声音。【Captions】复选框用于打开或关闭 DVD 视频字幕。打开【Full Screen】复选框可以使 DVD 视频全屏幕播放。打开【User Control】复选框则提供一个播放控制器。DVD 播放控制器如图 14-60 所示，其中提供的控制按钮从左到右依次为全屏幕播放、回到主菜单、跳转到前一章节、快速倒播、正常播放、暂停播放、逐帧播放、快速播放和跳转到下一章节。

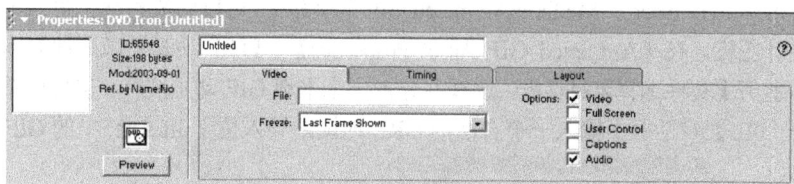

图 14-59　【DVD】设计图标属性检查器【Video】选项卡

图 14-60　DVD 视频播放控制器

【Timing】选项卡如图 14-61 所示，用于控制 DVD 视频的并行方式和播放区间。【Concurrency】下拉列表框用于设置 DVD 视频的播放过程同其他设计图标执行过程之间的并行方式。【Title Number】文本框用于设置被播放的 DVD 影片标题。【Start Time】文本框与【End Time】文本框以分钟为单位设置 DVD 视频的播放区间。打开【Key Press】复选框，单击任意键即可终止 DVD 视频的播放。

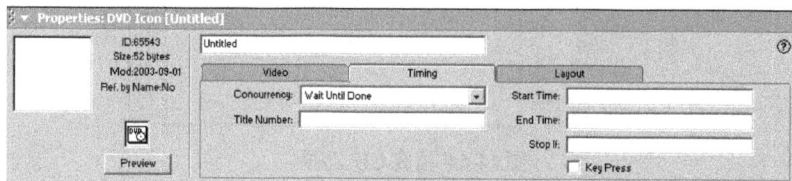

图 14-61　【DVD】设计图标属性检查器的【Timing】选项卡

【Layout】选项卡如图 14-62 所示，用于控制 DVD 视频画面在【演示】窗口中的位置和大小。在【Base Point】选项中 X 代表播放窗口左上角横坐标，Y 代表播放窗口左上角纵坐标。在【Window Size】选项中 X 代表播放窗口的宽度，Y 代表播放窗口的高度。

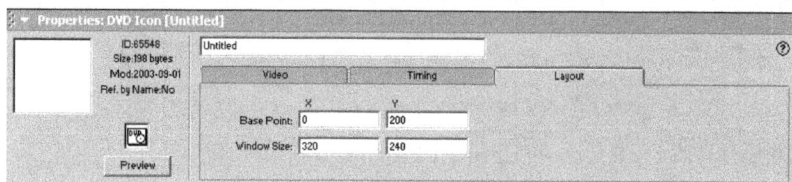

图 14-62　【DVD】设计图标属性检查器的【Layout】选项卡

正在播放的 DVD 视频也可以被【擦除】设计图标擦除，但是只能通过拖放操作将【DVD】设计图标设置为擦除对象。

14.9　播放 GIF 动画

如图 14-63 所示，执行 Insert→Media→Animated GIF 菜单命令，可以向流程线上插入一个"Animated GIF"【组件】设计图标。在【Animated GIF Asset Properties】（【GIF 动画资源属性】）对话框中单击【Browse】按钮，打开【文件选择】对话框，选择并导入一个本地 GIF 动画文件，也可以单击【Internet】按钮，在【Open URL】对话框中输入一个合法的 URL 地址，导入位于 Internet 中的 GIF 动画。

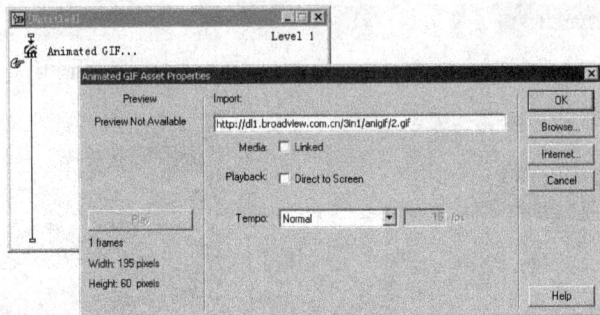

图 14-63　插入 Animated GIF【组件】设计图标

如果在【GIF 动画资源属性】对话框中打开【Linked】复选框，程序将以链接方式使用 GIF 动画文件，不会将动画保存在程序内部。打开【Direct to Screen】复选框，可以使 GIF 动画的播放效果更加流畅。

在【GIF 动画资源属性】对话框中单击【OK】按钮，关闭对话框。运行程序，就可以在【演示】窗口中看到 GIF 动画的播放效果了，如图 14-64 所示。

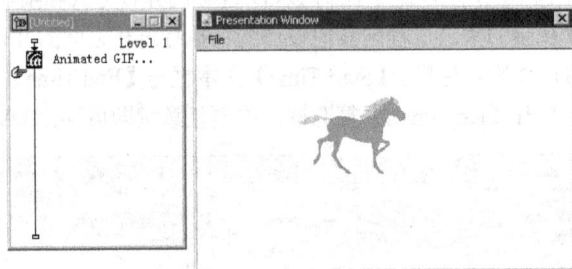

图 14-64　播放 GIF 动画

双击"Animated GIF"【组件】设计图标，打开属性检查器，如图 14-65 所示，在【Display】选项卡中关闭【Direct to Screen】复选框，并将【Mode】（【覆盖模式】）属性设置为 Transparent，就能够以透明方式播放 GIF 动画，如图 14-66(a)所示。另外，还可以通过【Foreground】颜色框，改变 GIF 动画的前景色，如图 14-66(b)所示。

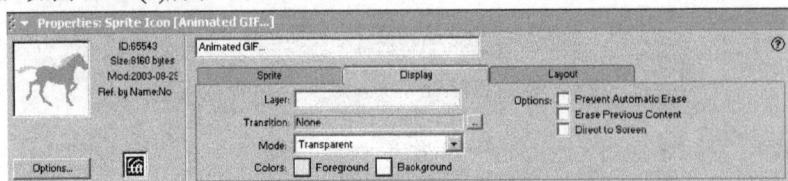

图 14-65　设置 GIF 动画的外观属性

(a)　　　　　　　　　　　　　　　　(b)

图 14-66　以不同模式播放 GIF 动画

14.10　播放 Flash 动画

14.10.1　使用 Flash Xtra 播放 Flash 动画

执行 Insert→Media→Flash Movie 菜单命令，向流程线上插入一个 "Flash Movie"【组件】设计图标，如图 14-67 所示，在【Flash Asset Properties】（【Flash 资源属性】）对话框中通过【Browse】按钮选择并导入一个本地 Flash 动画文件，也可以通过【Internet】按钮导入位于 Internet 中的 Flash 动画。

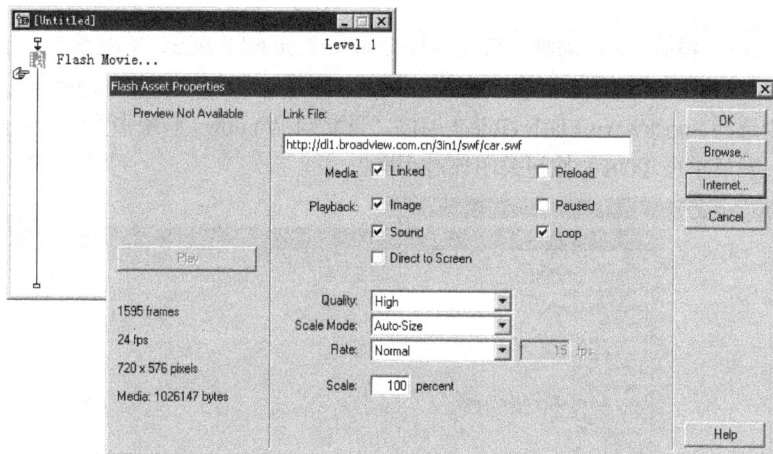

图 14-67　【Flash 资源属性】对话框

【Flash 资源属性】对话框中的【Sound】复选框用于决定是否播放 Flash 动画中的声音，【Image】复选框则用于决定是否显示 Flash 动画的画面。打开【Loop】复选框，可以循环播放 Flash 动画。打开【Direct to Screen】复选框，可以使 Flash 动画的播放效果更加流畅，但此时 Flash 动画将不能以透明模式播放。

在【Flash 资源属性】对话框中单击【OK】按钮，即可关闭该对话框。运行程序，在【演示】窗口中将会看到 Flash 动画的播放效果，如图 14-68 所示。

按下快捷键 Ctrl+P 暂停程序，单击【演示】窗口中的 Flash 动画，然后通过鼠标拖放画面四周的控制点，调整动画画面的大小。双击动画的画面或在设计窗口中双击 Flash Movie【组件】设计图标，打开【组件】设计图标属性检查器，在【Display】选项卡中对 Flash 动画的覆盖模式和显示过渡效果进行调整，如图 14-69 所示。

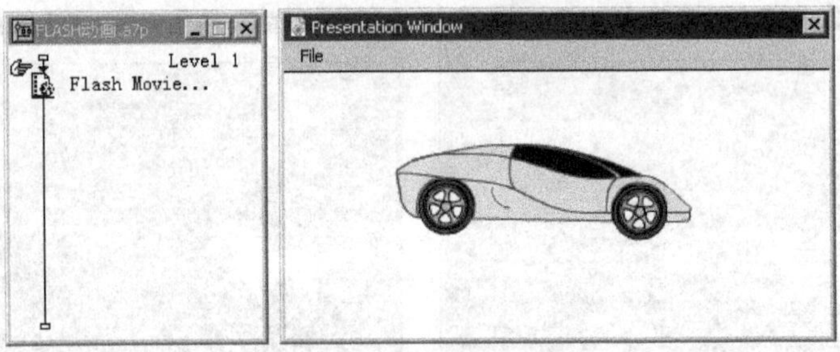

图 14-68　播放 Flash 动画

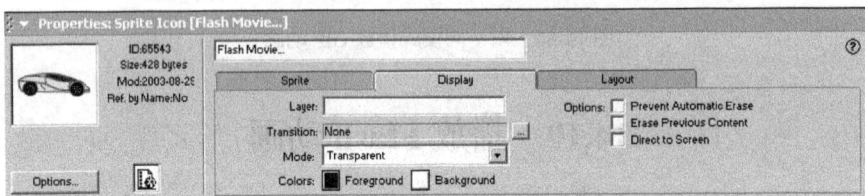

图 14-69　设置 Flash 动画的外观

　　使用 Flash Xtra 播放 Flash 动画，优点在于能以透明方式播放 Flash 动画，其缺点是会丧失 Flash 动画中的部分交互性。

14.10.2　使用 Flash 播放器控件播放 Flash 动画

　　使用 Flash 播放器播放 Flash 动画，首先执行 Insert→Control→ActiveX 菜单命令，向流程线上插入一个 "ActiveX"【组件】设计图标，如图 14-70 所示，在【Select ActiveX Control】（【选择 ActiveX 控件】）对话框中选择 Shockwave Flash Object 控件（只要向 Windows 系统中安装过 Flash 播放器，就会出现该控件），然后单击【OK】按钮关闭该对话框。

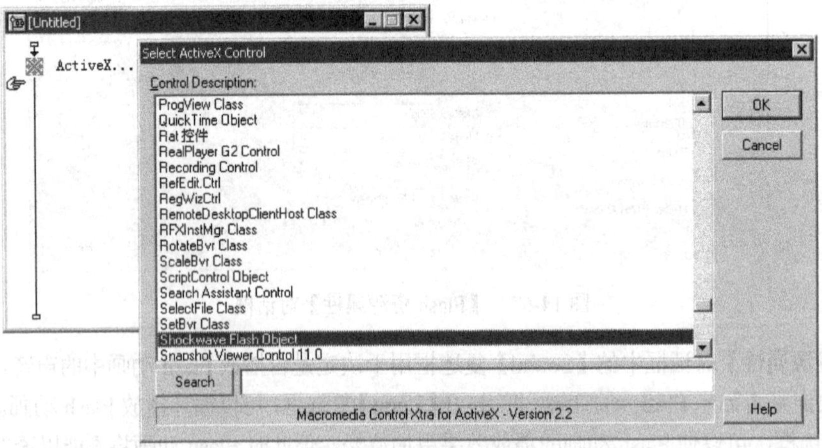

图 14-70　插入 Shockwave Flash Object 控件

　　在【ActiveX Control Properties-Shockwave Flash Object】（【Flash 播放器控件属性】）对话框中将 Movie 属性设置为将要被播放的 Flash 文件的路径或 URL 地址，如图 14-71 所示。单击【OK】按钮关闭该对话框。运行程序，可以在【演示】窗口中看到 Flash 动画的播放效果。

　　通过 Flash 播放器控件播放 Flash 动画，其优点是充分保持了 Flash 动画中的交互性，如图 14-72 所示。但与此同时，Flash 动画不能以透明方式播放。

图 14-71　设置控件属性

图 14-72　通过 Flash 播放器控件播放 Flash 动画

14.11　播放 QuickTime 数字化电影

执行 Insert→Media→QuickTime 菜单命令，向流程线上插入一个 "QuickTime" 【组件】设计图标，如图 14-73 所示，在【QuickTime Xtra Properties】（【QuickTime Xtra 属性】）对话框中通过【Internet】按钮导入位于 Internet 中的 MOV 流式电影，或者通过【Browse】按钮选择并导入一个本地 MOV 文件，如图 14-74 所示，在【导入文件】对话框中可以直接对数字化电影进行预览。

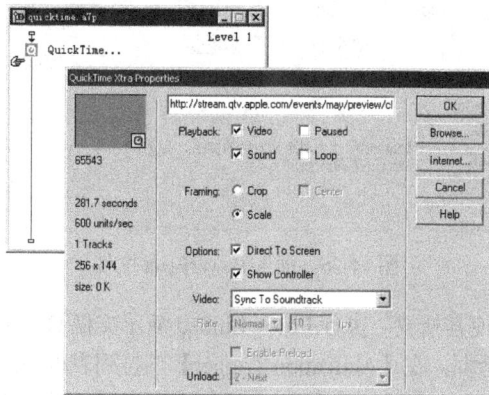

图 14-73　插入 "QuickTime" 【组件】设计图标

打开【QuickTime Xtra 属性】对话框的【Show Controller】复选框，可以在播放电影时显示播放控制器。单击【OK】按钮，关闭【QuickTime Xtra 属性】对话框。运行程序，在【演示】窗口中就可以看到 QuickTime 数字化电影的播放效果了，如图 14-75 所示，利用 QuickTime 电影的播放控制器，可以控制电影的播放、暂停、快放、倒放或者对音量进行调整。

图 14-74　预览本地 MOV 电影　　　　　图 14-75　播放流式电影

利用"QuickTime"【组件】设计图标，可以在 Authorware 程序中使用包括 QuickTime 数字化电影、MP3 音乐或者 MPEG-4 视频文件在内的各种多媒体数据，但前提是系统中必须安装 QuickTime 播放器。可以到网址 http://www.apple.com.cn/quicktime/download/免费下载最新版的 QuickTime 播放器。

14.12　播放 PowerPoint 演示文稿

PowerPoint 演示文稿是一种被普遍使用的课件素材。Authorware 能够以 OLE 方式插入 PowerPoint 演示文稿，并在全屏模式下进行播放。

在 Authorware 中打开一个【显示】设计图标，执行 Insert→OLE Object 菜单命令，打开【Insert Object】（【插入对象】）对话框，如图 14-76 所示，在其中选择【由文件创建】选项，然后单击【浏览】按钮，选择准备使用的 PowerPoint 演示文稿文件。单击【确定】按钮，演示文稿就会出现在 Authorware【演示】窗口内，如图 14-77 所示。如果在【插入对象】对话框选择了【显示为图标】选项，则演示文稿在【演示】窗口中以图标显示。

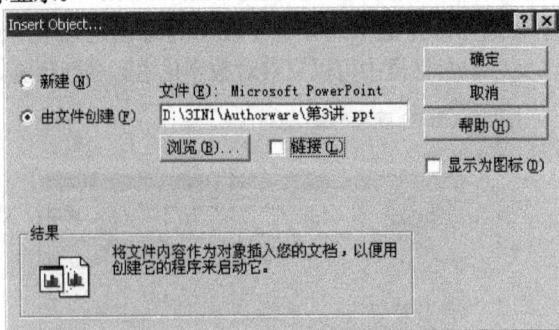

图 14-76　插入 PowerPoint 文件

为了单击演示文稿就能使其播放，执行 Edit→Linked 演示文稿 OLE Object→Attributes 菜单命令，打开【Object Attributes】对话框，在【Activation Trigger】下拉列表框中选择 Single-click，在【Trigger Verb】下拉列表框中选择显示，如图 14-78 所示。这样在运行课件时，单击【演示】窗口中的演示文稿画面或图标，就能够以全屏方式播放演示文稿。

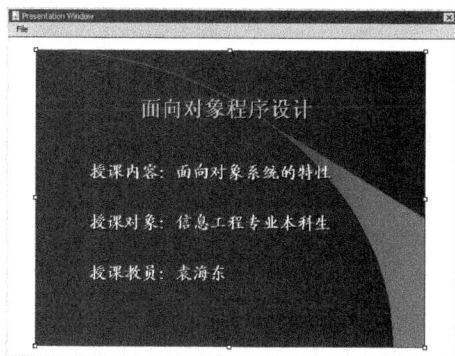

图 14-77　【演示】窗口中的 PowerPoint 演示文稿

图 14-78　设置触发动作

14.13　上 机 实 验

1．在一个【显示】设计图标中创建多个显示对象，将它们组合在一起后进行编辑。

2．调整多个显示对象的相对次序：

① 在同一【显示】设计图标中分别导入外部文本和图像，并调整它们显示的次序；

② 在不同【显示】设计图标中分别导入外部文本和图像，并调整它们显示的次序。

3．制作可动态改变内容的文本对象：

① 利用系统变量 Year、Month 和 Day 显示当前日期；

② 利用系统变量 CursorX 和 CursorY 显示当前鼠标指针的位置。

4．练习使用【擦除】设计图标：

① 使用一个【擦除】设计图标同时擦除【演示】窗口中指定的若干显示对象；

② 使用一个【擦除】设计图标同时擦除【演示】窗口中的所有显示对象；

③ 使用一个【擦除】设计图标，实现在【演示】窗口中保留指定显示对象的同时，擦除其他所有的显示对象；

④ 使多个显示对象在【演示】窗口中同时出现，然后先后消失；

⑤ 使多个显示对象在【演示】窗口中先后出现，同时消失。

5．利用【声音】设计图标导入一段声音数据，体会以下两种导入方式：

① 将声音数据导入并保存到程序文件中；

② 将声音数据存储在程序文件外部，并以链接方式使用。

6．利用【声音】设计图标控制声音循环播放。

7．利用【数字化电影】设计图标控制数字化电影循环播放，并调整数字化电影播放画面的位置和尺寸。

8．首先检查计算机系统是否具备播放 DVD 视频所需要的软件和硬件环境，然后尝试在程序中播放 DVD 视频。

9．选择正确的设计图标，导入并播放 GIF 动画。

10．下载安装 QuickTime 播放器软件，然后选择正确的设计图标，向 Authorware 中导入 QuickTime 数字化电影。

第15章 制作动画

与 Flash 不同，Authorware 没有提供使对象动态缩放、旋转、变形或变色的能力。Authorware 提供的动画能力主要在于控制对象以不同的方式移动。

【移动】设计图标用于移动其他设计图标，从视觉效果上看，是将其他设计图标中的显示对象（可以是文本、图形、图像、数字化电影、GIF 动画或 Flash 动画）从【演示】窗口中的某个位置移动到另一个位置。【移动】设计图标可以控制对象移动的速度、方向和路径，Authorware 共提供了两类移动方式：直接移动方式和沿路径移动方式。

15.1 由直接移动方式制作动画

直接移动方式的效果是使被移动的对象直接移动到某一点，具体包含以下 3 种移动方式。

（1）Direct to Point：直接移动到某点。

（2）Direct to Line：直接移动到特定直线上的某点。

（3）Direct to Grid：直接移动到特定区域中的某点。

15.1.1 Direct to Point

Direct to Point 是最简单的移动方式，在这种移动方式下，对象直接向指定坐标处移动。下面利用它来制作一个简单的动画。

（1）创建一个新的程序，向流程线上插入一个 Flash【组件】设计图标，并向其中导入包含一辆车的 Flash 动画，将设计图标分别命名为"显示对象"。向流程线上添加一个【移动】设计图标，双击该设计图标打开属性检查器，单击【演示】窗口中的车，将"显示对象"设计图标设置为被移动的对象（设计图标的标题会出现在【移动】设计图标属性检查器中），如图 15-1 所示，然后将车从【演示】窗口左下角拖放到右下角，设置移动终点位置。

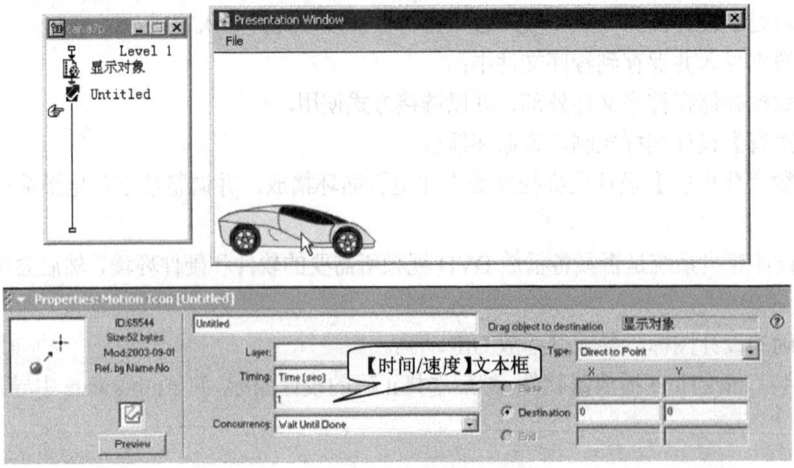

图 15-1　Direct to Point 移动方式

（2）在【移动】设计图标属性检查器的【时间/速度】文本框中输入移动时间 15（15 秒）。运行程序，就可以看到车向右开动的完整动画效果了，如图 15-2 所示。

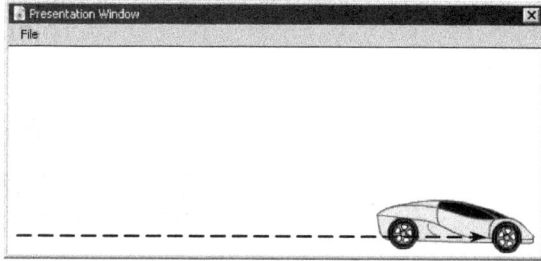

图 15-2 车向右开动

根据【移动】设计图标中【Timing】属性和【时间/速度】属性的设置，整个移动过程将花费 15 秒时间。当然也可以设置车移动的速度，方法是将【Timing】属性设置为 Rate（sec/in），然后在【时间/速度】文本框中输入速度数值，单位是秒/英寸（数值越小，速度越快）。

车的终点位置也可以在【移动】设计图标的【Destination】属性中进行设置，方法是直接输入终点的坐标。通过终点坐标设置为【演示】窗口外的某一点，可以控制车开出【演示】窗口。

Authorware 无法制作对象旋转的动画效果，但配合 Flash 动画本身的车轮转动效果，这一动画过程是非常逼真的。

15.1.2 Direct to Line

Direct to Line 移动方式使对象直接移动到特定直线上的某一点，这里所说的直线并不是一个可见的直线对象，而是一条预定义的包含终点位置的轨迹。被移动的对象的起始位置可以位于直线上，也可以在直线外。

假设有一个名为"车轮"的 Flash【组件】设计图标，向其中导入包含一个转动的车轮的 Flash 动画，如图 15-3 所示。下面介绍使用 Direct to Line 移动方式，使车轮移动到【演示】窗口右边界上的任意一点的方法。

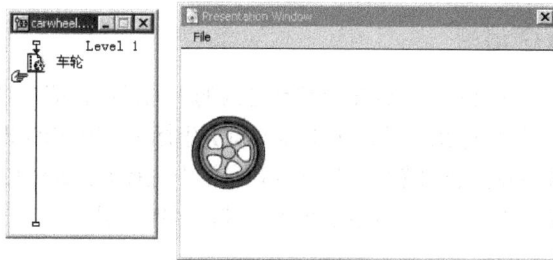

图 15-3 车轮动画

向流程线上添加一个【移动】设计图标并将其命名为"Move"，双击该设计图标打开属性检查器，如图 15-4 所示，在【Type】下拉列表框中选择 Direct to Line 移动方式。单击【Base】单选按钮，然后在【演示】窗口中将车轮拖放到【演示】窗口右上角，设置终点位置轨迹的起点。单击【End】单选按钮后，将车轮拖放到【演示】窗口右下角，设置终点位置轨迹的终点，从而形成一条终点位置的轨迹。

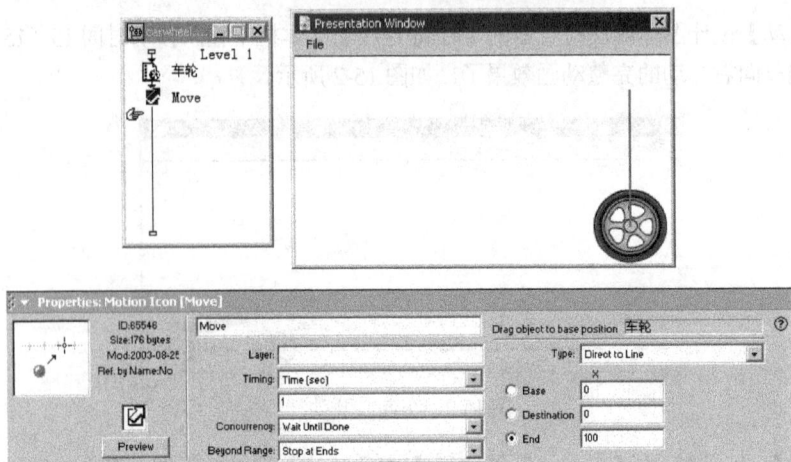

图 15-4　Direct to Line 移动方式

由于默认的【Destination】属性值是 0，因此运行程序时，车轮会移动至终点轨迹的起点。现将【Destination】属性的值设置为 50，运行程序，车轮会移动至终点轨迹的中央，如图 15-5 所示。【Base】、

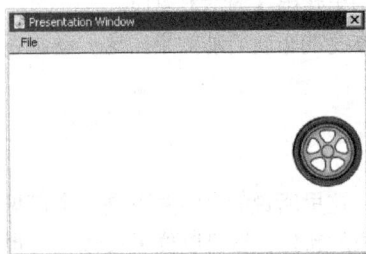

图 15-5　移动至终点轨迹中央

【Destination】和【End】文本框中的数值是比例值，仅表示轨迹起点、轨迹终点和移动过程的终点三者间的相对位置关系，在文本框中可以使用变量或表达式。因此，如果将【移动】设计图标的【End】属性的值设置为 80，【Destination】属性的值设置为 40，再次运行程序时，车轮仍然会移动至终点轨迹的中央。

【Beyond Range】下拉列表框中有 3 个选项，分别为 Stop at Ends，Loop 和 Go Past Ends。在【Destination】的值超出【Base】和【End】限定范围的情况下，选择 Stop at Ends 选项，对象将停留在终点轨迹的端点（起点或终点）；选择 Loop 选项，对象将在终点轨迹上循环定位；选择 Go Past Ends 选项，Authorware 会将终点轨迹从起点处（或终点处）向外延伸，最终对象移动的终点仍会位于延伸的终点轨迹上，但已经超出了【Base】和【End】所定义的范围。

15.1.3　Direct to Grid

终点沿平面定位移动方式是终点沿直线定位移动方式的平面扩展，即将终点的定位由一维坐标系（仅有 X 坐标轴）扩展到由二维坐标系（具有 X 坐标轴和 Y 坐标轴）确定的平面区域。

在【移动】设计图标属性检查器的【Type】下拉列表框中选择 Direct to Grid 移动方式，如图 15-6 所示，通过拖放显示对象来创建一个代表终点位置的区域，区域以黑色的矩形表示并且在程序运行时不可见。

在【移动】设计图标属性检查器中单击【Base】单选按钮，然后在【演示】窗口中拖动对象可以设置终点位置区域的起点。单击【End】单选按钮，然后在【演示】窗口中拖动对象可以设置终点位置区域的终点。单击【Destination】单选按钮，然后在【演示】窗口中拖动对象可以设置移动过程的终点在终点位置区域中的位置。上述 3 个文本框中的数值是一个比例值，仅表示终点位置区域的起点、终点和移动过程的终点三者间的相对位置关系，在文本框中可以使用变量或表达式。

在 Direct to Grid 移动方式下，【Beyond Range】下拉列表框中的 3 个选项同时作用于 X 轴和 Y 轴两个方向上。

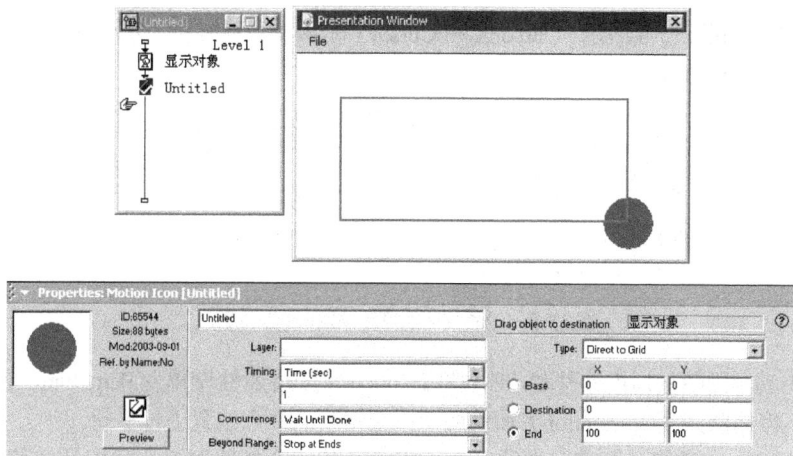

图 15-6   Direct to Grid 移动方式

下面通过 Direct to Grid 移动方式，制作一个信鸽随鼠标指针在屏幕中飞舞的动画。首先制作一个信鸽拍动翅膀的 Flash 动画。

（1）进入 Authorware，执行 Modify→File→Properties 菜单命令（快捷键 Ctrl+Shift+D），打开【文件】属性检查器，在其中将【Size】属性设置为 640×480。

（2）向流程线上拖放一个【显示】设计图标并将其命名为"mountain"，向其中导入一幅背景图像，再向流程线上插入一个 Flash【组件】设计图标并将其命名为"bird"，向其中导入包含信鸽拍动翅膀的 Flash 动画，如图 15-7 所示。

图 15-7   导入背景图像和 Flash 动画

（3）向流程线上拖放一个【移动】设计图标并将其命名为"Fly"，双击该设计图标打开属性检查器，单击屏幕中的信鸽，使 Flash 动画成为被移动的对象。单击属性检查器中的【Base】按钮，然后在【演示】窗口中拖动信鸽至坐标（0，0）处（菜单栏左下角）。单击【End】按钮，在【演示】窗口中拖动信鸽至窗口右下角，这样就创建了一个覆盖整个窗口的终点位置区域。

在【End】文本框中输入（639，441），这是【演示】窗口右下角的坐标值，这样就使终点位置区域与【演示】窗口坐标系统之间建立了点对点的一一对应关系。最后在【Destination】文本框中输入

(CursorX, CursorY)，如图 15-8 所示。CursorX 和 CursorY 是两个系统变量，分别对应于鼠标指针在【演示】窗口中的横、纵坐标值。

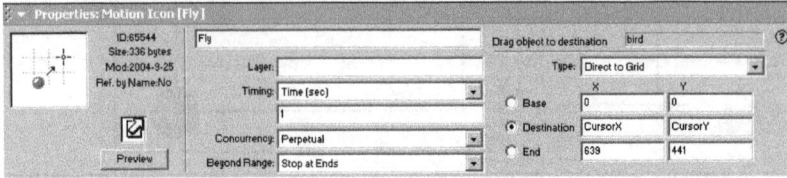

图 15-8　设置终点位置区域和终点位置

为了使信鸽动画跟随鼠标指针移动，必须将【Concurrency】属性设置为 Perpetual，这样可以使【移动】设计图标不停地监测【Destination】属性的值，根据新的终点位置进行移动。

（4）运行程序，在【演示】窗口中移动鼠标指针，信鸽会始终跟随鼠标指针的移动而飞舞，如图 15-9 所示。

图 15-9　信鸽跟随鼠标指针的移动而飞舞

15.2　由沿路径移动方式制作动画

直接移动方式的重点在于终点的定位方式，移动的过程表现为单一的直线运动。与之相比，沿路径移动方式更着重于移动的过程，使对象的移动过程具有丰富的变化。

沿路径移动方式的效果是使被移动的对象沿着既定路径移动到某一点，具体包含以下两种移动方式。

（1）Path to End：沿路径移动，直至到达路径的终点。

（2）Path to Point：沿路径移动到路径上的某点。

15.2.1　Path to End

在 Path to End 移动方式下，【移动】设计图标控制对象沿着预先定义的路径，向路径的终点移动。路径可以是直线路径，也可以是折线路径或曲线路径。运用这种移动方式的关键在于对移动路径的定义。

在【移动】设计图标属性检查器中的【Type】下拉列表框中选择 Path to End 移动方式，然后通过拖放显示对象来创建一条移动路径。在【演示】窗口中用鼠标拖放对象，每拖放一次就形成一条直线路径，多次拖放可以形成一条有一系列三角形拐点的折线路径，双击三角形拐点可以使它变为圆形拐点并与相邻的两个拐点形成曲线路径，如图 15-10 所示，双击圆形拐点可以将它再变回三角形拐点，同时将曲线路径变回直线路径。拖动拐点可以改变拐点的位置从而改变路径的形状。

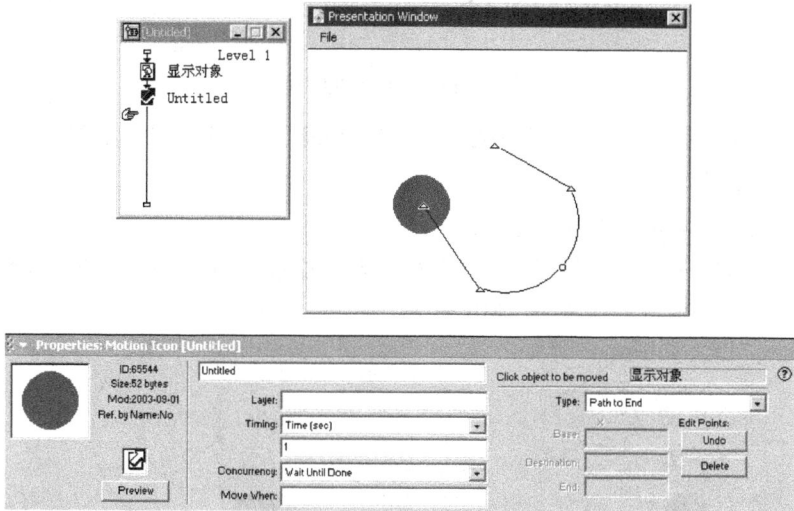

图 15-10　Path to End 移动方式

单击【移动】设计图标属性检查器中的【Undo】按钮可以撤销（或恢复）上一次对路径的编辑操作。单击【Delete】按钮则可以删除当前处于选中状态的拐点。

【Move When】属性用于控制何时开始移动。在该文本框中输入的变量或表达式将作为移动过程是否执行的条件。当 Authorware 运行至【移动】设计图标时，会首先检查【Move When】属性的值是否为真（非 0 值）：如果为真，执行移动过程；如果为假（0），忽略移动过程；如果保持该文本框为空，Authorware 仅在第一次运行到此设计图标时执行一次移动过程。

下面介绍几种特殊路径的制作方法。

1．制作正圆路径

（1）建立一条仅有 3 个三角形拐点的折线路径，如图 15-11(a)所示。

（2）用鼠标移动处于路径一端的拐点，直至与另一端的拐点在位置上完全重合为止，如图 15-11(b)和(c)所示。

（3）双击中间的三角形拐点将它变为圆形拐点，同时折线路径转变为曲线路径，如图 15-11(d)所示。

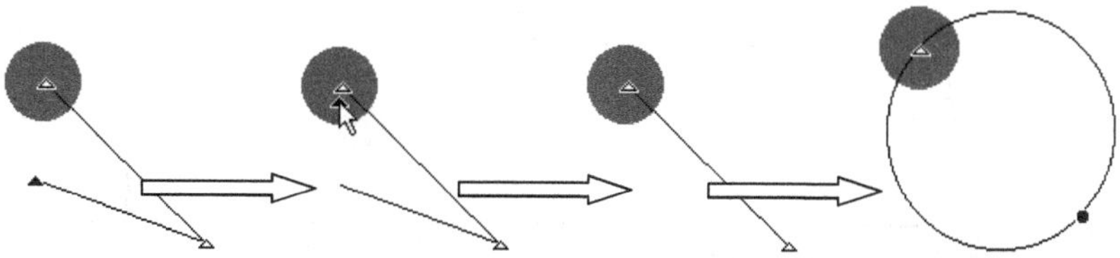

图 15-11　制作正圆路径

2．制作弹跳路径

（1）制作如图 15-12(a)所示的折线路径。

（2）将位于波峰位置的三角形拐点转变为圆形拐点，如图 15-12(b)所示。

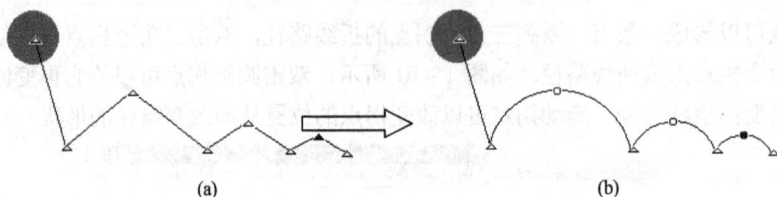

图 15-12　制作弹跳路径

（3）用鼠标拖动圆形拐点调整曲线的弧度，使得抛物线看起来更自然，弹跳路径制作完毕。

3．制作螺旋路径

（1）制作如图 15-13(a)所示的折线路径。

（2）用鼠标双击每一个三角形拐点，将它们转变为圆形拐点，同时所有的直线段都变为平滑衔接的曲线段，如图 15-13(b)所示，螺旋路径制作完毕。

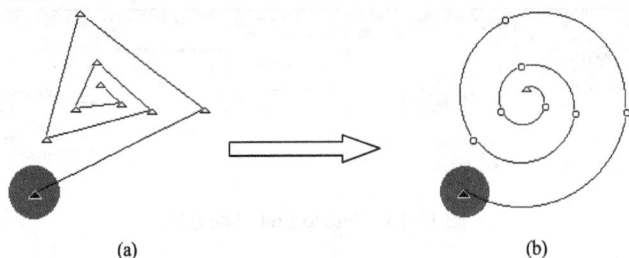

图 15-13　制作螺旋路径

以上是三种特殊路径的制作方法，在实际制作移动路径时可以举一反三，灵活运用三角形拐点和圆形拐点，可以设计出更多形式的移动路径来丰富动画效果。

15.2.2　Path to Point

在 Path to Point 移动方式下，【移动】设计图标控制对象沿着预先定义的路径，向路径中的某点移动，终点位置可以是路径上的任意一点而不仅仅是路径的终点。

在【移动】设计图标属性检查器中的【Type】下拉列表框中选择 Path to Point 移动方式，如图 15-14 所示。在这种方式下，仍然需要通过拖放对象来创建一条移动路径。

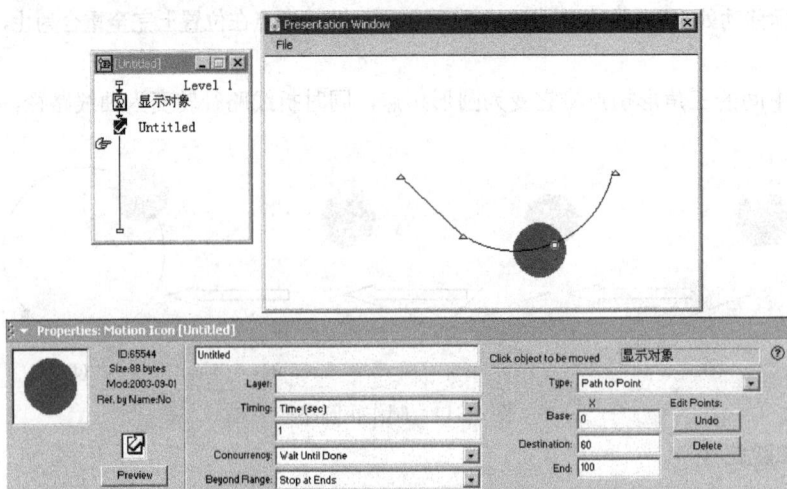

图 15-14　Path to Point 移动方式

　　Path to Point 移动方式可以说是 Path to End 移动方式和 Direct to Line 移动方式相结合的产物。Path to Point 移动方式与 Direct to Line 移动方式的共同点在于两者都存在移动终点的集合，移动过程的终点只能位于终点集合之中，并且两者都存在 Loop、Stop at Ends 终点越界处理方式。它们的不同之处是，在 Path to Point 移动方式下对象的移动过程始终沿路径进行，起点与终点都处于预定义的路径之中；而在 Direct to Line 移动方式下，移动过程的起点可以在目标直线之外。

　　Path to Point 移动方式与 Path to End 移动方式的共同点在于两者都是按照预定义的路径控制对象移动。它们的不同之处是，在 Path to Point 移动方式下对象可以根据 Destination 属性设置停留在路径中的任意一点；而在 Path to End 移动方式下，对象必须移动到路径的终点。

15.3　制作分层动画

　　下面通过一个"太阳从山后面升起"的动画范例，来掌握【移动】设计图标【Layer】属性的使用方法。

　　（1）在"山"设计图标中，使用【多边形】工具绘制出山的轮廓，如图 15-15 所示。

　　（2）在"太阳"设计图标中，创建一个以红色填充的圆形对象，为将要升起的太阳，如图 15-16 所示。

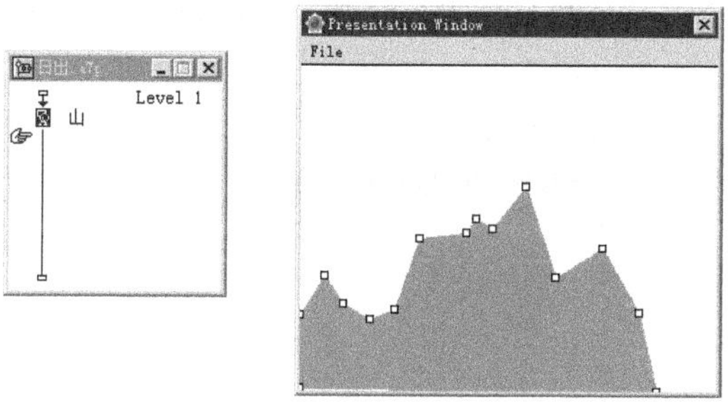

图 15-15　绘制山的轮廓

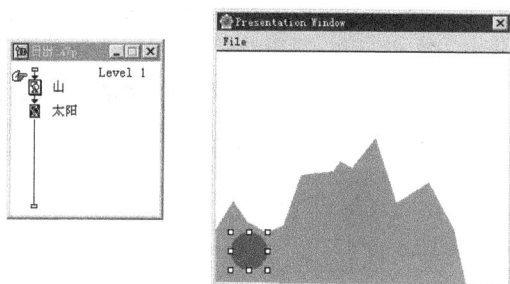

图 15-16　绘制太阳

　　（3）打开"移动"设计图标，指定"太阳"设计图标为其作用对象，将移动方式设置为 Path to End，并按照如图 15-17 所示，创建"太阳"升起的路径。

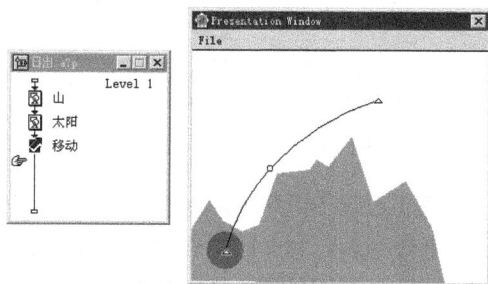

图 15-17　创建移动路径

　　（4）此时运行程序，将会看到"太阳"从"山"的前面升起。即使在设计窗口中调换"山"与"太阳"两个设计图标的次序也会得到同样的结果。为了改变这一状况，打开"山"设计图标的属性检查器，将【Display】选项卡中的【Layer】属性设置为 1。

　　（5）运行程序，可以看到"太阳"从"山"的背后升起，如图 15-18 所示。之所以产生这种效果，是因为"太阳"和"移动"设计图标的默认层次都是 0，而"山"设计图标的层次是 1，因此，"太阳"的出现和移动过程都在"山"之后进行。

图 15-18　程序运行结果

15.4　制作加速运动

通常情况下，在【移动】设计图标控制下，显示对象做匀速运动，但是在对真实运动过程进行模拟时，往往需要对显示对象移动的速度进行控制，例如制作一段物体匀加速运动过程的动画，这时需要使用表达式动态地控制【移动】设计图标中的【时间/速度】属性。

本节将通过制作一段车加速行驶的动画，来说明如何在程序中对【移动】设计图标的移动速度进行控制。

假设车的初速度是 0，开始行驶的时刻为 T0，加速度为 a，则车在任意时刻 T 的速度为 v = a*(T-T0)。利用该公式在【移动】设计图标的属性检查器中对速度属性进行设置，就可以模拟车加速行驶的过程。

图 15-19 显示的是实现车加速行驶的程序流程。以下是具体的制作步骤。

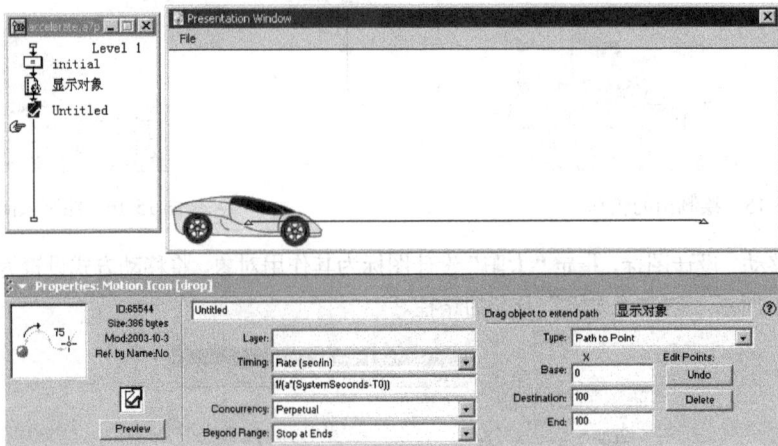

图 15-19　程序流程图

（1）向流程线上添加一个【运算】设计图标并将其命名为"initial"，双击该设计图标打开运算窗口，为变量 a 和 T0 赋予初始值，如图 15-20 所示。关闭运算窗口时，Authorware 自动提示创建新变量 a 和 T0，单击【OK】按钮创建变量。

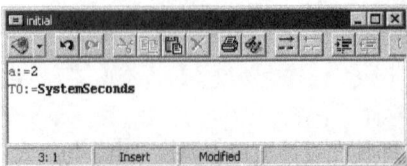

图 15-20　变量初始化

系统变量 SystemSeconds 始终存储着当前的时间。在上述代码中，将 SystemSeconds 的当前值赋予变量 T0，用于记录车开始行驶的时刻。

（2）在"显示对象"设计图标中（这是一个 Flash【组件】设计图标），导入包含一辆车的 Flash 动画。

（3）在【移动】设计图标属性检查器中设置各项属性（如图 15-19 所示）。首先将【Timing】属性设置为 Rate (sec/in)，由于在这种方式下速度的单位为秒/英寸，因此在下方的【时间/速度】文本框中输入表达式 1/(a*(SystemSeconds-T0))；然后将【Concurrency】属性设置为 Perpetual，这样，在整个程序运行过程中，Authorware 始终监视着【时间/速度】文本框中表达式的计算结果，并根据结果改变对象移动的速度。

运行程序可以看到，车在【演示】窗口中向右加速行驶。

Authorware 制作动画的能力非常强大，可以制作出丰富的动画效果。由于本书篇幅有限，仅能对 Authorware 制作动画的基本方法进行简要介绍。由电子工业出版社出版的《深入 Authorware 7 编程》一书中，详细介绍了如何制作各种优美、实用的动画效果，需要的读者可以参阅该书。本书范例中提供了该书中的一个动画演示程序 TopMotion.a7p。

15.5　上 机 实 验

1．向一个【显示】设计图标中添加多个显示对象，尝试利用【移动】设计图标移动其中一个或部分显示对象。（提示：先将显示对象拆分到多个设计图标中。）

2．利用【移动】设计图标的层属性，控制被移动的显示对象，使其在其他静止显示对象的前方（或后方）移动。

3．通过以下实验，观察和总结层对动画效率的影响。

① 使用多个【移动】设计图标在同一层中控制多个对象移动；

② 使用多个【移动】设计图标在多个层中控制多个对象移动。

第16章 为流程添加交互能力

交互是指用户和计算机之间进行人机对话，使用户能够参与课件程序的运行过程，而不仅仅是看图片、听音乐。交互性在课件教学中起着越来越重要的作用，交互性的强弱往往是衡量课件水平的重要尺度。

交互过程由 3 方面的要素构成：交互界面（菜单、按钮和提示信息）、用户操作（单击、双击或按键）、视觉或听觉反馈（显示新的画面或发出声响）。

16.1 交互作用分支结构

Authorware 强大的交互能力源于交互作用分支结构。交互作用分支结构由【交互作用】设计图标、响应类型、响应分支共同构成，如图 16-1 所示。

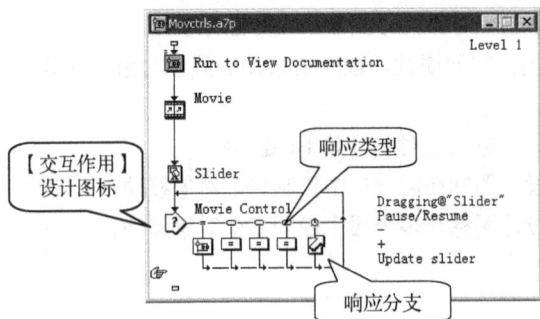

图 16-1 交互作用分支结构

在这三者之中，【交互作用】设计图标具有安排交互界面、组织交互方式的功能，是整个交互作用分支结构的核心，响应类型与响应分支不可能脱离【交互作用】设计图标而独立存在。当用户单击某个按钮，或者敲击键盘上的某个按键甚至移动窗口中的某个对象时，Authorware 会自动在【交互作用】设计图标下选择并执行对应的分支流程，然后根据用户的操作做出响应。

【交互作用】设计图标属性检查器如图 16-2 所示，与交互过程相关的选项主要位于【Interaction】选项卡中。

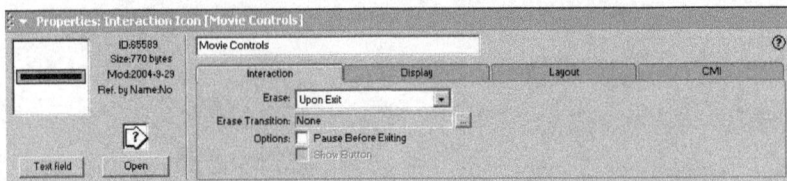

图 16-2 【交互作用】设计图标属性检查器

（1）【Text field】按钮：用于设置文本输入框的样式。文本输入框主要用于文本输入响应。

（2）【Open】按钮：单击此按钮打开【交互作用】设计图标，在其中设计交互界面（创建文本对象、导入图像等）。

（3）【Erase】下拉列表框：用于对何时擦除【交互作用】设计图标中的内容进行控制。该属性提供了 3 个选项。

● Upon Exit：当退出当前交互作用分支结构时，擦除【交互作用】设计图标的内容。当选择此选项时，【交互作用】设计图标中的交互界面在整个交互作用过程中一直显示在【演示】窗口中。

● After Next Entry：在用户开始下一次交互作用时，擦除【交互作用】设计图标的内容。

● Don't Erase：如果选择此选项，即使退出了交互作用分支结构，【交互作用】设计图标的内容仍会保留在【演示】窗口中，留待以后通过【擦除】设计图标擦除。

（4）【Erase Transition】文本框：用于设置交互作用界面的擦除过渡效果，使用方法同在【擦除】设计图标中指定一种擦除过渡效果相同。

（5）【Pause Before Exiting】复选框：打开此复选框在程序退出交互作用分支结构时，Authorware 会暂停执行下一个设计图标，这样可以使用户有足够的时间观看屏幕上显示的反馈信息。当用户看完后，可以敲击键盘上的任意键或单击鼠标，继续执行后续内容。

（6）【Show Button】复选框：当打开【Pause Before Exiting】复选框后，再打开【Show Button】复选框，就会在退出交互作用分支结构时，显示一个【Continue】按钮，单击该按钮，Authorware 将继续执行后续内容。

响应类型决定对用户的哪些操作进行响应，在 Authorware 中共有 11 种响应类型，如图 16-3 所示。

（1）Button：按钮响应，用于创建按钮并响应用户的单击按钮的操作。

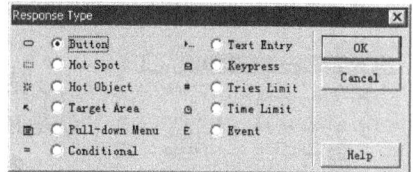

图 16-3　Authorware 的响应类型

（2）Hot Spot：热区响应，用于创建一个热区域，并响应用户在热区域中进行的单击、双击或移动鼠标的操作。

（3）Hot Object：热对象响应，用于创建一个热对象（任何显示对象都可以作为热对象使用），并响应用户在热对象上进行的单击、双击或移动鼠标的操作。

（4）Target Area：目标区响应，用于创建一个容纳显示对象的目标区域，并响应用户向目标区域中拖放对象的操作。

（5）Pull-down Menu：下拉式菜单响应，用于创建下拉菜单，并响应用户选择菜单命令的操作。

（6）Conditional：条件响应，用于对特定条件进行监视，一旦条件成立立即做出响应。

（7）Text Entry：文本输入响应，用于创建一个文本框，接收用户输入并根据输入的内容做出响应。

（8）Keypress：按键响应，用于响应用户的按键操作。

（9）Tries Limit：重试限制响应，用于限制用户进行交互操作的次数。

（10）Time Limit：时间限制响应，用于限制用户进行交互操作的时间。

（11）Event：事件响应，用于对【组件】设计图标发出的事件做出响应。

响应分支中的响应图标提供了对用户的反馈信息，它的内容是作为对用户操作的响应呈现在用户面前的。Authorware 中所有的设计图标都可以作为响应图标使用，将一个设计图标从图标选择板中拖放到【交互作用】设计图标右方时，Authorware 会认为这是一个响应图标，自动为它新建一条响应分支流程，同时被选中的响应类型标记会出现在响应图标的上方。双击响应标记，可以打开响应属性检查器，如图 16-4 所示。各种响应都具有的共同属性存在于【Response】选项卡中。

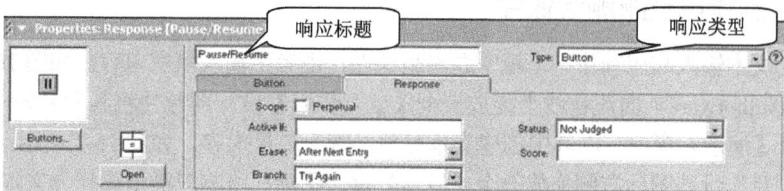

图 16-4　响应属性检查器

（1）响应标题：用于设置响应图标的名称。

（2）响应类型：可更改当前响应类型。

（3）【Scope】属性：用于设置响应的作用范围。如果打开【Perpetual】复选框，则此响应就被设置为永久性响应。永久性响应是一种在整个程序执行过程中随时等待用户进行交互的响应。

（4）【Active If】文本框：用于设置响应的激活条件。在文本框中的数值、变量或表达式值为真（非 0 值）时，此响应才被激活，否则此响应处于禁用状态。

（5）【Erase】下拉列表框用于设置何时擦除响应图标为用户提供的反馈信息（也就是响应图标的内容），其中提供了 4 种选择。

- Don't Erase：反馈信息不会被擦除，在退出交互作用分支结构后，反馈信息仍然显示在【演示】窗口中留待通过【擦除】设计图标进行擦除。
- After Next Entry：在开始下一次交互作用时，擦除此次交互作用的反馈信息。
- Before Next Entry：在进行下一次交互作用前，擦除此次交互作用的反馈信息。
- On Exit：在退出交互作用分支结构后，擦除此次交互作用的反馈信息。

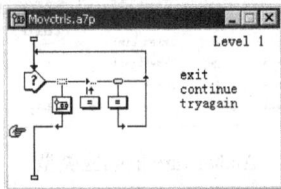

图 16-5　3 种响应分支类型

（6）【Branch】下拉列表框用于决定分支流程的走向。在交互作用分支结构中通常存在 3 种类型的响应分支，如图 16-5 所示，从左到右分别是 Exit Interaction（退出交互）、Continue（继续）和 Try Again（再试）。

- Exit Interaction：Authorware 在执行完响应图标的内容后，会退出交互作用分支结构回到主流程线上，继续执行主流程线上的其他设计图标内容。
- Try Again：分支流程将会流向主流程分支起点，等待用户进行另一次交互操作。
- Continue：分支流程会沿原路线返回并检查后面是否存在其他的期待响应能与最终用户的操作相匹配。

（7）【Status】下拉列表框：用于设置响应的状态。在响应图标名称的左侧都有一个加号（+）、减号（−）或空格标记，该标记表示该响应图标的响应状态。响应状态共分以下 3 种。

- Not Judged：不予判断。
- Correct Response：正确响应，以"+"号表示。
- Wrong Response：错误响应，以"−"号表示。

当为一个响应选择了后两种响应状态中的一个后，Authorware 会跟踪用户的操作并做出判断。

（8）【Score】文本框：用于输入当前响应代表的分数值，与响应的【Status】属性配合使用。

16.2　制作测验型课件

本节通过制作 3 个测验课件来练习使用交互作用分支结构。

16.2.1　制作填空题测验课件

本例将利用文本输入响应制作一个填空题测验课件，由考生输入填空内容，如图 16-6 所示。

（1）进入 Authorware，向流程线上拖放一个【交互作用】设计图标并将其命名为"题目"，双击该设计图标打开【演示】窗口，向其中创建文本对象并输入题目内容，如图 16-7 所示。

（2）向"题目"设计图标右侧拖放一个【显示】设计图标，将响应类型选择为文本输入响应。将响应图标命名为"填空"，双击响应标记打开响应属性检查器，在其中将【Pattern】属性的值设置为 11，然后将【Status】属性设置为 Correct Response，响应图标名称前将显示"+"号，如图 16-8 所示。使用鼠标在【演示】窗口中调整文本输入框的大小和位置，然后打开"填空"设计图标，在其中创建一个对号图形。

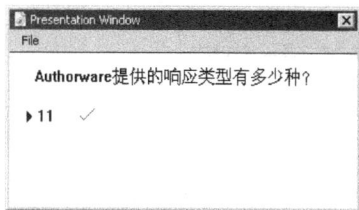

图 16-6　填空题测验课件　　　　　　　　图 16-7　在【交互作用】设计图标中创建题目

图 16-8　创建文本输入响应及反馈

（3）运行课件，向文本输入框中输入 11 并回车，根据【Pattern】属性的设置，由于这是可以由文本输入响应匹配的数值，因此将在【演示】窗口中显示出对号。当向文本输入框中输入其他数值时，文本输入响应不予匹配，不会看到任何结果。

16.2.2　制作选择题测验课件

本例将利用按钮响应制作一个选择题测验课件，如图 16-9 所示，考生必须在提供的选项中选出所有正确答案，并且在答题过程中不得选择任何错误选项。

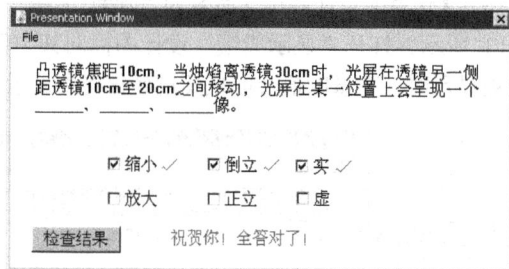

图 16-9　选择题测验课件

（1）进入 Authorware，向流程线上拖放一个【交互作用】设计图标并将其命名为"题目"，双击该设计图标打开【演示】窗口，向其中创建文本对象并输入题目内容，如图 16-10 所示。向"题目"设计图标右侧拖放一个【显示】设计图标，将响应类型选择为按钮响应。将响应图标命名为"缩小"，在其中创建一个对号图形。双击响应标记打开响应属性检查器，在其中单击【Buttons】按钮打开【Buttons】对话框，如图 16-11 所示，选择【Standard Windows Checkbox】（Windows 标准复选框按钮），最后单击【OK】按钮。

（2）按照第 1 步中的方法继续创建其他的选项，如图 16-12 所示，将所有按钮响应的【Erase】属性设置为 On Exit，并将代表正确答案的选项设置为 Correct Response，同时在响应图标中粘贴对号图形，而将代表错误答案的选项设置为 Wrong Response，同时在响应图标中粘贴叉号图形。当同一交互作用分支结构中的响应数量超过 5 个以后，在设计窗口中自动以滚动方式显示所有的响应。

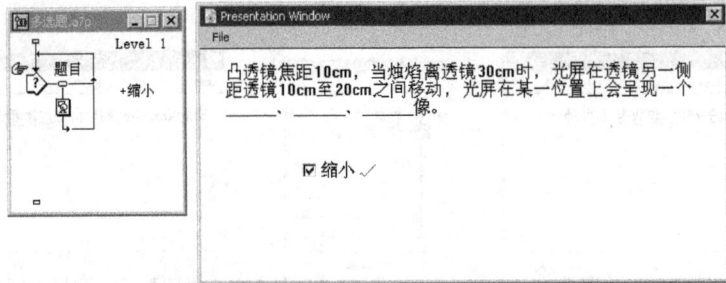

图 16-10　创建第一个选项

图 16-11　选择按钮样式

图 16-12　创建所有选项

（3）向交互作用分支结构最右侧添加一个"检查结果"按钮响应（拖放一个【群组】设计图标），打开响应图标并向其中添加一个【运算】设计图标（命名为"判断"）和一个【显示】设计图标（命名为"显示成绩"），如图 16-13 所示。打开"显示成绩"设计图标向其中创建文本对象，并输入文本"{result}"，这样当文本对象被显示时，变量的值会取代变量名称得到显示。

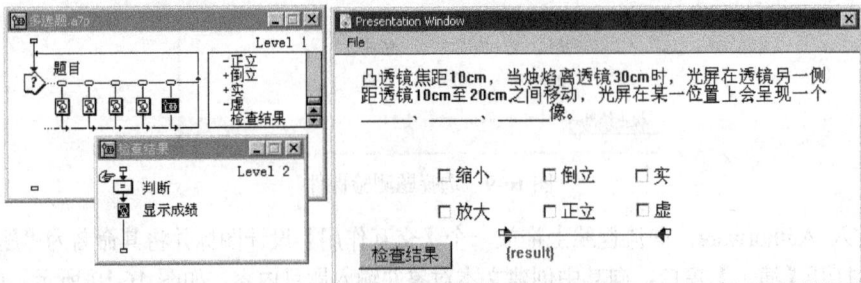

图 16-13　创建"检查结果"按钮响应

打开"判断"设计图标并向其中输入如下程序代码：

```
if (AllCorrectMatched&(WrongChoicesMatched=0)) then
    result:="祝贺你！全答对了！"
else
```

```
      result:="答错了！"
   end if
```

系统变量 AllCorrectMatched 的值在交互作用分支结构中所有正确响应都被匹配时为真，而系统变量 WrongChoicesMatched 的值在任何错误响应都没有被匹配过的情况下为 0。将两个变量通过逻辑与运算符 "&" 进行运算，就保证了只有在考生选出所有正确答案，并且未曾选择任何错误选项时，if 语句条件成立，将变量 result 的值设置为 "祝贺你！全答对了！"，否则，将变量 result 的值设置为 "答错了！"

16.2.3　制作拖放题测验课件

本例将利用目标区响应和条件响应制作一个拖放题测验课件，如图 16-14 所示，要求考生根据对计算机硬件系统的了解，分别将计算机硬件系统组成的 5 个组成部分放到计算机硬件系统组成框图中合适的位置。

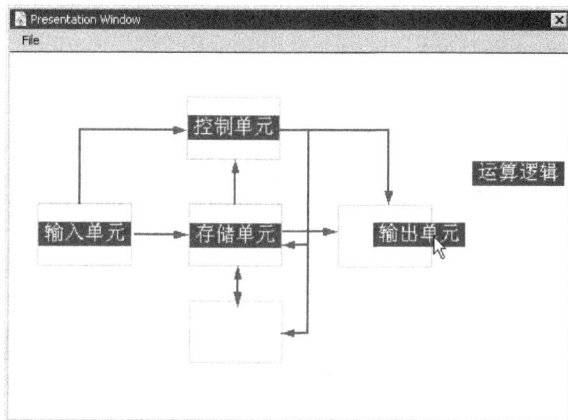

图 16-14　拖放题测验课件

（1）进入 Authorware，建立一个新的程序文件，向其中添加 4 个【显示】设计图标和 1 个【交互作用】设计图标，并按照如图 16-15 所示进行命名。分别向每个【显示】设计图标中创建 1 个文本对象作为对应的硬件单元，然后在 "系统框图" 设计图标中绘制计算机硬件系统框图和存储单元。存储单元已经就位，其余 4 个单元准备交给考生摆放。

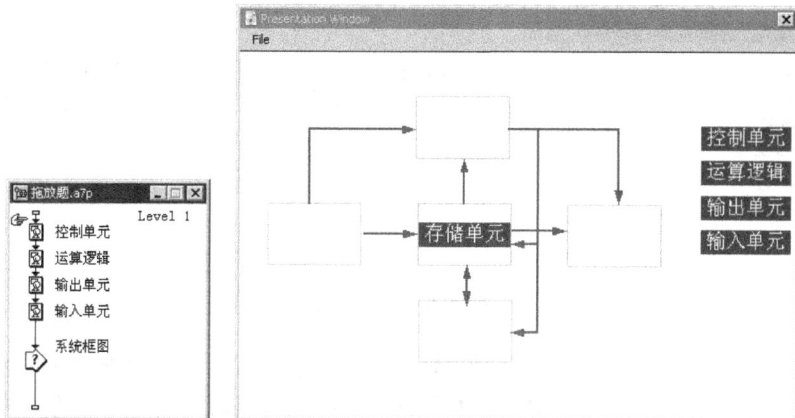

图 16-15　准备 4 个单元和系统框图

（2）向"系统框图"设计图标右侧拖放一个【群组】设计图标，将响应类型设置为目标区响应。如图 16-16 所示，将其命名为"控制单元位置"。双击目标区响应标记打开目标区响应属性检查器，单击【演示】窗口中的"控制单元"文本对象，将控制单元设置为目标，然后调整目标区域的位置和大小，使其与系统框图顶端的矩形框相吻合。在属性检查器中将目标区响应的【On Drop】属性设置为 Snap to Center，这样在将控制单元拖放到目标区时，会自动居中放置。

图 16-16　创建目标区响应

（3）按照第 2 步中的做法，向交互作用分支结构中再增加 3 个目标区响应，分别对应于"运算逻辑""输出单元""输入单元"，如图 16-17 所示，将所有的响应都设置为正确响应。运行程序，当每个单元对象被拖放到正确的区域中时，会自动居中放置。

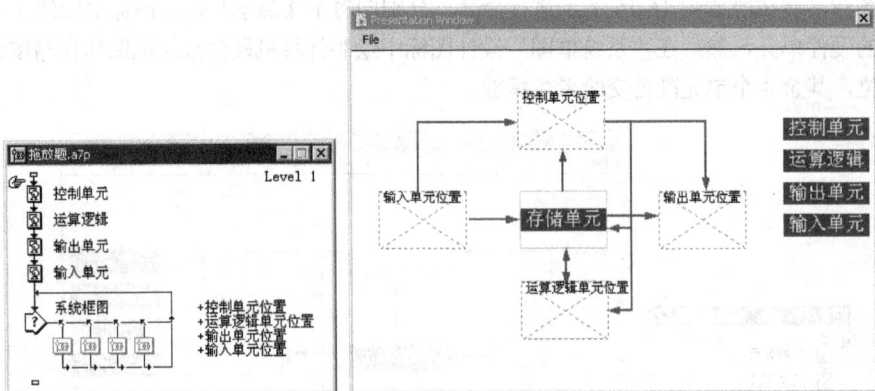

图 16-17　设置所有的目标区与目标

（4）目标被放错位置时，会停留在出错的位置。应该设置专门的流程，对放错位置的情况进行处理。向交互作用分支结构中增加一个"错误位置"目标区响应，将其目标区设置为覆盖整个【演示】窗口，如图 16-18 所示，将目标区响应设置为 Accept Any Object（接受任意对象），将【On Drop】属性设置为 Put Back，这样就可以使单元对象在被错误摆放时，会自动回到原位置等待下一次拖放操作。将"错误位置"目标区响应设置为"错误响应"。

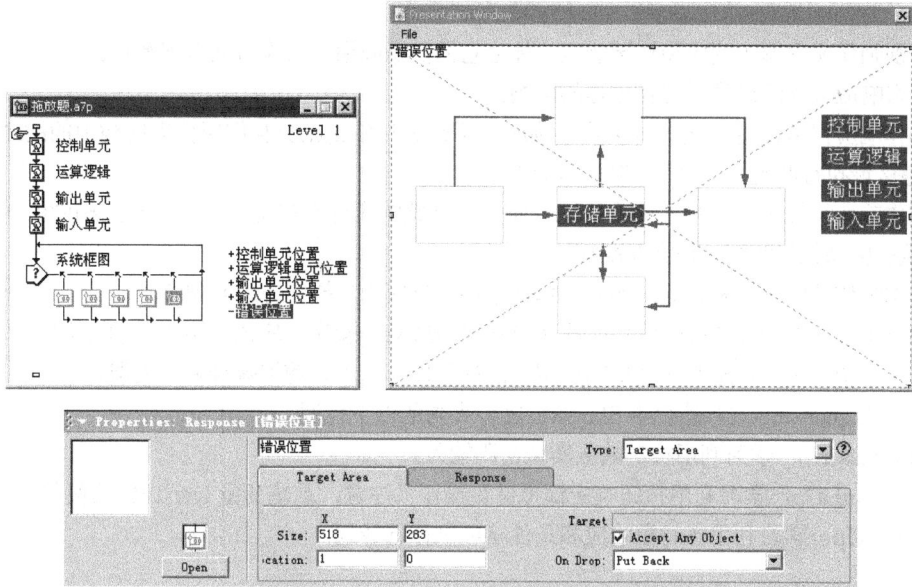

图 16-18　对错误的位置进行判断和处理

（5）向交互作用分支结构的右侧拖放一个显示设计图标，将响应类型选择为条件响应。如图 16-19 所示，将其命名为"AllCorrectMatched"，之所以这样命名是因为条件响应把响应名称当成要监视的条件。双击条件响应标记打开条件响应属性检查器，将条件响应的【Automatic】属性设置为 On False to True，即当条件的值由假变为真时，当前条件响应被匹配，执行当前响应分支流程中包含的响应图标。双击打开条件响应图标，在其中创建一个包含文字"祝贺你！答对了!"的文本对象。

运行课件程序，当全部单元对象被正确摆放时，可以看到条件响应图标中的祝贺语。

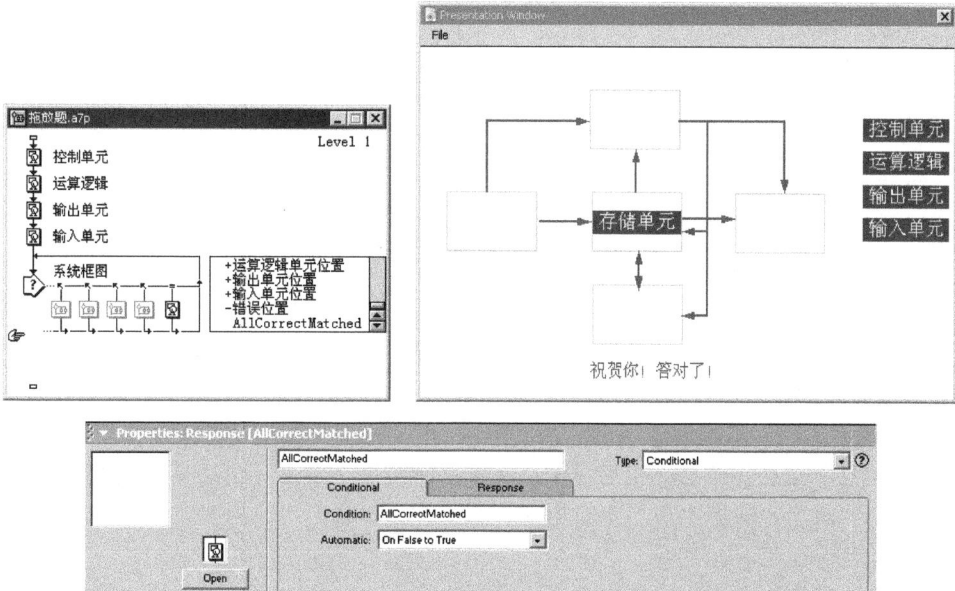

图 16-19　对答题情况进行判断

16.3　上机实验

1．分别制作文本输入响应和按键响应，体会它们在响应用户操作方面有何特点。

2．学习响应分支的次序对交互过程的影响。

① 制作响应区域发生重叠的两个热区响应，调整响应分支在交互作用分支结构中的次序，观察用户在重叠区域执行匹配操作会匹配哪一个响应；

② 制作响应区域发生重叠的两个热对象响应，调整响应分支在交互作用分支结构中的次序，观察用户在重叠区域执行匹配操作会匹配哪一个响应。

3．分别制作热区响应和目标区响应，体会它们在响应用户操作方面有何特点。

① 如果希望通过一片透明的区域响应用户的单击或双击操作，应该使用哪种响应类型？

② 如果希望通过一片透明的区域响应用户的拖放操作，应该使用哪种响应类型？

4．学习 Authorware 安装路径中 ShowMe 文件夹内的以下范例：

① Keypress.a7p，学习利用按键响应实现密码输入；

② Keyboard.a7p，学习利用按钮响应模拟键盘操作（注意，系统变量 IconTitle 的使用）；

③ Judge.a7p，学习利用热对象响应和条件响应制作选择题。

第 17 章　通过 Authorware 创建演示型课件

导航结构为用户提供了在大量多媒体信息中进行浏览和检索的功能，它可以方便地制作出类似于演示文稿或电子图书式的多媒体课件。用户可以在导航结构中顺序浏览各种信息，或者根据兴趣进行查找，快速定位到感兴趣的信息。导航结构同时提供了历史记录功能，用户可以像在使用 Internet 浏览器一样，根据历史记录快速返回到以前浏览过的内容。

导航结构由【框架】设计图标、隐藏于【框架】设计图标中的【导航】设计图标，以及附属于【框架】设计图标的页图标共同构成，如图 17-1 所示。

17.1　快速建立演示文稿

将需要浏览的数据导入到【框架】设计图标的右侧可以快速建立一个基本的导航结构，Authorware 将根据文本文件的长度和分页符的位置自动创建多个页图标。

（1）首先将文稿内容以 RTF 格式保存，设置好字体和段落格式，在需要分页的地方插入分页符。Authorware 可以根据分页符，自动创建新的【显示】设计图标容纳新一页文稿。

（2）进入 Authorware，创建一个新的程序文件，从图标选择板中向流程线上拖放一个【框架】设计图标，然后再向【框架】设计图标右侧拖放一个【显示】设计图标，该设计图标自动成为框架结构中的一个页图标。如图 17-2 所示，将【框架】设计图标命名为"透镜成像原理"。

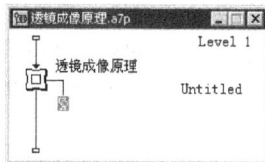

图 17-1　导航结构　　　　　　　图 17-2　创建【框架】设计图标和页图标

（3）在第一页中对演示文稿页面格式进行设置。双击页图标打开【演示】窗口和浮动工具板，在浮动工具板中选择【文本】工具，在【演示】窗口中准备摆放文本内容的位置单击创建文本对象，调整文本标尺的宽度。单击工具栏中的【导入文件】按钮，打开【导入文件】对话框，在其中选择需要导入的 RTF 文本文件，如图 17-3 所示。

（4）在【导入文件】对话框中单击【Import】按钮，Authorware 提示如何处理即将导入的文本格式，如图 17-4 所示。保持默认的设置不变，单击【OK】按钮，RTF 文件将被导入到导航结构中，Authorware 根据 RTF 文件中的分页符，自动创建多个【显示】设计图标作为页图标。按照如图 17-5 所示分别为每个页图标重新命名。

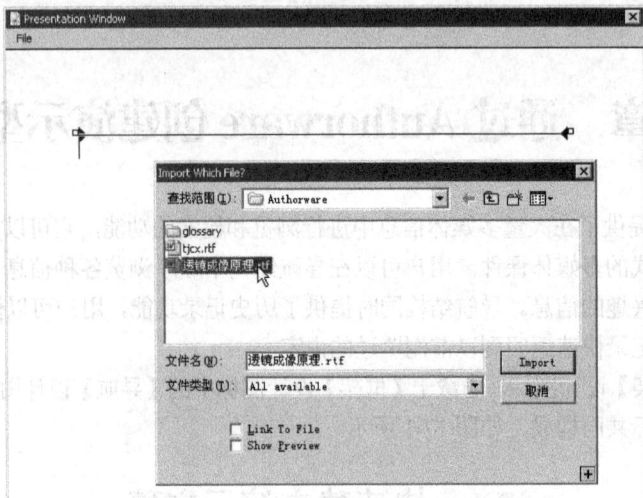

图 17-3　准备导入 RTF 文件

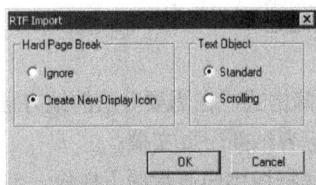

图 17-4　设置文本格式

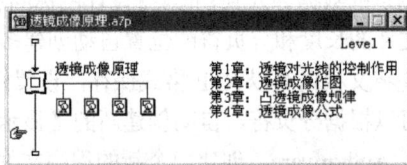

图 17-5　自动创建页图标

（5）运行程序，在【演示】窗口上方出现导航按钮板，如图 17-6 所示，通过其中的导航控制按钮可以方便地在各个页面之间导航，每个页面中的文本对象都按照第一个页图标中的设置自动对齐，同时也保持了 RTF 文件中规定的文本风格（例如字体、颜色、倾斜等），这就省去了大量的调整工作。

（6）双击【框架】设计图标打开框架窗口，【框架】设计图标内部被一条分隔线划分为上、下两个部分：上部称为入口窗格，其中包含了一个【显示】设计图标和一个交互作用分支结构，在课件流程进入框架结构时，入口窗格中的内容会被首先执行，同时在退出框架结构前一直保持在【演示】窗口中；下部称为出口窗格，其中的内容将在流程退出框架结构时被执行。Authorware 提供的导航按钮板位于入口窗格内，如图 17-7 所示，其中包括 8 个导航控制按钮，它们的作用分别如下。

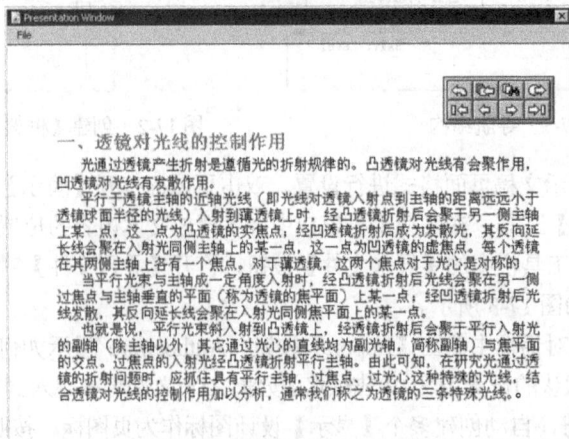

图 17-6　页图标中的内容

【返回】按钮：沿历史记录从后向前翻阅用户使用过的页，一次只能向前翻阅一页。

【历史记录】按钮：显示历史记录列表，如图 17-8 所示，双击任意一条历史记录可以快速导航至该页。

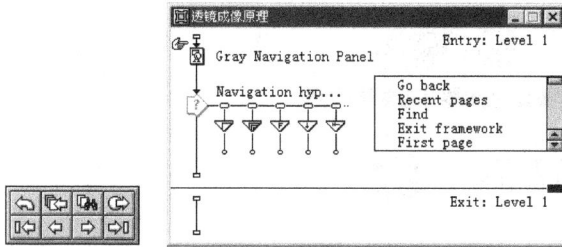

图 17-7　【框架】设计图标中的导航控制按钮

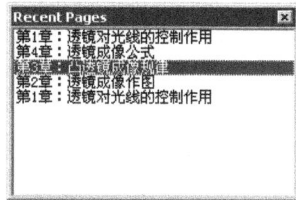

图 17-8　历史记录列表

【查找】按钮：打开【查找】对话框，在各个页面中进行查找并显示包含指定字符串的页面列表。如图 17-9 所示，双击列表中的某个页面标题，能够快速导航至该页，并将查找到的字符串以绿色背景加亮显示。Authorware 提供的查找功能不区分字母的大小写。

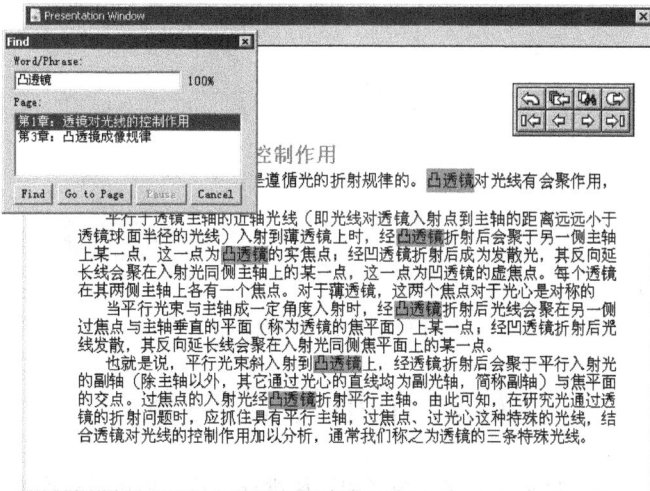

图 17-9　查找指定的内容

【退出】按钮：退出导航结构。

【第一页】按钮：跳转到第一页。

【向前】按钮：进入当前页的前一页。

【向后】按钮：进入当前页的后一页。

【最后一页】按钮：跳转到最后一页。

（7）如果课件中各章的内容比较多，需要以章、节的方式安排授课内容时，可以创建嵌套的框架结构，如图 17-10 所示。第 2 章的内容被分为 5 节，由于每个框架结构的导航按钮板都显示在同一位置，因此需要为嵌套的框架结构调整导航按钮板的位置（否则内层的导航按钮板会将外层的导航按钮板完全遮住）。

（8）将内层框架结构的导航按钮板调整到【演示】窗口右下角。运行课件程序，当导航至第 2 章时，内层框架结构的导航按钮板也会出现，如图 17-11 所示。使用右下方的导航按钮板可以控制课件内容在第 2 章各节之间导航，使用右上方的导航按钮板则可以在各章之间进行导航。在第 2 章各节之间进行导航时，将第 2 章标题置在内层【框架】设计图标的入口窗格中，这样能使第 2 章的标题始终出现在各节内容中。

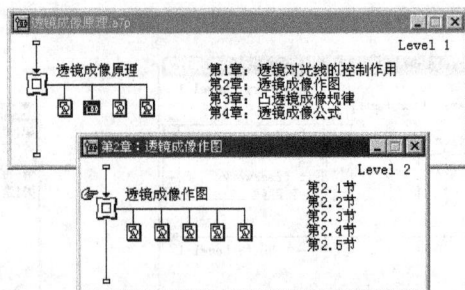

图 17-10　嵌套的框架结构

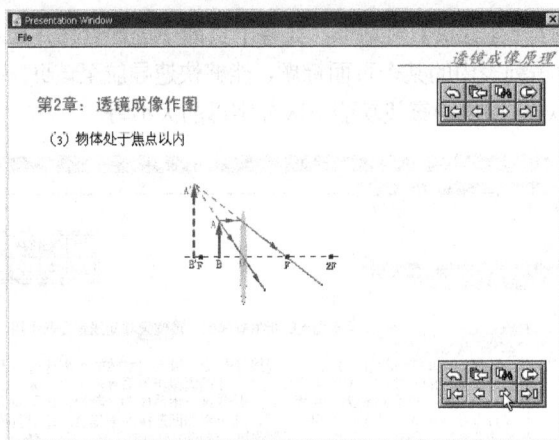

图 17-11　双重导航控制

17.2　利用关键词导航

利用导航结构除了可以对文本内容、图形和图像进行浏览，还可以对声音、数字化电影、Flash 动画等多媒体内容进行浏览，实现时只需将相应设计图标拖放到【框架】设计图标右侧就可以创建页图标，向其中导入多媒体素材，并可以利用导航按钮板开展导航。

由于图像、音频、视频或动画素材不包含文本信息，所以一般的查找手段对它们不起作用。Authorware 允许按照页图标的关键词进行查找，这一功能对查找仅包含非文本内容的页面非常有用。

例如在上一节制作的课件中，2.2、2.3 和 2.4 节仅包含关于"凸透镜成像作图"的图像信息，如何能够利用导航按钮板中的【查找】按钮，方便地查找这些与凸透镜相关的信息呢？通过为 3 个页图标定义"凸透镜"关键词可以解决这一问题。

执行 Modify→Icon→Keywords 菜单命令，打开【Keywords】对话框，如图 17-12 所示，在其中可以为页图标设置关键词。在对话框右侧的【Icon Type】列表框中选择一个设计图标（可以使用上方的下拉列表框选择设计图标类型），该设计图标所有的关键词都会显示在【Keywords】列表框中。一个设计图标可以具有一个以上的关键词，便于用户从不同角度开展查找，例如对于包含透镜成像作图内容的所有页图标，可以同时定义"作图""透镜""成像"等关键词，以适应多种查找场合。

单击【Edit Keywords】按钮可以为当前被选择的设计图标编辑关键词，该设计图标的所有关键词都显示在【Keywords for This Icon】列表框中以供编辑。在【Keyword】文本框中输入关键词后，单击【Add】
按钮，新关键词就会添加到【Keywords for This Icon】列表框中。选择现有的关键词并单击【Modify】按钮，
可以对关键词进行修改。单击【Select All】按钮可以选中【Keywords for This Icon】列表框中的所有关键词。
单击【Remove】按钮，可以删除【Keywords for This Icon】列表框中当前处于选中状态的关键词。

　　在【Keywords】对话框中为"第 2.2 节""第 2.3 节""第 2.4 节"设计图标定义"凸透镜"关键词，
然后单击【Done】按钮关闭对话框。运行课件，在导航按钮板中单击【查找】按钮，然后以"凸透镜"
为目标字符串进行查找，可以发现 3 个相关页面都出现在查找结果列表中，如图 17-13 所示，双击页
名称可以直接导航至该页。

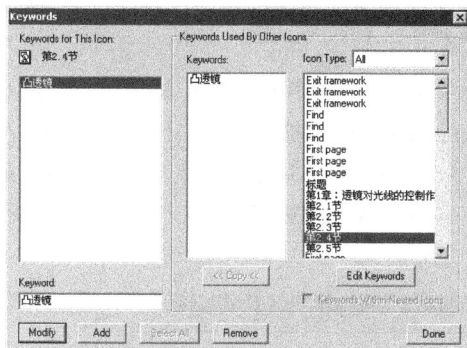

图 17-12　为设计图标定义关键词　　　　　　图 17-13　根据关键词进行查找

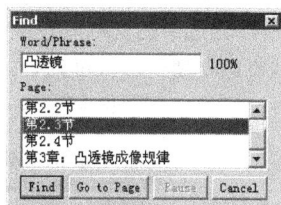

17.3　利用超文本导航

　　超文本是具有信息导航功能的文本内容，可以利用超文本建立导航至页图标的超链接。为了实现
超文本，必须通过文本风格来定义文本内容的交互属性。

　　执行 Text→Define Styles 菜单命令（快捷键 Ctrl+Shift+Y），打开【Define Styles】对话框，向其中
增加一种自定义文本风格——超文本，如图 17-14 所示，将文本样式设置为绿色、粗体、带下画线，
然后对文本的【Interactivity】（交互性）属性进行设置。

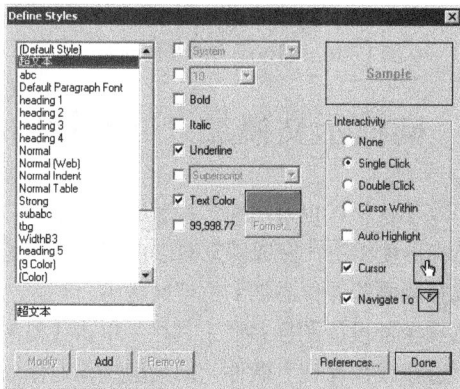

图 17-14　自定义文本风格

　　选择【Single Click】选项，这样就能够以鼠标单击的方式激活超链接。选择【Auto Highlight】选
项使超链接被激活时，超文本内容加亮显示。单击【Cursor】复选框，设置鼠标指针位于超文本对象
之上时的样式。

单击【Navigate To】复选框，再单击右侧的导航标记，打开导航属性对话框，如图 17-15 所示。将【Destination】属性设置为 "Search"，将查找目标字符串设置为 "凸透镜"，这样就定义了超文本风格的导航动作。

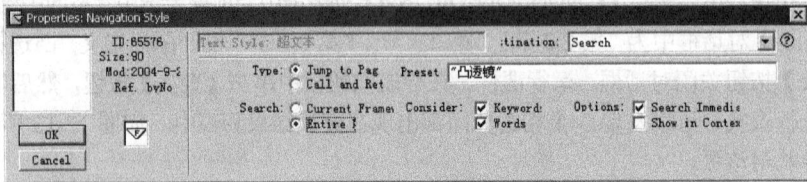

图 17-15　建立超文本风格包含的导航动作

定义超文本风格后，就可以应用于现有的文本之上。首先选择相应的文本内容（例如位于某一页中的 "凸透镜" 一词），执行 Text→Apply Text Styles 菜单命令（快捷键 Ctrl+Alt+Y），打开【Apply Text Styles】对话框，为选中的文本内容应用超文本风格，具有超文本风格的文本对象就成为超文本对象。设置完成后就可以在课件运行过程中，单击超文本（当鼠标指针位于超文本之上时，自动变为手形），直接打开【查找】对话框，根据预设的目标字符串进行查找，如图 17-16 所示。

图 17-16　通过超文本开展导航

17.4　向演示文稿加入交互性内容

在页图标中不仅可以包含多媒体素材，也可以包含完整的流程结构。例如可以将选择题、填空题或拖放题等测验内容加入框架结构，使学生在完成课堂教学内容后，当场开始进行测验。

下面将 16.2.2 节中制作的选择题测验课件添加到框架结构中。

（1）首先打开测验课件，选择全部设计图标并在工具栏中单击【复制】按钮。

（2）打开 9.1 节中制作的 "透镜成像原理" 课件，向框架结构右侧添加新的【群组】设计图标并将该页命名为 "测验"，如图 17-17 所示。

（3）双击打开【测验】设计图标，在其中创建嵌套的框架结构，如图 17-18 所示，将第 1 个页命名为 "选择题"，然后打开该页，向其中粘贴 "透镜成像原理" 课件。将内层导航按钮板调整到【演示】窗口右下方。

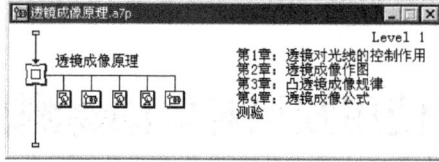

图 17-17　创建测验页

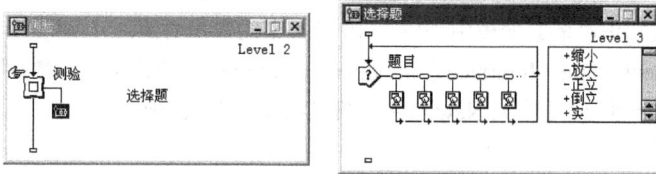

图 17-18　向页图标中添加测验流程

（4）运行课件，可以导航至测验题所在的页进行测验，如图 17-19 所示。可以向"测验"页中添加更多的测验题，利用导航控制按钮在各测验题之间进行导航。

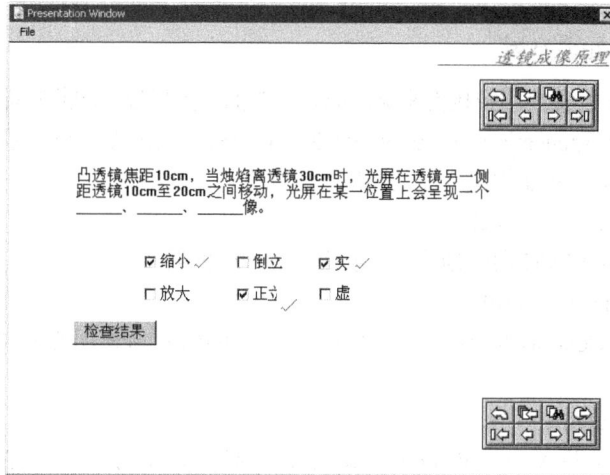

图 17-19　在页中进行测验

17.5　上 机 实 验

1．打开【框架】设计图标，观察其内部结构，试用一组自定义的导航控制（如一组热对象）取代默认的导航控制按钮组。

2．使用超文本实现一个简单的帮助系统，能够对课件中使用的声音、图像或数字化电影进行查找（可根据页的关键词进行查找和导航）。

3．若需要在各页图标中显示同一元素（例如标题），应该将其放置在导航结构中什么位置（考虑导航按钮板的位置）？

4．学习 Authorware 安装路径中 ShowMe 文件夹内的以下范例：

① Nav_page.a7p，一个简单的导航结构；

② Paging.a7p，一个简单的翻页控制，仅包含前一页、后一页两种导航方式；

③ Content.a7p，一个综合性范例，包含精心设计的导航控制。

第18章　使用知识对象创建测验型课件

使用知识对象可以快速实现一些常用的功能，大幅提高课件设计效率。Authorware 7 在【知识对象】面板中提供了 10 种类型的知识对象：Accessibility、Assessment、File、Interface Components、Internet、LMS、Model Palette（前文已介绍，此处略）、New File、RTF Objects 和 Tutorial，如图 18-1 所示。

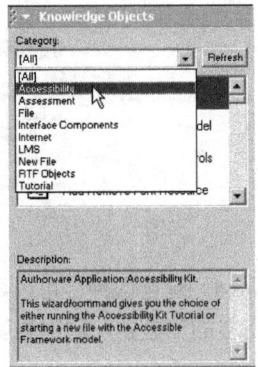

图 18-1　【知识对象】面板

18.1　知识对象简介

为了方便读者查阅使用，下面对所有知识对象的作用以分类的形式进行简单介绍。

1．Accessibility 类知识对象

由于使程序更加易于被最终用户接受是 Authorware 7 的一大目标，因此它提供了一系列程序易用性开发工具（Authorware Application Accessibility Kit，AAAK），包括易用性知识对象、模块、命令。Accessibility 类型的知识对象用于提高程序的易用性，共有以下 4 种。

（1）Accessible Framework Model

Accessible Framework Model 用于创建支持易用性的程序框架。

（2）Accessible Windows Controls

Accessible Windows Controls 与 Accessible Framework Model 联合使用的模块，用于创建易用性的 Windows 控制。

（3）Feedback Accessibility

Feedback Accessibility 与 Accessible Framework Model 联合使用，用于阅读交互作用的反馈信息或设计图标的描述信息。

（4）Screen Accessibility

Screen Accessibility 为文本发声（Text-To-Speech，TTS）功能和键盘输入焦点准备屏幕内容。

2．Assessment 类知识对象

评测类知识对象，用于在学习、训练类型的程序中评价学生的学习质量。该类包括 9 种知识对象。

（1）Drag-Drop Question——创建拖放测试题。

（2）Hot Object Question——创建热对象测试题。

（3）Hot Spot Question——创建热区测试题。

（4）Login——创建测试登录过程及选择测试成绩存储方式。

（5）Multiple Choice Question——创建多项选择测试题。

（6）Scoring——实现测试成绩的记录、统计和显示。

（7）Short Answer Question——创建简答测试题。

（8）Single Choice Question——创建单项选择测试题。

（9）True-False Question——创建正误判断测试题。

3. File 类知识对象

文件操作类知识对象。该类包括 7 种知识对象。

（1）Add-Remove Font Resource

添加或删除 True Type 字体。如果用户在程序中要使用某种 True Type 字体，则在程序运行前可以利用该知识对象添加该字体到指定的系统目录下，当程序运行结束时再使用该知识对象删除系统目录中的字体，这样并不影响计算机系统本身的设置。

（2）Copy File

使用该知识对象可以复制一个或者多个文件到指定的文件夹，其向导程序会要求用户选择需要复制的文件名及路径。

（3）Find CD Drive

由于用户创建的程序大多数都需要通过 CD-ROM 分发，而在程序中又不可避免地要用到外部媒体文件，因此，如果路径不正确，程序就无法正常运行。设置程序的搜索路径，很重要的一点就是找到光盘驱动器，使用该知识对象，可以很方便地实现查找计算机上第一个 CD-ROM 驱动器。

（4）Jump to Authorware File

使用该知识对象，可以从一个 Authorware 应用程序跳到另一个应用程序，并且能传递当前变量，使用户的信息可以保存。

（5）Read INI Value

从 Windows 配置设置文件（.ini）中读取配置设置信息。

（6）Set File Attribute

使用此知识对象，可以对指定的一个或者多个文件设置只读、隐藏、存档等文件属性。

（7）Write INI Value

向 Windows 配置设置文件（.ini）写入配置设置信息。

4. Interface Components 类知识对象

界面类知识对象。该类包括 13 种知识对象。

（1）Browse Folder Dialog

使用该知识对象，可以在程序运行时创建一个目录浏览对话框，通过它用户可以浏览各个文件夹，包括网络上的驱动器目录，并可以将用户选定的目录存放在一个变量中，当关闭浏览对话框后，通过该变量可以返回到用户选择的路径。

（2）Checkboxes

使用该知识对象，可以产生任意多个复选框，并可以用变量保存选中的复选框。通过返回的变量值，可以判断用户的选项。

（3）Message Box

产生标准 Windows 风格的对话框，用户可以选择对话框的模式，并可以设置一个变量来记录用户单击的按钮。

（4）Move Cursor

使用该知识对象，可以使鼠标在【演示】窗口中自动移动到用户设置好的位置，用户只需设置鼠标移动的初始位置和最后位置即可。

（5）Movie Controller

使用该知识对象，能够播放数字视频文件（.avi 格式），并带有一个操作控制面板，通过该面板实现与用户的交互。

（6）Open File Dialog

使用该知识对象，可以创建一个【打开文件】对话框，用户可以通过它浏览本地或网络驱动器上的文件并选择一个文件，同时设置一个变量保存选定的文件及其路径，用户可以在下面的程序中使用该变量来调用所选中的文件。

（7）Radio Button

该知识对象允许用户设置多个单选按钮及其在【演示】窗口中的位置，并可以设置一个变量来存储用户的选择。

（8）Save File Dialog

该知识对象用于创建一个对话框，允许用户在本地硬盘或网络上浏览、选择文件的保存路径，指定存盘文件名，并可以设置变量来返回用户选择的路径和输入的存盘文件名。

（9）Set Window Caption

使用该知识对象，可以设置 Authorware【演示】窗口的标题。

（10）Slider

创建滚动条，该知识对象提供了很多风格的滚动条，用户只需选择即可。

（11）Windows Control

使用该知识对象可以非常方便地创建 Windows 通用控制对象。它可以创建的控制对象有以下 21 种。

- Button：标准 Windows 按钮。
- CheckBox：复选框。
- Check ListBox：可滚动的复选框列表。
- ColorCombo：颜色选择下拉列表框。
- ComboBox：组合框。
- DriveCombo：驱动器（盘符）列表框。
- Edit：水平滚动编辑框（单行）。
- File ListBox：文件列表框，显示指定文件夹中的所有文件。
- FolderListBox：文件夹列表框，显示驱动器、文件夹、文件的树状列表。
- FontCombo：字体列表框。
- ListBox：列表框。
- MaskEdit：格式化单行编辑框。
- Memo：多行编辑框。
- Menu：下拉式菜单和弹出菜单。
- PasswordEditBox：密码输入框。
- RadioButton：单选按钮。
- SpinButton：微调按钮。
- SpinEdit：带有微调按钮的编辑框。
- TabSet：选项卡组。
- TrackBar：Windows 进度条。
- TreeView：树形列表。

（12）Windows Control-Get Perporty

使用该知识对象可以获取由 Windows Control 产生的控制对象的属性。

（13）Windows Control-Set Perporty

使用该知识对象可以对由 Windows Control 产生的控制对象的属性进行设置。

5. Internet 类知识对象

该类包括 3 种知识对象。

（1）Authorware Web Player Security

使用该知识对象，可以进行 Authorware 网络站点的安全检查设置。例如，如果对访问自己站点的用户不显示提示对话框，就可以利用该知识对象来实现。

（2）Launch Default Browse

使用系统默认的网络浏览器来执行用户指定的 URL 或者.exe 程序，用户可以用它来调用外部的.exe 文件。

（3）Send E-mail

使用该知识对象，可以通过 SMTP 来发送一个电子邮件，在此需要设置发送者、接收者的电子邮件地址，以及发送邮件的服务器地址和邮件的主题与内容。发送完毕后会返回一个变量，用户根据该变量的值可以知道邮件是否发送成功。

6. LMS 类知识对象

学习管理类知识对象，用于同符合 AICC/SCROM 标准的学习管理系统（LMS）进行沟通。该类包括两种知识对象。

（1）LMS（Initializes）

使用该知识对象完成与 LMS 系统沟通前的初始化工作。

（2）LMS（Send Data）

向 LMS 系统发送数据，或者结束与 LMS 系统的通信。

7. New File 类知识对象

用于提供常用的程序框架。该类包括 3 种知识对象。

（1）Accessibility Kit

使用该知识对象，可以产生一个易用型程序。

（2）Application

使用该知识对象，可以产生一个 Authorware 应用程序，特别适合于创作训练学习类的多媒体程序，其中包含大量的选项以便用户进行调整，以适合自己的需要。

（3）Quiz

使用该知识对象，可以产生一个测试性的应用程序，其中包含多种问题类型。例如拖放、热区、热物、多选、单选、简答、正误判断等。该知识对象提供了 5 种程序界面供不同类型的用户选择。当用户完成使用此知识对象创建的测试时，还可以查看自己的得分。另外，使用该知识对象还可以删除程序中的题目。

8. RTF Objects 类知识对象

用于对 RTF 对象进行管理。此类型的知识对象共有 6 种。

（1）Create RTF Object

用于创建一个 RTF 对象。

（2）Get RTF Text Range

用于从现有 RTF 对象中获取指定范围的文本内容。

（3）Insert RTF Object Hot Text

它的作用是自动为指定的 RTF 对象创建具有热区响应的交互作用分支结构，并且自动读取 RTF 对象中与超文本对应的超链接代码。

（4）Save RTF Object

用于将 RTF 对象的内容以 RTF 文件或图像文件的方式输出到磁盘。

（5）Search RTF Object

它的作用是在现有的 RTF 对象中查找指定的文本内容。

（6）Show or Hide RTF Object

用于控制显示与隐藏 RTF 对象。

9．Tutorial 类知识对象

提供了两个 Authorware 教学程序使用的知识对象。

（1）CameraParts

介绍一台照相机的各组成部分。

（2）TakePictures

介绍如何使用照相机。

18.2　利用知识对象创建测验课件

本节以 Assessment 类知识对象为例，介绍知识对象的使用方法。首先创建一个新的程序文件，向流程线上拖放一个【框架】设计图标并将其命名为"测验"，然后保存程序文件。

18.2.1　创建单选题测验

（1）在工具栏中单击【知识对象】按钮打开【知识对象】面板，从其中向"测验"设计图标右侧拖放一个 Single Choice Question 知识对象，如图 18-2 所示，此时知识对象向导程序自动运行。

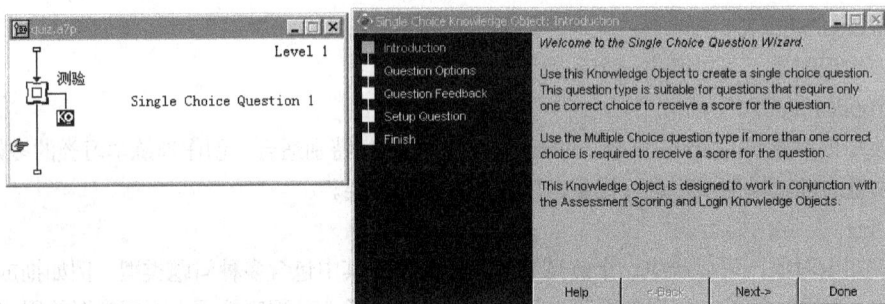

图 18-2　创建单选题测验

（2）在向导程序中单击【Question Options】步骤，在此步骤中可以设置选项标记，如图 18-3 所示。在默认状态下以大写字母作为选项标记，当然也可以根据需要选择数字或其他形式的标记。

（3）在向导程序中单击【Question Feedback】步骤，在此步骤中可以设置反馈方式，如图 18-4 所示。在此选择【Immediate】（立即反馈），并将【Number of Tries】（最大尝试次数）限制为 1。可以根据需要选择【Check Answer Button】（显示检查结果按钮）或【No Feedback】（无反馈）作为反馈方式。

（4）在向导程序中单击【Setup Question】步骤，如图 18-5 所示。在此步骤中可以设置题目和供选项。单击题目或选项，然后在上方的文本框中修改其内容。单击某一选项，在向导窗口右侧选择【Right Answer】将其设置为正确答案，或选择【Wrong Answer】将其设置为错误选项。还可以单击【Add Choice】按钮添加更多的供选项。

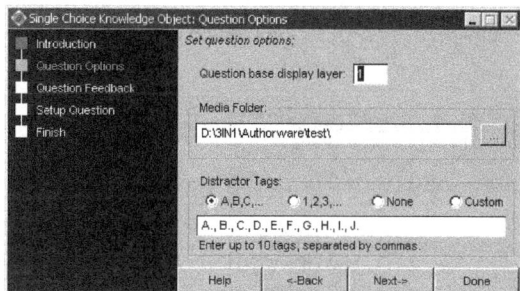

图 18-3 设置选项标记

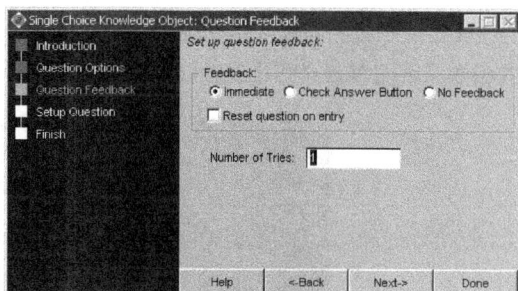

图 18-4 设置反馈方式

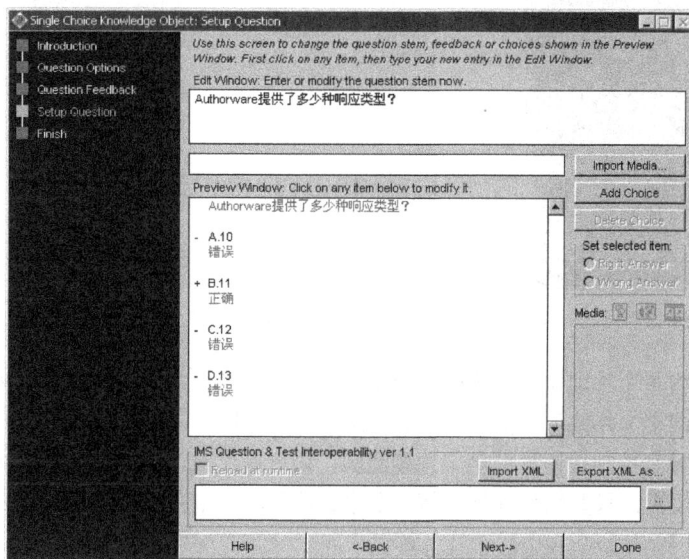

图 18-5 设置题目和供选项

（5）在向导程序中单击【Done】按钮完成设置。运行课件，在【演示】窗口中可以看到测验题目，若选择某一选项后，由于已经设置为立即反馈方式，用户可以立即看到结果（对号或叉号）。如图 18-6 所示。

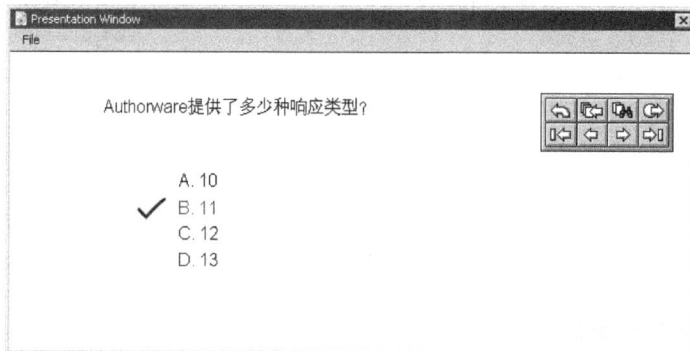

图 18-6 单选题测验结果显示

18.2.2 创建多选题测验

向框架结构中拖放一个 Multiple Choice Question 知识对象可以创建多选题测验。Multiple Choice

Question 知识对象的向导程序如图 18-7 所示，前几个步骤的操作方法与 Single Choice Question 知识对象的相同，下面重点介绍【Setup Question】步骤。

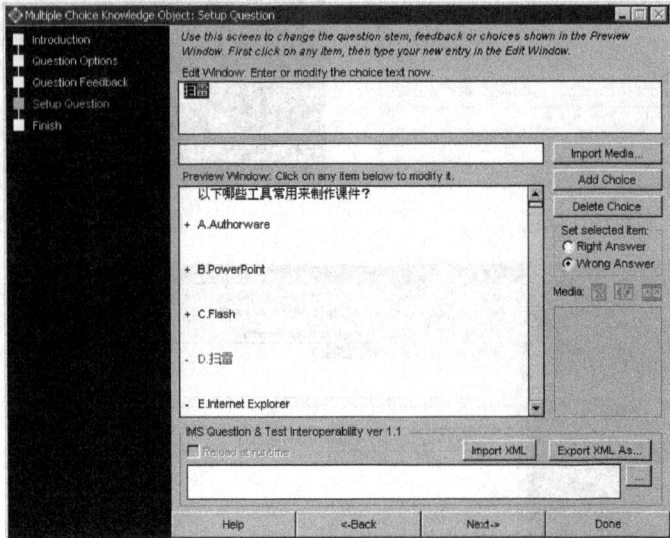

图 18-7　设置多项选择题目和供选项

在此步骤中可以将多个选项设置为【Right Answer】。如果不再需要在知识对象中为每个供选项预设反馈文本，选择反馈文本并按下空格键就能够将反馈文本撤销。

运行课件，利用导航控制按钮导航至多选题测验，可以在供选项中做出选择。由于知识对象的反馈方式被设置为立即反馈，只要用户选择任何一个错误选项，立刻会终止答题过程，如图 18-8 所示。

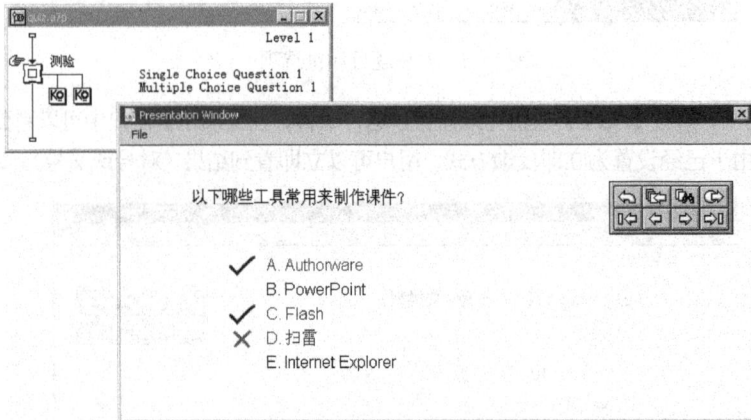

图 18-8　多选题测验结果显示

18.2.3　创建热对象测验

热对象测验实际上是图形化的选择题测验，由 Hot Object Question 知识对象创建。图 18-9 显示的是该知识对象的向导程序。

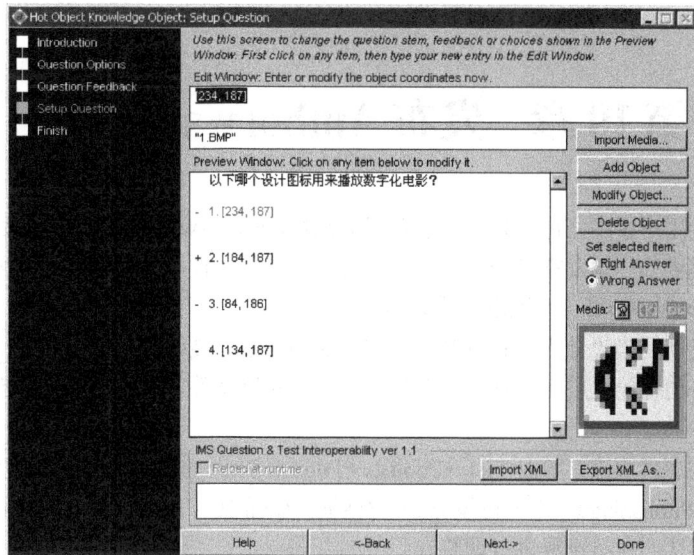

图 18-9　设置热对象选择题和供选项

与单选题或多选题不同，热对象测验的供选项是由坐标表示的。选择某一选项后，单击【Import Media】按钮即可为该选项导入一幅图像。

运行课件，利用导航控制按钮导航至热对象测验，单击【演示】窗口中的热对象，会立即得到反馈，如图 18-10 所示。

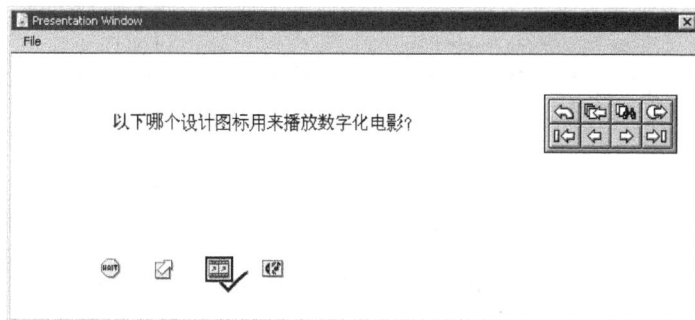

图 18-10　热对象测验

18.3　上 机 实 验

1．使用 Short Answer Question 知识对象，创建 16.2.1 节中介绍的填空题测验。

2．使用 Drag-Drop Question 知识对象，创建 16.2.3 节中介绍的拖放题测验。

3．使用 Hot Spot Question 知识对象，创建 11.2.1 节中介绍的单选题测验。

4．使用 True-False Question 知识对象，创建 11.2.2 节中介绍的判断题测验。

第 19 章　发布 Authorware 课件

在将程序发布到用户手中之前，必须将其打包为可脱离 Authorware 7 设计环境运行的可执行文件。利用 Authorware 7 提供的一键发布功能，自动查找必需的支持文件，只需一步操作就可以将程序发布到 Web，CD-ROM/DVD-ROM，本地硬盘或者局域网环境下运行。

一键发布的含义就是当设计人员执行 File→Publish→Publish 菜单命令（快捷键 F12 ）后，Authorware 可以根据发布设置自动打包生成可执行文件并复制必需的支持文件，通常默认的发布设置能够满足大多数情况的要求。

打开需要发布的课件程序，执行 File→Publish→Publish Settings 菜单命令（快捷键 Ctrl+F12 ），可以打开【One Button Publishing】（【一键发布】）对话框，如图 19-1 所示，设计人员可以根据特殊的发布要求，在其中对默认的发布设置进行调整。

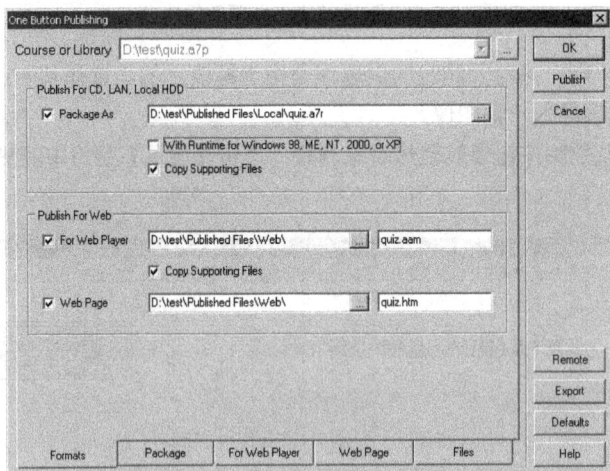

图 19-1　【一键发布】对话框

Authorware 将发布方式分为两大类：Publish For CD，LAN，Local HDD 和 Publish For Web。第一类方式用于本地发布，课件程序未来的运行环境将是 CD-ROM、本地硬盘驱动器或者局域网。第二类方式用于 Web 发布，课件程序未来的运行环境将是 Internet。无论课件程序最终以哪种方式发布，都要求用户安装必要的驱动程序。例如，课件程序中使用了【DVD】设计图标播放 DVD 视频，那么课件用户必须事先安装 Microsoft DirectX 8.1 和 MPEG-2 解码驱动程序；播放 MOV 流式电影也需要课件用户安装 QuickTime 播放器。这些内容并不包含在一键发布功能之内。

本章以 18.2 节中制作的测验课件（quiz.a7p，位于 D:\test 文件夹下）为例，对两类发布方式分别进行介绍。

19.1　本地发布

本地发布的默认设置是将课件程序打包为不包含执行部件的 A7R 文件，这类文件必须由 Authorware 提供的 Runa7w32.exe 执行，因此，在将课件程序发布到用户手中时，必须同时发布

Runa7w32.exe 和 JS32.DLL 文件。这两个文件位于 Authorware 文件夹内，执行 Runa7w32.exe，将打开【Select a File】对话框，要求用户选择一个 A7R 文件并予以执行，如图 19-2 所示。

图 19-2　由 Runa7w32.exe 执行 A7R 文件

　　默认的本地发布路径是课件程序所在文件夹内的\Published Files\Local 文件夹，在【一键发布】对话框的【Formats】选项卡中可以对本地发布路径和发布文件名进行修改（如图 19-1 所示）。打开【With Runtime for Windows 98、me、nt、2000、or XP】复选框，则本地发布将产生可独立运行的.exe 文件（不再需要 Runa7w32.exe）。必须打开【Copy Supporting Files】选项，它使 Authorware 在打包时自动搜索各种支持文件并复制到本地发布文件夹中。

　　按下【一键发布】对话框中的【Publish】按钮，就可以根据当前设置发布程序。发布结果如图 19-3 所示，在指定的文件夹下，除了程序打包形成的 quiz.exe 文件，还自动复制了 DVD.DLL、JS32.DLL 和 Winapi.u32 文件（课件中的 Assessment 类知识对象需要 Winapi.u32），创建了 XTRAS 文件夹，并将程序中使用的 Xtras 都复制到该文件夹下。

图 19-3　被发布的文件

　　只要将 Local 文件夹完整复制到用户硬盘或 CD-ROM 上，就可以自由运行其中的课件程序了，如图 19-4 所示。

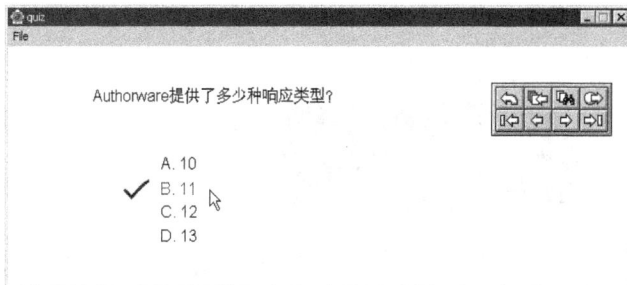

图 19-4　运行 quiz.exe 文件

19.2 网络发布

网络发布将课件程序打包为 AAM（映象）和 AAS（分段）文件，由 Macromedia 提供的 Authorware Web Player 执行。Web Player 最新的版本为 2004 版，以控件（ActiveX）和插件（plug-in）两种形式提供，分别用于 Microsoft Internet Explorer 和 Netscape Navigator 这两种最流行的 Web 浏览器。如果你目前还没有为浏览器安装 Web Player，可以访问网址 http://www.adobe.com/shockwave/download/alternates/#ap，为 Internet Explorer 在线安装 Web Player 控件，或者为 Navigator 下载和安装 Web Player 插件，如图 19-5 所示。如果能够看到 Adobe 网站中在线运行的 Authorware 程序，表明 Web Player 已经正确安装到系统中，如图 19-6 所示。

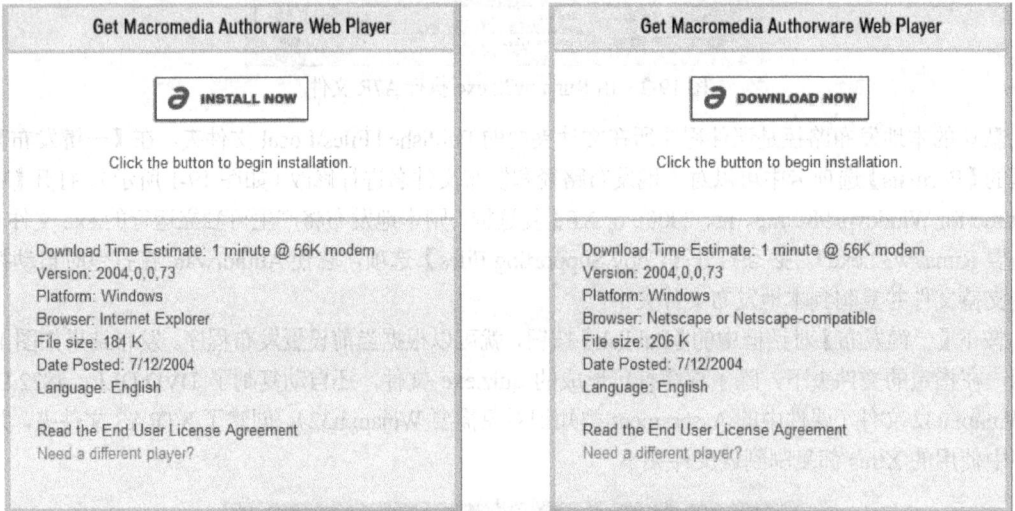

(a) 为 Internet Explorer 在线安装 Web Player 控件   (b) 下载用于 Navigator 的 Web Player 插件

图 19-5　安装 Authorware Web Player 2004

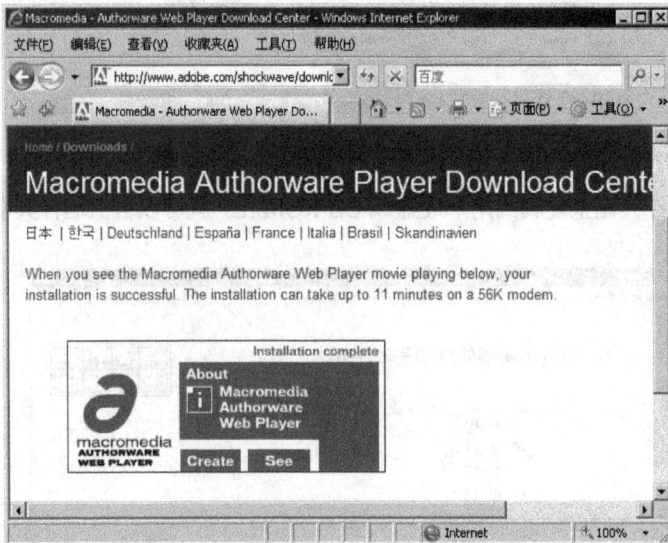

图 19-6　在线运行 Authorware 程序

　　默认的网络发布路径是课件程序文件所在文件夹内的\Published Files\Web 文件夹，在【Formats】选项卡中可以对网络发布路径和发布文件名进行修改（参见图 19-1 中的 【Publish For Web】选项）。网络发布方式同时生成包含课件的 HTML 文档。

　　网络发布将课件程序打包为能够被 Authorware Web Player 分段下载运行的片段，以 AAS 为扩展名。设计人员可以在【For Web Player】选项卡中对程序片段的大小进行设置，以适应不同的网络带宽，如图 19-7 所示。【Segment Prefix Name】文本框用于设置分段文件名前缀，默认的分段文件名前缀是对应程序文件名的前 4 个字母，然后 Authorware 自动为每个分段文件名加入 4 位十六进制数字后缀，例如对课件程序 quiz.a7p 打包后，将产生 "quiz0000.aas"，"quiz0001.aas"，"quiz0002.aas" 等分段文件（具体的分段文件数量由程序文件的大小和每个分段文件的大小决定，最多可达 65536 个）。

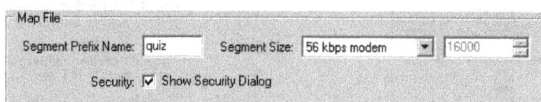

图 19-7　设置分段文件的大小

　　网络发布可以将课件程序嵌入到 Web 页面中。当用户浏览 Web 页面的时候，课件程序被下载并执行。【Web Page】选项卡中的选项主要用于对打包生成的 Web 页面进行设置，如图 19-8 所示。

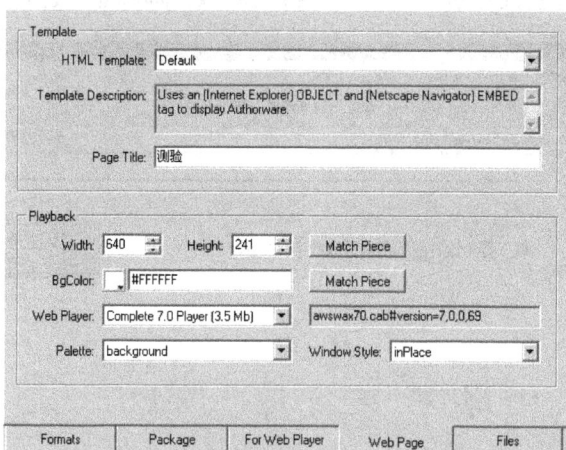

图 19-8　设置 Web 页面的属性

　　在发布程序之前，还应该根据用户系统中安装的 Authorware Web Player 选择适用于本次发布的 Web Player 版本。Authorware Web Player 共有 3 个版本。

　　（1）Complete 7.0 Player

　　Web Player 7.0 完全版，包含所有的 Xtras 文件和运行 Authorware 7 程序文件所需的大部分支持文件。这是网络发布的默认设置。

　　（2）Compact 7.0 Player

　　Web Player 7.0 简化版，由于它仅包含少量运行 Authorware 7 程序文件所需的支持文件，不包含 Xtras 文件，因此，用户通过它运行网络发布的程序时，需要耗费额外的时间来下载必需的 Xtras 和其他支持文件。

　　（3）Full 7.0 Player

　　Web Player 7.0 完整版，该版本具有更强的兼容性，可用于运行由 Authorware 3.5 及以上各种版本通过网络打包生成的程序文件。但这一版本体积很大，在线安装时需要很长的下载时间，由电子工业出版社出版的《深入 Authorware 7 编程》一书中，详细介绍了如何从本地直接安装 Authorware Web Player，需要在本地或局域网环境下运行 Authorware 网络课件的读者可以参阅该书。

　　单击【一键发布】对话框中的【Publish】按钮，即可根据当前设置发布课件程序。网络发布将创建一系列的分段程序文件，如图 19-9 所示。

　　当利用 Internet Explorer 首次打开包含课件的 HTML 文档时，会出现【Authorware Web Player Security】（【Authorware Web Player 安全】）设置对话框，如图 19-10 所示。单击【OK】按钮，即可将当前网页地址添加到安全站点中（以后不再会有类似提示信息），并开始运行课件程序，如图 19-11 所示。

图 19-9　网络打包生成的文件

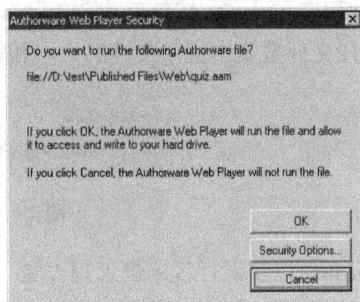

图 19-10　【Authorware Web Player 安全】设置对话框

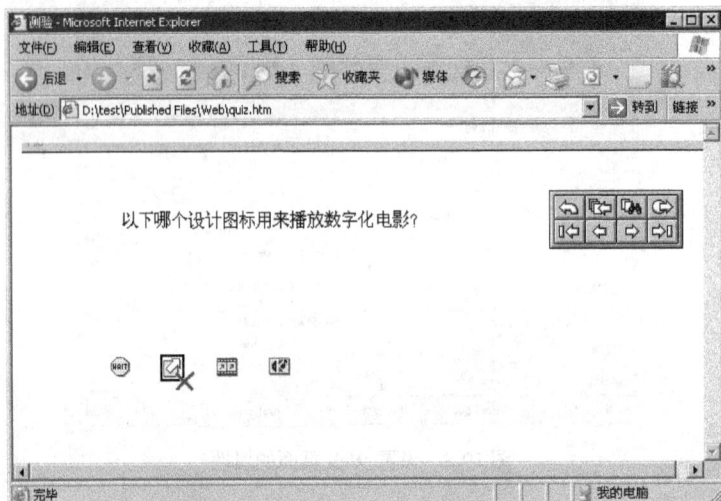

图 19-11　通过浏览器运行课件程序

19.3　上 机 实 验

　　1. 将 Authorware 课件本地发布为可执行文件.exe，然后在 Local 文件夹中运行发布产生的.exe 程序。

　　2. 将 Authorware 课件进行网络发布，分别尝试 3 种发布方式（Complete、Compact 和 Full），比较 3 种方式的特点。

第四部分　使用 PowerPoint 制作课件

第 20 章　PowerPoint 简介

PowerPoint 是 Microsoft Office 办公套件的组成部分，目前已经被普遍应用于课堂教学，其中较新版本是 PowerPoint 2010。它是一种易学易用的演示文稿制作工具，通常被用于创作演示型课件。

20.1　主　要　特　征

Microsoft Office PowerPoint 是用于制作和播放演示文稿的应用程序，可以迅速创建用于科研、培训、报告、计划等方面的高品质的演示文稿，同时具备强大的多媒体支持功能，可在幻灯片放映过程中播放音频或视频内容，其主要特点如下。

1. 提供丰富的设计模板和配色方案

不是每位教师都具备扎实的美术功底。PowerPoint 提供丰富的演示文稿设计模板和配色方案，如图 20-1 所示，便于教师为不同场合和课程设计演示文稿。使演示文稿具备美观、完整、专业的外观。

图 20-1　PowerPoint 的设计模板

2. 提供方便的内容组织和管理

可以将幻灯片组织为逻辑节以简化其管理和导航，可将效果应用于某节，也可以命名和打印某节。通过对幻灯片进行标记并将其划分为多个逻辑节，多人可以方便地协作创建演示文稿。

3. 能够使用各种多媒体素材

PowerPoint 支持大量的多媒体数据格式，可以在演示文稿中编辑和播放视频、声音和动画。在

Microsoft Windows Media Player 的支持下，PowerPoint 能够播放.aiff、.au、.mid、.mp3、.wav、.wma 等音频文件和.asf、.avi、.mpg、.swf、.wmv 等视频文件。如果安装了 Apple QuickTime 播放器，PowerPoint 还可以播放.mp4、.mov 和 .qt 格式的视频文件。PowerPoint 能够将音频和视频文件嵌入或链接到演示文稿中，嵌入方式可以避免管理多个文件的麻烦。

4. 提供实用的绘图功能

在 PowerPoint 中可以方便地绘制和编辑各种线条、形状、公式、流程图、图表、艺术字、组织结构图和其他图示，如图 20-2 所示，还能够对图片应用丰富的艺术效果，为绘制出的图形填色和添加三维效果。在本书第 2 章中已经介绍了如何制作公式、艺术字、图表和图示。

图 20-2　在 PowerPoint 中绘图

5. 提供简单易用的导航和交互功能

【幻灯片放映】工具栏和【幻灯片放映】菜单使教师可以在播放演示文稿时方便地进行幻灯片放映导航，如图 20-3 所示。同时工具栏也不会分散观众的注意力，在演示文稿中还可以加入导航控制按钮和超链接。教师可以使用墨迹注释工具、笔和荧光笔选项，在授课过程中直接在全屏幕演示文稿中绘图或标明重点内容。

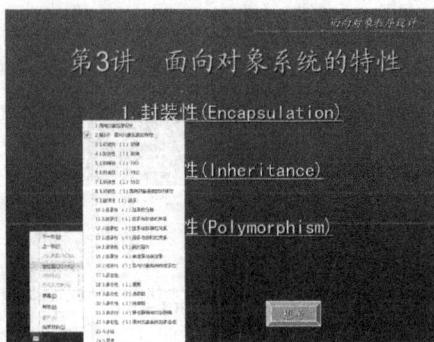

图 20-3　使用【幻灯片放映】工具栏、超链接或导航控制按钮进行导航

6. 提供大量优美的切换和动画效果

对象动画和幻灯片切换效果使文本、图形、图示、图表和幻灯片具有丰富的表现力，同时也可以突出课堂重点、控制信息流量，并增加演示文稿的吸引力。同以往的版本相比，PowerPoint 2010 提供了更加丰富的动画效果，如图 20-4 所示，设计人员既可以利用预设的动画方案，也可以自定义动画效果，甚至能够在幻灯片之间使用三维动画切换效果来吸引观众。

图 20-4　PowerPoint 2010 提供的切换和动画效果

7. 提供方便的发布功能

为适应不同的演示场合，PowerPoint 能够方便地将演示文稿发布到光盘或网页中。打包成 CD 功能可将演示文稿文件与播放器打包在一起，即使在没有安装 PowerPoint 的计算机中播放也无须另外安装播放器，并可以在 CD 中自动运行演示文稿。PowerPoint 2010 还能够将演示文稿转换为全保真的视频。

20.2　主　界　面

PowerPoint 的主界面由功能区、快速访问工具栏、幻灯片和大纲选项卡、幻灯片窗格、备注窗格和状态栏构成，如图 20-5 所示。

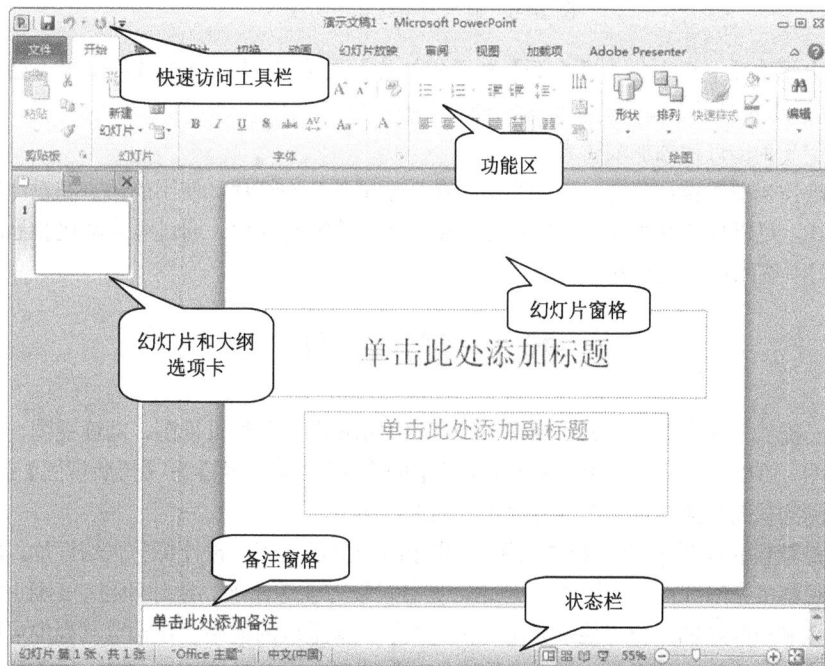

图 20-5　PowerPoint 的主界面

　　功能区提供了所有的设计命令。功能区按照面向的任务类型被划分为多个选项卡，在每个选项卡中的命令又按照相关程度被划分为逻辑组。在默认状态下，功能区仅显示出最为常用的选项卡，其他选项卡只在需要时才会被显示，例如当选择了某个图形时，功能区中才会显示【格式】选项卡。单击快速访问工具栏右侧的【自定义快速访问工具栏】按钮，在弹出的命令列表中选择【功能区最小化】（快捷键 Ctrl+F1），可以最小化/还原显示功能区。功能区在最小化状态下仅显示出选项卡标签，通过单击这些标签可以打开相应的选项卡，使用其中的命令。

　　快速访问工具栏可以停靠在功能区的上方或下方，其中提供了最为常用的设计命令。在默认状态下，快速访问工具栏提供了4项命令：保存、撤销、恢复和自定义快速访问工具栏。右键单击功能区，然后执行功能区最小化菜单命令（快捷键 Ctrl+F1），可以最小化/还原显示功能区。功能区在最小化状态下仅显示出选项卡标签，通过单击这些标签可以打开相应的选项卡，使用其中的命令。执行自定义快速访问工具栏→其他命令，可以打开 PowerPoint 所有命令列表，在其中选择所需的命令并将其显示在快速访问工具栏中。

　　幻灯片窗格是主要的设计区域，在其中可以输入文本、绘制图形或插入其他各类对象。在鼠标右键弹出菜单中选择网格和参考线菜单命令，打开【网格线和参考线】对话框，如图20-6所示，在其中选择【屏幕上显示网格】和【屏幕上显示绘图参考线】选项，可以在幻灯片中显示网络线和绘图参考线（位于幻灯片中央的十字交叉线，可以用鼠标拖动重新定位），便于精确地对齐对象。

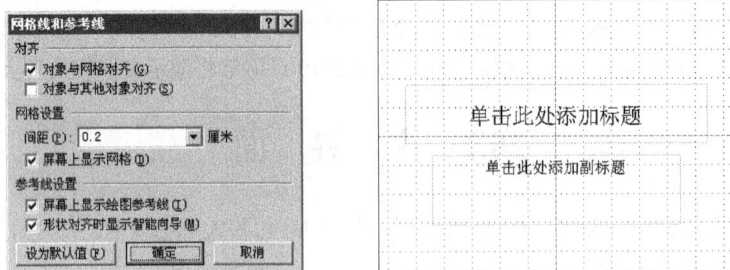

图20-6　显示网格线和参考线

　　幻灯片和大纲选项卡组中包含【大纲】和【幻灯片】选项卡。【大纲】选项卡用于显示演示文稿大纲，【幻灯片】选项卡用于显示幻灯片缩略图。

　　备注窗格用于为幻灯片添加演讲者备注。

　　状态栏反映出当前的设计状态，例如当前正在处理第几个幻灯片、使用的语言和设计模板等。使用视图快捷方式，可以打开普通视图、幻灯片浏览视图或放映幻灯片。通过缩放滑块和显示比例，可以快速调整幻灯片窗格的预览尺寸。

20.3　视　　图

　　PowerPoint 提供了6类视图：普通视图、幻灯片浏览视图、备注页视图、阅读视图、幻灯片放映视图和母版视图。可以通过功能区中【视图】选项卡的【演示文稿视图】和【母版视图】组中的命令，以及状态栏右侧的视图快捷方式，在各种视图之间进行切换。

　　普通视图是默认的视图（如图20-5所示），用于编写演示文稿，设计每一张幻灯片。幻灯片浏览视图用于同时观察多张幻灯片，如图20-7所示，并且可以方便地添加、删除和移动幻灯片。

　　幻灯片阅读和放映视图（全屏显示）用于预览演示文稿播放的效果。在预览过程中可以随时单击鼠标右键打开【幻灯片放映】菜单，执行【结束放映】菜单命令（或按下 Esc 键）结束预览。

　　备注页视图用于为幻灯片添加备注，以便在演示过程中使用，如图20-8所示。

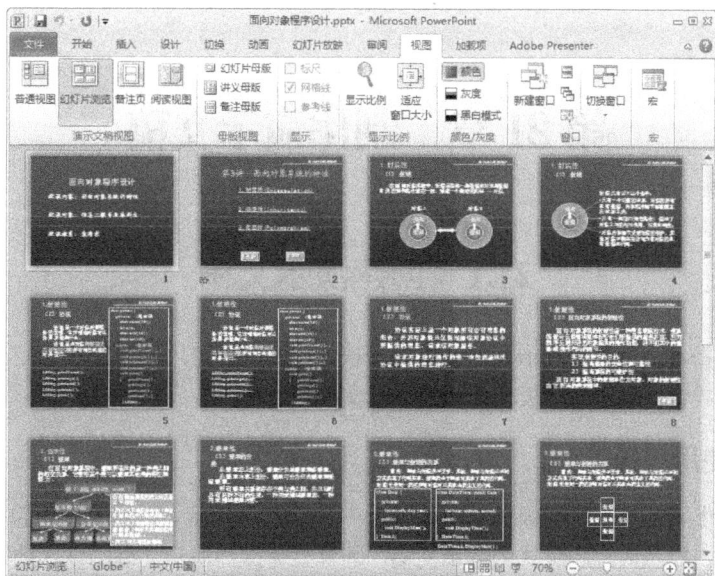

图 20-7　幻灯片浏览视图

图 20-8　备注页视图

　　此外，如果计算机安装有多台显示器，且打开了多显示器支持功能，演示者就可以打开演示者视图，利用一台显示器向观众播放演示文稿，同时利用其他显示器查看备注内容或运行应用程序（仅演示者自己可见）。

20.4　上 机 实 验

1. 熟悉 PowerPoint 主界面。
- 练习使用各个功能区；
- 尝试各种视图；
- 打开网格线和参考线，便于精确地对齐对象。

第 21 章 制作演示文稿

21.1 创建演示文稿

在功能区中单击【文件】选项卡，然后选择新建命令，打开可用的模板和主题，然后从中选择创建空白演示文稿，或者使用样本模板快速创建演示文稿。

21.1.1 使用模板

PowerPoint 提供了各种主题和版式的样本模板，如图 21-1 所示。以模板作为起点，直接创建包含具有完整配色方案、提示内容和版式的演示文稿，能够显著提高演示文稿的设计效率。本节以简介模板、相册模板和小测验短片模板为例，介绍创建演示文稿的具体步骤。

图 21-1 PowerPoint 样本模板

1．简介型演示文稿

PowerPoint 2010 简介模板以简要的文字说明和生动的图形，针对某一主题开展介绍。现代型相册模板则以时尚的布局、鲜明的主题，展现一系列图像。本例同时使用 PowerPoint 2010 简介模板和现代相册模板，结合两者的优势，创建简介型的演示文稿。

（1）在样本模板中选择"PowerPoint 2010 简介"模板，单击右侧的【创建】按钮创建简介演示文稿。

（2）简介模板提供了包括标题、逻辑节和内容在内的 20 张示范幻灯片，如图 21-2 所示。用户可以对这些幻灯片直接进行修改，输入所需的标题和内容，用自己的图片替换现有的图片。

（3）如果需要更换某张幻灯片的版式，首先选择该幻灯片，然后在【开始】选项卡的【幻灯片】组中，单击【版式】，在版式列表中单击选择一种版式应用于当前幻灯片。简介模板共提供 14 种预置版式，如图 21-3 所示。如果需要添加新的幻灯片，在【幻灯片】组中单击【新建幻灯片】，然后再选择一种版式应用于新的幻灯片。

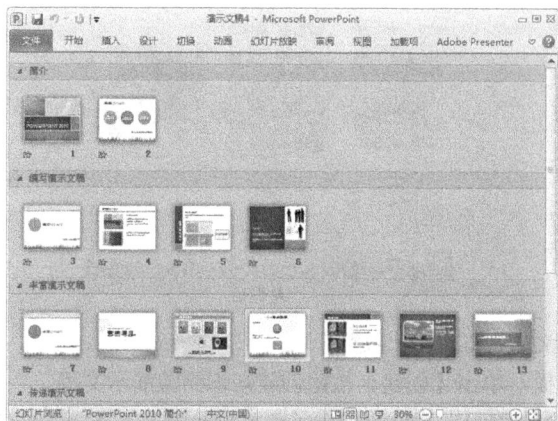

图 21-2　简介模板

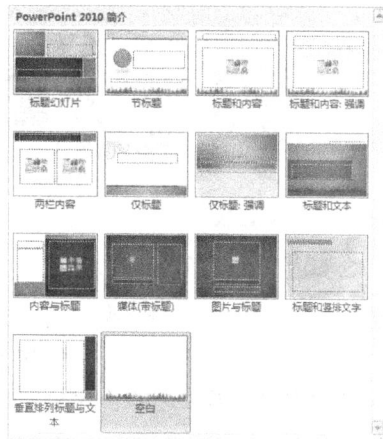

图 21-3　简介模板中使用的版式

（4）在简介型幻灯片中经常需要展示一系列的图像。PowerPoint 现代型相册模板提供了大量用于展示图像的预置版式，在样本模板中双击"现代型相册"模板，单击【创建】按钮，即可在新的 PowerPoint 窗口中创建相册演示文稿。

（5）相册模板如图 21-4 所示。用户只需用自己的图片替换现有的图片就能快速创建相册演示文稿。相册模板共提供 22 种预置版式，如图 21-5 所示。

图 21-4　相册模板

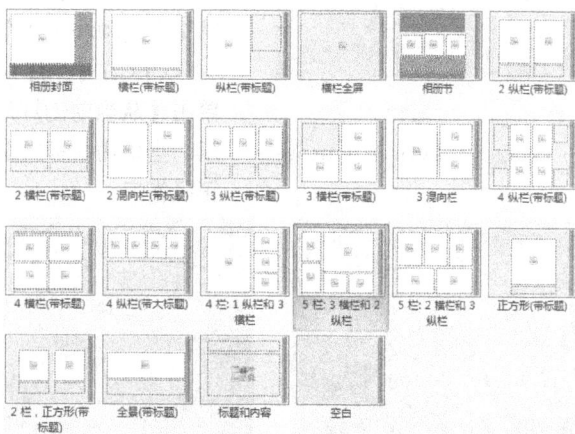

图 21-5　相册模板中使用的版式

（6）为将一种相册版式（例如第 5 页幻灯片使用的 3 纵栏版式）应用于简介演示文稿，选择对应的幻灯片并在右键弹出菜单中选择复制菜单命令，然后切换到简介演示文稿，在【幻灯片】选项卡中选择某张幻灯片，在右键弹出菜单中选择使用目标主题粘贴选项，即可将相册幻灯片粘贴到简介演示文稿中的当前幻灯片位置，并且自动为相册幻灯片应用简介模板提供的主题（字体、配色方案等），使其与其他幻灯片具有一致的风格，如图 21-6 所示。

（7）关闭相册演示文稿窗口，保存简介演示文稿，本例制作完毕。

2．知识测验型演示文稿

PowerPoint 提供的小测验短片模板用于创建知识测验型演示文稿。通过幻灯片放映观看知识测验节目，可以达到与观众互动、增强教学效果的目的，或者以自问自答的方式，突出问题焦点吸引观众的注意力。本例使用小测验短片模板，来创建知识测验型的演示文稿。

粘贴前　　　　　　　　　　　　　粘贴后

图 21-6　为幻灯片自动应用主题

（1）在样本模板中选择"小测验短片"模板，单击【创建】按钮创建知识测验演示文稿。

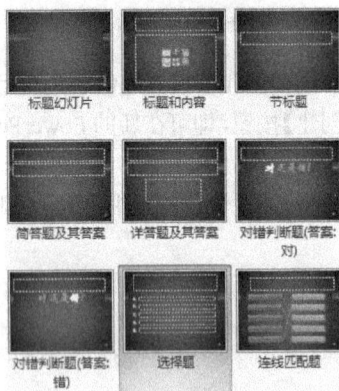

标题幻灯片　　标题和内容　　节标题

简答题及其答案　详答题及其答案　对错判断题（答案：对）

对错判断题（答案：错）　选择题　连线匹配题

图 21-7　小测验短片模板中使用的版式

（2）小测验短片模板提供了 5 类测验版式，分别是简答题、详答题、对错判断题（按答案分为对、错两种）、选择题和连线匹配题，如图 21-7 所示。下面以选择题为例，来介绍如何向知识测验演示文稿中添加新的测验题。

（3）在【开始】选项卡的【幻灯片】组中，单击【新建幻灯片】，在版式列表中单击选择题版式，插入选择题幻灯片，如图 21-8(a)所示。在选择题版式中，第 1 个选项默认是正确答案，可以在输入所有选项后，重新排列选项，如图 21-8(b)所示（将第 1 个选项和第 3 个选项对调）。

（4）在【幻灯片放映】选项卡的【开始放映幻灯片】组中，单击【从当前幻灯片开始】，选择题的放映结果如图 21-8(c)所示。当单击鼠标左键后，所有错误答案逐渐消失，最后只留下正确答案。

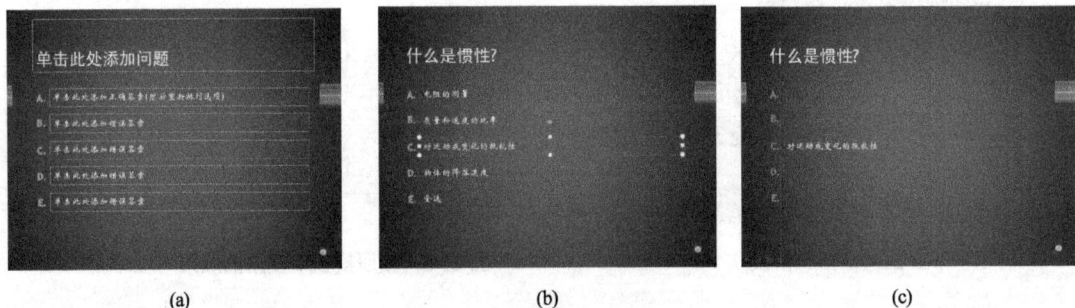

(a)　　　　　　　　　(b)　　　　　　　　　(c)

图 21-8　设置演示文稿选项

可以将小测验短片模板与简介模板或相册模板相结合，在讲解知识后，提供一些测验，提升课堂教学效果。

21.1.2　编辑大纲

演示文稿大纲反映了课件的整体思路和基本授课过程。对于新建的演示文稿，可以在普通视图中的【大纲】选项卡中编辑大纲，如图 21-9 所示。

利用【大纲】选项卡的右键弹出菜单，可以方便地组织演示文稿整体结构。选择其中的升级或降级菜单命令，可以调整大纲中标题的级别，如图 21-10 所示。

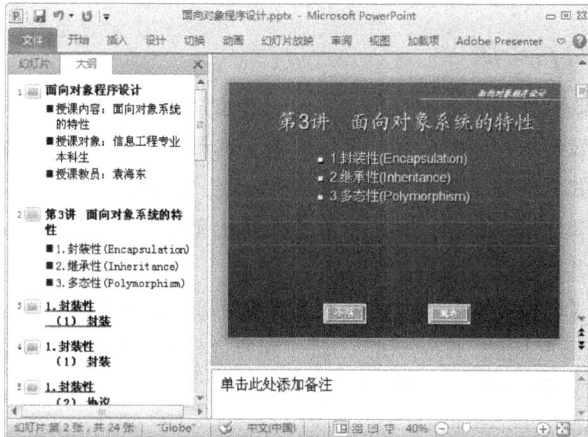

图 21-9　编辑大纲

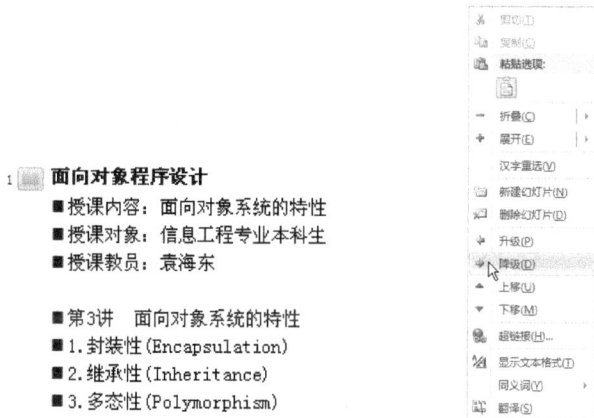

图 21-10　调整标题级别

利用上移或下移菜单命令，可以调整大纲中标题的次序，如图 21-11 所示。

利用折叠或展开菜单命令，可以折叠或展开特定标题的内容，如图 21-12 所示。

利用弹出菜单还可以设置标题文本的格式，包括字体、粗体、阴影等，文本格式在默认状态下不会反映在大纲中。选择显示格式菜单命令，则可以在大纲中显示出文本的具体格式，如图 21-13 所示。

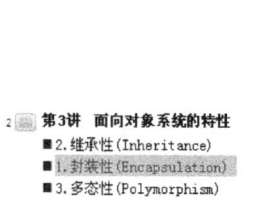

图 21-11　调整标题次序

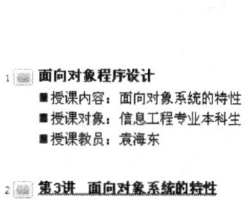

图 21-12　折叠和展开标题

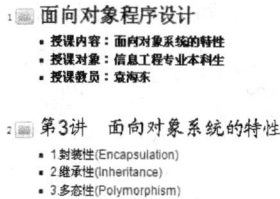

图 21-13　显示文本格式

21.2　编辑幻灯片

创建演示文稿后，下一步任务就是编辑幻灯片的内容，使其符合授课需要。在对每一张幻灯片进行编辑前，应该首先设计幻灯片母版。

21.2.1　设计幻灯片母版

幻灯片母版是幻灯片版式的集合。幻灯片版式决定着演示文稿中每一张幻灯片的样式，它定义了幻灯片上要显示内容的位置和格式设置信息，具体包括文本和对象在幻灯片上的放置位置、文本和对象占位符的大小、文本样式、背景、颜色主题、效果和动画。占位符是容纳文本（例如标题和项目符号列表）或其他幻灯片内容（例如表格、图表、图片、形状和剪贴画）的符号，它是一种带有虚线边框的矩形，其中可以放置各类对象。

在【视图】选项卡的【母版视图】组中，单击【幻灯片母版】，即可打开幻灯片母版。图 21-14 中显示了 PowerPoint 简介演示文稿的幻灯片母版，其中包括 14 种版式。将鼠标指针移动到版式缩略图上，PowerPoint 将会提出该版式被应用于哪一页幻灯片。

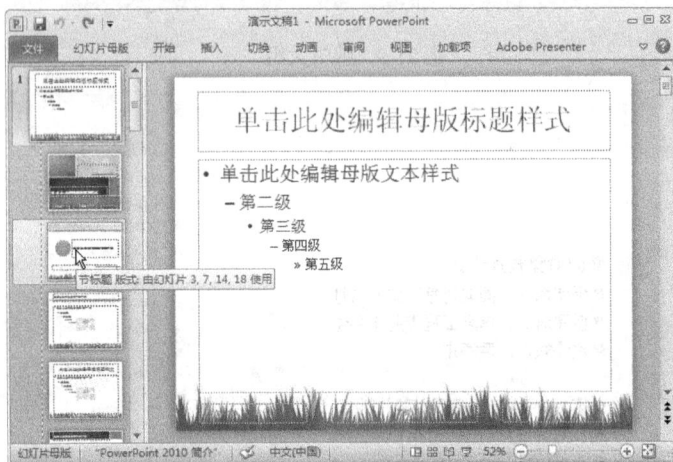

图 21-14　幻灯片母版

由于对幻灯片版式的修改将影响到演示文稿中应用了该版式的所有幻灯片，因此对用于大量幻灯片的共性内容，最好直接添加到幻灯片版式中，从而避免反复对大量幻灯片进行重复性的修改操作。

假设需要在演示文稿中的每一张幻灯片右上角显示当前课程名称，此时就可以向所有幻灯片版式右上角添加一个文本框（在【插入】选项卡的【文本】组中，单击【文本框】），并向其中输入课程名称，如图 21-15 所示。在【幻灯片母版】选项卡的【关闭】组中，单击【关闭母版视图】返回演示文稿，就可以看到每一张幻灯片右上角出现了课程名称。

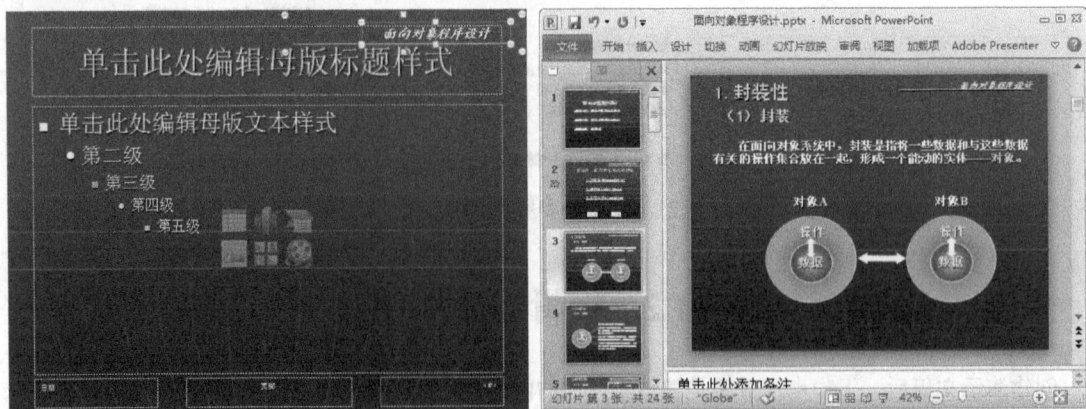

图 21-15　修改幻灯片母版

21.2.2 应用幻灯片版式

对每一张幻灯片都可以为其选择一种版式。选择幻灯片后，在【开始】选项卡的【幻灯片】组中，单击【版式】，就可以在版式列表中单击选择一种版式应用于当前幻灯片。图 21-16 中演示了为同一张幻灯片应用不同版式带来的不同效果。

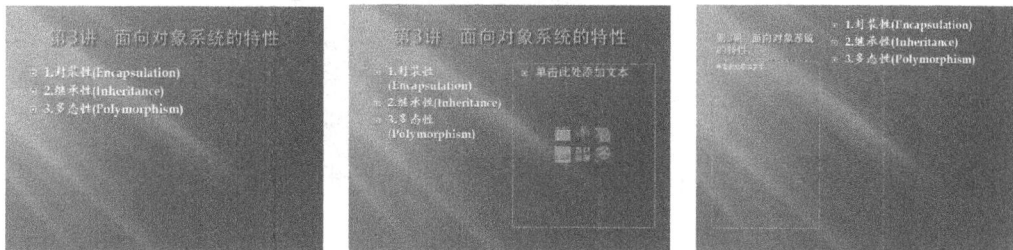

图 21-16 为同一张幻灯片应用不同的版式

应用幻灯片版式后，可以根据需要在幻灯片中调整占位符的大小和位置，也可以手工向幻灯片中补充新的对象。例如，在【插入】选项卡的【文本】组中，单击【文本框】可以向当前幻灯片中添加文本框并输入新的文本内容，然后通过【格式】选项卡中提供的工具，对文本格式进行设置，包括更改字体、字号、对齐方式、文字方向、项目符号和编号等。

21.2.3 编辑占位符

选择幻灯片中的占位符，使用【格式】选项卡的【形状样式】组中提供的工具，可以对占位符形状进行编辑，如图 21-17 所示。在【快速样式】列表中，提供了一系列预置样式和主题填充样式，能够快速对占位符设置样式。在【形状填充】列表中，可以对占位符的填充颜色、透明度、渐变和纹理进行细致的调整。在【形状轮廓】列表中，可以对占位符的线条颜色、虚实和粗细进行调整。在【形状效果】列表中，可以对占位符进行发光、阴影、三维旋转等调整。

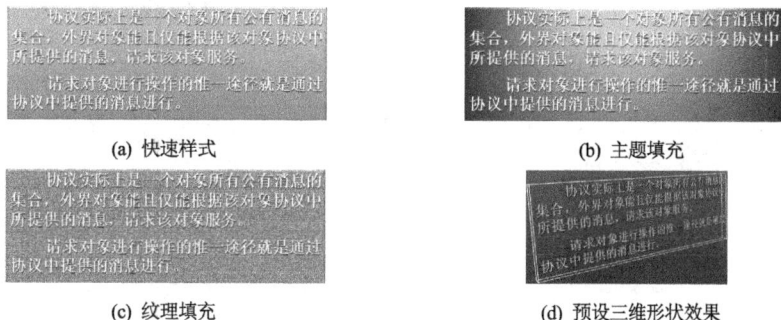

(a) 快速样式 (b) 主题填充

(c) 纹理填充 (d) 预设三维形状效果

图 21-17 形状样式

使用【格式】选项卡的【插入形状】组中提供的工具，可以调整占位符的形状，例如将矩形占位符调整为圆形或多边形。

使用【格式】选项卡的【艺术字】组中提供的工具，可以对占位符中的文字样式进行编辑，包括对文本进行填充、设置文本轮廓，以及为文本添加阴影、发光、映像及三维旋转等操作。

使用【格式】选项卡的【排列】组中提供的工具，可以调整占位符的对齐方式、旋转角度，以及相对于其他占位符的前后次序。

使用【格式】选项卡的【大小】组中提供的工具，可以调整占位符的高度、宽度。

使用【视图】选项卡的【显示】组中的【标尺】命令打开标尺，利用水平标尺中提供的首行缩进标记（上方）和左缩进标记（下方），可以调整占位符中文本的缩进方式，如图 21-18 所示。

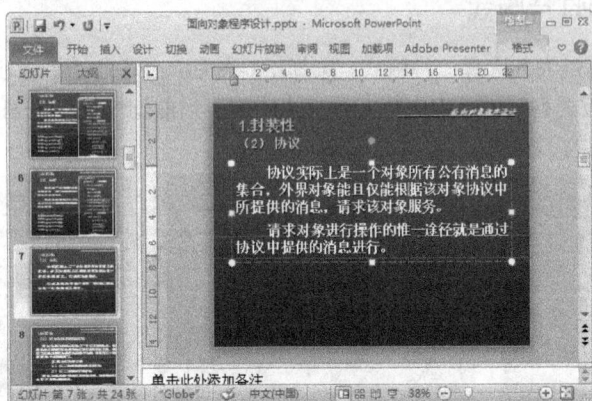

图 21-18　调整段落缩进

21.2.4　绘制图形

绘制艺术字、图示和图表的方法在本书第 2 章中已经进行了介绍。本节主要介绍如何使用自选图形。

单击【插入】选项卡的【插图】组中的【形状】命令打开形状列表，就可以在幻灯片中绘制各种线条和形状，如图 21-19 所示。

绘制出的图形四周有 8 个白色控制点，拖动控制点可以对图形进行缩放；拖动绿色的控制点则可以对图形进行旋转，如图 21-20 所示。

在【格式】选项卡的【形状样式】组中的【形状效果】列表中，可以选择一种三维效果应用于当前图形，如图 21-21 所示。在【形状填充】列表中，可以对当前图形的填充颜色、透明度、渐变和纹理进行调整。

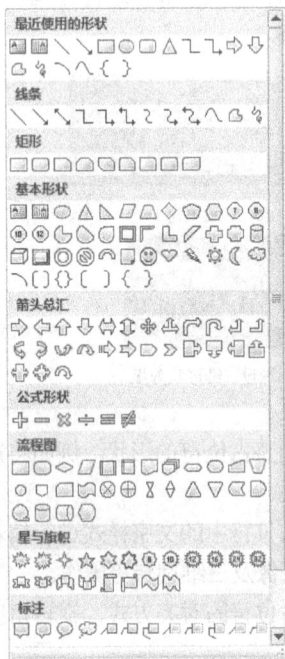

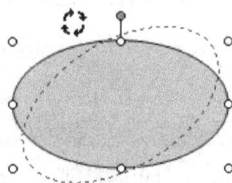

图 21-20　编辑自选图形

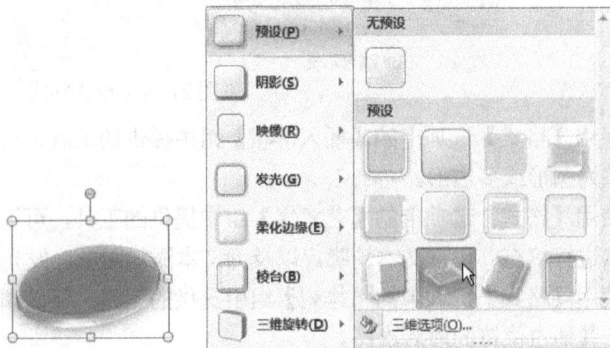

图 21-19　绘制自选图形　　　　图 21-21　设置自选图形三维形状效果

21.2.5　使用插图

插图分为两种类型：剪贴画和图像文件。单击【插入】选项卡的【插图】组中的【剪贴画】命令，打开剪贴画任务窗格，在其中单击一幅剪贴画，就可以将它插入到幻灯片中，如图 21-22 所示。大量剪贴画采用了 WMF 矢量格式，可以进行任意缩放而不会产生画面失真。

图 21-22　插入剪贴画

单击【插图】组中的【图片】命令，打开【插入图片】对话框，如图 21-23 所示，在其中可以选择并导入外部图像文件。

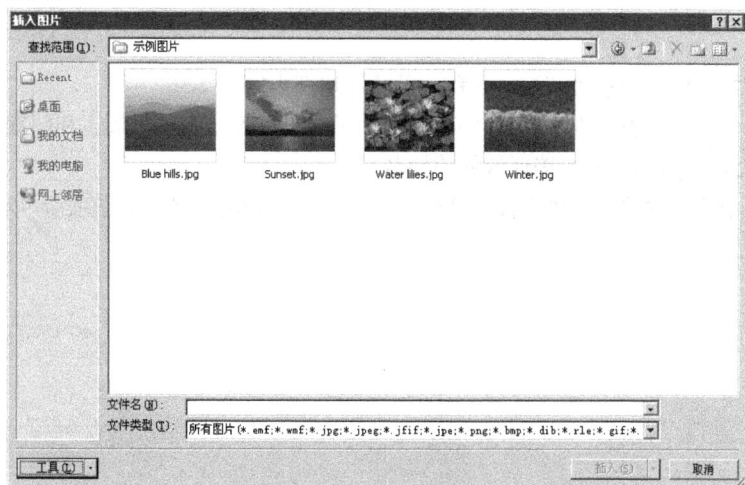

图 21-23　插入图像文件

选择幻灯片中的插图后，利用【格式】选项卡，可以对插图进行编辑。其中，【调整】组的【颜色】命令列表提供了大量着色效果。例如，"灰度"是指将插图以灰度显示，如图 21-24(a)所示；"黑白"是指将插图以黑白两色显示（黑白程度从 25%到 75%可选），如图 21-24(b)所示；"冲蚀"是将插图以浅色水印方式显示，如图 21-24(c)所示。

| (a) | (b) | (c) |

图 21-24　对插图着色

通过【更正】组中的亮度和对比度命令，可以调整插图的亮度和对比度。【重设图片】命令用于撤销所有对插图进行过的编辑操作，使插图恢复到原始状态。

应用【图片样式】组中的【快速样式】列表中提供的预设样式，能够迅速为插图添加各种令人赞叹的优美效果，包括为插图添加框架、阴影、透视、映像、裁剪和三维等效果，如图 21-25 所示。

图 21-25　为插图应用预设样式

21.3　上 机 实 验

1．使用样本模板快速创建培训演示文稿，并添加培训内容。

2．通过编辑幻灯片母版，为实验 1 中的培训演示文稿设置新的背景颜色和图案，添加新的占位符（如绘制一个公司的商标或添加培训教师的姓名）。

3．向实验 1 中的培训演示文稿中插入剪贴画和图片，并利用【格式】选项卡，对插图进行编辑。

第 22 章　设计幻灯片放映方式

演示文稿制作完成后，在功能区的【幻灯片放映】选项卡中，单击【开始放映幻灯片】组中的【从头开始】命令（快捷键 F5），就可以从第 1 张幻灯片开始放映。如果不想在幻灯片编辑环境下进行放映，保存演示文稿后退出 PowerPoint，在 Windows 资源管理器中显示演示文稿文件，使用鼠标右键单击演示文稿文件并在弹出的快捷菜单中选择显示菜单命令，可以直接观看放映效果。

22.1　自定义放映

在放映演示文稿前，首先要考虑演示文稿的放映环境，即在什么场合下放映演示文稿。

在【幻灯片放映】选项卡的【设置】组中，单击【设置幻灯片放映】命令，打开【设置放映方式】对话框，如图 22-1 所示，在其中对演示文稿的放映方式进行设置。

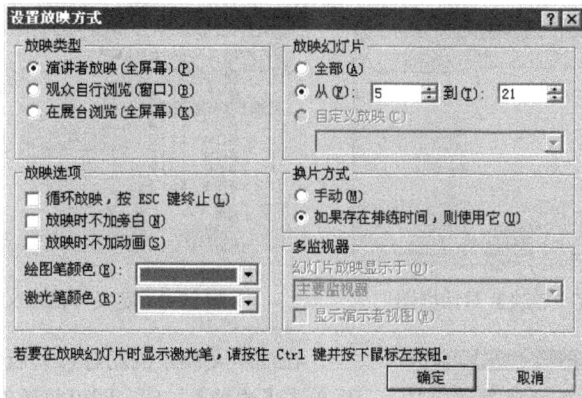

图 22-1　设置放映方式

如果在由演讲者操作的环境下放映，可以在【放映类型】中选择【演讲者放映（全屏幕）】，放映过程中演讲者可以利用【幻灯片放映】工具栏和【幻灯片放映】菜单控制演示文稿的放映进度。

如果在公众场所放映演示文稿，同时允许观众亲手进行放映操作，可以选择【观众自行浏览（窗口）】放映类型。这种放映方式是在窗口中放映演示文稿，窗口底部显示控制条，窗口可缩放，以方便观众自行操作，如图 22-2 所示。

如果在展台之类的无人值守的场合下自动放映演示文稿，可以选择【在展台浏览（全屏幕）】放映类型。在这种放映方式下，演示文稿自动进行全屏幕循环放映，同时允许观众利用鼠标单击超链接或动作按钮。使用此放映方式，必须为演示文稿设置排练计时。

即使是用于同一门课程的演示文稿，当面对不同类型的授课对象时，应该放映不同的演示内容。利用自定义放映功能，可以从演示文稿中抽出部分幻灯片，组成另一份演示文稿。

使用【开始放映幻灯片组】中的【自定义幻灯片放映】命令，打开【自定义放映】对话框，如图 22-3 所示，单击【新建】按钮，打开【定义自定义放映】对话框，如图 22-4 所示。

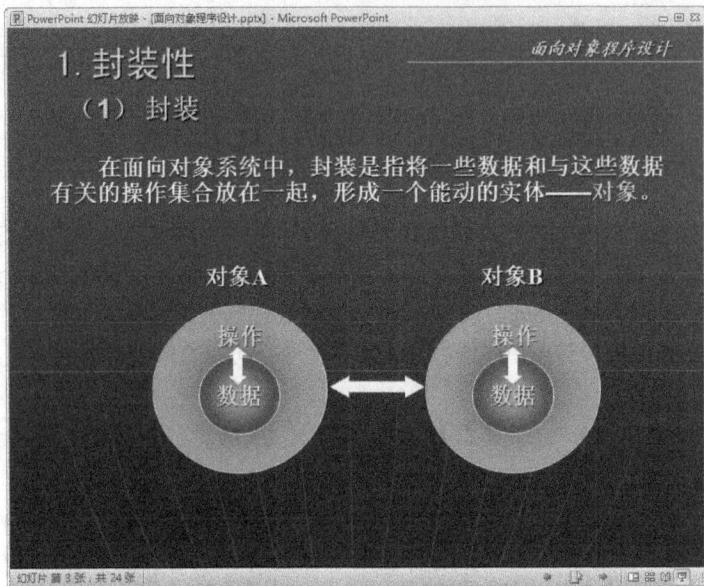

图 22-2　观众自行浏览

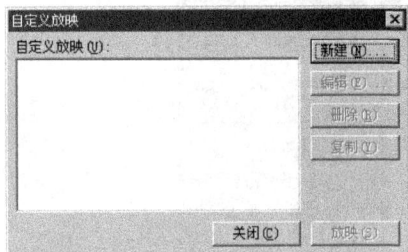

图 22-3　【自定义放映】对话框图

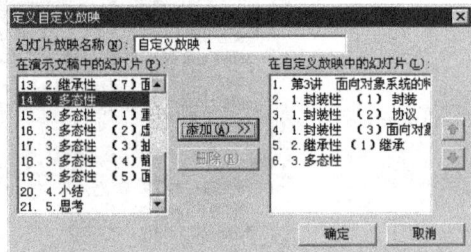

图 22-4　定义【自定义放映】对话框

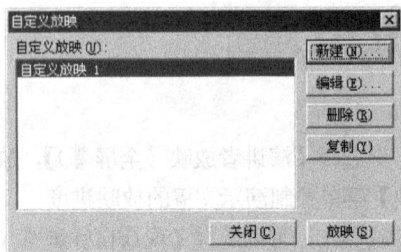

图 22-5　自定义放映演示文稿

在演示文稿中的幻灯片列表中选择所需的幻灯片，然后单击【添加】按钮，即可将该幻灯片添加到自定义放映幻灯片列表中。在添加多个幻灯片后，利用对话框右侧的上、下箭头，可以调整某一幻灯片在自定义放映幻灯片列表中的放映次序。单击【确定】按钮，就创建了自定义放映演示文稿，如图 22-5 所示，在【自定义放映】对话框中，单击【放映】按钮可以根据自定义放映设置，开始放映演示文稿。

22.2　创建交互式放映

演示文稿中的幻灯片在默认方式下以线性方式顺序播放。PowerPoint 允许使用动作按钮和超链接，创建非线性的演示文稿，幻灯片的播放次序可以由演讲者临场控制。

22.2.1　使用超链接

利用超链接，可以使文本、图形、图像等对象链接到特定的幻灯片。在播放演示文稿时，单击具有超链接的对象，就可以自动切换到指定幻灯片。

本节以标题文本为例，来介绍如何使用超链接。

（1）在演示文稿中选择标题所在的幻灯片，选择需要添加超链接的标题，在【插入】选项卡的【链接】组中，单击【超链接】命令（快捷键 Ctrl+K），打开【编辑超链接】对话框，如图 22-6 所示。

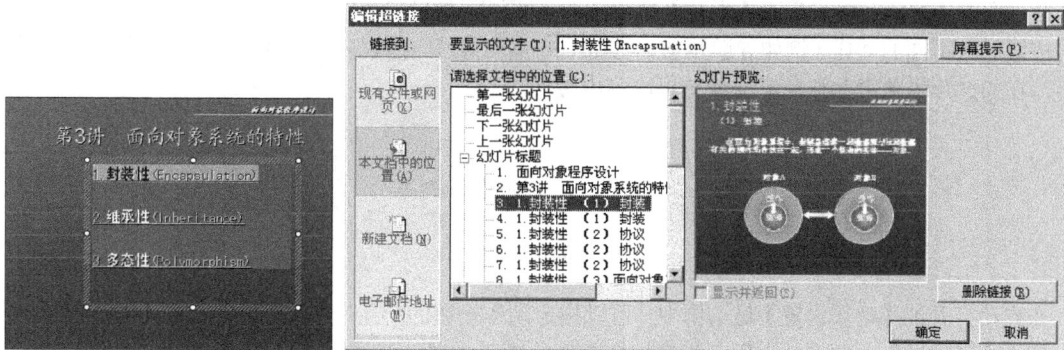

图 22-6　为标题添加超链接

（2）在幻灯片标题列表中，选择即将链接到的幻灯片。如果为特定标题创建了自定义放映设置，则可以将标题链接至自定义放映，如图 22-7 所示。打开【显示并返回】复选框，可以在自定义放映结束后，自动返回原标题所在的幻灯片。

（3）可以将标题链接到原有文件或网页，如图 22-8 所示，在【查找范围】列表框中选择文件夹，然后在文件列表中选择需要链接到标题的外部文件。在播放演示文稿时，单击标题就可以打开指定的文件。

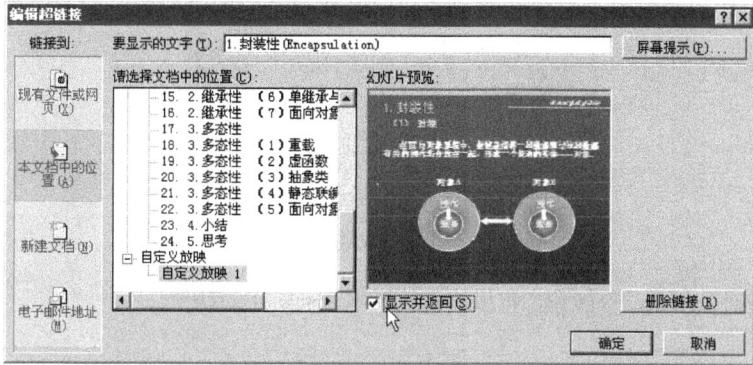

图 22-7　链接至自定义放映

图 22-8　链接至文件或网页

22.2.2 添加动作按钮

在 PowerPoint 中，可以将具有特定动作的按钮添加到幻灯片中，以便在放映过程中使用。在【插入】选项卡的【插图】组中单击【形状】按钮，然后在形状列表中选择动作按钮，如图 22-9 所示。不同的按钮对应不同的动作（例如导航至前一页或后一页幻灯片、播放声音或视频等），选择某种动作按钮后，在幻灯片中单击并拖动鼠标就可以绘制出按钮。

图 22-9　创建动作按钮

在自动打开的【动作设置】对话框中，可以指定动作按钮的交互方式。如图 22-10 所示，【单击鼠标】和【鼠标移过】选项卡分别用于指定按钮动作的激活方式，而具体的动作则可以设置为超链接、运行外部程序、运行宏或播放声音等。

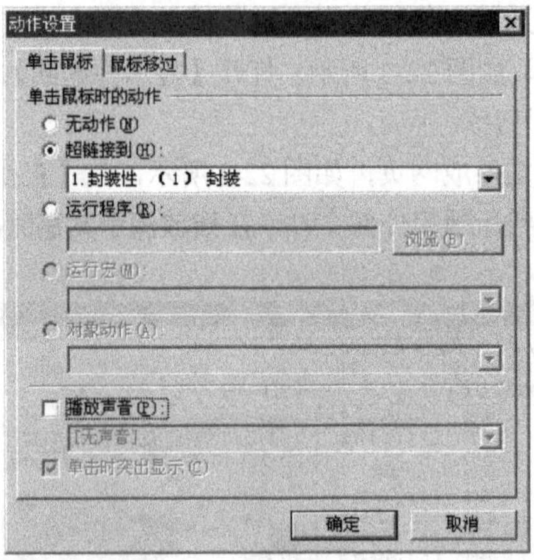

图 22-10　【动作设置】对话框

在幻灯片放映时，单击动作按钮，可以执行按钮本身被赋予的动作。

22.3　幻灯片动画

对幻灯片中的所有对象（包括文本、图形、图像等）都可以添加动画效果。适当使用动画效果，可以突出课堂重点、控制信息流量，并增加演示文稿的吸引力。

在【动画】选项卡中【动画】组的预定义动画列表中，提供了丰富的预定义动画效果，单击一种动画效果可以将其应用于当前幻灯片中。PowerPoint 允许用户创建自己的动画方案，选择幻灯片中的占位符，单击【添加动画】按钮，为占位符选择一种或多种动画效果。【添加动画】按钮包含的动画效果分为 4 类。

（1）进入：用于设置对象出现在幻灯片中时的动画效果。

（2）强调：用于设置已出现在幻灯片中的对象的动画效果。

（3）退出：用于设置对象从幻灯片中消失时的动画效果。

（4）动作路径：用于设置对象沿指定路径移动的动画效果。

　　单击【高级动画】组的【动画窗格】命令，打开【动画】任务窗格，如图 22-11 所示，在【动画】任务窗格的动画效果列表中按照播放次序显示出当前幻灯片中应用的所有动画效果，通过列表底部的【重新排序】按钮，可以调整动画的播放次序。

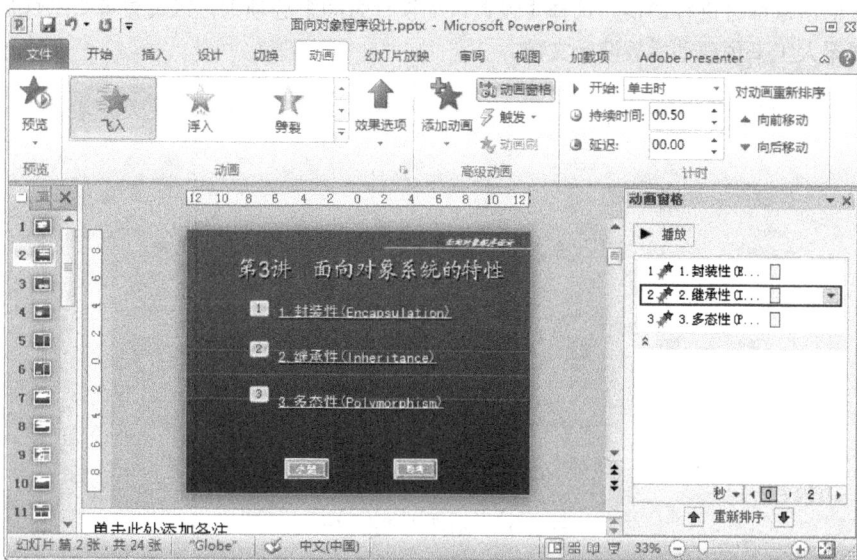

图 22-11　自定义动画

　　在动画效果列表中选择一个对象，单击右侧的向下箭头，打开动画效果菜单，如图 22-12 所示，其中前 3 条命令用于选择动画的展示时机，选择效果选项或计时菜单命令，都可以打开动画效果选项对话框，如图 22-13 所示，在其中可以对动画效果进行更加细致的调整。选择删除菜单命令，可以从动画效果列表中删除已有的动画效果。

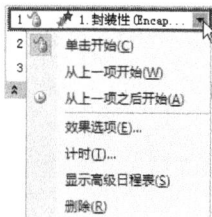

图 22-12　动画效果菜单

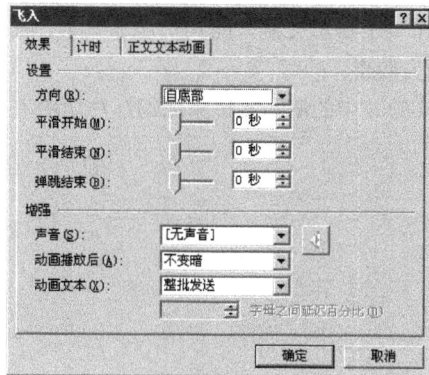

图 22-13　效果选项

22.4　幻灯片切换

　　幻灯片切换是作用于整张幻灯片的动画效果。在功能区【切换】选项卡中【切换到此幻灯片】组的切换效果列表中，提供了丰富的预定义切换效果，如图 22-14 所示。将鼠标指针悬停在某种效果上方，将在幻灯片窗格中预览到对应的切换效果。单击一种效果，即可将其应用到当前幻灯片中。

在【计时】组中，选择【全部应用】命令，可以将当前切换效果应用于演示文稿中的所有幻灯片中。在【持续时间】文本框中，可以设置幻灯片切换效果的持续时间。在【声音】列表中，可以为幻灯片切换动作添加声音效果。换片方式选项用于设置幻灯片切换效果的开始时机，选择【单击鼠标时】选项则可以在单击鼠标时进行切换，选择【设置自动换片时间】选项则可以设置每张幻灯片的自动切换时间，实现无人工干预自动播放演示文稿。

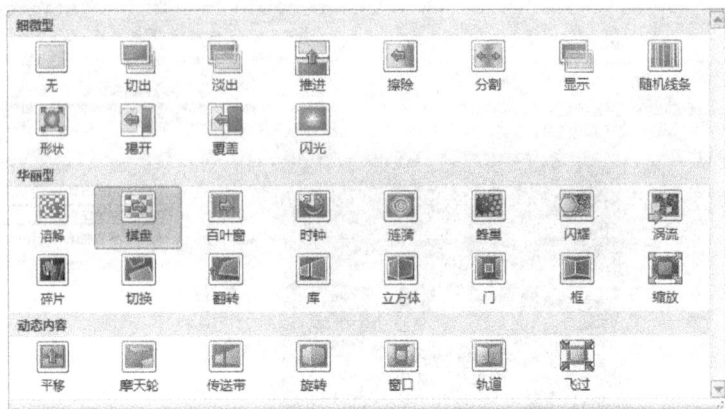

图 22-14　幻灯片切换效果

22.5　上机实验

1．设置放映方式，使演示文稿在无人值守条件下能够自动播放。
2．设置放映方式，使观众亲自浏览演示文稿。
3．利用超链接和动作按钮，为演示文稿加入交互性放映控制。
4．制作一个演示文稿，向其中添加文本、图形和图像等对象，然后设计幻灯片动画，控制对象的出现和消失效果。
5．向实验 4 中的演示文稿添加幻灯片切换效果。

第 23 章　使用外部素材

在演示文稿中使用声音、视频、Flash 动画等外部素材，可以极大地丰富演示文稿的展示效果，提高演示文稿的交互性。

23.1　播放声音

在【插入】选项卡中【媒体】组的【音频】命令列表中，选择【剪辑画音频】命令，打开【剪贴画】任务窗格，在其中单击一个声音剪辑就可以将其应用于当前幻灯片中。如图 23-1 所示，声音在幻灯片中以一个喇叭状图标表示，并且 PowerPoint 会在功能区提供音频工具。

图 23-1　向幻灯片中插入声音

音频工具中的【格式】选项卡用于编辑声音图标的外观，【播放】选项卡则提供了以下编辑和控制声音的功能。

（1）【书签】组中的命令用于向声音中添加和删除书签。添加书签可用于指示声音中关注的时间点，帮助播放者快速定位声音中的特定内容。利用书签还可以触发动画，使画面中其他内容与特定声音内容同步播放，如图 23-2 所示。

图 23-2　利用书签同步声音与动画

（2）【编辑】组中的命令用于对声音进行简单地编辑。单击【剪裁音频】命令打开【剪裁音频】对话框，如图 23-3 所示，从中可以对声音内容进行修剪，决定声音中播放或舍弃的部分。拖动起点的绿色标记或终点的红色标记，可设置声音的开始和结束位置。在【编辑】组中设置【淡入】和【淡出】时间，可控制声音开始和结尾处的强弱变化。

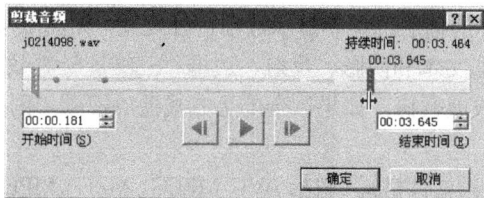

图 23-3　裁剪声音

（3）【音频选项】组中的命令用于设置声音的播放选项。【开始】下拉列表中的【自动】选项可以使声音在显示幻灯片时自动被播放，【单击时】选项控制声音在单击幻灯片中的喇叭图标时才被播放，而【跨幻灯片播放】选项可以使声音在幻灯片切换时持续播放。【放映时隐藏】选项用于决定是否在放映时显示声音图标。【循环播放直到停止】和【播完返回开头】用于设置声音的播放方式。

除了剪辑库中的声音剪辑，还可以将外部声音文件插入到幻灯片中播放。在【音频】命令列表中，选择【文件中的音频】命令，打开【插入音频】对话框，如图 23-4 所示，在其中选择一个声音文件，然后单击【插入】按钮，即可将声音文件插入幻灯片。通过【插入】按钮的选项列表，还可以选择以链接到文件的方式使用音频文件。PowerPoint 支持丰富的声音文件格式（包括 MP3、WMA、WAV、AIF、AU、SND、M3U、MID、RMI 等）。

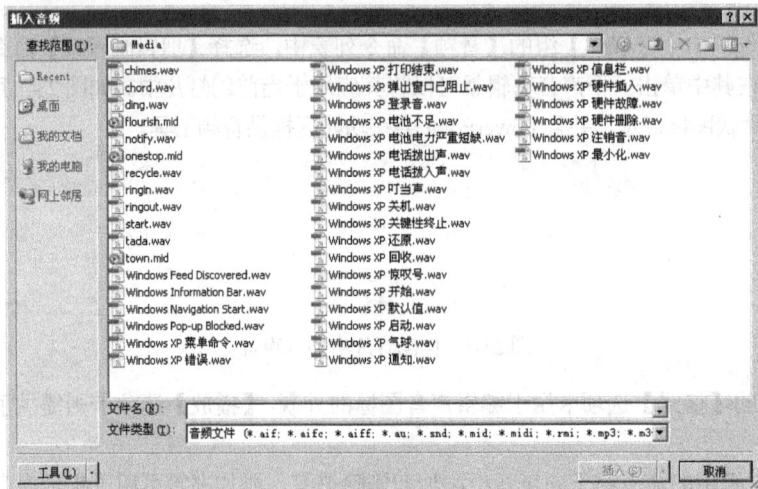

图 23-4　【插入声音】对话框

23.2　播 放 视 频

在【插入】选项卡中【媒体】组的【视频】命令列表中，选择【剪贴画视频】命令，打开【剪贴画】任务窗格，在其中单击一个视频剪辑（通常是 GIF 动画）就可以将其插入到当前幻灯片中。

除了剪辑库中的影片剪辑，还可以将外部视频文件插入到幻灯片中播放。在【视频】命令列表中选择【文件中的视频】，打开【插入视频文件】对话框，可以选择并导入视频文件。如同插入声音文件时一样，PowerPoint 可设置视频文件的播放时机：在【播放】选项卡的【视频选项】组中，选择【自动】开始选项，在显示幻灯片时自动播放视频；选择【单击时】开始选项，则在单击幻灯片中的视频时才播放影片。

选择幻灯片中的视频，可以调整视频的大小和位置。对于视频剪辑，可按照编辑插图的方式进行编辑（在第 21 章中已进行了介绍）。对于文件中的视频，可使用视频工具【格式】和【播放】选项卡中的命令组，对视频文件的播放选项和显示选项进行设置，如图 23-5 和图 23-6 所示，设计者可以修剪视频，插入标签，叠加文本和阴影、反射、边框、三维旋转等效果。当播放演示文稿时，单击视频对象可以随时进行播放或暂停。如果以全屏幕方式播放视频，则按下 Esc 键可以退出全屏幕播放状态。

PowerPoint 支持丰富的视频文件格式（包括 AVI、MPEG、MPG、MPE、WMV、3GP、MP4、MOV、QT、SWF 等）。在导入视频文件时，可以选择将视频嵌入幻灯片或链接到外部文件。

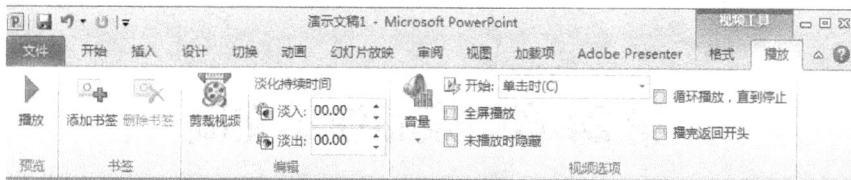

图 23-5　控制视频播放的命令组

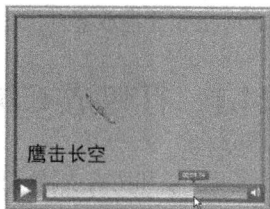

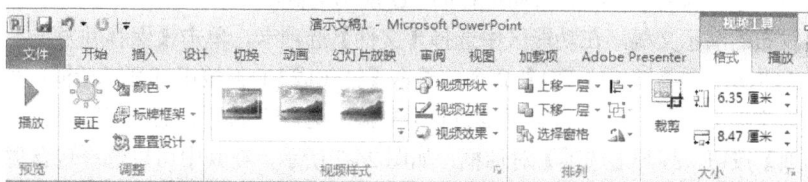

图 23-6　控制视频格式的命令组

本书第 25 章，提供了更多控制和播放声音、视频以及 Flash 动画的内容。

23.3　上机实验

1．练习在演示文稿中使用声音：

① 插入不同格式的声音，并对声音进行剪裁；

② 向声音中添加书签，利用书签触发动画，使动画与特定声音内容同步播放。

2．练习在演示文稿中使用视频：

① 分别插入剪贴画视频和外部视频文件；

② 对插入的视频进行编辑（修剪内容，调整视频画面位置和大小）；

③ 设置视频的淡入和淡出效果。

第 24 章　发布演示文稿

如果想在另一台计算机或网格中放映演示文稿，需要对演示文稿进行打包发布。打包就是将演示文稿文件、与演示文稿链接的素材文件及 PowerPoint 播放器打包在一起，便于复制到其他计算机中播放。

24.1　打包成 CD

将演示文稿打包成 CD 功能可以将演示文稿和所有支持文件（包括链接文件）复制到指定文件夹中，该文件夹的内容可以刻录成能够自动运行的 CD 演示文稿。

打开需要发布的演示文稿，在功能区中选择【文件】选项卡，单击【保存并发送】命令，在一系列选项中选择【将演示文稿打包成 CD】命令，单击【打包成 CD】按钮打开对话框，如图 24-1 所示。

单击【添加文件】按钮，可以添加更多的演示文稿，这些文稿将成组一起发布。

单击【选项】按钮，打开【选项】对话框，如图 24-2 所示，在其中可以选择包含哪些文件。打开【链接的文件】复选框，则在将演示文稿打包成 CD 的过程中，自动包含所有与演示文稿相链接的外部文件。打开【嵌入的 TrueType 字体】复选框，可以将演示文稿中使用的 TrueType 字体嵌入到演示文稿中。嵌入 TrueType 字体可以保证演示文稿中使用的特殊字体在不同的计算机上能够正常显示。

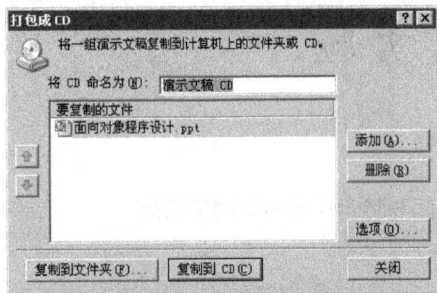

图 24-1　【打包成 CD】对话框　　　　图 24-2　【选项】对话框

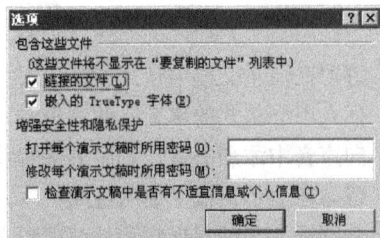

通过设置打开文件或修改文件密码可以保护 PowerPoint 演示文稿不被非法使用。打开【检查演示文稿中是否有不适宜信息或个人信息】复选框，将自动检查演示文稿中是否存在隐私数据或个人信息。

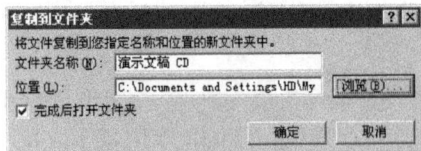

图 24-3　复制到文件夹

在【打包成 CD】对话框中单击【复制到 CD】按钮则直接开始进行打包刻录。单击【复制到文件夹】按钮，将打包的演示文稿及支持文件复制到计算机上的某个文件夹中（或者某个网络位置），如图 24-3 所示，以后再使用 CD 刻录软件将文件刻录到 CD（或 DVD）中。

演示文稿 CD 运行之后将打开其中的 PresentationPackage.html 文档，如图 24-4 所示，观众需要从指定链接处（Download Viewer）下载播放器再进行观看。

图 24-4　使用 IE 浏览演示文稿 CD

24.2　发布为视频

PowerPoint 能够将演示文稿发布为 WMV 视频，供观众在线或下载观看。如此一来观众无须再向其计算机中安装 PowerPoint 播放器，因为 WMV 视频可由 Windows Media Player 播放，而它是 Windows 系统的标准配置。演示文稿视频中可包含所有的动画、切换、音频和视频媒体，以及录制的计时、旁白，但会失去幻灯片之间的超链接。

在【保存并发送】命令选项中选择【创建视频】命令，可以看到创建视频的命令选项，如图 24-5 所示，包括视频质量设置选项、计时和旁白选项，以及【创建视频】按钮。

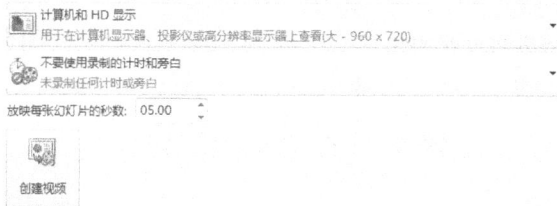

图 24-5　创建视频命令选项

可以根据实际用途选择视频质量，如图 24-6 所示。选择"计算机和 HD 显示"可创建用于显示器和投影仪显示的全保真的视频（文件较大），选择"Internet 和 DVD"可创建具有中等文件大小和中等质量的视频，选择"便携式设备"则可创建用于便携式设备的低质量视频。

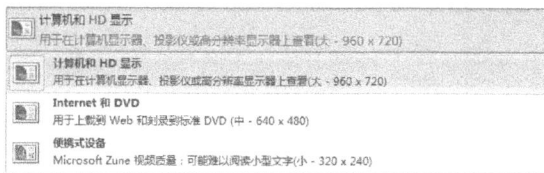

图 24-6　视频质量设置

如果设计者没有录制计时和旁白，可以选择放映每张幻灯片的秒数，否则还可以使用录制的计时和旁白控制每张幻灯片的播放时间。

设置完毕之后单击【创建视频】按钮，PowerPoint 就根据上述设置，自动生成 WMV 视频文件。

24.3　发布为 PDF 文档

通过【保存并发送】命令选项中的【创建 PDF/XPS 文档】命令，能够将演示文稿保存为便于共享和打印的可移植文档（PDF）或 XML 纸张规格（XPS）文件，同时防止他人修改文稿内容。

选择【创建 PDF/XPS 文档】命令之后，单击【创建 PDF/XPS】按钮，打开【发布为 PDF 或 XPS】对话框，如图 24-7 所示，从中选择发布路径和保存类型（PDF 或 XPS），然后单击【选项】按钮打开【选项】对话框，如图 24-8 所示，从中为发布操作进行详细设置。【范围】选项组用于设置发布的幻灯片范围，可以选择发布全部或指定的幻灯片。【发布内容】可以选择为幻灯片、讲义、备注或大纲视图。如果选择幻灯片，则发布的文档每页包含 1 张幻灯片，如果选择讲义，则文档每页可包含多张幻灯片（每页包含 1 张、2 张、3 张、4 张、6 张或 9 张幻灯片）。设置完毕后单击【确定】按钮关闭选项对话框，然后在【发布为 PDF 或 XPS】对话框中单击【发布】按钮开始发布。

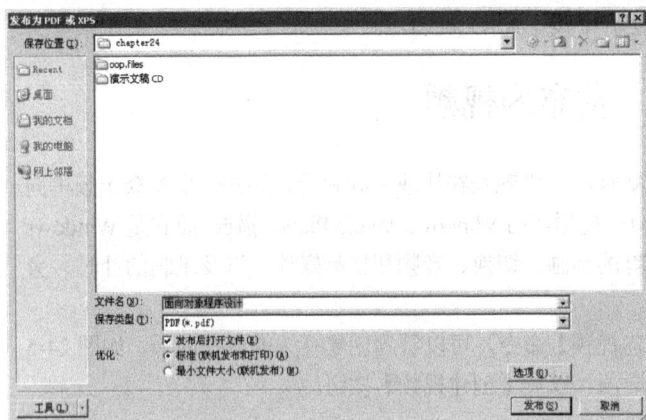

图 24-7　发布为 PDF 或 XPS

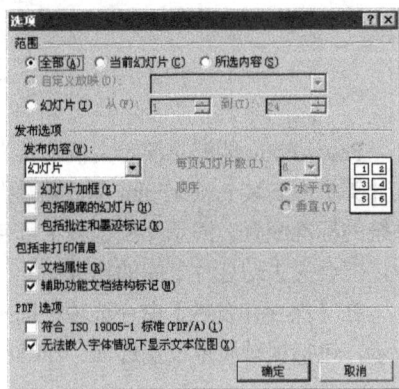

图 24-8　发布选项

24.4　上 机 实 验

1. 试以 WMV 视频格式发布演示文稿，注意设置每张幻灯片的放映时间。
2. 试以 PDF 文档格式发布演示文稿，发布内容选择为讲义。
3. 试以 Word 讲义方式发布演示文稿。

第 25 章　使用 Presenter 制作 SWF 和 PDF 课件

Adobe Presenter 是使用方便、功能强大的课件制作工具。与 PowerPoint 配合使用，Presenter 能够快速创建多媒体课件，并将课件发布为 SWF 和 PDF 格式。

25.1　Adobe Presenter 简介

Presenter 是 Adobe eLearning Suite 的组成部分，其最新版本是 5.5。它是专门配合 PowerPoint 使用的课件制作工具，丰富了 PowerPoint 的功能，增强了演示文稿的交互性。在安装 Presenter 之后，PowerPoint 的功能区中会出现一个新的【Adobe Presenter】选项卡，如图 25-1 所示，用户可以从中选用 Presenter 提供的各种功能。

图 25-1　【Adobe Presenter】选项卡

以下是 Presenter 的主要特点。

1．能够录制、导入和编辑声音文件，并灵活控制声音的播放

Presenter 支持导入 WAV 和 MP3 格式的声音文件，也能够录制和编辑声音，并灵活控制声音与 PowerPoint 动画同步播放，如图 25-2 所示。

2．能够录制、导入和编辑视频文件

Presenter 支持导入多种格式的视频文件和 Flash 动画，也能够方便地录制和编辑视频，如图 25-3 所示。

3．提供多种类型的交互式测验题

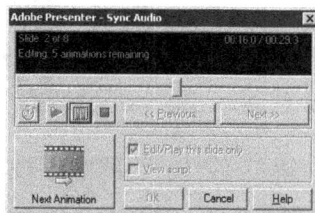

图 25-2　控制声音与动画同步播放

Presenter 能够在演示文稿中创建多选题、判断题，填空题、连线匹配题等测验题型，如图 25-4 所示，并可以灵活控制出题形式和答题过程。

4．将 PowerPoint 演示文稿发布为 SWF 动画和 PDF 文档

这一特点非常有利于课件的分发和携带。SWF 和 PDF 均是目前流行的多媒体文档格式，教师无须学习专门的制作技术，就能够轻松地将演示文稿发布为 SWF 动画和 PDF 文档，如图 25-5 所示，Presenter 自动提供灵活的播放（屏幕底部播放栏）和导航（屏幕侧栏）控制。

使用 Presenter 制作课件通常有以下 3 个步骤：

（1）打开一份 PowerPoint 演示文稿；

（2）使用 Presenter 向演示文稿中添加各类多媒体元素，例如添加交互式测验、导入声音文件并使声音与 PowerPoint 动画同步等；

（3）进行必要的发布设置，最后将演示文稿发布为 SWF 或 PDF 课件。

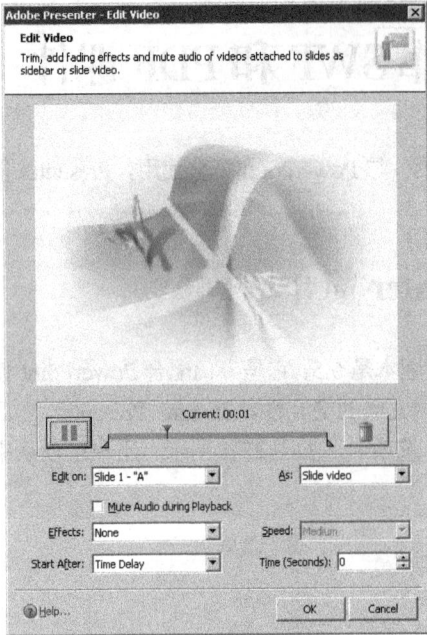

图 25-3　编辑视频

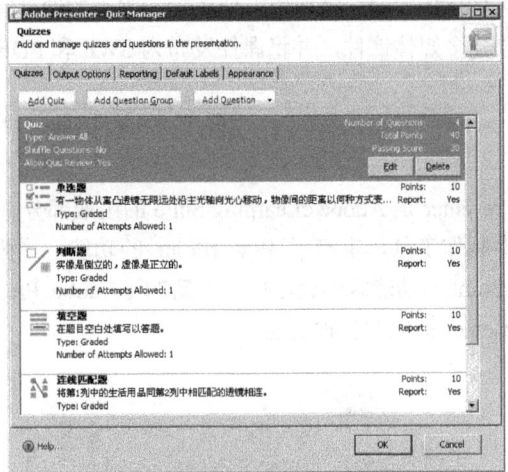

图 25-4　多种类型的交互式测验

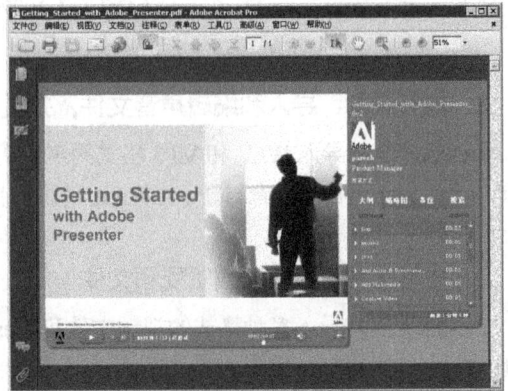

图 25-5　将演示文稿发布为 SWF 动画（左）和 PDF 文档（右）

25.2　使 用 声 音

　　打开 PowerPoint 演示文稿，在【Adobe Presenter】选项卡中单击【Audio】组的【Record】按钮，即可为每一页幻灯片录制配音。在开始录音之前，Presenter 会提示用户按照屏幕显示的文本读一句话，用以校准麦克风。当用户更换麦克风或录音环境之后，校准麦克风操作能够使录音设备工作在最佳状态。

　　校准麦克风之后，会出现一个【Record Audio】对话框，如图 25-6 所示，在其中按下圆形的录音按钮，即可录制语音解说。使用【<<Previous】和【Next>>】按钮，可以选择不同幻灯片进行录制（为避免误操作，选择【Record/Play this slide only】复选框可避免离开当前幻灯片）。单击【OK】按钮，Presenter 就将用户录音保存为 MP3 格式。

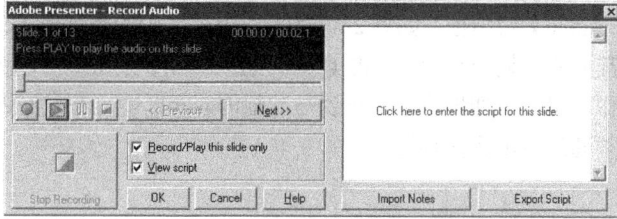

图 25-6　为幻灯片录制语音解说

为使录制工作顺利进行，用户可选择【View script】复选框，打开右侧的脚本（script）窗口，在其中预先输入录音脚本。如果幻灯片中有用户预先制作的备注，则可在【Record Audio】对话框中单击【Import Notes】按钮，打开【Import Notes】对话框，从中选择导入幻灯片备注作为录音脚本使用，如图 25-7 所示。用户可以选择导入【Current slide】（当前幻灯片）、【All slides】（所有幻灯片）或【Slides】（指定幻灯片）中的备注内容。导入方式可以设置为【Append imported notes to current scripts】（向当前脚本中追加导入的备注）或【Replace current scripts with imported notes】（用导入的备注替换当前脚本）。在【Record Audio】对话框中单击【Export Script】按钮，用户也可将当前的录音脚本导出为幻灯片备注。

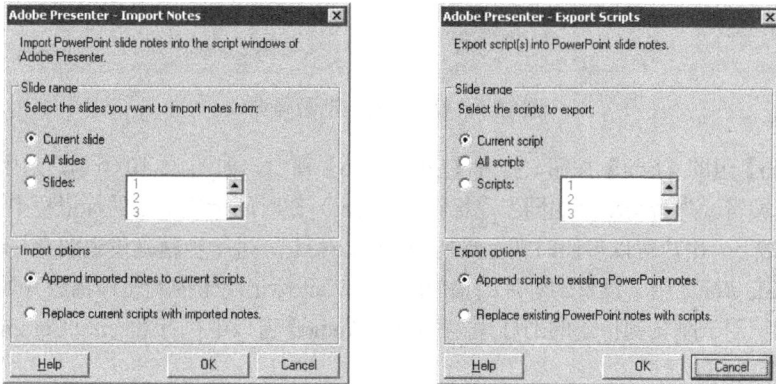

图 25-7　导入（左）或导出（右）幻灯片备注

Presenter 能够导入已有的声音文件。单击【Audio】组的【Import】按钮打开【Import Audio】对话框，即可为幻灯片导入配音，如图 25-8 所示，用户可以选择不同的幻灯片，为其导入相应的声音文件。Presenter 支持导入 WAV 和 MP3 格式的声音文件，导入的 WAV 文件在发布时将被转换为 MP3 格式。注意，不要向一页幻灯片中导入时长超出 100 分钟的声音文件。

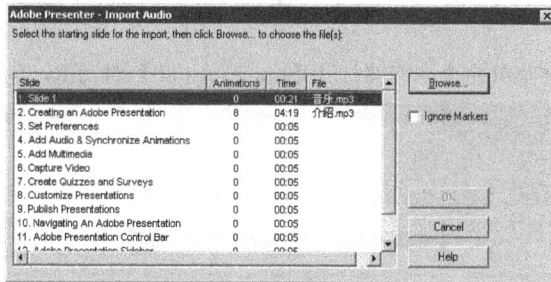

图 25-8　导入声音文件

如果幻灯片中有 PowerPoint 动画，Presenter 能够控制声音与动画同步播放。首先在 PowerPoint 中将幻灯片中的对象动画设置为单击时开始，然后在【Adobe Presenter】选项卡中单击【Audio】组的

【Sync】按钮打开【Sync Audio】对话框，如图 25-9 所示，单击其中的闹钟形【change timings】按钮即可进行同步设定：当配音播放到某一时刻，单击【Next Animation】按钮就可以将一段动画设定为在该时刻播放。通过这一操作，可以方便地将配音解说与动画内容相匹配，在发布课件之后，动画自动在设定的时刻播放，而无须通过单击操作触发。

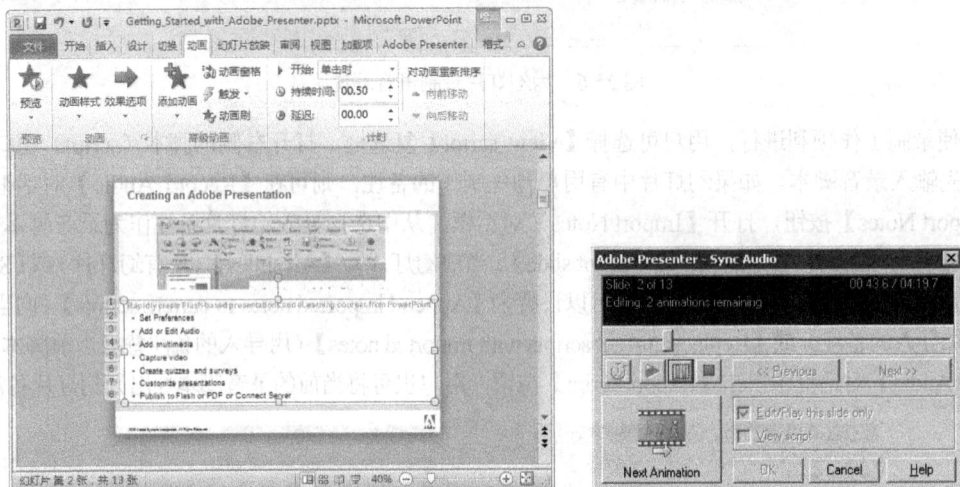

图 25-9　设置声音与动画同步

　　单击【Audio】组的【Edit】按钮，打开【Edit Audio】窗口，如图 25-10 所示，从中可以对演示文稿中的配音进行编辑。声音与动画的同步点标记（Maker）在时间标尺下方的标记栏中以标记 Click #（#为标记序号）表示，用户可以参照时间标尺拖动 Click #标记，进一步精确设定配音与动画的同步点。在标记栏中，Slide #标记用于设置幻灯片的播放时刻，Wait 标记用于控制暂停播放（如等待观众仔细观察），Goto #标记用于跳转到指定的幻灯片。在【Edit Audio】窗口中执行 Insert→Command 菜单命令，能够插入 Wait 和 Goto #标记。

　　下面简要介绍一些常用的声音编辑命令。

　　（1）执行 Insert→Silence 菜单命令，能够向声音中插入静音片段（可在播放视频内容时使用）。

　　（2）执行 Insert→Record 菜单命令，能够打开录音窗口，向声音中插入新的录音片段。

　　（3）在时间轴中单击并拖动鼠标，选择部分声音数据之后，利用 Edit 菜单组中的 Cut、Copy 和 Paste 命令，能够对声音进行剪接。在时间轴中双击鼠标，可选择对应幻灯片中包含的所有声音数据。

　　（4）执行 Tools→Volume 菜单命令，能够打开【Adjust Volume】（调整音量）对话框，调整声音的音量大小。

　　（5）执行 File→Import 菜单命令，能够打开【Import Audio】对话框，为幻灯片导入配音。

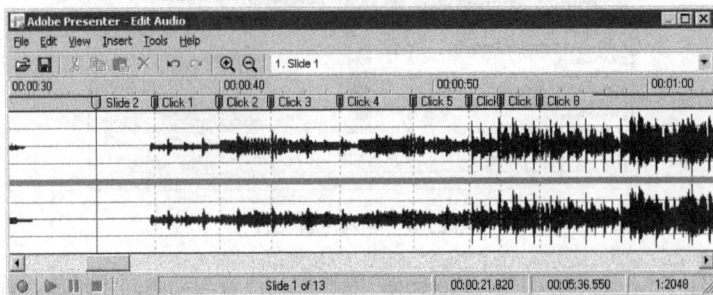

图 25-10　编辑声音

25.3　使用视频和 Flash 动画

如果计算机连接了录像设备（如摄像头），用户就可以在【Adobe Presenter】选项卡中单击【Video】组的【Capture】按钮，录制幻灯片视频（Slide video，在幻灯片中播放）或侧栏视频（Sidebar video，在课件侧栏中播放）。

【Video】组中的【Import】按钮用于导入多种格式的视频文件，包括 3GP、F4V、ASF、AVI、DV、DVI、MOV、MP4、MPEG、MPG、WMA、WMV 和 FLV。视频文件被导入之后，统一转换为 FLV 格式（除了以 H.264 编码的高清 AVI 和 MOV 视频格式，因为 H.264 得到最新版本 Flash Player 的直接支持）。单击【Import】按钮打开【Import Video】对话框，在其中可以选择导入视频文件，并通过【Import Options】选项组设置视频转换质量、目标幻灯片及播放位置，如图 25-11 所示。

注意，导入视频文件与导入声音文件最显著的区别是：一个视频文件只能用于一张幻灯片，同时一张幻灯片中只能导入一个视频文件。如果希望在连续多个幻灯片中持续播放一个侧栏视频，只能将该视频文件分割为多段视频并分别导入不同的幻灯片。

在视频文件被导入到幻灯片中之后，单击【Video】组中的【Edit】按钮打开【Edit Video】对话框，在其中可以对视频进行简单的编辑（如图 25-12 所示）。

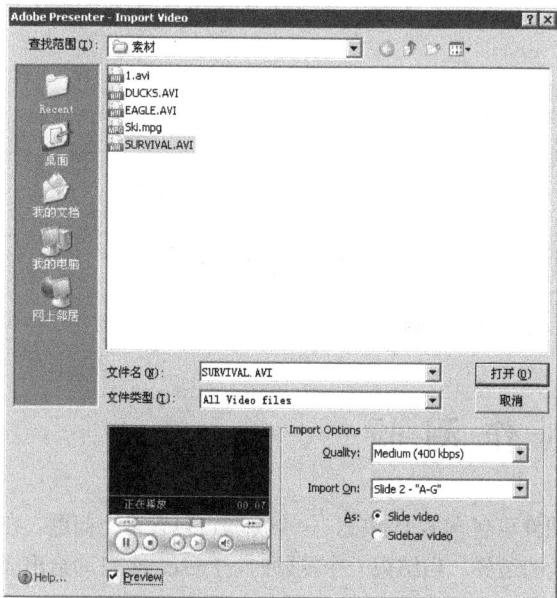

图 25-11　导入视频文件

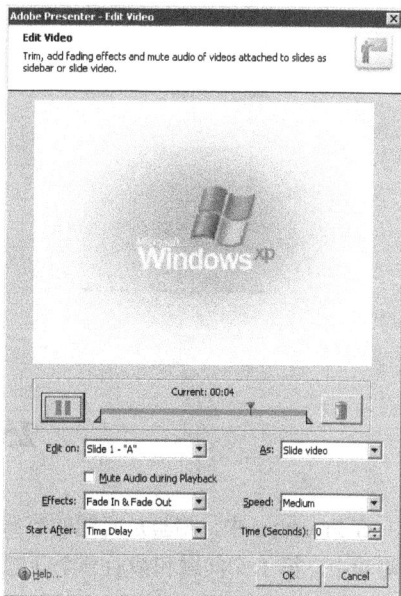

图 25-12　编辑幻灯片视频

（1）调整视频画面下方水平标尺两侧的三角形开始、结束标记，可以控制视频文件中哪些内容被播放。

（2）选择【Mute Audio during Playback】选项可使视频在播放时静音。

（3）在【Effects】下拉列表框中可为当前视频应用 Fade in（淡入）/Fade out（淡出）特效，同时在【Speed】下拉列表框中控制特效的进行速度。

（4）在【Start After】下拉列表框中可选择何时开始播放视频：Time Delay 选项用于延迟视频的播放，用户可在【Time(Seconds)】编辑框中输入延迟的秒数；Animation 选项用于控制视频在幻灯片中的对象动画结束之后播放；Audio 选项用于控制视频在幻灯片中的声音文件播放完毕之后播放。

在【Adobe Presenter】选项卡中单击【Flash】组的【Insert Swf】按钮，然后选择【Insert Swf File】命令即可导入 Flash 动画（SWF 文件），具体过程与导入视频文件相似，在此不再赘述。必须注意 SWF 文件应该是 30fps，因为 Presenter 是以 30fps 进行发布。此外，不能在 SWF 中使用_root 和绝对引用，而应在影片剪辑对象中使用相对路径。最后，导入的 SWF 文件不能修改其自身之外的任何地方，因此在其中不得使用变量_level#、_global 和 stage。

选择【Manage Swf File】命令打开【Manage Flash(swf)】对话框，如图 25-13 所示，在其中可以管理已导入的 Flash 动画：选择【Control using presentation playbar】选项则在课件发布之后，用户能够通过课件播放栏对 Flash 动画的播放过程进行控制，否则 Flash 动画将独立于幻灯片其他内容进行播放。单击【Delete】按钮可删除已导入的 Flash 动画。

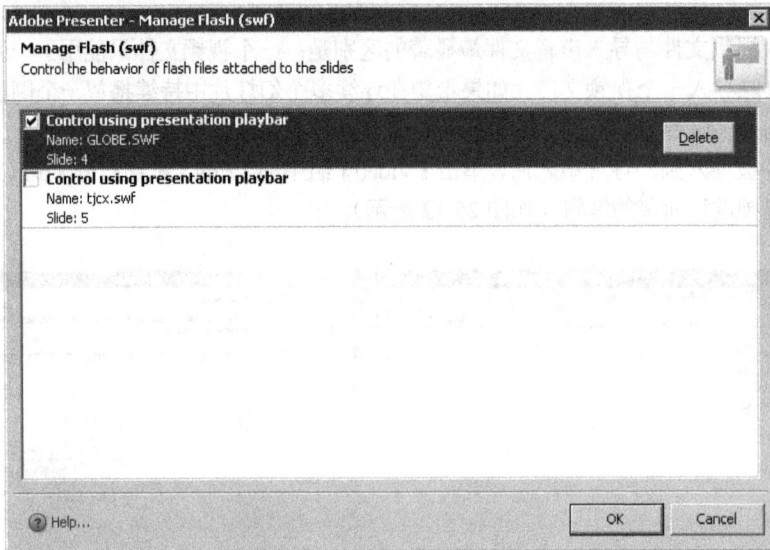

图 25-13　管理 Flash 动画

25.4　制　作　测　验

在 Presenter 中，测验是问题的容器。一个课件可包含多个测验，一个测验可包含多个问题。在一个测验中，第 1 个问题和最后一个问题构成测验的边界。当结束一个测验时，Presenter 自动给出成绩报告。

25.4.1　测验属性设置

为创建一个新的测验，在【Adobe Presenter】选项卡中单击【Quiz】组的【Add New】按钮，打开【New Quiz】对话框，如图 25-14 所示，从中首先对测验进行必要的属性设置。【Name】文本框用于为测验命名；【Required】下拉列表框中提供了以下 4 种测验要求。

- Optional：学习者自行决定是否进行测验。
- Required：学习者必须进行测验，且至少回答 1 个问题。

- Pass required：学习者必须进行测验，且至少要达到合格分数。
- Answer all：学习者必须进行测验，且要回答每一个问题。

【Settings】选项组中提供了以下测验选项。

- Allow backward movement：选择该选项则允许学习者单击播放栏中的【上一页】按钮浏览之前已经看过的幻灯片（寻找答案）。
- Allow user to review quiz：选择该选项则在成绩报告页面提供一个【Review Quiz】按钮，学习者单击该按钮可以观看评语和正确答案。单击【Question Review Messages】按钮打开【Question Review Messages】对话框，在其中可以设置评语内容，如图 25-15 所示。

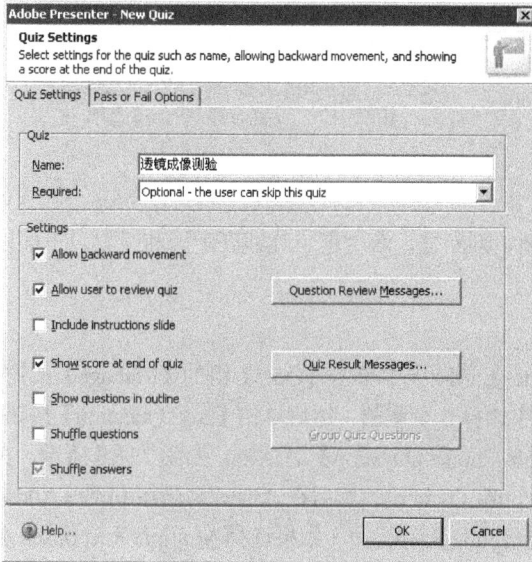

图 25-14　创建新测验　　　　图 25-15　设置评语内容

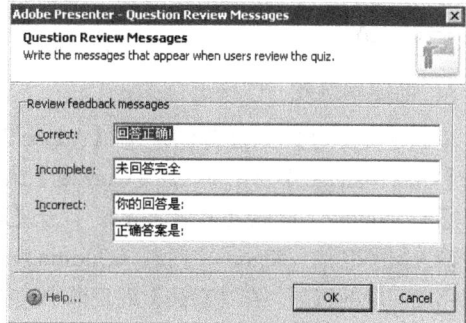

- Include Instructions Slide：在测验开始处增加一个空白的介绍页面，教师可以向其中添加测验的简介以及一些答题的注意事项等内容。当选择此选项之后，课件在进入测验之前，将暂停在介绍页面，等待学习者单击播放栏中的【下一页】按钮开始答题。
- Show score at end of quiz：选择此选项则在测验结束之后显示一个成绩报告页面。单击【Quiz Result Messages】按钮打开【Quiz Result Messages】对话框，在其中可以设置成绩报告的显示内容，如图 25-16 所示。
- Show questions in outline：选择此选项则在课件的大纲中显示每一问题页的名称。
- Shuffle questions：选择此选项则在课件每次运行时打乱出题的次序。
- Shuffle answers：选择此选项则在课件每次运行时打乱问题选项的次序。

在【New Quiz】对话框中选择【Pass or Fail Options】选项卡，在其中设置如何处理学习者成绩合格或不合格的情况。在 Pass（合格）/Fail（不合格）选项区，可以选择以百分比规定通过成绩，也可以选择通过成绩的具体分值，如图 25-17 所示。针对合格和不合格的情况，可以继续设置课件的 Action（动作）：Go to next slide（进入下一页），Go to slide #（进入第#页），Open URL（打开规定的网址）。对于学习者成绩不合格的情况，还可以规定其能否进行更多次的尝试（attempts）或无数次尝试（infinite attempts）。

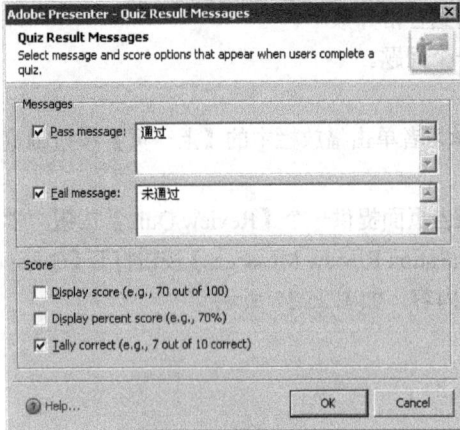

图 25-16　设置成绩报告

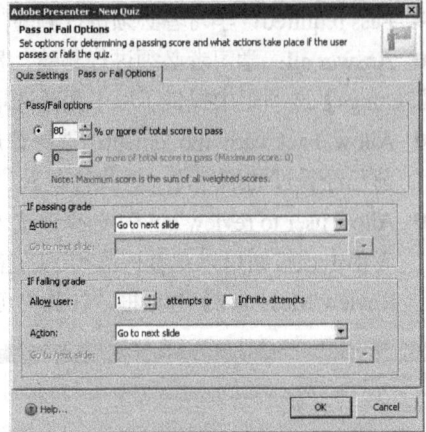

图 25-17　设置合格/不合格选项

25.4.2　创建问题

Presenter 提供 6 种题型：多（单）选题、简答题、判断题、填空题、连线匹配题和投票。下面以部分题型为例，示范如何在测验中创建问题。

1. 创建单选题

单选题可视为多选题的特例。在【Adobe Presenter】选项卡中单击【Quiz】组的【Manage】按钮，打开【Quiz Manager】对话框，在【Quizzes】选项卡中选择一个测验，然后单击【Add Question】按钮，选择添加 Multiple Choice（多项选择），打开【Multiple Choice Question】对话框，如图 25-18 所示，在其中输入问题名称（Name）、问题（Question）以及分值（Score）。然后在 Answers 区域利用【Add】按钮添加问题的选项。在【Type】列表框中选择单选 Single Response（如果选择 Multiple Responses 选项则为多选）。单击【OK】按钮，就可以在幻灯片中预览单选题。Presenter 默认以英文显示按钮和反馈信息，用户可以在【Quiz Manager】对话框中选择【Default Labels】选项卡，设置中文的反馈信息。

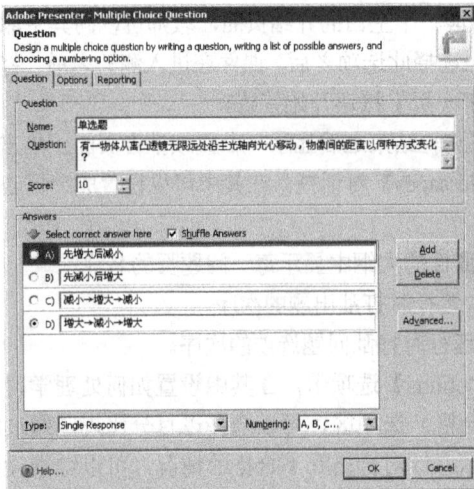

(a)

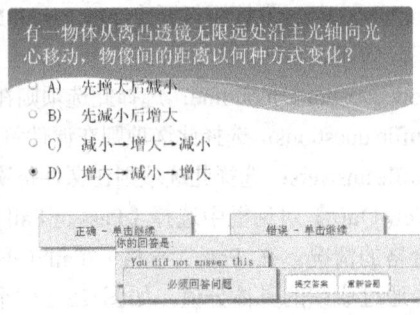

(b)

图 25-18　创建单选题

2. 创建填空题

单击【Add Question】按钮，选择添加 Fill-in-the-blank（填空），打开【Fill-in-the-blank Question】

对话框，如图 25-19 所示，在【Phrase】文本框中输入问题，并且单击【Add Blank】按钮在题目中插入填空，然后在【Blanks】列表框中输入填空答案。双击填空答案，打开【Blank Answer】对话框，从中可以设置填空操作方式：由学习者输入文本，或者从预置列表中选择填空答案。

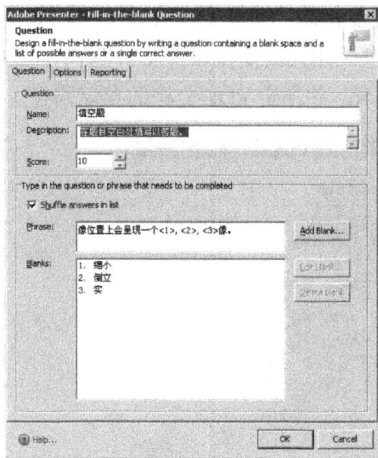
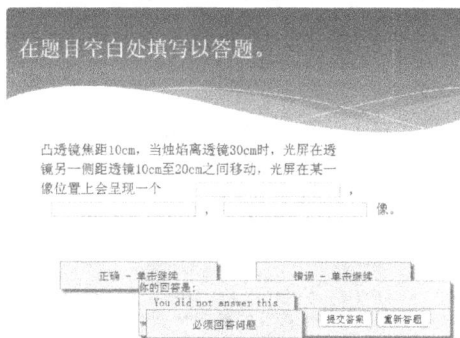

(a)　　　　　　　　　　　　　　　　　(b)

图 25-19　创建填空题

设置完毕之后，就可以在幻灯片中预览填空题。

3. 创建连线匹配题

单击【Add Question】按钮，选择添加 Matching（匹配），打开【Matching Question】对话框，如图 25-20 所示。与前述两种题型的主要区别在于，匹配题需要输入两列选项，然后以拖放的方式，使相匹配的选项相互连接。在学习者回答问题时，同样以拖放的方式操作。

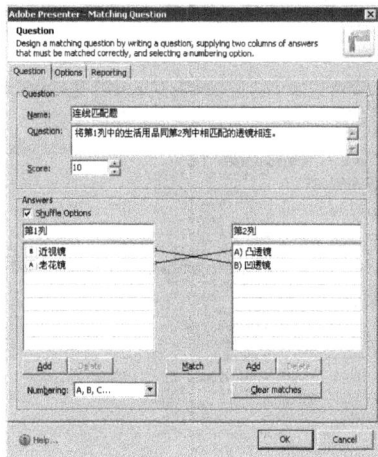
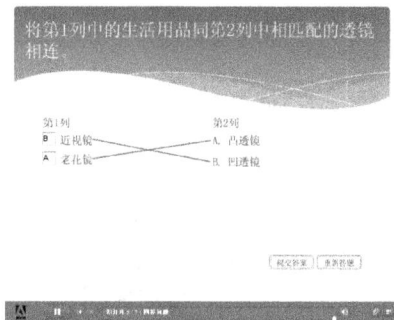

(a)　　　　　　　　　　　　　　　　　(b)

图 25-20　创建连线匹配题

25.5　发　布　课　件

Presenter 将发布方式分为 3 类：SWF、PDF 和 Adobe Connect Pro。第三类方式需要 Adobe Acrobat Connect Pro Server（Adobe 推出的网络共享平台）的支持，因此本节主要介绍前两种发布方式。

在【Adobe Presenter】选项卡中单击【Presentation】组的【Publish】按钮，打开【Publish Presentation】对话框，选择【My Computer】选项卡，从中可以将演示文稿发布为 SWF 课件，如图 25-21 所示。利用【Location】文本框或【Choose】按钮可以对发布路径进行设置。选择【Zip Package】选项可将所有发布文件（SWF 课件和支持文件）打包为 ZIP 文档以便于传输。选择【CD Package】选项则将所有发布文件复制到指定文件夹中，便于教师刻录到 CD-ROM 中。如果需要将课件发布为 PDF 文档，只需在【Publish Presentation】对话框中选择【Adobe PDF】选项卡，并指定 PDF 文档的存储路径。

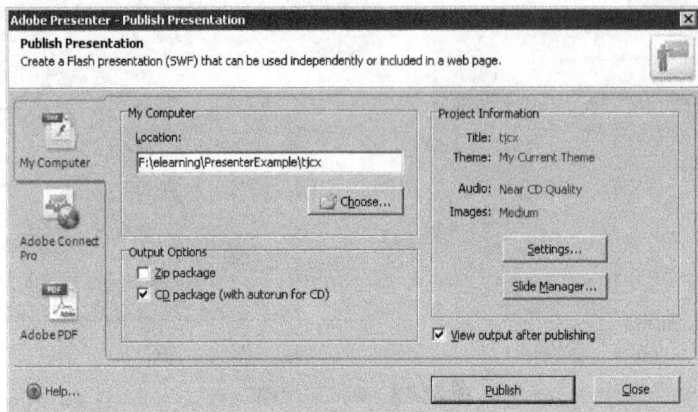

图 25-21　SWF 发布

无论以何种方式发布课件，都可以利用【Settings】按钮和【Slide Manager】按钮对课件属性、幻灯片属性进行进一步的设置。单击【Settings】按钮打开【Presentation Settings】对话框，如图 25-22(a)所示，从中可以设置课件的标题、配色主题、播放（音、视频）质量及播放控制等。单击【Slide Manager】按钮打开【Slide Manager】对话框，从中可以设置幻灯片的设计者、导航名（幻灯片在屏幕侧栏中显示的名称）、跳转等属性。

(a)

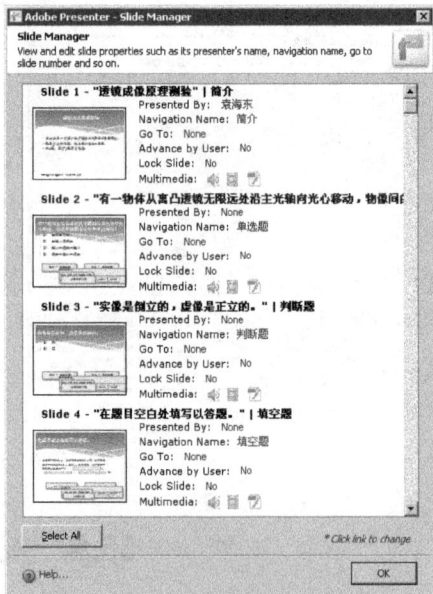

(b)

图 25-22　课件和幻灯片的属性设置

属性设置完毕之后，在【Publish Presentation】对话框中单击【Publish】按钮，Presenter 将开始进行发布，并在结束之后自动打开课件进行预览，如图 25-23 所示。

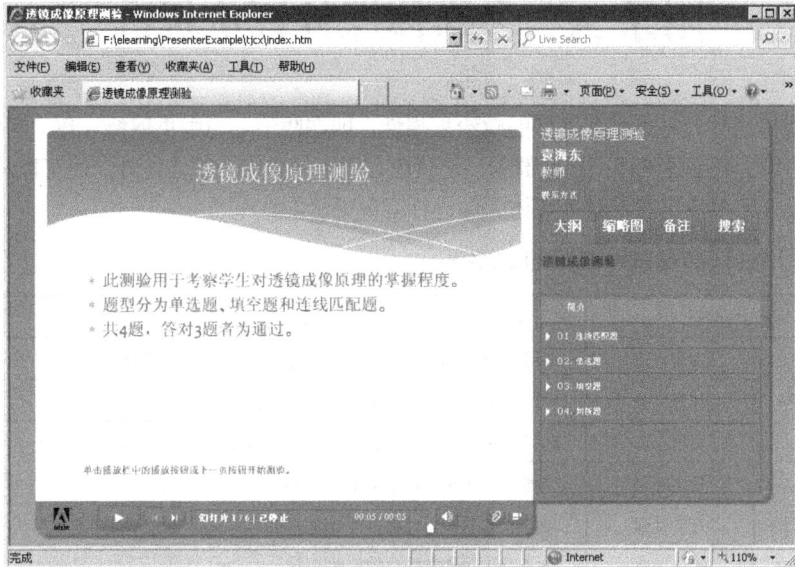

图 25-23　预览 SWF 课件

25.6　上 机 实 验

1．使用 Adobe Presenter 向演示文稿中添加多媒体素材：
① 为每页幻灯片录制语音解说；
② 尝试导入并编辑声音文件、视频文件和 Flash 动画。
2．使用 Adobe Presenter 向演示文稿中添加判断题和简答题，并设定观众回答每一个问题。
3．使用【Application】组的【Preferences】命令添加演示者信息，然后使用【Presentation】组的【Slide Manager】命令向幻灯片中添加设计人信息。
4．将演示文稿发布为 PDF 和 SWF 文件。
5．使用【Presentation】组的【Setting】命令设置每页幻灯片的默认播放时长。

附录 A　多媒体课件评价标准

　　优秀的多媒体课件，必须具备良好的政治思想性，即在政治上与中央保持一致，无错误导向或违背国家方针、政策、法令的表述，思想健康，无黄色、庸俗的内容。除此之外，还可以从教学适用性、设计技术性和设计艺术性出发，对多媒体课件进行客观评价。

1．教学适用性（约占总评成绩的 50%）

教学适用性	无内容错误		无科学性错误和严重的文字错误
	规范完整	内容规范	概念叙述正确规范，教学内容适应于相应认知水平的学生
		体系完整	教学知识体系内容完整，符合制作量要求
		资料丰富	有丰富的和教学知识点配合的习题、案例及相关资料，利于学生学习
	教学设计	理念新颖	教学理念先进，体现出良好的整体教学设计思想
		互动性强	教学策略科学，使用多种方法开展教学互动，激发学生主动学习
		设计一致	每个知识点均有较好的教学设计

2．设计技术性（约占总评成绩的 30%）

设计技术性	无运行错误		课件运行正常可靠，无"死机"现象，无导航、链接错误
	技术应用	使用软件	采用了技术含量较高的制作软件，或设计了适合于课件制作的软件
		技术水准	软件设计有较高的技术水准，交互性强
	设计效果	操作方便	课件操作方便、灵活，交互性强，启动时间、链接转换时间短
		媒体控制	对多媒体（如视频、声音）设计了相应的控制技术

3．设计艺术性（约占总评成绩的 20%）

设计艺术性	无不良感观效果		音视频信息无不良的视觉、听觉效果
	界面媒体	界面协调	界面布局合理、新颖、活泼、有创意，切合课件主题，整体风格统一，色彩搭配协调，视觉效果好，符合视觉心理
		媒体应用	充分利用多媒体形式表现教学内容，制作精细，吸引力强，激发学习兴趣

　　除了依据上述评价标准打分，还可以根据多媒体课件的整体效果、创新性和推广应用前景，适当给予 10%左右的奖励分数。

奖励分	整体效果	课件整体效果好，采用的设计技术、设计艺术与教学内容达到和谐统一，能够很好地为教学目标服务
	创新性	国内缺少或没有同类课程的多媒体课件
	适应性	课件能够在多种教学环境（单机、局域网或 Internet）下正常运行
	推广应用前景	课件有较大的推广应用价值